应用型本科金融与贸易系列教材

YINGYONGXINGBENKEJINRONGYUMAOYIXILIEJIAOCAI

国际贸易与国际金融

GUOJI MAOYI YU GUOJI JINRONG

隋月红 赵治辉 | 编 著

厦门大学出版社
XIAMEN UNIVERSITY PRESS
国家一级出版社
全国百佳图书出版单位

前　言

　　当我们说"世界正在变小"的时候,所指的不仅是交通和沟通的日趋快捷和便利,而且还指我们越来越多地利用国际市场来买卖商品、劳务以及金融资产。我们周围的国际交易随处可见。我们驾驶的汽车既有美国产的,也有日本、德国、英国、法国和其他国家产的;同样的情形在我们吃的东西、穿的鞋、使用的工具中也可以看到。因此,经济金融的全球化发展,要求我们在认知和分析相关经济问题时,需要具备国际视野。

　　特别是在我国加入 WTO 后,国内市场不断对外开放,我国的企业也不断"走出去",但不管是外国企业进入国内还是国内企业走向国际,都不可避免地面临着激烈的国际市场竞争。即使是个人也日益裹挟在国际化的大潮中,无法回避。因此,对国际贸易与国际金融相关知识的了解成为不可或缺,需要像常识、科普知识一样为我们所掌握。

　　正是基于以上的思路我们编写了本教材,它适用于广泛的非国际贸易和国际金融专业的学生。在内容设计和安排上,强调知识系统的逻辑性和知识结构的纲领性。一方面,以历史发展沿革的方式清晰反映国际贸易与国际金融学科体系的基本原理,知其然并知其所以然;另一方面,由于国际贸易与国际金融相关知识很庞杂,非专业的学生不可能要求面面俱到地掌握,因此,本教材在相关知识的编排上采取提纲挈领的方式,重点介绍典型知识、常用知识。

　　本书的内容主要包括国际贸易、国际金融两部分。国际贸易部分主要介绍国际贸易相关概念、国际贸易理论、国际贸易政策及工具;国际金融部分主要介绍国际收支、汇率与汇率制度、外汇与外汇政策。其中,国际贸易部分由隋月红编著,国际金融部分由赵治辉编著。

　　在内容的具体采编方面,体现了如下特点:(1)重视长期以来作为课程核心的传统理论的同时,引入国际贸易和国际金融领域的最新进展和争议;(2)力求深入浅出、简明易懂、难度适中,符合非专业学生的学习要求,不需要具备深厚的经济学背景,只要学过经济学原理,就很容易理解;(3)结合一些实践知识和小资料,加强学生对国际贸易与金融知识获取的便利性,拓宽学生的知识视野,激发学生的学习兴趣。

最后,由于我们对国际贸易与金融知识的理解、研究和归纳存在一定的局限和片面,欠妥之处在所难免,敬请读者批评指正,以便我们对教材进一步的修订和完善。

编者

2012 年 6 月

目　　录

第1章 对国际贸易的认知

学习内容与要求：

本章主要介绍了国际贸易的产生与发展、国际贸易的相关概念与国际贸易的分类三个方面的内容。要求从历史的视角了解国际贸易产生的条件，国际贸易发展的各个阶段与背景；掌握国际贸易的相关概念：国际贸易、对外贸易、贸易额、贸易结构等，能运用国际贸易统计数据进行指标计算；从不同的分类标准理解国际贸易的相关名词，通过相关的概念学习能有助于阅读经济贸易类报纸杂志。

第一节 历史的视角：国际贸易的产生与发展

以国际贸易发展的历史做认知的引子，对国际贸易的起源、产生和发展历程的回顾有利于我们开始进入一个更为翔实的国际贸易整体体系的学习。

国际贸易是在人类社会生产力发展到一定的阶段时才产生和发展起来的，它是一个历史范畴。国际贸易的产生必须具备两个基本的条件：一是要有国家的存在；二是产生了对国际分工的需要，而国际分工只有在社会分工和私有制的基础上才可能形成。这些条件不是人类社会一产生就有的，而是随着社会生产力的不断发展和社会分工的不断扩大而逐渐形成的。人类历史的三次社会大分工在中间起到了重要的作用。人类历史的第一次社会大分工，即畜牧业和农业的分工，促进了原始社会生产力的发展，产品除维持自身需要以外，还有少量的剩余。人们为了获得本群体不生产的产品，便出现了氏族或部落之间用剩余产品进行原始的物物交换。当然，这种交换还是极其原始并偶然发生的物物交换。随着社会生产力的继续发展，手工业从农业中分离出来成为独立的部门，形成了人类社会第二次大分工。由于手工业的出现，便产生了直接以交换为目的的生产——商品生产。当产品是专门为满足别人的需要而生产时,商品交换就逐渐成为一种经常性的活动。随着商品生产和商品交换的扩大,出现了货币,于是,商品交换就变成了以货币为媒介的商品流通。这样就进一步促使私有制和阶级的形成。第三次社会大分工使商品生产和商品流通进一步扩大。商品生产和流通更加频繁和广泛,从而阶级和国家相继形成。于是到原始社会末期,商品流通开始超越国界,这就产生了对外贸易。可见,人类社会三次大分工,每次都促进了社会生产力的发展和剩余产品的增加,同时也促进了私有制、阶级和国家的形成。在社会生产力和社会分工发展的基础上,商品生产和商品交换的扩大,以及国家的形成,是国际贸易产生的必要条件。

一、农业经济时代的国际贸易

在农业经济时代,基本经济制度是农业经济制度,包括奴隶制、庄园制、游牧制或佃农制,生产要素是私有的,奴隶主(庄园主或地主)决定生产要素的配置和生产成果的分配。奴隶社会,自然经济占主导地位,其特点是自给自足,生产的目的主要是为了消费,而不是为了交换。奴隶社会虽然出现了手工业和商品生产,但在整个社会生产中显得微不足道,进入流通的商品数量很少。同时,由于社会生产力水平低下和生产技术落后,交通工具简陋,道路条件恶劣,严重阻碍了人与物的交流,对外贸易局限在很小的范围内,其规模和内容都受到很大的限制。奴隶社会是奴隶主占有生产资料和奴隶的社会,奴隶社会的对外贸易是为了奴隶主阶级服务的。当时,奴隶主拥有财富的重要标志是其占有多少奴隶,因此,奴隶社会国际贸易中的主要商品是奴隶。据记载,希腊的雅典就曾经是一个贩卖奴隶的中心。此外,粮食、酒及其他专供奴隶主阶级享用的奢侈品,如宝石、香料和各种织物等也都是当时国际贸易中的重要商品。对外贸易在奴隶社会经济中不占有重要的地位,但是它促进了手工业的发展。

到公元 100 年左右,古典时代进入鼎盛时期,地中海的罗马帝国、中东的帕提亚帝国、印度的贵霜帝国以及中国的汉王朝分别发展成为各地区强大的政治经济实体。当时各地区之间交换的物品主要有罗马的亚麻布、金银铜锡、玻璃,印度的香料、宝石和中国的丝绸,其中主要的产品是丝绸,因为中国农业和手工业发达,当时的丝绸锦绣的生产技术已发展到相当高的水平,中国与亚欧各国联系的主要通道是"丝绸之路"。

从公元 11 世纪到 13 世纪,地中海成为欧亚大陆主要海上通道,促进了东方与西欧的贸易,东方的手工业品成为他们的奢侈品。到了 14 世纪,整个欧洲已形成了几个主要的贸易区,包括以意大利的威尼斯、热那亚和比萨等城市为中心的地中海贸易区,以布鲁日等城市为中心的北海和波罗的海贸易区,包括基辅、诺甫哥罗得、车尔尼哥夫、彼列雅斯拉夫尔等城市的东欧罗斯贸易区,德意志北部和北欧斯堪的纳维亚地区的汉萨贸易区,以及不列颠贸易区。这些贸易区不仅有大量的区内交易,相互之间的贸易往来也很密切。与此同时,亚洲也形成了几个比较重要的贸易区,包括以中国、朝鲜和日本为主的东亚贸易区,占婆(今越南南部)和扶南(今柬埔寨)等国的东南亚贸易区,以及以印度为主的南亚贸易区。

在 13 世纪和 14 世纪,东西方之间通过陆路和海路也进一步发展了贸易。欧洲从东方进口的商品主要有中国的丝绸、瓷器、茶叶,印度的珠宝、蓝靛、药材、地毯,以及东南亚的香料。这些商品在欧洲人的消费中占据了越来越重要的地位。但欧洲能向东方出口的产品却不多,除了出口羊毛、呢绒和金属制品外,不得不支付大量的黄金与白银。实际上,在 15 世纪前,国际贸易是建立在自然经济的基础上,贸易在自然经济中的地位并不重要,只是人们经济生活中的一个补充,当时各国之间各洲之间的贸易还处于断断续续的状态。

真正意义的大范围的国际贸易源于 15 世纪的"地理大发现"。在此之前,欧洲城市的兴起和农业手工业生产力的提高促进了生产分工,也进一步促进了商品市场的发展。欧洲人对东方财富的垂涎以及通过贸易牟利的强烈欲望,在新的航海设备与技术的发展推动下"地理大发现"。"地理大发现"实际上是把原来各自发展的各国联系起来了,真正意义上的世界贸易或全球贸易也由此发展起来了。

"地理大发现"的两大意义在于:第一,商业从手工业中脱离,出现了商业革命,表现为商业性质、经商技术以及商业组织方面的巨大变化;第二,引发了长达两个世纪的殖民扩张和殖民贸易。从 15 世纪中期开始,葡萄牙就由南向西非沿海扩张。到 15 世纪末,葡萄牙已占领了非洲西海岸的大批土地,大肆抢夺黄金、象牙和黑人奴隶。哥伦布发现美洲新大陆后,葡萄牙又占领了巴西,随后由达·伽马于 1498 年绕过好望角,占领了非洲的南端和整个东海岸。然后,葡萄牙人又东进印度、锡兰、马六甲海峡,甚至占领了中国澳门。在很长一段时间里,葡萄牙通过它的殖民统治,垄断了东方贸易。他们将一些小日用品如小镜子、小刀、帽子、葡萄酒、腌鱼、乳酪等运到殖民地,然后将殖民地的产品运往欧洲,牟取暴利。这些商品包括非洲的黄金、象牙、钻石、丁香、樟木,印度、锡兰的珠宝、胡椒、肉桂、大米和印尼的胡椒、丁香、豆蔻、白檀木等。

从15世纪开始到16世纪中期,西班牙先后用武力占领了除巴西和圭亚那之外的整个中南美洲。西班牙殖民者一方面掠夺美洲现有的金银财富,另一方面使用奴隶进一步开采金银。由于西班牙殖民者对美洲土著居民的杀戮,造成美洲种植园劳动力短缺,于是西班牙又大量从事奴隶贸易,将非洲黑人贩运到美洲从事劳动。

荷兰于15世纪末16世纪初也加入了殖民扩张。荷兰主要从葡萄牙人手中争夺殖民地。到16世纪中期,荷兰基本上占领了原来葡萄牙的殖民地,其势力甚至超过了西、葡两国。为了垄断殖民地贸易,荷兰成立了规模巨大的"商业公司",其中最著名的是荷兰的东印度公司和西印度公司。这些公司依仗着政府授予的特权,从殖民地获得大量珍贵物产,然后运到欧洲以高价出售,获得暴利。当时的东印度公司在支付庞大的军事行政开支之后仍能分给股东20%到160%的红利。

英国从16世纪末开始远征印度,贸易中的惊人利润强烈地刺激了英国政府与商人,从而也开始了疯狂的殖民扩张。到18世纪中期,英国先后战胜了葡萄牙、西班牙、荷兰以及法国,占领了北美、西印度群岛、亚洲和非洲的大片土地,成为世界上最大的殖民帝国。英国和法国分别于1600年和1664年建立了"东印度公司",从事在亚洲的殖民贸易。法国还同时建立了"西印度公司"从事在北美的殖民掠夺。英国从印度大量收购香料、棉织品、丝织品以及其他贵重物产和农副产品运回欧洲高价出售,同时在北美建立奴隶制种植园专门生产烟草、大米、蓝靛和棉花,为英国提供粮食和原料。北美的奴隶大量来自非洲。英国从1562年就开始贩卖奴隶。1588年,英国又成立了"皇家非洲开发者贸易公司",专门经营大量猎捕黑人运往美洲作为奴隶的贸易。仅在1680年后的100年里,英国运往其在北美殖民地的奴隶就超过200万。这种殖民贸易给英国带来了巨大的利益。据统计,在17世纪末,英国贸易所得利润年平均为200万英镑,其中种植园贸易60万,与非洲、远东、欧洲的贸易60万,有将近三分之二的利润来自殖民贸易。[①]

地理大发现以及由此带来的西欧殖民扩张,虽然残酷,但在客观上极大地推动了洲与洲之间的贸易,从而初步形成了一个以西欧为中心的世界市场。当时的贸易流向基本是:(1)欧洲向美洲出口制造品,主要是纺织品、金属制品、家具、家庭用具、酒和其他消费品。(2)从非洲输往美洲的主要是奴隶。奴

---

① 宋则行、樊亢主编.世界经济史(上卷).北京:经济科学出版社,1997:53~54

隶贸易不仅为欧洲人带来巨额利润并用以购买美洲和亚洲的商品,也为在美洲生产商品和原料提供了大量的廉价劳动力。(3)从美洲流向欧洲的商品主要是在殖民地开采的黄金和白银,生产的烟草、棉花、粮食、海洋产品和糖等。(4)欧洲从亚洲及东方各国进口的主要产品仍然是香料、丝织品、茶、咖啡等。17世纪后,远东的纺织品成为欧洲大量进口的商品之一。

二、工业经济时代的国际贸易

(一)工业革命时期的国际贸易

从16世纪到18世纪,随着殖民扩张和各洲之间贸易的发展,西欧各国经济发生了很大的变化。一方面,欧洲从海外获得了大量的金银财富,积聚了大量的商业资本和工业资本,从而基本完成了资本的原始积累,为资本主义生产方式的产生和发展奠定了基础。另一方面,海外市场尤其是美洲市场的开发使得对欧洲工业产品的需求迅速增加。这一点,对欧洲来说非常重要。在与亚洲的贸易中,他们一直处于逆差状态。欧洲产品在亚洲一直没有市场,而美洲市场的出现使欧洲的贸易不平衡状况大大得到改善。当时的美洲主要是欧洲的殖民地,大量的欧洲移民到了美洲以后需要大量食物、酒、油、金属制造品、枪支、火药和毛麻织品,从而大大刺激了欧洲的工业生产。欧美之间的贸易大大促进了欧美国家以分工交换为基础的市场经济的形成和经济实力的加强。从18世纪60年代开始,欧美国家逐渐形成了资本主义的生产关系并先后发生了工业革命。

从1770年开始到1870年的英国工业革命后,英国作为全世界最大的殖民帝国,殖民地贸易增长速度惊人。殖民开发的斧子、钉子、枷锁、铁链,以及武器的需求大大促进了英国炼铁工业的发展,继而推动了炼铁所用的煤炭的开采。对棉纺织品的需求也刺激着纺织工业的技术更新。强劲的需求增长导致了一系列的工业发明,包括阿克赖特的水力纺纱机(1769年)、哈格里夫斯的多轴纺纱机即珍妮机(1770年)、克郎普顿的走锭纺纱机(1779年)、瓦特的蒸汽机(1782年)、德尔比父子的煤与焦炭混合石灰炼铁法(1735年)、科特的搅拌炼铁术(1783年),以及凿井机、曳运机、蒸汽抽水机等。纺织、冶金、煤炭成为英国工业革命中建立起来的三大支柱产业。纺织机、蒸汽机和冶金新技术则代表这一时期在工具、动力和材料上的技术革命。

从1870年到20世纪初,德国和美国的工业革命之后,欧美出现了许多装备了精密仪器和配备了训练有素的科学家的实验室。许多新的技术不断涌现,包括贝塞麦、西门子—马丁以及托马斯的炼钢法,石油勘探和开采的技术,发电技术、照明技术、电讯技术、各种化学产品的发明与生产,等等。物理学、化学等科学指导下的发明创造取代了偶然或单独的发明。新的大量的发明创造造成了大量新的工业的产生。特别是,以大批量生产为目的的技术也不断出现,包括制造生产标准化零件的模子和设计生产出装配线。这种新技术的应用不仅强化了专业化分工,同时大大提高了劳动生产率,生产规模大大扩大。

工业革命以后,欧美国家的经济体制和经济结构发生了巨大的变化。之后,欧洲、北美、日本和澳大利亚都先后完成了工业化过程,从自然的农业手工业经济过渡到资本主义工业经济。整个世界形成了以欧美国家为主的现代工业经济为一方和其他国家组成的农业手工业等传统经济为另一方的格局。

工业革命与资本主义的生产方式对国际贸易的影响是深远的,贸易一方面作为商品销售和资本积累的方式,促进了资本主义生产方式和工业革命的产生和发展;另一方面,贸易作为资本主义社会化生产方式和工业革命的必然结果而被不断扩大。在资本主义生产方式下,贸易不再只是自然经济中的互通有无,而是作为主要的牟利手段。工业革命则彻底改变了各国和世界的自然经济结构,使国际分工和国际贸易成为人类经济活动中的必要组成部分。

学习资料1-1　200年前大西洋贸易中的不同角色:国际贸易中的另一种优势

按照亚当·斯密的经济理论,贸易促进社会分工,更细的社会分工促进专业化水平的提升,后者进而带动需求与供给的增加,需求与供给的上升又进一步回过头来促进贸易的发展,使市场容量与深度发生新的变化。这种"分工——专业水平上升——市场扩大——进一步深化分工"的良性循环,正是世界经济得以不断发展的基本原理,也恰恰是判断一国制度机制良恶的重要标准。一国制度资本的多少取决于其产权、创业机会、信息环境等制度机制因素是否有利于市场交易的发生,以及是否有利于上述良性循环的形成。

也就是说,一个国家能否从太平洋贸易中获得持久的好处,并不在于它今天的GDP已经增长了多少,而关键在于它能否利用外贸进行必要的制度变革与金融创新,以在本国形成一种良性的经济增长链。制度资本将决定亚太国家在太平洋贸易中的最终结局——这听起来可能抽象。为看清这一点,我们不妨回顾一段值得深思的历史。

　　公元 1500—1800 年间发生的跨大西洋贸易,在相当程度上使西欧真正超越北欧、南欧和亚洲。比如,意大利没有参与 200 年前的大西洋贸易。如图 1-1,跟参与大西洋贸易的英国比,意大利人均 GDP 在 1500 年时约是英国的 1.5 倍,但到了 1870 年其人均 GDP 从原来的 1 100 美元增加到 1 499 美元,而同期英国的人均 GDP 由 714 美元升到 3 191 美元(按 1990 年的美元计)。

　　或许我们会说,1500—1870 年间从事大西洋贸易的国家,实际上都是在哥伦布于 1492 年发现美洲新大陆后,靠掠夺剥削殖民地发财的,那种靠炮舰维持的掠夺不仅与今天的太平洋贸易不可类比,也谈不上是起码的公平贸易。表面上看的确如此,但实际却并非这么简单。

　　西班牙与葡萄牙在英国之前开发大西洋贸易,西班牙抢先占领了墨西哥等自然资源丰富、气候温和的中美洲和南美洲土地,使这些国家沦为殖民地,而葡萄牙则先占下了巴西等国。等英国于 16 世纪后半叶赶到美洲大陆时,只能拿到气候相对恶劣、资源缺乏的北美地带(今天美国东北部 13 个州,加拿大的一些省)。

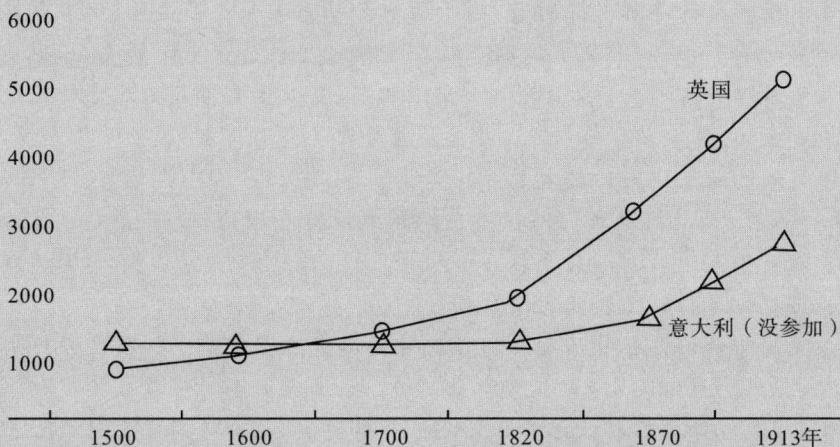

15 世纪的意大利航海技术仅次于当时明朝的中国,但意大利没有参加海洋贸易,图中数据是当年的人均国民收入(GDP,按 1990 年的美元价值计算)。

资料来源:Angus Maddison. *The World Economy: A Millenial Perspective*,2001 年版。

图 1-1　参加与不参加海洋贸易的差别

　　虽然西班牙、葡萄牙、英国、荷兰、法国都是当年大西洋贸易的积极参与者,在当初也都直接从这些贸易中得益(就像今天亚太地区从太平洋贸易中得益一样),可是在 1800 年左右开始的工业革命却发生在英国,而不是在西班牙和葡萄牙。此外,从图 2 中看到,在 1500 年时英国、西班牙和葡萄牙的人均 GDP 基本一样,到 1870 年时英国的人均 GDP 是葡萄牙的 3.2 倍、西班牙的 2.3 倍。

那么,同是参加大西洋贸易的强国,为何英国通过大西洋与印度洋贸易一跃成为 19 世纪世界超级帝国呢?为何西班牙帝国在 17 世纪之后逐渐衰退,而不是在大西洋贸易的基础上进入工业革命呢?最近,麻省理工学院的 Simon Johnson 和 Daron Acemoglu 以及加州大学伯克利分校的 James Robinson 三位教授对大西洋贸易国家在当年的经历进行了一系列研究,尤其以他们的论文《欧洲的兴起:大西洋贸易、制度变革与经济增长》为突出。他们认为,当时的西班牙不仅比英国更早进入大西洋贸易,更在众多客观条件上都较英国占优势。

比如,虽然 15—16 世纪西班牙与葡萄牙在航海技术上落后于明朝的中国,但却超前英国许多,比英国更早在欧洲从事大西洋、印度洋、非洲等长距离海上运输,因此拥有更为丰富的航海经验与技术,直到 16 世纪末、17 世纪初还基本垄断大西洋贸易。同时,由于西班牙早先占领了墨西哥、秘鲁等饱藏自然财宝的国家,这些中南美洲国家从一开始就居住着众多印第安人,他们可生产大量甘糖和农作物向欧洲出口;相比之下,英国后来占领的北美殖民地既不盛藏贵金属,又没多少土著人口,加上当时北美气候不适合生产农作物,因此英国得到的殖民地与西班牙的相比是真正意义上的"不毛之地"。此外,Johnson 等人也指出,按照我们以往熟悉的殖民地贸易理论,帝国主义的发达应该主要以对殖民地的剥削为手段,一个国家对殖民地剥削得越多,其国力就应该增长得越快。但历史研究表明,实际情况并不一定如此。

英国与西班牙在管治和对待殖民地的方式上显然有别。英国殖民地以当地人自治为主,殖民地有自己的宪法和议会,本地议会对税收政策有相当的决定权,司法与行政基本独立。而且,到 19 世纪时,英国的固定资产投资有一半以上是投向各殖民地(以购买殖民地政府的公债为主),实际是英国在向殖民地作资本净出口。相比之下,西班牙的殖民地均无议会,均由西班牙王室派遣的官员直接统治,殖民地税收权也掌握在西班牙王室中,殖民地大部分税收被送往西班牙。因此西班牙与葡萄牙执行的是真正的殖民地剥削,而英国在相当程度上培养了殖民地自治,把大量的征税权留在本地,推行的是一种自由贸易秩序。换句话说,按照传统的殖民地理论,西班牙与葡萄牙应该比英国更能从殖民地剥削到财富,令其国力比英国增长更快。加上其开始时的技术优势,它们应该比英国更有发生工业革命的实力,让其经济更上一层楼。

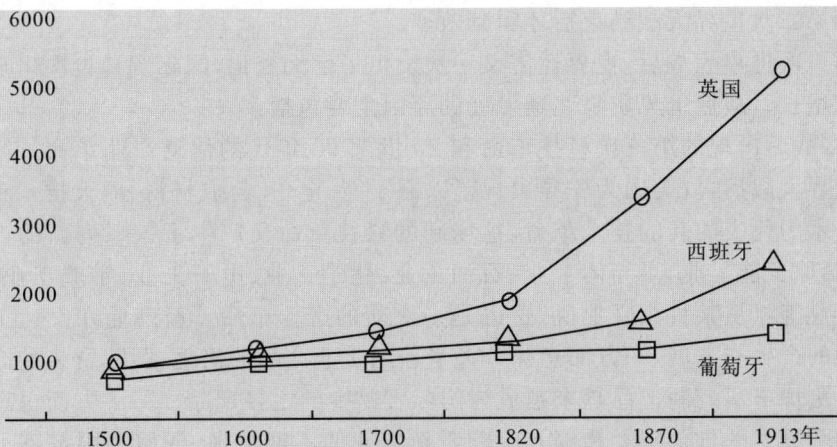

虽然西班牙与葡萄牙在英国之前进入海洋贸易，但制度资本的差别决定了最后的结局，图中数据是当年的人均国民收入(GDP)。

资料来源：Angus Maddison. *The World Economy: A Millenial Perspective*, 2001年版。

图 1-2　大西洋贸易的最终结局又取决于一国的制度资本

　　但图 1-2 给出的实际经历却正好相反：英国不仅财富增长得更快，且工业革命也反倒发源于斯。事实说明，仅有贸易或殖民地带来的钱财还不够，占领中南美洲殖民地显然让西班牙拥有更多的天然财富，但这远远不够保证一国的长久繁荣。那么大西洋贸易是如何让英国强大的呢？（请同学们查找相关资料解答）

　　（资料来源：陈志武，太平洋贸易能否带来长久繁荣？新财富，2003，11：48～49）

　　（二）战后的国际贸易

　　从 1914 年第一次世界大战爆发到 1945 年第二次世界大战结束，是世界经济和国际贸易波动和萧条的一段时间。两次世界大战和几次大的世界性经济衰退，大大削弱了欧洲各国的经济和军事实力，也极大地影响了全球贸易。第一次世界大战后，国际贸易缩减了 40%，直到 1924 年才略超过战前水平。紧接着是 1929 年至 1933 年大萧条，世界贸易量又一次大幅度下降。加上这一时期各国实行贸易保护政策，国际贸易一直处于萎缩状态，到第二次世界大战爆发前的 1937 年，世界出口总额也只有 254.8 亿美元，尚未恢复到 1929 年的水平（327.5 亿美元），甚至仍低于 1924 年的水平（275.95 亿美元）。这种状态直到第二次世界大战结束后才得到改变。

第二次世界大战后,世界经济又一次发生了巨大变化,国际贸易再次出现了飞速增长。战后世界贸易飞速发展的原因主要包括:

(1)战后出现的第三次科技革命和 20 世纪 90 年代的信息产业革命。第二次世界大战后,以美国为先导出现了以原子能、电子、合成材料、航天技术和生物技术为代表的新的技术革命,这场新的科技革命又产生了一系列新的产业,包括原子能工业、半导体工业、石油工业、化学工业、电子工业、宇航工业、生物工业等。从某种意义上说,这也是一次新的产业革命。新产业在发达工业国家的产生和发展,一方面意味着大量新的工业产品的出现,国际贸易的产品变得更加丰富。制造品越来越成为国际贸易中的主要产品。另一方面也意味着国际分工的日益扩大和深入。随着新产业的不断出现,任何一国都不可能在所有的产业上都具有比较优势。发达国家中新兴产业的发展也意味着其他产业的相对衰落,从而国际贸易更加必要。

进入 20 世纪 90 年代以后,以互联网为代表的现代信息技术革命又进一步推动了这场规模大、范围广、影响深的技术革命。信息技术革命不仅创造了另一个新的产业,还为现代贸易提供了新的信息交流和交易方式。

(2)经济发展带来的收入增长促进了消费结构的变化。战后的和平环境和科技革命使世界经济出现了空前迅速的发展。经济快速增长不仅反映了一国生产能力的提高,也表现为人们收入的增加。从战后到 20 世纪末,大多数工业国家和新兴工业国家的人均收入成倍增长。而收入的增长则促进了人们消费结构的变化。在满足了基本生活品需要以外,人们对制造品包括耐用消费品等的需求欲望和购买能力都大大提高。对高质量和不同品种的新产品的需求也大大刺激了各国之间的贸易尤其是工业制成品贸易。

(3)战后国际经济秩序的改善。从 19 世纪末开始到第二次世界大战,西方各国为了争夺资源、保护国内利益集团纷纷实行贸易保护主义。不断出现的关税战、汇率战和贸易战不仅大大影响了经济与贸易的发展,还最终导致战争。战后各国痛定思痛,决心建立国际经济新秩序。以布雷顿森林协定为基础的国际货币体系相对稳定,有利于国际贸易发展。在《关税与贸易总协定》框架下的一轮又一轮降低关税的谈判以及 1995 年世界贸易组织的建立不仅大大降低了各国的贸易壁垒,还建立了一个多边的解决贸易纠纷的机制。为国际贸易提供了一个相对稳定、公正和自由的环境。

战后国际贸易发展的速度和规模都远远超过 19 世纪工业革命以后的贸易增长。从 1950 年到 2000 年的 50 年中,全世界的商品出口总值从约 610 亿美元增加到 61 328 亿美元,增长了将近 100 倍! 即使扣除通货膨胀因素后,实际商品出口值也增长了 15 倍多,远远超过了工业革命后乃至历史上任何一个时期的国际贸易增长速度。而且,世界贸易实际价值的增长速度(年平均增长 6%左右)超过了同期世界实际 GDP 增长的速度(年平均增长 3.8%左右)。这意味着国际贸易在各国的 GDP 中的比重在不断上升,国际贸易在现代经济中的地位越来越重要。

第二节 国际贸易的相关概念

在系统地学习国际贸易理论与政策之前,对相关的概念的了解是必要的,它能够帮助克服一些简单的阅读障碍,或是有助于更深刻地理解在阅读和学习中获取的相关知识。简单地说,掌握清晰的概念能够帮助我们理解、认知、怀疑、判断、提出问题和解决问题。

一、国际贸易与对外贸易

国际贸易是人类社会发展到一定历史阶段的产物,是指世界各国(地区)之间进行交换。它既包括有形商品(实物商品)交换,也包括无形商品(劳务、技术、教育、咨询等)交换。这种交换活动,从一个国家(地区)的角度看,称为该国(地区)的对外贸易;从世界范围看,世界各国(地区)对外贸易的总和构成了国际贸易,也称世界贸易。

国际贸易属于一定的历史范畴,它是在一定的历史条件下产生和发展起来的。它的产生必须具备两个基本条件:一是社会生产力的发展产生了可供交换的剩余产品,以及由此促进的商品生产和商品交换规模的扩大;二是国家的形成。

对外贸易与国际贸易都是指越过国界所进行的商品交换活动。从这一点说,两者是一致的。但是它们也有明显的区别,前者是着眼于某个国家,即一个国家(地区)同其他国家(地区)之间的商品交换。从生产的过程来看,对外贸易先于国际贸易;后者是着眼于世界范围,即世界上所有国家(地区)之间的商品交换,国际贸易是世界各国(地区)对外贸易的总和。进一步解释对外贸易,它包括两个方面:商品出口、向国外提供服务、资本流出;商品进口、接受国外的服务、资本流入。

二、总贸易体系与专门贸易体系

总贸易体系与专门贸易体系是两个统计进出口贸易的标准,它们作为不同的标尺度量贸易的进出。

总贸易体系是指以国境为标准划分的进出口贸易。凡进入国境的商品一律列为总进口,凡离开国境的商品一律列为总出口。总进口额加总出口额就是一国的总贸易额。过境贸易列入总贸易,中国、日本、英国、加拿大、澳大利亚及东欧等国家采用这种划分标准。

专门贸易体系是指以关境为标准划分的进出口贸易。当外国商品进入国境后,如果暂时存放在海关保税仓库或放在其他特区内使用而未进入关境,一律不列为进口。只有从外国进入关境的商品,以及从保税仓库提出进入关境的商品,才列为专门进口。从国内运出关境的本国产品,以及进口后经过加工又运出关境的商品,则列为专门出口。专门进口额与专门出口额的加总就是一国的专门贸易额。美国、德国、意大利、瑞士等国采用这种划分标准。

三、贸易额与贸易量

关于贸易额与贸易量的认识,从对外贸易额与贸易量、国际贸易额与贸易量两方面来学习。

对外贸易额是以货币金额表示的一国(地区)一定时期内的进出口规模,也称对外贸易值。它是反映一个国家对外贸易规模的重要指标。从进出口贸易角度,对外贸易额的度量为进口贸易额与出口贸易额的和;从对外贸易的标的来看,对外贸易额是对外货物贸易额和对外服务贸易额的加总。

简单地说,国际贸易额是世界各国的对外贸易额之和。关于国际贸易额的统计,为了避免重复计算,国际贸易额等于世界各国的进口额之和,或者是世界各国的出口额之和。通常一般采取各国出口额之和。

贸易量是剔除价格变动的影响,准确反映国际贸易或一国对外贸易的实际数量。同样,贸易量分为国际贸易量和对外贸易量以及出口贸易量和进口贸易量。

四、贸易差额

贸易差额是一个着眼于国家的概念,即对外贸易差额是一个国家或地区在一定时期(一年、一季或一月)内出口总额与进口总额相比较的差额。对外贸易差额用以表明一国对外贸易的收支状况。

对外贸易差额包括贸易顺差和贸易逆差。当出口额大于进口额时,其差额称为对外贸易顺差,又称贸易出超;当出口额小于进口额时,其差额称为对外贸易逆差,又称贸易入超;出口额与进口额相等,则为贸易平衡。原则上讲,长期入超与长期出超对一国的对外贸易和国民经济发展都是不利的。

五、贸易条件

贸易条件是用来衡量一国贸易福利的指标,它表明了在一定时期内一个国家出口相对于进口的盈利能力和贸易利益的指标,反映该国的对外贸易状况,一般以贸易条件指数表示。它在判断双边贸易中产生的贸易利得时尤为重要。

常用的贸易条件有三种:价格贸易条件、收入贸易条件和要素贸易条件,它们从不同的角度衡量一国的贸易所得。其中价格贸易条件最有意义,也最容易根据现有数据进行计算。

价格贸易条件又称交换比价或贸易比价,即出口价格与进口价格之间的比率,就是说一个单位的出口商品可以换回多少进口商品。其计算的公式为:出口价格指数/进口价格指数×100。计算中以一定时期为基期,先计算出基期的进出口价格比率并作为100,再计算出比较期的进出口价格比率,然后以之与基期相比,如大于100,表明贸易条件比基期有利;如小于100,则表明贸易条件比基期不利,交换效益劣于基期。

六、贸易商品结构与贸易地理方向

贸易商品结构与贸易地理方向都是从结构上认识贸易活动。下面亦分别从对外贸易商品结构与国际贸易商品结构、对外贸易地理方向与国际贸易地理方向两方面来讲述。

对外贸易商品结构是指一定时期内一国进出口贸易中各种商品的构成,

即某大类或某种商品进出口贸易额与整个进出口贸易额之比,以份额表示。

国际贸易商品结构是指一定时期内各大类商品或某种商品在整个国际贸易中的构成,即各大类商品或某种商品贸易额与整个世界出口贸易额相比,以比重表示。

对外贸易地理方向是指一定时期内各个国家或区域集团在一国对外贸易中所占有的地位。又称对外贸易地区分布或国别结构。通常以它们在该国进出口总额或进口总额、出口总额中的比重来表示。

国际贸易地理方向是指世界各洲、各国(或地区)参加国际商品流通的水平,即世界贸易额的国别分布或洲别分布情况,它反映了各国或各洲在国际贸易中的地位。也称国际贸易地区分布。

七、对外贸易依存度

对外贸易依存度是衡量一国对外开放程度的重要指标,反映一国对国际市场的依赖程度。它是指一国的进出口总额占该国国民生产总值或国内生产总值的比重。其中,进口总额占 GNP 或 GDP 的比重称为进口依存度,出口总额占 GNP 或 GDP 的比重称为出口依存度。一般来说,对外贸易依存度越高,表明该国经济发展对外贸的依赖程度越高,同时也表明对外贸易在该国国民经济中的地位越重要。

学习资料 1-2　我国外贸依存度发展的四个阶段

20 世纪 80 年代以来,随着中国经济融入世界经济一体化的进程,对外贸易快速增长。伴随着外贸的增长,我国的对外贸易依存度也不断提高。我国对外贸易依存度的发展经历了四个阶段:

第一阶段是 1985—1990 年。随着我国对外开放逐步扩大,出口缓慢增长。1985 年,我国对外贸易依存度为 23.1%,其中出口依存度为 9.02%,进口依存度为 14.08%,1990 年我国对外贸易依存度首次达到 30%,其中出口依存度为 16.05%,进口依存度为 13.84%,我国出口慢慢赶上并超过进口。这一阶段,主要由于国内资源紧缺和大量技术设备的进口,进口依存度高于出口依存度。

第二个阶段是 1990—2000 年。在这一阶段,我国采取了一系列的宏观经济调控措施,使出口额年均增长达到 12.4%,超出了我国年均 GDP 的增长速度 8.8%。劳动密集型产业崛起，加工贸易的开展，使出口快速增长，出口依存度超过进口依存度，推动外贸稳步上升，我国的对外贸易依存度也于 1994 年突破 40%。虽然 1996—1999 年四年内我国的对外贸易依存度有所滑落，但仍在 35% 左右徘徊，2000 年再次达到 43.9%。

第三个阶段是 2001—2006 年。随着中国加入 WTO，经济全球化进一步加深，对外贸易对经济增长的作用日益明显，2004 年中国进出口贸易总额历史性地突破万亿美元大关，超过日本，名列世界第三位，对外贸易的增长速度，远远高于中国国内生产总值的增长和世界贸易的增长。中国对外贸易依存度快速提高，2002 年突破 50%，2005 年已经高达 63%，2006 年高达 67%。据有关学者分析我国已经跻身中等贸易依存度的国家行列，即贸易依存度集中在 30%～100% 之间，如法国、意大利、英国、韩国、德国等。

第四阶段是 2007 年至今。根据海关数据计算，2006 年以来，我国外贸依存度总体呈现回落态势，由 2006 年的 67% 回落到 2007 年的 66.2%，2008 年为 60.2%，至 2011 年的 50.1%。很大程度还是反映了国际和国内经济形势的变化以及中国的结构性变化，这些变化主要体现在以下几个方面。一从外部因素来讲，现在外需持续的萎缩会使中国出口大幅减速。从金融危机发生以后，欧美的资本出现了本地化的趋势，欧美资本有撤资的倾向。这个倾向也会导致支撑中国进出口的重要因素就是外商直接投资部分的减少。二从内部因素来讲，中国目前采取的政策也是扩大内需的战略。扩大内需就是持续提高我们的消费率，这种情况下进口的部分会有所增加，而出口的部分有所减少。另外，外商来华投资出现了内销化的趋势，外商直接来中国投资，由过去的外销转成内销，也就不会产生进出口贸易的增量。三是从外贸依存度分子和分母来看，分子是出口，分母是 GDP。最近几年进出口增长的速度明显开始减缓，GDP 保持在一个较高的增速上，但是人民币汇率不断升值，那么用人民币计算的 GDP 和进出口都会发生相应的变化。从这个角度来看，中国的外贸依存度 2011 年下降到 50.1% 这个趋势还会继续下去。

（资料来源：MBA 智库百科与中国广播网中的相关素材的整理所得。）

第三节　国际贸易的分类

一、按国际贸易中商品移动的方向划分

根据国际贸易中商品移动的方向划分,国际贸易可以分为出口贸易、进口贸易、过境贸易。

出口贸易是指一国把生产或加工的商品(包括本国拥有的劳务)输往国外市场销售的对外贸易活动。进口贸易是指一国从国外市场购进外国所生产或加工的商品(包括外国拥有的劳务)的贸易活动。进口贸易和出口贸易是就每笔交易的双方而言,对于卖方而言,就是出口贸易,对于买方而言,就是进口贸易。此外输入本国的商品再输出时,称为复出口;输出国外的商品再输入本国时,称为复进口。

过境贸易是指商品生产国与消费国之间进行的商品买卖活动,实物运输必须经过第三国国境,对第三国而言,就构成了该国的过境贸易。由于过境贸易对国际贸易的阻碍作用,目前,WTO成员之间互不从事过境贸易。

二、按国际贸易中商品的形态划分

根据国际贸易中商品的形态划分,国际贸易可以分成有形贸易和无形贸易。

有形贸易是指贸易双方交易的商品是具体的、有形的实物商品,因为这些商品看得见、摸得着,故称为有形贸易,有时也被称为货物贸易。例如,机器、设备、家具等都是有实物形态的商品,这些商品的进出口称为有形贸易。

无形贸易是指在国际贸易活动中所进行的没有物质形态的商品的交易,在国与国的交换中,交换标的物不是有形的商品。一般包括服务贸易和技术贸易。例如,专利使用权的转让、旅游、金融保险企业跨国提供服务等都是没有实物形态的商品,其进出口称为无形贸易。

三、按生产国与消费国的关系划分

根据生产国与消费国的关系划分,国际贸易可以分成直接贸易、间接贸易和转口贸易。

直接贸易是商品直接从生产国销往消费国,不通过第三国而进行的贸易,即指进出口两国直接达成的交易。贸易的出口国方面称为直接出口,进口国方面称为直接进口。

间接贸易则是指商品生产国与消费国通过第三国进行商品买卖的行为。之前提到的过境贸易就是间接贸易的一种方式。

转口贸易又称为中转贸易,是区别于商品生产国与商品消费国直接买卖商品的直接贸易行为而言。例如,战后的伊拉克有一些商机,但是风险也很大。我国的有些企业在向伊拉克出口商品时,大多是先把商品卖给伊拉克的周边国家,再由伊拉克的周边国家转口到伊拉克。

【本章小结】

国际贸易的产生必须具备两个基本的条件,一是要有国家的存在,二是产生了对国际分工的需要,而国际分工只有在社会分工和私有制的基础上才可能形成。在农业经济时代"地理大发现"推动了真正意义上的大范围的国际贸易;在工业经济时代,工业革命使得国际分工和国际贸易成为人类活动中的必要组成部分;战后的第三次科技革命、信息产业革命、收入与消费增长以及国际经济新秩序使得国际贸易出现了飞速增长。分别从世界范围和特定国家的视角认识国际贸易相关的各个概念:根据商品移动的方向划分,国际贸易分为出口贸易、进口贸易、过境贸易;根据商品的形态划分,国际贸易分成有形贸易和无形贸易;根据生产国与消费国的关系划分,国际贸易分成直接贸易、间接贸易和转口贸易。

【思考与练习】

1. 试讨论:外贸依存度一定越高越好吗?
2. 思考贸易增长速度超过 GDP 的原因。
3. 查找世界各国的对外贸易数据并计算各种指标。

【参考文献】

[1]国际贸易简史. 百度百科. 2008-08-06 http://chinese. cpiasia. net/world_topic/world_trade_tour/world_trade/412. html

[2]海闻、P. 林德特、王新奎. 国际贸易(第 1 版). 上海:上海人民出版社,2003

[3]宋则行、樊亢主编. 世界经济史(上卷). 北京:经济科学出版社,1997

[4]陈志武. 太平洋贸易能否带来长久繁荣? 新财富,2003(11)

第2章 传统国际贸易理论

学习内容与要求：

　　本章沿着传统国际贸易理论发展的主线介绍了绝对优势理论、比较优势理论、赫克歇尔—俄林的要素禀赋理论与里昂惕夫之谜。要求从理论建立的事实背景，了解传统国际贸易理论的假设条件，掌握传统国际贸易理论的基本观点，能够运用传统国际贸易理论分析现实问题。

　　国际贸易理论立足于解释与认知国际贸易活动，传统的国际贸易理论研究有两条线索：一条以亚当·斯密绝对优势与专业分工学说为基础；另一条以李嘉图的比较优势理论为基础。以比较优势为基础而发展的贸易理论又分为两个：一个是李嘉图强调劳动生产率差异是因技术水平差异，因此被称为技术比较优势；另一个是赫克歇尔—俄林理论，强调了国与国之间要素禀赋的差异，因此被称为禀赋比较优势。之后演化出了四个定理：H-O定理、要素价格均等化定理、斯托尔帕和萨缪尔森定理以及雷布钦斯基定理。20世纪70年代之前，比较优势成为主流的贸易理论。本章将对亚当·斯密绝对优势理论、李嘉图比较优势理论、赫克歇尔—俄林要素禀赋论以及"里昂惕夫之谜"进行介绍。

第一节　亚当·斯密的绝对优势理论

　　绝对优势理论（Theory of Absolute Advantage），又称绝对成本说（Theory of Absolute Cost）、地域分工说（Theory of Territorial Division of Labor）。该理论将一国内部不同职业之间、不同工种之间的分工原则推演到各国之间的分工，从而形成其国际分工理论。绝对优势理论是最早的主张自由贸易的

19

理论,由英国古典经济学派主要代表人物亚当·斯密创立。

首先我们先看一个简单的例子,以英国和葡萄牙生产毛呢和葡萄酒的例子引出亚当·斯密的国际分工—国际贸易理论,如表 2-1 所示。

表 2-1　建立在绝对优势上的分工与国际贸易

过程阶段	国家	葡萄酒产量（单位）	投入劳动（人/年）	毛呢产量（单位）	投入劳动（人/年）
分工前	英国	1	120	1	70
	葡萄牙	1	80	1	110
	合计	2	200	2	180
分工后	英国			（70 + 120）/70＝2.7	120＋70＝190
	葡萄牙	（80 + 110）/80＝2.375	80＋110＝190		
	合计	2.375	190	2.7	190
贸易后	英国	1		2.7－1＝1.7	
	葡萄牙	2.375－1＝1.375		1	

资料来源:卜伟等. 国际贸易与国际金融(第 1 版).北京:清华大学出版社,2005:2

表 2-1 表明,英国在生产毛呢上具有绝对优势地位,因为在英国生产 1 单位毛呢只需投入 70 个劳动力,而葡萄牙生产 1 单位毛呢则须投入 110 个劳动力,即英国生产毛呢的绝对成本低于葡萄牙。相反,葡萄牙生产葡萄酒的绝对成本低于英国。所以,在自由贸易下,英国专门生产毛呢并出口一部分以换取葡萄牙的葡萄酒;葡萄牙专门生产葡萄酒并出口一部分以换取英国的毛呢。

显然,分工后,毛呢和葡萄酒的生产效率总体上提高了,即劳动生产率得到提高,因此在原有资源的基础上,能生产更多的毛呢和葡萄酒。如果两国按照 1∶1 交换毛呢和葡萄酒,英国除了享有 1 单位的毛呢和 1 单位的葡萄酒外还多出了 0.7 单位的毛呢。同样,葡萄牙除了享有 1 单位的毛呢和 1 单位的葡萄酒外还多出了 0.375 单位的葡萄酒。可见,实行国际分工和专业化生产后,英国和葡萄牙都可同时受惠,利益来自各自发挥生产中的绝对优势,使生产率提高从而提高了产量。

一、绝对优势理论的提出背景

亚当·斯密处在从工场手工业向大机器工业过渡时期,资本主义进入自由竞争时期。但是受到一直以来的以"贸易差额论"为基调的重商主义将本国的出口(净出口)视作财富来源的重要渠道的影响,各国认为国际贸易是一种"零和博弈",即一方之所得为另一方之所失。而当时的英国在产业革命后,工业迅速发展,"世界工厂"的地位确定并巩固,一方面由于其产品具有强大的国际竞争力,迫切需要打开其他国家的市场大门;另一方面,英国也需要以本国的工业制成品的出口换取原料和粮食的进口,为此,英国工业资产阶级需要国内政府放松进口的管制。斯密在 1776 年出版的《国民财富的性质和原因的研究》(*Inquiry into the Nature and Cause of the Wealth of Nations*,简称《国富论》)也就应运而生,在该书中他提出了国际分工和自由贸易的理论,并以此作为反对贸易保护政策的重要武器,他的基本经济思想是"自由放任",这一思想也被用于国际贸易理论——绝对优势理论,该理论认为依据绝对成本优势进行专业化生产,通过交换所有的参与者均可获取贸易利益。

二、绝对优势理论的主要论点

关于绝对优势理论的主要论点可以简单地归纳成如下四点:

第一,分工可以提高劳动生产率,增加国民财富。斯密认为,交换是出于利己心并为达到利己目的而进行的活动,是人类的一种天然倾向。人类的交换倾向产生分工,社会劳动生产率的巨大进步是分工的结果。他以制针业为例说明其观点。根据斯密所举的例子,分工前,一个粗工每天至多能制造 20 枚针;分工后,平均每人每天可制造 4 800 枚针,每个工人的劳动生产率提高了几百倍。由此可见,分工可以提高劳动生产率,增加国民财富。

第二,分工的原则是成本的绝对优势或绝对利益。斯密进而分析到,分工既然可以极大地提高劳动生产率,那么每个人专门从事他最有优势的产品的生产,然后彼此交换,则对每个人都是有利的。即分工的原则是成本的绝对优势或绝对利益。他以家庭之间的分工为例说明了这个道理。他说，如果一件东西购买所花费用比在家内生产的少，就应该去购买而不要在家内生产，这是每一个精明的家长都知道的格言。裁缝不为自己做鞋子，鞋匠不为自己裁衣服，农场主既不打算自己做鞋子，也不打算缝衣服。他们都认识到，应当把他们的全部精力集中用于比邻人有利地位的职业，用自己的产品去交换其他物品，会比自己生产一切物品得到更多的利益。

第三，国际分工是各种形式分工中的最高阶段，在国际分工基础上开展国际贸易，对各国都会产生良好效果。斯密由家庭推及国家，论证了国际分工和国际贸易的必要性。他认为，适用于一国内部不同个人或家庭之间的分工原则，也适用于各国之间。国际分工是各种形式分工中的最高阶段。他主张，如果外国的产品比自己国内生产的要便宜，那么最好是输出在本国有利的生产条件下生产的产品，去交换外国的产品，而不要自己去生产。他举例说，在苏格兰可以利用温室种植葡萄，并酿造出同国外一样好的葡萄酒，但要付出比国外高 30 倍的代价。他认为，如果真的这样做，显然是愚蠢的行为。每一个国家都有其适宜于生产某些特定产品的绝对有利的生产条件，如果每一个国家都按照其绝对有利的生产条件（即生产成本绝对低）去进行专业化生产，然后彼此进行交换，则对所有国家都是有利的，世界的财富也会因此而增加。

第四，国际分工的基础是有利的自然禀赋或后天的有利条件。斯密认为，有利的生产条件来源于有利的自然禀赋或后天的有利条件。自然禀赋和后天的条件因国家而不同，这就为国际分工提供了基础。因为有利的自然禀赋或后天的有利条件可以使一个国家生产某种产品的成本绝对低于其他国而在该产品的生产和交换上处于绝对有利地位。各国按照各自的有利条件进行分工和交换，将会使各国的资源、劳动和资本得到最有效的利用，将会大大提高劳动生产率和增加物质财富，并使各国从贸易中获益。这便是绝对成本说的基本精神。

三、绝对优势理论的评述

亚当·斯密是国际分工和国际贸易理论的创始者。在其理论中，斯密强调了分工的重要性，在他看来，适用于一国内部的不同职业之间、不同工种之间的分工原则，也适用于各国之间。他认为，每一个国家都有其适宜于生产的某些特定的产品的绝对有利的生产条件，去进行专业化生产，然后彼此进行交换，则对所有交换国家都有利，这就是绝对优势论。绝对成本学说从劳动分工原理出发,在人类认识史上第一次论证了贸易互利性原理,克服了重商主义者认为国际贸易只是对单方面有利的片面看法。这种贸易分工互利的双赢思想,到现代也没有过时,将来也不会过时。从某种意义上说,这种双赢理念仍然是当代各国扩大对外开放,积极参与国际分工贸易的指导思想。

虽然绝对优势理论解释了具有不同优势的国家之间的分工和交换的合理性。但是,这只是国际贸易中的一种特例。如果一个国家在各方面都处于绝对的优势,而另一个国家在各方面则都处于劣势,那么,它们之间的贸易就无从解释。另外,亚当·斯密的绝对优势理论是静态看待问题,各国按照不同的绝对优势进行国际分工和专业化生产,并未考虑到技术进步以及规模效应等因素对产出的动态影响、技术进步方向对未来生产方向等长期的影响。

另外,值得关注的是关于绝对优势理论的继承性理论研究。在 20 世纪 70 年代之前,比较优势理论(即之后要学到的理论)一度成为无可争辩的主流贸易理论,绝对优势理论一度遭受冷落。当然,重要的原因是与斯密的绝对优势理论相比,李嘉图的比较优势理论令人信服地解释了处在不同发展层次或技术水平的国家之间的互利贸易问题。然而,20 世纪 70 年代末期,尤其是 80 年代发生的经济学"收益递增革命"(克鲁格曼语)改变了这一格局。这一革命的两个奠基式研究者,即迪克西特和斯蒂格利茨(1977)构建的 D-S 模型引出了这样一个推论:如果存在规模经济,即使两国的初始技术条件完全相同,且没有外生的比较优势,则两国也可能选择不同的专业,从而形成某种绝对优势,这种绝对优势是后天的、内生的。这一推论被认为是对斯密分工理论基石的贸易理论的复活,引起了经济学家们对斯密贸易理论的重新审视[1]。

第二节 大卫·李嘉图的比较优势理论

大卫·李嘉图在其代表作《政治经济学及赋税原理》中提出了比较成本贸易理论,后人称为比较优势贸易理论。比较优势贸易理论在更普遍的基础上解释了贸易产生的基础和贸易利得,大大发展了绝对优势贸易理论。同样我们也在一个简单的例子的基础上引出大卫·李嘉图比较优势理论,见表 2-2。

表 2-2　建立在绝对优势上的分工与国际贸易

过程阶段	国家	葡萄酒产量（单位）	投入劳动（人/年）	毛呢产量（单位）	投入劳动（人/年）
分工前	英国	1	120	1	100
	葡萄牙	1	80	1	90
	合计	2	200	2	190
分工后	英国			$(100+120)/100=2.2$	$120+100=220$
	葡萄牙	$(80+90)/80=2.125$	$80+90=170$		
	合计	2.125	170	2.2	220
贸易后	英国	1		$2.2-1=1.2$	
	葡萄牙	$2.125-1=1.125$		1	

资料来源：卜伟等. 国际贸易与国际金融(第 1 版)，北京：清华大学出版社，2005：4.

　　表 2-2 表明，葡萄牙在毛呢和葡萄酒生产上的成本均低于英国，均具有绝对优势。但是从比较优势来看，英国生产 1 单位的毛呢需投入 100 个劳动力，葡萄牙生产 1 单位的毛呢需投入 90 个劳动力，差值为 10 个劳动力；英国生产 1 单位葡萄酒需投入 120 个劳动力，葡萄牙生产 1 单位葡萄酒需投入 80 个劳动力，差值为 40 个劳动力。所以说，英国在生产毛呢上具有比较优势，葡萄牙在生产葡萄酒上具有比较优势。因此，在自由贸易下，英国专门生产毛呢并出口一部分以换取葡萄牙的葡萄酒；葡萄牙专门生产葡萄酒并出口一部分以换取英国的毛呢。

　　显然，两国按照 1：1 交换毛呢和葡萄酒，英国除了享有 1 单位的毛呢和 1 单位的葡萄酒还多出了 0.2 单位的毛呢。同样，葡萄牙除了享有 1 单位的毛呢和 1 单位的葡萄酒还多出了 0.125 单位的葡萄酒。可见，在基于各自比较优势的基础上，通过国际分工和专业化生产后，即使葡萄牙在两种产品的生产中都具有绝对优势的情况下，英国和葡萄牙也从国际贸易中同时受惠。

一、比较优势理论的提出背景

尽管斯密的绝对优势理论为自由贸易提供了理论依据,但是仍然面临一些挑战:两个国家刚好具有不同商品生产的绝对优势具有偶然性。

随着英国工业革命的深入发展,英国形成的一大批拥有经济实力的工商业者和新贵族(工业资产阶级),这些人与占封建统治地位的土地旧贵族之间的利益冲突越来越大,在1815年英国政府为维护土地贵族阶级利益而修订实行了"谷物法"。"谷物法"颁布后,英国粮价上涨、地租猛增,它对地主贵族有利而严重地损害了工业资产阶级的利益。昂贵的谷物使工人货币工资被迫提高、成本增加、利润减少,削弱了工业品的竞争能力;同时昂贵的谷物也扩大了英国各阶层的吃粮开支,而减少了对工业品的消费,"谷物法"还招致外国以高关税阻止英国工业品对他们的出口。为了废除"谷物法",工业资产阶级采取了多种手段鼓吹谷物自由贸易的好处,而地主贵族阶级则千方百计维护"谷物法",认为英国能够自己生产粮食根本不需要从国外进口,并且反对在谷物上自由贸易。此时,工业资产阶级迫切需要找到谷物自由贸易的理论依据。李嘉图在1817年出版的《政治经济学及赋税原理》适时而出,他提出了著名的比较优势理论(Law of Comparative Advantage),他认为英国不仅要从外国进口粮食而且要大量进口,因为英国在纺织品生产上所占的优势比在粮食生产上优势还大,因此英国应专门发展纺织品生产,以其出口换取粮食,取得比较利益,提高商品生产数量。

二、比较优势理论的主要论点

比较优势理论建立在严格的理论假设前提下,它包括:(1)两个国家,两种产品或两种要素;(2)国家之间存在某种特征差异;(3)各国的比较利益是静态不变的,不存在规模经济;(4)自由贸易是在完全竞争的市场结构下进行的,以物物交换为形式;(5)生产要素在一国国内可以自由流动,在两国间则不能流动;(6)不存在技术进步、资本积累和经济发展。

李嘉图认为,国际贸易的基础并不限于劳动生产率上的绝对差别,即使一国在所有产品的生产上都具有绝对劣势,只要不同产品生产的绝对劣势的程度不同,互利贸易仍有可能发生。基本内容是最有效和最有利的国际分工是各国集中生产比较成本最有利的产品。如果一个国家在两种产品的生产成本上都具有绝对的优势,或者在两种产品生产成本的绝对数上都处于劣势,那么通过劳动成本的相比较,而非绝对差别,以及由此产生的相对成本的差别选择专业生产。每个国家都应根据"两利相权取其重,两弊相权取其轻"的原则,集中生产并出口其具有"比较优势"的产品,进口其具有"比较劣势"的产品,其结果是劳动生产率不同的两个国家,通过对外贸易都能取得比自己同等量劳动所能生产的更多的产品。

三、比较优势理论的评述

在工业资产阶级迫切需要找到谷物自由贸易的理论依据时李嘉图适时而出,为英国出口在生产上占优势的纺织品,从国外大量进口粮食提供了有利的理论依据。事实上,中国的田忌赛马故事也反映了这一比较优势理论,田忌所代表的一方的上、中、下三批马,每个层次的质量都劣于齐王的马。但是田忌用完全没有优势的下马对齐王有完全优势的上马,再用拥有相对比较优势的上、中马对付齐王的中、下马,结果稳赢。在实践的检验中也为这一理论提供了有力的证据,比如,迈克道尔以1937年为例,通过考察美国与英国各行业的出口绩效与劳动生产率之间的关系,基本上可以验证得出对于美国劳动生产率(根据工资差异加以调整后的)相对高于英国的产业而言,美国在这些行业的出口也相对高于英国这些行业的出口。斯特恩比较了1950年和1959年两个年份美国、英国劳动生产率与出口绩效之间的关系,根据他们的分析,1950年在所观察的39个部门中有33个部门支持了假设检验,但到1959年,这一关系有所削弱。整体而言,比较优势理论的作用有两方面:第一,揭示了国际贸易与分工产生的原因,除了具有绝对优势的国家(尤其是资本主义发达国家)可以参与国际贸易,具有相对优势的发展中国家也是国际贸易分工的参与主体,而且为贸易双方从中获利提供了理论依据;第二,促进并解释了资本主义发达国家主导的最初国际贸易与分工模式——发达国家集中生产并出口高技术含量、高附加值的资本、技术密集型产品,而发展中国家集中生产并出口低加工度、低技术含量、低附加值的劳动、资源密集型产品。

比较优势理论的不足,当然,首先反映在它的六个研究假设上;其次是李嘉图的比较优势理论认为技术差异会引起国际贸易,但是他并未进一步指出技术差异的来源,即这种劳动生产率差异可能是外生的。因此,在比较优势理论的发展上主要是基于对外生比较优势这一主流理论的完善和挑战。关于比较优势的诸多研究中,比较突出的是以克鲁格曼、赫尔普曼和格罗斯曼为代表,在引入规模经济、产品差异等概念体系批评传统比较优势理论的基础上形成了所谓的新主流贸易理论(Helpman & Krugman,1985；Grossman & Helpman,1989 & 1990),而其他经济学家又在批评这一新主流贸易理论的基础上,从专业化、技术差异、制度、博弈以及演化等不同的角度对比较优势理论进行了拓展。

第三节　赫克歇尔—俄林的要素禀赋理论

尽管在很长时间里很多人一直对李嘉图的比较优势理论深信不疑,经济学家们还是不断对此进行发展,其中一个重要的发展是赫克歇尔和俄林的要素禀赋理论。绝对优势理论和比较优势理论假设各国拥有不同的生产率水平,但却没有分析为什么一国在一个特定的生产线上比另一国具有更高生产率。要素禀赋理论将更细致地考察比较优势,从决定比较优势的要素视角进行切入。

要素禀赋理论又称 H-O 理论(Heckscher-Ohlin),它是现代国际贸易理论的新开端,其基本内容有狭义和广义之分,狭义的要素禀赋理论用生产要素丰缺来解释国际贸易的产生和一国的进出口贸易类型;广义的要素禀赋论包括狭义的要素禀赋理论和要素价格均等化学说。

一、要素禀赋学说的提出背景

在 1929—1933 年间,资本主义世界经历了历史上最严重的经济危机,一方面各国都力图加强对外倾销商品,但与此同时,贸易保护主义抬头,纷纷提高进口关税,限制商品进口。对此,瑞典人民深感不安,因为瑞典国内市场狭小,一向对国外市场依赖很大。在此背景下,俄林承瑞典著名经济学家赫克歇尔的论点,深入探讨了国际贸易产生的深层原因并创立了要素禀赋理论。在此之前,赫克歇尔于1919发表的论文《对外贸易对国民收入之影响》里,提出了要素禀赋说的基本论点。他们在 20 世纪早期提出的要素禀赋理论解释了各国生产与参与国际贸易交换的商品具有比较成本优势的原因,俄林批判性地继承了大卫·李嘉图的比较成本说,他认为李嘉图只用由于技术差异导致的劳动生产率不同来解释国际贸易是片面的,在生产活动中,除了劳动起作用外,还有资本、土地、技术等生产要素,各国在从事产品生产时各种生产要素也是必须同时考虑的,他在 1933 年出版的《区域贸易和国际贸易》一书中系统地提出了自己的贸易学说,标志着要素禀赋理论的诞生。由于俄林早期师承瑞典著名经济学家赫克歇尔而深受启发,故被称之为赫克歇尔—俄林的要素禀赋理论,该理论标志着现代国际贸易理论的新开端,并且与李嘉图的比较优势理论一并成为国际贸易理论的两大基本基石。

在赫克歇尔—俄林提出的要素价格均等化学说之后,著名美国经济学家萨缪尔森对该学说进行了非常重要的补充。当时的现实正处在美国经济由中盛走向极盛、再走向衰落的时代背景下。1941 年萨缪尔森与斯托尔帕(W. F. Stolper)发表了《实际工资和保护主义》一文,提出了生产要素价格日趋均等化的观点。之后,萨缪尔森在 1948 年前后发表的《国际贸易和要素价格均衡》、《国际要素价格均衡》及《论国际要素价格的均衡》、《再论国际要素价格均等化》等文中对上述观点作了进一步的论证,发展了要素价格均等化学说。

二、要素禀赋学说主要论点

(一)要素禀赋论的内容

狭义的赫克歇尔—俄林要素禀赋论又称要素比例学说(Factor Proportions Theory)。俄林认为同种商品在不同国家的相对价格差异是国际贸易的直接基础,而价格差异则是由各国生产要素禀赋不同,从而要素相对价格不同决定的,所以要素禀赋不同是国际贸易产生的根本原因。他在阐述要素禀赋论时层层深入:第一,商品在国家之间的相对价格差异是国际贸易产生的主要原因,在没有运输费用的假设前提下,从价格较低的国家输出商品到价格较高的国家是有利的。第二,国家间的生产要素相对价格的差异决定了商品相对价格的差异,在各国生产技术相同的条件下各国要素相对价格的差异决定了各国商品相对价格存在差异。第三,国家间的要素相对供给不同决定了要素相对价格的差异,他认为要素供给在要素的供求决定要素价格的关系中占主要地位,各国要素需求一定的情况下,各国不同的要素禀赋对要素相对价格会产生不同的影响,即相对供给较充裕的要素的相对价格较低,而相对供给较稀缺的要素的相对价格较高。因此,国家间要素相对价格差异是由要素相对供给或供给比例不同决定的。最后,要素禀赋论得出了一个国家生产和出口那些大量使用本国供给丰富的生产要素的产品,价格就低,因而具有比较优势;相反,生产那些需大量使用本国稀缺的生产要素的产品,价格便贵,那么对出口就不利,因此,各国应尽可能利用供给丰富、价格便宜的生产要素,生产廉价产品输出,以交换别国价廉物美的商品。简言之,劳动丰富的国家出口劳动密集型商品,而进口资本密集型商品;相反,资本丰富的国家出口资本密集型商品,进口劳动密集型商品。

为了解释各国的要素差异是如何影响产品的生产率的,首先,给出两个概念——要素丰裕(Factor Abundance)和要素稀缺(Factor Scarcity)。通过表2-3 的数据实例解释该概念。

表 2-3　一个要素丰裕(稀缺)的例子

	美　国	印　度
资本	50	20
劳动力	150	100

通过比较各国生产要素的物质供给比率或各国生产要素的价格比率可以对要素丰裕进行简单的判断。如表 2-3,美国的资本—劳动比 $K_{us}/L_{us}=50/150$,或 1/3。印度的资本—劳动比 $K_{ind}/L_{ind}=20/100$,或 1/5。因为,美国的资本—劳动比要高于印度($K_{us}/L_{us}>K_{ind}/L_{ind}$),因此,可以说美国是资本丰裕的国家,而印度是一个劳动丰裕的国家。进一步,虽然印度的绝对劳动力禀赋要比美国低,但仍然被认为是一个劳动力丰裕型的国家,就是因为它的劳动力供给量相对资本供给量更丰裕。

生产要素的相对丰裕意味着其相对成本或价格要比在该种要素相对稀缺的其他国家低,相反,相对稀缺的资源会更加昂贵。据此,美国的资本更为便宜,而劳动力则相对昂贵。由此可得,当大量生产由较为丰裕要素构成的产品,适量生产相对稀缺要素构成的产品时,经济体在产品生产上的成本或价格会更低。在以上例子中,印度在相对多地使用劳动力,而相对较少地使用资本的产品上具有更低的机会成本;而美国在那些需要使用更多资本,较少使用劳动的产品上具有更低的机会成本。

(二)要素价格均等化学说

要素价格均等化定理是赫克歇尔—俄林理论研究国际贸易对要素价格的影响得出的著名结论。赫克歇尔—俄林模型在解析国际贸易所得和所失方面更为复杂和精细。劳动力按具有技术水平的不同可以被分为两个或更多的档次,其他类型的生产投入也应该被考虑进来,不同产业需要不同种类、不同比例的生产投入组合。该理论揭示了国家作为一个整体在国际贸易中获利的同时,国内会有一部分人比其他人获得更多的利益,但仍然会有一些人因为贸易遭受损失。但在开放经济中,国家间因生产要素自然禀赋不同而引起的生产要素价格差异逐步缩小,即要素价格将趋于均等,其中,第一条路径是通过生产要素的国际移动导致的要素价格的直接均等化;第二条路径是通过商品的国际移动导致的要素价格的间接均等化。但是,俄林认为国际贸易最终会使所有地区所有生产要素价格相等只是一种趋势。

对该命题的进一步讨论是在斯托尔帕—萨缪尔森定理(Stolper-Samuelson Theorem,S-S定理)中,他们从国际贸易的收入分配效应进行分析。该理论分析是以每个人的收入由他对社会的投入贡献所决定这一基准展开的。劳动者所得的报酬有可能高,有可能低,这由其所掌握的技能层次决定;资本家得到利润;土地主得到租金。每一个单位要素投入所得到的收入取决于这种投入在社会上的需求程度及其供给情况。这种对于某种特定投入要素的需求有时候被称为引致需求(Derived Demand),因为它是间接地由用其作为原料生产出的产品的需求拉动的。如果这种产品存在大量需求,那么价格就会提高,因此制造这种产品的投入要素就会因为该产品的高利润而得到较高的回报率。总的来说,在经济中,任何产品价格上的变化都会直接影响到该产品供给者的收入。国际贸易可以改变产品的价格。价格的变动会影响对于每一种要素的需求,最终导致每种要素的回报率的变化。

斯托尔帕—萨缪尔森定理被总结成:当贸易开始后,产品价格会发生变化,资源会从生产进口品的部门转移到生产出口品的部门。在赫克歇尔—俄林模型中,不同的商品是由不同的投入组合生产的,所以在生产可能性边界上的移动会引起对每种投入要素的需求的变化。我们会发现,那些在生产进口商品部门被密集使用的要素的需求会收缩,投入者的收入也会随之减少。相反,那些在生产出口商品部门被密集使用的要素的需求会变得越来越旺盛,投入者的收入也随之增加。总而言之,当国际贸易开始之后,那些进口商品部门密集使用的要素的投入者的收入会下降,而生产出口商品部门密集使用的要素的投入者的收入会上升。

图 2-1 描述了这种趋势。假定美国和印度可以生产面包和钢铁,只用资本和劳动这两种要素,并假定面包为劳动密集型产品,如下面的不等式所描述的:

$$K_b/L_b < K_s/L_s$$

其中 K_b 和 L_b 分别为生产面包投入的资本和劳动,K_s 和 L_s 分别为生产钢铁投入的资本和劳动。然而美国与印度相比,拥有更加丰裕的资本,如下面

的不等式所描述的:

$$K_{ind}/L_{ind} < K_{us}/L_{us}$$

根据赫克歇尔—俄林理论,美国在生产钢铁上具有比较优势,会向印度出口钢铁以换取面包。在图 2-1 中,随着国际贸易的进行,美国的生产可能点沿着生产可能性曲线从 A 点移向更加接近钢铁生产轴的 B 点。在这个过程中,使得经济体对劳动的需求下降,而对资本的需求增加。

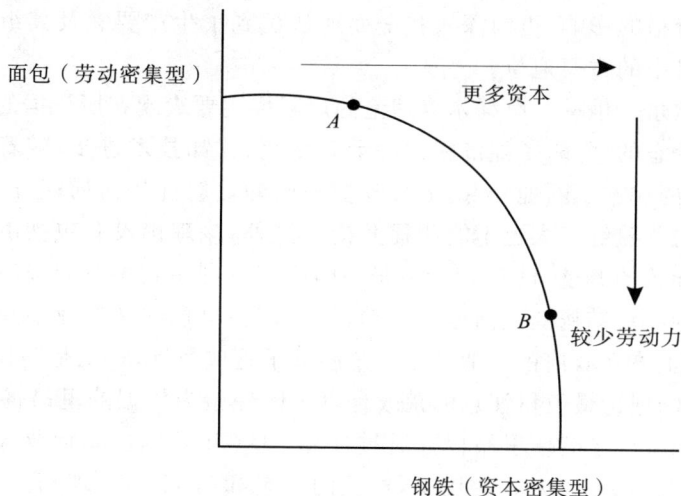

图 2-1 斯托尔帕—萨缪尔森定理

总之,斯托尔帕—萨缪尔森进一步的论证,发展了要素价格均等化学说,提出了斯托尔帕—萨缪尔森定理,即某一商品相对价格的上升,将导致该商品密集使用的生产要素的实际价格或报酬提高,而另一种生产要素的实际价格或报酬则下降,若引申在国际贸易领域,即国际贸易会提高该国丰富要素所有者的实际收入,降低稀缺要素所有者的实际收入。萨缪尔森在他 1949 年发表的《再论国际要素价格均等化》论文中用数学方法论证了在特定条件下,国际要素价格均等化是必然的,而不是一种趋势。

要素价格均等化理论有两点重要意义:一是它证明了在各国要素价格存在差异,以及生产要素不能通过在国家间自由流动来直接实现最佳配置的情况下,国际贸易可替代要素国际流动,"间接"实现世界范围内资源的最佳配置;二是它说明了贸易利益在一国内部的分配问题,即说明国际贸易如何影响贸易国的收入分配格局。

三、要素禀赋论的评述

赫克歇尔—俄林要素禀赋论以各国的要素禀赋阐述了各国比较优势的来源,他们用等量产品不同价格(成本)比较两国不同的商品价格比例,用生产要素禀赋的差异寻求解释国际贸易产生的原因和国际贸易商品结构以及国际贸易对要素价格的影响,更为深入和全面地认识到了生产要素及其组合在各国进出口贸易中的重要地位。

赫克歇尔—俄林—萨缪尔森理论的局限性主要表现在所依据的一系列假设条件是静态的,忽略了经济因素的动态变化,比如技术进步,随着技术不断进步,产品的成本不断地降低,也会改变一国的比较优势格局;生产要素中的熟练工人与非熟练工人也不能相提并论。另外,该理论没有包括由于经济结构变化所导致的调整,H-O 理论主张一国应充分利用它现有的资源而不是在即将到来的经济结构变化前抢先行动,并在即将出现的新产业中建立竞争实力,而实际上许多政府的产业政策正是瞄准了这些目标,特别是高技术领域。

对 H-O 理论最值得注意的挑战是以美国经验为依据的里昂惕夫(Vassily W. Liontief)之谜。里昂惕夫通过计算 1947 年美国出口行业与进口竞争行业的资本存量与工人人数比率,检验的结果却与 H-O 定理相悖,即美国作为一个资本充裕的国家,出口的是劳动密集型产品,进口的是资本密集型产品。尽管 H-O 理论缺乏明晰的实证数据支持,但它仍是大多数经济学家研究国际贸易问题的基础。

学习资料 2-1   韩国比较优势发展史

韩国经济腾飞阶段——劳动密集型产业时代

1953 年 7 月 22 日,朝鲜战争停战协定的签订,标志着韩国经济开始进入恢复期。韩国的经济恢复主要是围绕着"美援"展开的。这一时期,美国的经济援助占韩国投资总额的 65％以上。这些投资推动了韩国工业部门的发展,特别是对韩国的化工、纤维等骨干产业部门的恢复和发展起到了关键的作用。美国也成为韩国出口的主要市场。这是韩国在经济发展中的优势,但在以后的发展阶段却成为影响韩国市场经济稳定的劣势。

轻纺业一直是韩国的传统产业,是韩国经济赖以发家的产业部门。早在日本统治时期,轻纺工业就已经初步建立起来了,独立后在美国的援助之下有所发展,但是,一直面临设备落后,基础薄弱的困境。到 20 世纪 60 年代初,面临的突出问题就是，设备陈旧，技术落伍，无法适应国际市场的要求。在政府致力于工业化的大方针指引下，利用西方主要发达国家的工业制造业由轻纺工业升级到重化工业的有利时机，引进了被转移出来的成熟技术，最大限度地发挥了自身优势，结合韩国劳动力相对丰富，以及生产原材料的客观条件，进行了部分的技术改革和创新，取得了显著的效果。根据有关资料：从1967年至1976年的十年间轻纺工业始终保持着年均30％的增长率，大大超过了同期整个制造业的年平均增长率，出口创汇的效果也十分明显，到1973年突破了10亿美元大关。从而为国民经济其他部门的发展积累了资金。诚如柳卸林院士所言"半工业化国家的增长速度在1906—1958年这段时间内比工业化国家快，原因在于他们利用了模仿、扩散，得益于技术进步的扩散规律的作用。"韩国就是其中的代表。而同时期的中国却在"文化大革命"中错过了这次良机，并在十年甚至更长的时间后才受益于技术扩散规律。

韩国的自然资源匮乏，这是韩国经济发展的劣势，但人力资源丰富，朝鲜战争后的人口出生率高达3％，且60年代初期尚有高达10％以上的失业率。为此，韩国充分利用人力资源优势，发展劳动密集型工业，增加劳动投入量，扩大规模经济效益。其典型的做法就是大力发展出口加工工业。

这一时期，韩国以其廉价的劳动力、韩国人民吃苦耐劳的民族精神，大力发展劳动密集型企业，以此比较优势带动了韩国经济的初期发展。

韩国经济腾飞阶段二——资本密集型产业时代

韩国的民族传统文化在民间有深远的影响，韩国的民族主义和集体主义使得韩国的政策能很快地得到成效。韩国有东方民族特色的高储蓄率，通过扩大储蓄，提高投资率，增加投资，以高投资率换取高经济增长率。60年代初期，韩国的投资来源主要依靠以美国经济援助为主体的外资，其后随着美援的减少，开始扩大国内投资。其主要做法是灵活运用利率杠杆，通过提高储蓄利率，吸收存款，抑制消费。从1965年9月开始，韩国实施"利率现实化"政策，将定期存款的最高年利率由15％提高到30％；其后存款每年增加，从1964年的145亿韩元增加到1971年的7 087亿韩元，8年增加近48倍。高投资率带来了高增长率，据测算，韩国资本因素对国民收入增长的贡献率为24％左右。如果对其投资率与经济增长率做综合分析，可以发现，两者间的关系基本上可以通过哈罗德—多马模型反映出来。联系上述韩国经济增长的条件来看，这一经济增长模式的选择，依据在于最大限度地发挥自身的优势和有利条件，因地制宜，因时制宜，以劳动和资本的高投入来实现经济成果的高产出，最终实现经济的高速增长。

随着技术与资本的积累,从70年代中期开始,韩国当局对其经济发展战略作了局部的调整。提出了优先发展重化学工业的工业化战略,以改变重化学工业长期落后的状态,调整和优化工业结构,提高企业和部门的国际竞争力。这一战略的实施,使出口导向型经济发展战略得到进一步贯彻。结果,重化学工业化战略实施的9年间(1973—1981年),韩国重化学工业产品出口额由8.3亿美元增加到99.6亿美元,增长了12倍。

至此,韩国经济发展的比较优势已从劳动密集型行业转移到资本密集型行业。

韩国经济腾飞阶段三——技术密集型产业时代

韩国非常重视劳动、资本等经济要素的投入,追求经济规模的不断扩大,但同时,也强调经济增长的"质"的提高,通过提高劳动者的自身素质,为经济增长带来更大的活力和后劲。韩国清楚地认识到,随着现代科学技术的发展,这场竞争中保持不败的唯一选择,就是发展教育事业,提高全民族的科学文化水平。据统计:1962—1980年,韩国文教部占财政预算的比重年平均为16.8%,仅次于军费所占比重;公共教育投资占国民生产总值的比重也远高于"亚洲四小龙"中的其他国家。早在1981年,韩国的小学入学率就达到了100%;1983年中学的入学率达到98%;到1985年,其大学生和研究生总数超过了100万人,升学率为34%;到2000年,达到140万人。

这表明韩国的教育水平不仅超过了发展中国家的一般水平,而且可以与人称"教育大国"的日本相匹敌。教育的发展不仅提高了全民族的文化素质,同时也间接地促进了国民经济的发展。据测算:1963—1976年,就业者平均教育水平提高对人均国民收入增长的贡献率为6.6%,高于日本的4.8%;教育事业对国民收入增长的间接贡献率达到22%以上。同时,韩国非常重视发展高等教育,重视对高等教育的投资,为社会培养高素质的科学技术人才。此外,还采取各种优惠措施,从国外招聘各类科学技术人员。所有这一切,都不同程度地提高了劳动者的技术素质和企业的技术水平。表面看来,这些因素对经济增长并没有直接的贡献率,但它对韩国的经济起飞的影响远比其他因素大得多,因为这种影响是全面的、深远的。

而这种深远的影响在技术密集型时代到来之际起到了关键的作用。正是这种人才储备的积累,使得韩国在快速发展的全球经济中取得了巨大的比较优势。

政府的英明领导还是市场竞争的结果?

由上文可以看出,在韩国经济发展的过程中,韩国政府起到了至关重要的作用。下面具体分析其中的作用:

由于国家绝对地占有了政治资源和经济资源,处于强势地位,加之韩国是一个具有悠久的中央集权官僚制传统的社会,社会一直是处于被专制的地位。问题的关键在于这种"强国家—弱社会"的二元结构专制的目的和对象。当政府专心致志地发展经济,并作出一系列促进经济发展的制度安排时,专制的对象就变成了社会中阻碍经济发展的部分。此时,政府便可以利用这种二元结构,以强制手段保障制度安排的有效实施,优先启动和推进经济发展的进程。韩国政府根据社会的这种实际情况,选择了一条类似于日本的非政治化、军事效率的经济发展道路,以减少不确定性。毕竟制度在一个社会中的主要作用是通过建立一个人们相互作用的稳定的结构来减少不确定性。这一制度安排确保了国家机器的高效率运转,明文规定了税收政策,杜绝了官商勾结和大大小小各层官僚随意的敲诈勒索,明确了政府的责任。同时,也增强了处于弱势地位的社会对国家的信任度,从而使得国家确立的促进经济发展的制度安排能够自上而下地得到有效贯彻。

1962 年到 1978 年,韩国强调"由政府指导的资本主义体制",在把市场经济作为国民经济的主要调控机制的同时,加强经济政策和经济计划对经济的积极干预,并在对市场经济和经济计划调节适当定位后,实现了两者较好的结合。投资政策方面,政府当局实施"不均衡增长战略",根据不同时期的战略,确定不同的投资重点,扶持主导产业的发展,并通过它们带动整个国民经济的发展。这 17 年间,韩国国民生产总值翻了四番多,年均增长率达到 10%,人均国民生产总值由 87 美元增加到 1 330 美元。

随着与工业化国家经济差距的不断缩小,自主的技术创新对发展中国家和地区进一步加快经济发展,赶上甚至超过发达国家和地区的重要性就越来越明显,是处于第一位的推动力。韩国在 60 年代到 70 年代前半期主要是通过引进西方发达国家的技术并加以本土化改造来建立和完善本国的产业部门,促进经济增长。在 70 年代末韩国明确提出了"技术立国"的发展战略,政府建立了技术开发资金援助制度,从资金融通、投资、补助金支付和信用保障等各方面对技术研发给予支持,使韩国自主的技术创新能力得到不断加强。

根据有关资料显示:韩国研发费用占 GNP 比重从 1980 年的 0.86% 增加到 1986 年的 1.9%;每 1 万人口的研究人员数,由 1980 年的 4.8 名增加到 1986 年的 11.3 名。正是在这种自主技术创新能力不断提高的基础上,韩国经济腾飞重要产业部门得以陆续建立和发展。以钢铁工业为例，在 60 年代，韩国仅有两家钢铁企业，生产能力只有 14 万吨。而伴随着钢铁冶炼、锻造以及生产技术的不断研发成熟，到 1983 年浦项钢铁联合企业第四期扩建工程完工时，生产能力猛增为 910 万吨，成为世界第 12 位的大型钢铁企业，而到 90 年代，浦项钢铁联合企业以 1 450 万吨的生产能力，超过美国最大的钢铁企业——美国钢铁公司，成为仅次于日本新日铁的全球第二大钢铁公司。

上述情况表明了韩国政府的先见之明，但在某些情况下，韩国经济发展既可归功于政府的决策，也可说貌似市场经济竞争的必然结果，因为有些人会认为这是政府不得不做的事。

1979 年，以第二次能源危机为契机，韩国经济内部存在的种种问题，由潜在走向表面。韩国的"出口导向型"体制过分地依赖外向经济，导致其经济直接受到美国和日本的经济形势影响。面对上述困境，政府一方面通过减少特别关税，放宽进口限额，扩大商品和劳务出口，开拓第三世界市场另一方面通过紧缩财政，优化产业结构，加强企业自主技术开发等措施，以力求把经济调整到稳定和协调发展的基础之上。经过调整，韩国经济开始走向复苏，1981 年的经济增长速度达到 6.4%，恢复到 1979 年的水平，到 1983 年，增长率达到 9.3%，1983 年贸易赤字减少到 16 亿美元。

低工资是比较优势吗？

低工资会影响工人的工作效率，也会影响工人的消费水平。这种影响是缓慢的、深远的。正如韩国经济最终从劳动密集型产业中走出一样，低工资只能在短期带来比较优势，但随着经济的发展，低工资带来的比较优势必将被其引起的种种社会、经济问题冲销。低工资不足为恃，比较优势不是一成不变的。

第四节　里昂惕夫之谜

一、提出背景

瑞典经济学家俄林在 1933 年出版的《区际贸易和国际贸易》一书中，发展了瑞典经济学家赫克歇尔的国际贸易理论，提出著名的 H-O 理论：一个国家出口的是密集使用本国丰裕生产要素生产的产品,进口的是密集使用本国稀缺生产要素生产的产品。这一观点自 20 世纪 30 年代提出以来,一直被西方国际贸易理论界普遍接受。里昂惕夫试图利用美国 1947 年的数据对这一结论进行检验,让人出乎意料的是,得出的结果与 H-O 定理相悖:美国出口的是劳动密集型产品,而进口的是资本密集型产品。有人提出这是战争刚刚结束的特例,于是里昂惕夫又对 1951 年的贸易数据进行了统计分析,1951 年被视作战后各国重建全面完成的一年,结果结论相同。这个验证结果被称之为里昂惕夫之谜,对于这一结果,里昂惕夫本人给出的解释是美国工人的劳动生产率水平要高出世界平均水平的 3 倍,若在计算美国的劳动力和资本的数量时,把美国的劳动力要素乘以 3,那么,美国就成为资本短缺、劳动力相对丰富的国家,从而计算结果是美国出口劳动密集型产品,进口资本密集型产品——与 H-O 定理相符。尽管里昂惕夫本人做出以上解释,其结果却引发了持续一代人时间的、富有成效的争论。

二、H-O 理论的实证检验

里昂惕夫想要通过美国的数据来检验赫克歇尔—俄林的理论,试图得到的结论是——各个国家都应出口密集使用其充裕要素的产品,而进口密集使用其稀缺要素的产品。更确切地说,他想要同时验证两个命题:赫克歇尔—俄林的理论的正确性;美国是一个资本充裕的国家,美国应该出口资本密集型产品、进口劳动密集型产品。为此,里昂惕夫计算了 1947 年美国出口行业与进口竞争行业的资本存量与工人人数比率。他的计算不仅算出这两类行业(每个行业都有数十个产业)所使用的资本和劳动量,而且计算出各种产品所使用的购自其他产业的产品中所包含的资本和劳动量(数据见表 2-4)。里昂惕夫的逻辑是如果赫克歇尔—俄林的预测是正确的,而且美国是资本相对更充裕的话,那么,在计算出所有投入品行业的份额之后,美国出口行业的资本劳动比率(K_x/L_x)应该高于美国进口竞争行业的资本劳动比率(K_m/L_m)。然而,里昂惕夫的计算结果向他和其他人提供了一个令人困惑的"谜":在 1947 年,美国向世界其他国家出口的是劳动密集型产品,而换取的是相对资本密集的进口产品!关键比率(K_x/L_x)/(K_m/L_m)只有 0.77,而根据赫克歇尔—俄林的理论,它应该远大于 1。这就是著名的"里昂惕夫之谜"或"里昂惕夫悖论"。

表 2-4　美国出口商品和进口商品对国内资本和劳动的需要量

项目	1947 年		1951 年	
	出口	进口替代	出口	进口替代
资本(美元)	2 550 780	3 091 339	2 256 800	2 303 400
劳动(人年)	182.313	170.004	173.91	167.81
人均资本量	13 991	18 184	12 977	13 726

资料来源:卜伟等. 国际贸易与国际金融(第 1 版),北京:清华大学出版社,2005:10

里昂惕夫的文章在国际经济学界引起了不小的争论,一些人试图对赫克歇尔—俄林理论进行重新评价,另一些人则怀疑里昂惕夫方法和数据上的错误。他们收集新的数据进行新的验证。从理论上说,赫克歇尔—俄林模型的假设是合理的,逻辑是严谨的,是普遍的。H-O 模型本身并没有发现什么问题。里昂惕夫的研究方法被复查了好几次,他自己也反复核对了这一研究的结果,无论方法和数据都被证明是准确无误的。更有意思的事,里昂惕夫本人在 1956 年又对美国 1947—1951 年的数据进行了检验,结果与 1953 年的研究一样。其他经济学家对美国其他年份的净出口产品的资本劳动比率(K/L)也作了分析。表 2-5 列出了其中的一些检验结果。

在表 2-5 中,我们看到,用 1899 年和 1972 年的数据检验时,美国出口产品中的资本劳动比(K_x/L_x)高于进口产品中的资本劳动比(K_m/L_m),基本符合美国是一个资本充裕国家的假设和 H-O 模型的预测。但是,用战后到 1971 年这段时间的数据来检验,美国出口产品与进口产品的 K/L 之比都小于 1,"里昂惕夫之谜"仍然存在!

表 2-5　赫克歇尔—俄林模型的实证检验:美国数据

研究者	数据年份	$(K_x/L_x)/(K_m/L_m)=$（H-O 预测:>1)
威特尼(Whitney,1968)	1899	1.12
里昂惕夫(Leontief,1954)	1947	0.77
里昂惕夫(Leontief,1956)	1947/51	0.94(或不包括自然资源行业,1.14)
鲍德温(Baldwin,1971)	1958/62	0.79(或不包括自然资源行业,0.96)

资料来源:海闻、P. 林德特、王新奎. 国际贸易(第 1 版).上海:上海人民出版社,2003:18

之后,来自日本、加拿大、德国、印度的经验研究同样也对 H-O 理论进行

38

了实证检验,结论也不完全相同,有的支持"里昂惕夫之谜",有的亦支持 H-O 理论,如下:

◆1959 年,立元(Tatemoto)与一村(Ichimura)的研究表明,日本出口资本密集型产品,进口劳动密集型产品。对人口过剩、土地狭小的岛国来说,这完全背离了 H-O 理论的预测,"里昂惕夫悖论"是存在的。不过,他们进一步研究的结果表明,日本对美国出口的商品相对于从美国进口的商品来说是劳动密集型的,"里昂惕夫悖论"又消失了。

◆1961 年,威尔(D. Wahl)发现加拿大出口商品的资本与劳动比率超过该国进口替代行业资本与劳动比率。因为当时加拿大是资本短缺的国家,而它的大部分贸易是与美国进行的,所以"里昂惕夫悖论"是存在的。

◆1961 年,前民主德国的经济学家斯托尔帕(Stolper)和罗斯坎普(Roskamp)在检验该国贸易情况时发现,与东欧其他国家相比,前民主德国的资本是丰裕的。他们同样运用投入—产出分析方法发现,前民主德国与东欧集团贸易伙伴进行贸易时,出口资本密集型产品,进口劳动密集型产品,这些进出口数据占整个前民主德国贸易的 3/4,这就是说,前民主德国的贸易中并无"里昂惕夫悖论"。

◆1962 年,巴哈尔德瓦(Bharadwaj)研究发现,印度出口劳动密集型产品,进口资本密集型产品。这表明 H-O 理论适用于印度。但是,使人迷惑不解的是,在他检验印度与美国双边贸易时,印度出口资本密集型产品,进口劳动密集型产品,"里昂惕夫悖论"又出现了。

针对这些经验研究,一些研究者诉之于更新研究方法,试图验证 H-O 理论。

◆1981 年,美国经济学家斯特恩(R. Stern)和马斯克斯(K. Maskus)采用商品法研究了 1958 年至 1979 年间美国 128 个产业净出口变化。这种方法通过对比一国产业的商品生产与贸易状况来验证 H-O 理论的有效性,其做法是将一国的净出口或净进口、资本与劳动比率和其他相关变量进行多元回归分析。下面是根据美国 1979 年统计数据得出的多元回归方程:

$$X-M=-18.54-0.08K+0.06H-2.83L$$

注:X 是出口;M 是进口;K 是生产中投入的实物资本;H 是生产中投入的人力资本;L 是产业所需的劳动力。

从上式可见,在其他条件不变的情况下,净出口的产业与实物资本和劳动投入量负相关,而与人力资本投入量呈正相关关系,说明美国净出口商品既不是实物资本密集型产品,又不是劳动密集型产品,而是人力资本密集型产品。

◆1975 年,哈尼斯(J. Harkness)和凯尔(K.F. Kyle)对上述回归方程作了修正,但结论相同。他们重点讨论了自然资源和劳动技能对美国产业净出口或净进口的影响。他们发现,那些不受自然资源影响的产业,如果资本/劳动的比率较高、技术性强,净出口也越多。验证结果表明,如果自然资源作为独立因素考虑,美国实物资本密集度与出口能力之间并不存在负相关。

◆1987 年,美国经济学家鲍恩(H.P. Bowen)和利默(E.E. Leaner)等人采用建立在 H-O-V 定理基础上的要素成分法对 H-O 理论进行验证。H-O-V 定理认为,一国相对要素丰裕程度是由该国进出口商品包含的要素服务量体现的,一国的要素服务量供求必须达到平衡。从供给方面来看,每个国家具有不同数量的资本服务、劳动服务和自然资源服务等。在充分就业条件下,一国在某一特定时期内,要素服务总供给量必须满足于商品生产对服务要素的总需求量。因此,在某一特定时期内,一国的要素服务总需求量与总供给量必须保持平衡。他们的研究结果表明,美国是资本服务、技术服务、农业工人服务和可耕地要素服务的净输出国,而其他 8 种要素服务则是净输入国(见表 2-6)。说明美国属于资本丰裕的国家,"里昂惕夫悖论"并不存在。

表 2-6　1967 年有关国家要素服务净出口(十)与净进口(一)

生产要素	美国	加拿大	联邦德国	日本	墨西哥	菲律宾
资本总存量	+	+	+	—	—	—
劳动力总存量	—	—	—	+	+	—
专业技术工人	+	—	+	—	+	—
管理人员	—	—	+	+	+	—
职员	—	—	+	+	—	—
销售人员	—	—	—	—	+	+
服务人员	—	—	—	—	+	+
农业工人	+	+	—	—	+	+
生产工人	—	—	+	+	—	—
可耕地	+	—	—	—	+	+
林地	—	+	—	—	+	—
牧地	—	+	—	—	+	—

资料来源:Harry P. Bowen, Edward E, Leamer, and Leo Svekauska. Multicountry, Multifactor Test of the Factor Abundance Theory. *American Economics Review 77*, No. 5 Dec. 1987:795.

总之,在对 H-O 理论的验证中,"里昂惕夫之谜"时隐时现,变幻不定。西方经济学家为解开这个难题,进行了 20 多年的探讨和辩论,进而得出了各种不同的解释和新理论,见下一章内容。

【本章小结】

亚当·斯密认为国际贸易是互利的,这种互利是建立在以绝对优势分工的基础上,绝对优势是内生的,来自各国不同的生产效率,选择具有绝对优势的商品进行专业化生产并相互交换并都获利;大卫·李嘉图强调的比较优势是由于因外生的技术水平差异而引起的劳动生产率差异,各国选择有比较优势的商品进行专业化生产并相互交换并都获利;赫克歇尔—俄林的要素禀赋理论认为各国的要素禀赋差异是产生比较优势的根本原因,该理论还包含两个定理:H-O 定理与斯托尔帕—萨缪尔森定理;里昂惕夫利用美国的数据对赫克歇尔—俄林的要素禀赋理论进行了验证,发现美国进口资本密集型产品,出口劳动密集型产品,与 H-O 理论相违背,众多经济学家对此作出了解释。

【思考与练习】

1.根据图 2-1 进一步讨论国际贸易的收入效应,根据劳动力能够自由转移的程度,比较要素回报的不同。

2.如果比利时的 K/L 比率高于法国,比利时将向法国出口哪些类型的产品?为什么?

【参考文献】

[1]赵伟. 国际经济学:在已知与未知之间(第 1 版).杭州:浙江大学出版社,2008

[2]赵伟. 现代工业社会与经济体制选择——当代六大工业国的经济成长与体制演进(第 1 版).北京:中国社会科学出版社,1994

[3] MBA 智库百科. http://wiki.mbalib.com/

[4]卜伟等. 国际贸易与国际金融(第 1 版),北京:清华大学出版社,2005

[5]海闻、P.林德特、王新奎.国际贸易(第 1 版).上海:上海人民出版社,2003

[6]詹姆斯·伯格著,汪小雯等译.国际经济学(第 6 版).北京:机械工业出版社,2009

[7]赵英军、张友仁编著.国际经济学(第 1 版).北京:机械工业出版

社,2009

［8］Harry P. Bowen，Edward E，Leamer，and Leo Svekauska. Multi-country，Multifactor Test of the Factor Abundance Theory. *American Economics Review* 77，No. 5 Dec. 1987：795.

第3章 国际贸易新理论

学习内容与要求：

　　本章沿着里昂惕夫之谜，介绍了里昂惕夫之谜的进一步解释与验证。要求了解关税结构说、技能和人力资本说和自然资源说；掌握需求偏好相似说与产业内贸易理论的主要观点，能利用贸易统计数据计算产业内贸易指数并分析问题；理解产品生命周期说与雁行经济发展论，并比较二者的异同；熟悉贸易与地理的关系，能够运用该理论解释现实中产业集聚的现象及其与贸易的关系；了解最新的新新贸易理论的发展现状。

　　第二次世界大战之后，第三次科技革命的推动下世界经济迅速发展，国际分工和国际贸易都发生了巨大的变化，传统的国际分工和国际贸易理论显得脱节。在这种情形之下，一些西方的学者力图用新的学说来解释国际分工和国际贸易存在的问题，这个转折点就是里昂惕夫之谜。里昂惕夫之谜引起了人们对传统国际贸易理论的怀疑，导致许多经济学家致力于对现实的解释。

第一节 对里昂惕夫之谜的解释

一、关税结构说

　　从关税角度对里昂惕夫之谜的解释，认为是市场不完全的原因，即国际商品流动要受贸易参与国的关税和非关税壁垒等贸易保护主义政策的限制，这就使H-O理论所揭示的规律不能实现。也就是说，H-O理论只有在国际贸易渠道畅通无阻以及不存在保护关税等贸易障碍的情况下才是有效的。

在实际中,受到各国的贸易政策的影响,商品的要素密集度会不同程度地受到关税保护的影响。在贸易政策的制定中,又会受到许多利益集团的影响。在美国,各个利益集团会通过院外游说影响国会的经济政策,而代表美国非熟练的和半熟练的工会组织劳联—产联就是这样一个强大的游说集团。罗伯特·鲍德温(Robert Baldwin)为美国劳工部所作的研究表明,美国劳动者比资本所有者受到的贸易保护更多,尤其是对包含非农业非熟练劳动产品的进口限制最多。克莱维斯1956年的研究指出①,美国进口中的劳动密集型商品的确要比劳动密集度低的商品受到更高的进口壁垒的限制。所以,由于关税保护结构上的限制,美国进口商品构成中的相对资本密集型商品就相对多于其他产品;相对应地,别的国家也可能对它们缺乏竞争力的资本密集型商品进行较高的贸易保护,若向美国进口的国家采取相反的措施,比如为了维护本国工业的发展,对资本密集型产品的进口征收高关税,美国资本密集型产品就难以进入外国市场,而劳动密集型产品却相对容易出口。因此,里昂惕夫之谜一定程度上反映了美国的关税结构造成的后果,并不能反映与赫克歇尔—俄林理论一致的自由贸易的结果。

在1971年罗伯特·鲍德温的研究中确认了关税有可能起作用,通过计算得出:若考虑关税的影响,美国进口商品的 K/L 比率会降低5%左右。虽然将关税结构纳入模型在一定程度上解释了里昂惕夫之谜,但似乎并没有完全解决。

二、技能和人力资本说

在赫克歇尔—俄林的模型中,生产要素被简单地分为劳动、资本或土地,事实上,就其劳动者而言就有不同的类型与素质,一个非熟练工人工作一小时的结果,与一个工程师、一个电子计算机系统分析员或一个医师的一小时劳动完全不同。同样,不同产品生产中所需要的劳动投入也不同,在很多情况下甚至是不可相互替代的。一般来说,熟练工人需要更多的教育和培训,大量科技人员的产生也需要大量的研究与开发(R&D)经费的投入,在这些劳动力投入的背后,实际上是大量的资本投入。经济学家通过调查美国劳工的平均工资、高技能职员在整个雇员中的比率,以及研究开发支出在产品增加值中的比重

---

① 克莱维斯(I. B. Kravis)在其1956年的研究中发现,美国的劳动密集型产业是保护最严重的行业。

等情况后发现,美国人力资本投入在全世界占有领先地位,美国拥有的科技人员和熟练工人也是全世界最多的(见表 3-1)。而且,研究表明美国出口行业的工人平均工资比进口竞争行业工人的平均工资要高 15%,可见,美国出口行业的劳动生产率和包含的人力资本要高于进口竞争行业[①]。因此,简单地用美国的资本和劳动人数或劳动时间来计算美国进口产品的资本劳动比率可能没有反映出熟练工和非熟练工人之间的区别以及美国人力资本与其他国家人力资本的区别。当使用人力资本而不是简单地用劳动力人数或时间来重新计算里昂惕夫算出的结果时,美国出口商品的资本(包括人力资本)密集度的确比它进口竞争产业产品的要高。科技人员和熟练工人的技能相对来说是美国最充裕的要素之一。

表 3-1 发达国家和地区的要素占世界总要素的比例(20 世纪 90 年代)

国家	实物资本	高度熟练劳动力 a	中等熟练劳动力 b	不熟练劳动力 c	可耕地	森林
美国	25.8%	28.5%	13.6%	0.5%	24.1%	15.8%
加拿大	3.6%	5.8%	1.3%	0.1%	6.0%	27.3%
日本	15.0%	10.4%	7.2%	0.3%	0.5%	1.4%
德国	9.3%	4.6%	4.5%	0.2%	1.5%	0.6%
法国	5.6%	3.4%	2.9%	0.1%	2.4%	0.8%
英国	3.6%	6.5%	3.0%	0.1%	0.8%	0.1%
其他工业化国家	19.5%	14.2%	13.1%	0.9%	13.7%	14.2%
所有发展中国家	17.6%	26.6%	54.4%	97.8%	51.0%	39.8%
总计	100%	100%	100%	100%	100%	100%

注:所有的数字均为估计得出的。其中"世界"指 60 个国家,包括 25 个工业国家和 35 发展中国家,因为从这些国家可以获得合理的数据。实物资本用的是 1992 年的数据,劳动力数据是 1994 年的,土地数据是 1993 年的。

a 专业性和技术性的工作人员;b 非专业性和技术性的脑力工作者;c 体力劳动者。

数据来源:实物资本的数据来自 Penn 的世界表格(http://nber.org);劳动力的数据

① Kravis, I. B.. Wage and Foreign Trade. *Review of Economics and Statistics*, February 1956.

来自世界银行发表的《1994 年世界发展报告》(1994 年版)中的第 25 张表格、《1996 年世界发展报告》(1996 年版)中的第 4 张表格和国际劳工局各年的劳动统计年报;土地和文化程度的数据来自联合国发展项目中的《1997 年人力发展报告》(1997 年版)中的第 1、第 24 和第 43 张表格。(转引自 T.普格尔和 P. 林德特《国际经济学》第 11 版第 4 章,2000 年出版)

唐纳德·基辛(Donald Keesing,1966)将劳动分为 8 种不同的类型,其中,第 1 类是科学家和工程师,他们被认为是最富有技能的劳动者;第 2 类是技师和绘图师,他们被认为是第二级具有技能的劳动者,依次排列到第 8 类半熟练和不熟练的工人。之后,基辛将 1962 年美国具有出口产品竞争力和进口竞争力的产业劳动需求量与其他 13 个国家进行比较,他发现同其他的国家出口产品相比,美国出口产品中包含第 1 类劳动的比例高于其他国家,而第 8 类低于其他国家。同样,在进口的产业中,美国使用第 1 类劳动的比例最小,使用第 8 类劳动的比例最大。之后,罗伯特·鲍德温(Robert Baldwin)于 1971年研究发现,与进口竞争产业相比,出口产业中接受过 13 年以上教育的工人比例比较高;而进口竞争产业中大部分的工人接受过 8 年或 8 年以下的教育。以上检验表明,对于美国的检验有必要跳出两种要素模型来检验贸易模式是否符合 H-O 理论。

三、自然资源说

里昂惕夫之谜中只计算了贸易中的资本和劳动的比率而并没有考虑自然资源,实际上,各国的自然资源禀赋的种类和数量不尽相同,比如,阿拉伯半岛富有石油但几乎没有什么其他资源;日本只有很少的耕地并且实际上没有矿产;美国拥有充裕的耕地和森林;加拿大拥有除热带特有的资源以外的所有自然资源;英国有煤和近海石油及天然气,但几乎没有什么别的矿藏。因此,不充分注意到各国自然资源禀赋的不同,资本和劳动的关系就难以明确。

自然资源与资本要素具有互补的性质,当一国或地区的自然资源不足时,如果要生产投入该自然资源要素的产品可能需要投入较多的资本要素。像石油制品、煤矿业以及钢铁产业需要国内具有自然资源的禀赋,如果国内缺乏该类自然资源,则发展该类产品或行业需投入大量的资本。在里昂惕夫计算的 K/L 值中一些美国的进口产品正是资源密集型产品,它们的生产在自然资源相对不足时需要投入大量的资本弥补,也就是说,美国进口实际上是以自然资源密集型产品为主,进口的是本国的稀缺要素禀赋的产品。

为了判断自然资源在一国比较优势中的作用和对贸易模式的影响，首先应该对每一产业部门中所用耕地的地租、消耗的矿藏量的价值等进行估计。而后，应把这些资源地租的部分通过投入—产出系统过滤一下，找出出口商品生产和与进口竞争的商品生产中的自然资源量。但是，自然资源地租却是难以计量的。因此，有些经济学家试图仅仅通过鉴定某些部门是资源密集的并把它们同其他部门分开，来判断自然资源在贸易中的作用。

自然资源的作用也有助于解释美国与其他国家贸易中所得出的某些令人困惑的资本劳动比率。加拿大看起来是向美国出口资本密集型产品，这主要是由于它出口的也是资本劳动比率高的矿产品。日本也是在出口其资本密集度比它进口产品要高的产品，这主要是因为它进口大米，大米在日本是以劳动密集的方式生产的。印度也从美国进口粮食，与印度对美出口的产品相比，作为土地密集型产品的粮食中的资本劳动比率是较低的。

要正确分析美国出口商品和与国内生产竞争的美国进口商品中的生产要素含量，至少必须区分耕地、矿产、熟练劳动力、非熟练劳动力和非人力资本这些生产要素的贡献。图 3-1 提供了美国出口商品总值以及与进口竞争的商品总值怎样在这些生产要素间分配。劳动力收入在出口商品值中所占的比重比在与进口商品竞争的国内商品值中所占的比重要大。出口商品的这种劳动密集性，一部分原因是由于出口商品生产中的就业机会要比同等价值的与进口商品相竞争的国内商品生产中的就业机会多，一部分原因是由于出口产业的平均技能水平和平均工资水平较高。如果划分熟练劳动力和非熟练劳动力的话，其结果会是：出口商品含有的熟练劳动比进口竞争商品含有的要多，而含有的非熟练劳动则比进口竞争商品要少。

图 3-1 也是解开里昂惕夫之谜的一种方法：美国出口产品中的资本劳动比率的确是较低的，但这是因为，与世界其他国家相比，美国并不是资本最充裕的国家，相反，美国最充裕的生产要素却是熟练劳动力和耕地。而且正如赫克歇尔—俄林理论所预测的，美国的确是密集使用这些要素的产品的净出口国。因此，赫克歇尔—俄林强调生产要素禀赋是贸易模式的主要决定因素这一点并没有错，里昂惕夫的检验也没有错，而是人们对美国生产要素的禀赋情况的判断错误。

在实证检验中，美国学者瓦涅克（J. Vanek）在 1959 年发表的《对外贸易的自然资源成分：1870—1955 年美国自然资源的相对充裕》一文中提出了自然资源稀缺假说。他认为里昂惕夫只考虑了 L 和 K 的投入，而省略了自然资源的投入分析，不能对国际贸易产品结构做出全面的解释。这正是产生里昂惕夫之谜的原因之一。该观点也得到了里昂惕夫本人的支持,他后来对美国的贸易结构进行验证的时候,考虑了自然资源因素,在投入—产出矩阵中减去19种资源密集型商品。结果是,成功地解开了"谜",取得了与 H-O 理论相一致的结果。美国学者鲍德温也曾对该观点做出了验证。在考虑自然资源与资本之间存在替代关系时,原本生产进口替代品每个工人所需要的资本数量是生产出口商品的 127% 会下降到 104%。尽管里昂惕夫之谜并没有消失,但是程度和比率已经大幅下降,证明了美国自然资源商品的进口具有资本密集型的特点。

每百万美元出口品
要素构成

每百万美元与进口相
竞争产品要素构成

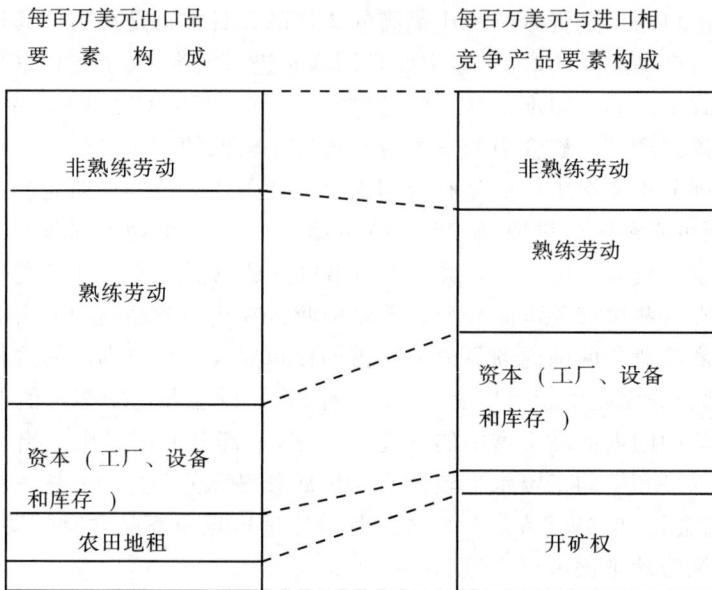

图 3-1　美国出口品与进口相竞争产品要素构成

资料来源:海闻、P.林德特、王新奎.国际贸易(第 1 版).上海:上海人民出版社,2003

第二节　需求偏好相似说

需求偏好相似说(Preference Similarity Theory)是瑞典经济学家斯戴芬·伯伦斯坦·林德(Staffan B. Linder)于 1961 年在其论文《论贸易和转

变》中提出的。需求偏好相似说与要素禀赋理论各有其不同的适用范围,要素禀赋理论主要解释发生在发达国家与发展中国家之间的产业间贸易(Inter-Industry Trade),即工业品与初级产品或资本密集型产品与劳动密集型产品之间的贸易;而需求偏好相似说适合于解释发生在发达国家之间的产业内贸易(Intra-Industry Trade),即制造业内部的一种水平式贸易,并且它主要不是从供给方面来进行研究,而是从需求方面来进行分析的。林德指出,美国所生产的服装、电冰箱、汽车及其他商品起初并不是为了世界市场的需要。这些商品的规格、品种、花色主要适合美国的收入水平、消费习惯、安全管理及其他的要求。因此,出口的制成品主要是销售到那些消费者爱好与美国人相似的国家。那么,里昂惕夫之谜虽然不能用自然禀赋的观点来说明,但却可以用市场需求的论点来解释。

进一步,林德认为国际贸易是国内贸易的延伸,产品的出口结构、流向及贸易量的大小取决于本国的需求偏好,而一国的需求偏好又主要取决于该国的平均收入水平。需求偏好相似说的主要内容如下:

第一,需求相似理论认为一种产品的国内需求是该产品能够出口的前提条件,即出口只是国内生产和销售的延伸,并且企业不可能去生产一个国内不存在需求的产品。各国应当出口那些拥有巨大国内市场的制成品,即大多数人需要的商品。

第二,影响一国需求结构的最主要因素是平均收入水平。高收入国家对技术水平高、加工程度深、价值较大的高质量商品的需求较大,而低收入国家则以低质量商品的消费为主。图 3-2 表明了人均收入和产品质量之间的关系。图中横轴表示人均收入(I),纵轴表示产品质量(Q),国家 A、B、C 分别达到的人均收入水平为 Y_a、Y_b、Y_c,所需求的产品质量分别为 Q_a、Q_b、Q_c。如果收入在这 3 个国家内是平均分配的,贸易将不会发生,每个国家生产一种满足本国居民需求的标准化"质量"产品。但在国内收入分配不平等的状况下,每个国家内部存在着对不同产品质量需求系列档次。例如,在国家 A 对产品需求的档次系列为 FG,而在 B 国为 HJ,则两国的偏好重叠部分为 HK,即使两国都只生产一种产品满足"平均"偏好,但只要偏好差别存在,贸易就会发生。在 B 国和 C 国之间同样存在 MS 部门重叠需求。这样,较低收入的国家出口低质量的产品满足高收入国家低收入消费者的需求;高收入国家出口高质量产品以满足低收入国家的高收入消费者的需求。

第三,如果两国之间存在共同的需求产品质量,称为需求重叠,如图 3-2 中 HK 和 MS 都是两个国家需求重叠的部分。两国消费偏好越相似,则其需求结构越接近,或者说需求结构重叠的部分越大。重叠需求是两国开展国际贸易的基础,需求产品质量处于同一范围的商品,两国均可进口和出口。平均收入水平越高,对先进的资本设备要求越高,对消费的需求的质量会提高。因此两国人均收入相同,需求偏好相似,两国间贸易范围可能最大。但如果人均收入水平相差较大,需求偏好相异,两国贸易则会存在障碍。

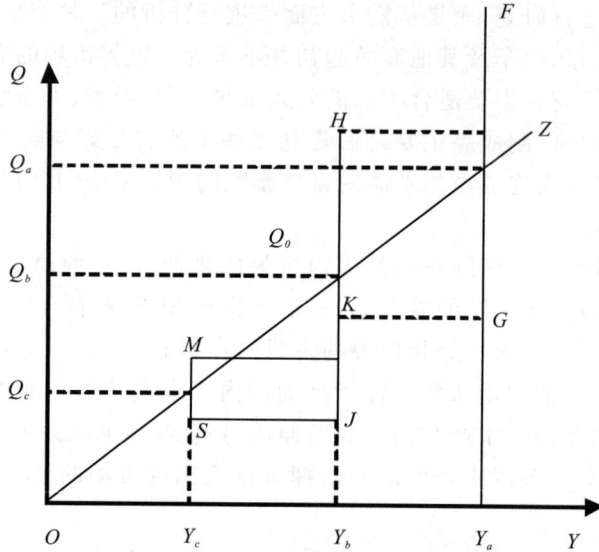

图 3-2 人均收入和产品质量之间的关系

综上,各国应当出口那些拥有巨大国内市场的制成品,即大多数人需要的商品,一国在满足这样一个市场需求的过程中,可以从具有相似偏好和收入水平的国家获得出口该类商品所必需的经验和效率,具有相似偏好和收入水平的国家之间的贸易量是最大的。基于该理论,企业首先应选择国内市场巨大的产业进行出口贸易,同时最有可能发生在偏好相似的国家之间(往往是相邻国家市场),并且国际化经营往往表现为渐进式。渐进式国际化经营的产业往往是国内外需求偏好相似的产业。根据林德的理论,国际贸易被是国内贸易的延伸,产业一开始往往表现为国内经营,待国内市场饱和后或因偶然机会(被动地)才向外延伸到国际市场,根据需求偏好相似原则,首先选择的是相邻国家市场,而后才是全球市场。林德还认为,一国将出口那些国内需求规模大,或如他所声称的"具有代表性的需求"的产品。按其所述,这种结果之所以会出现,是因为厂商往往对国内的商机更敏感;发明、创新也往往由国内市场没能解决的问题所激发;对新产品的不断改进也只有在为国内消费者所接受的情况下,才能带来显著的成本降低。

第三节 产品生命周期说

美国经济学家雷蒙德·弗农(Raymond Vernon)"产品生命周期(Product Cycle)说"在解释贸易模式的动态变动和一些产品的技术领先地位的变化中作出了很大的贡献。雷蒙德·弗农认为产品与具有生命的物品一样有自己的周期,表现为投产、成熟、衰退、消亡,在产品生命不同阶段上有不同的贸易模式,该理论是对技术差距模型进一步的扩展,是对比较优势理论的动态发展。该理论最有力的作用是能够解释为什么缺乏熟练劳动力和资本的国家同样可以出口精密制造品。

弗农指出许多制造行业,比汽车制造业、VCR 制造业、半导体生产行业都会经历一个要素投入随时间发生变化的产品生命周期。当决定开始创立自己的品牌时,产品属性和生产工艺都要针对市场和生产过程进行试验。举例来说,当录像机最初为家庭市场开发生产时,市场上有很多种人们常用的不同类型的播放系统。譬如,播放光碟的 VCD,索尼公司开发的 BETA 制录像系统,VHS 式录像机系统,每一种系统的操作方式都不一样,甚至同一原理的不同品牌的操作系统也不一样。也就是说索尼公司的 BETA 操作系统与 VHS 式录像机系统不仅品牌不同,其技术标准也不是统一的。

产品生命周期理论将新产品开发的技术发展分为三个阶段:新产品阶段、成熟阶段、标准化阶段(参见图 3-3)。第一阶段,制造业必须靠近消费者反馈率最高并能获取高收入的市场。设计的实验测试需要从市场得到最多的反馈信息。因此,产业创立初期需要有提供丰裕收入并且能积极针对市场情况提出有关新产品建议的顾客基础。另外,在投入方面,有关产品设计和制造的实验和改进需要科研和工程技术方面的投入,而且还需要有能够忍受初期利润微薄,甚至没有利润的风险资本的投入。对产品研发而言,消费者的配合以及生产者的配合都是必不可少的,因此最初的新型产业的建立往往是在发达的工业化国家。第二阶段,产业发展告别初期开发产品技术的初级阶段,向中级阶段迈进,产品生产开始标准化——无论是大小、特性,还是生产流程。当产品研发在基础设计上取得了能够大幅提高产品价值的突破时,对于构思出基础新设计的实验就不会再频繁地进行下去。在此阶段,产业则向技术模仿的国家转移。标准化的生产操作在产业生产过程中变得越来越普遍,这使得采用半熟练和低技能劳动力进行产品的组装成型的生产操作成为可能。第三阶段,当高收入国家对该产品的消费量超出其产量时,该产业进入发展的最后阶段。在此基础上,当产业中大量的半熟练和不熟练劳动力使得劳动力成本维持在较低水平时,发达国家取得的该产品全球收入的分成将不断提高。在最后阶段,领先的发达国家感受到了进行另一场新产品革新的压力,这又开始了新的一个产品生命周期。

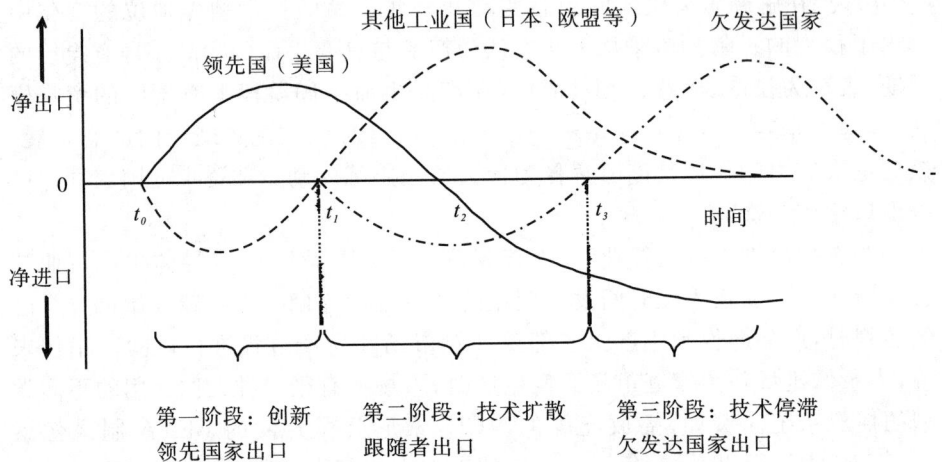

图 3-3　在一种新商品的产品周期中贸易平衡的演进方式

资料来源:海闻、P. 林德特、王新奎. 国际贸易(第 1 版). 上海:上海人民出版社,2003

　　在产品生产技术发展的不同阶段以及各阶段对生产要素的不同需求,即使各国仍然拥有原来的生产资源的储备比例,其生产和出口该商品的比较优势,也会由于产品生产要素密集性的变动而转移。随着产品在生命周期所处的各个阶段,国际贸易进出口国家也在发生变化。

　　在第一阶段,技术尚处于发明创新阶段,所需的主要资源是发达的科学知识和大量的研究经费,新产品实际上是一种科技知识密集型产品,而只有少数科学研究发达的国家才拥有这些资源,从而拥有新产品生产的比较优势。在此阶段,创新领先国生产新技术产品满足国内外的消费,其中其他的工业国也就是技术扩散的跟随国是该新技术产品的进口国。

　　在第二阶段技术成熟以后,规模生产成为主要目标。这时所需资源是机器设备和先进的劳动技能。产品从知识密集型变成技能密集型或资本密集型。资本和熟练工人充裕的国家开始拥有该产品生产的比较优势,并逐渐取代发明国而成为主要生产和出口国。

在第三阶段,一方面,产品的技术已完成了其生命周期,生产技术已经被设计到机器或生产装配线中了,生产过程已经标准化了,操作也变得简单了。另一方面,生产该产品的机器本身也成为标准化的产品而变得比较便宜。因此,到了这一阶段,技术和资本也逐渐失去了重要性,而劳动力成本则成为决定产品是否有比较优势的主要因素。此时,原来的发明国既丧失了技术上的比较优势,又缺乏生产要素配置上的比较优势,不得不转移生产,转移到劳动力和地租成本较低的欠发达国家生产并开始进口。

第四节　雁行经济发展论

雁行形态理论的提出,有其一定的理论和现实的渊源。日本曾经是一个落后的封建农业国家,国土狭小,自然资源短缺而人口众多,并不具备欧美国家那样的实现工业化的基本初始条件。自 1868 年明治维新以来的百多年,为实现强国梦,日本始终以追赶欧美为目标,引进、模仿欧美的技术,利用对外战争扩张并由此获得的巨额战争赔款,全力打造日本的经济体系。众所周知,日本是自 17、18 世纪世界进入工业化进程以来唯一跻身于西方工业化强国中的"东方"国家。日本从一个落后的封建农业国一跃而为发达工业化国家,固然是许多历史因素共同作用的结果,但仅从日本工业化发展战略的角度看,实行"外贸主导型"对外开放的经济发展战略是日本成功的关键。

雁行形态论的概念首次出现是在经济学家赤松要 1935 年的论文《我国羊毛工业的贸易趋势》中。在分析平纹薄毛呢、毛呢、毛线三种产品进口、国内生产、出口三个阶段以及不同产品出现的先后次序过程中,赤松要首次提出雁行形态的概念并描述了两种雁行发展:进口产品多样化的非雁行的变化趋势以及某种产品从进口发展到出口,时间排列上的雁行态势。得出结论:一种商品的进口能够刺激,进而促使国内该产业的振兴。之后,在《我国经济发展的综合辩证法》中赤松要实证了日本棉纺工业的发展可以约简为进口—国内生产—出口(产品竞争力提高)三个阶段。1939 年,赤松要在论文《我国产业的雁行形态——以机械器具工业为例》中,借助对日本机械工业的实证研究,认为所谓的"产业发展的雁行形态"包含很多含义,其中之一是指后进国家或者新兴工业国家获取先进工业国家的产业技术，沿着先进工业国的经济成长足迹追赶的情况下，通常都会遵循产业发展的雁行形态这样一条追赶规律。因此他把雁行形态论定义为是一种追赶（Catching-up）理论，并指出雁行形态有基本形和引申形之分。他还绘出了关于棉布、棉纱、纺织机械以及机械产品 4 种产品的三个阶段的雁行形态图（如图 3-4）。

　　如图 3-4 所示：(1)基本形表现的是：在后进国产业发展的过程中呈现出进口（导入阶段）—国内生产（进口替代阶段）—出口三个阶段的继起的图形。(2)引申形态 A 是雁行形态的发展是如何影响、传播到其他产业中去的，表现为：国内消费品进口、生产和出口—资本品进口、生产和出口，或从低附加价值制品进口、生产和出口到高附加价值制品进口、生产和出口依次继起的图形。(3)引申形态 B 表现的是雁行形态发展的国际转移，表现为：某一产品的进口—生产—出口的动态演化，依次在国与国之间逐个传导的图像（为直观起见，一国的进口、生产、出口三条曲线简化为生产一条曲线）。基本形和引申形态 A 可以看作一国国内的产业发展形态；引申形态 B 则可以看作雁行形态在国家间传播的国际版。此外，赤松要认为产业革命使国家间的经济发展出现异质化（互补性），而产业转移又将使国家间经济趋同性增加，竞争增强（产业同质化），世界经济在同质化与异质化的交替中发展前行也属于产业的雁行发展。赤松要关于日本产业兴衰的研究，焦点先集中在特定国家的特定产业，后扩大到特定国家的产业结构变化，进而产生跨越国界的产业转移。作为理论的创始人，赤松要国内、国际传递和世界经济变动三个层面的雁行研究还停留在经验的描述和总结上。

　　这种产业发展的模式，不但对于日本战后的产业发展策略有相当关键性的指导作用，更是经济发展相关文献之中讨论发展中国家经济发展模式的先河，甚至被称为探讨新经济体如何实现经济成长的理论。赤松要之后的文献发展趋于多元，分别从横向与纵向的角度来解析该产业发展模式。

　　继赤松要雁行理论之后，他的学生以及研究的跟随者做了更为深入的后续研究，其一是延续赤松要的原始框架，观察单一产业在发展中国家生命周期循环的过程。如赤松要（1956）对日本的机械业、陈文东（1988）对韩国的人造纤维业的研究，小岛清（1963，1972）、松浦茂治（1975，1983，1994）、山泽逸平（1984）等人的研究；另一个研究视野是进行跨国的比较，针对不同经济发展程度的国家，比较同一个产业在不同国家之间的更迭，如毛马内勇士（1972）、大来佐武郎（1978）、小岛清（1978）、山泽逸平（1993）、Kosai ＆ Tran（1994）和 Ezaki（1995）等的研究。

（1）基本形

进口 ·········
生产 ————
出口 — — —

价值量

时间

（2）引申形A

价值量

时间

（3）引申形B

某产业的生产总量

A国 　　　B国 　　　C国

时间

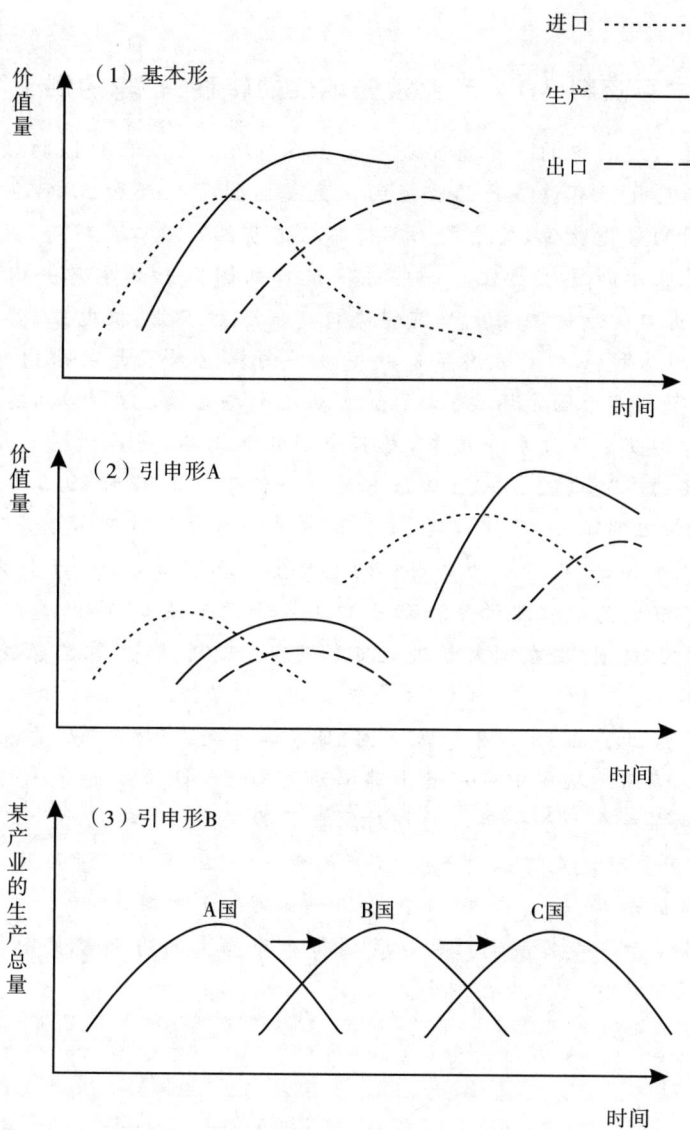

图 3-4　雁行形态三种类型

资料来源：松石达彦[2002]

学习资料 3-1 产业领先地位的转移：轿车的例子

当代贸易发展中的一个重要现象是世界市场上主要出口国的领先或主导位置在不断变化。有许多产品曾经由少数发达国家生产和出口，在国际市场上占有绝对的领先地位，其他国家不得不从这些国家进口。然而，战后这种产业领先地位在不断发生变化。一些原来进口的国家开始生产并出口这类产品，而最初出口的发达国家反而需要进口。例如纺织业、机电业，甚至汽车制造业，都出现这种情况。纺织品是欧美最早向其他国家大宗输出的产品，20世纪初，洋布占领中国市场，挤垮了土布。几十年后情况则相反，纺织品的主要生产出口国变成了发展中国家，尤其中国的纺织品，充斥欧美市场，而欧美成了纺织品的净进口国。家用电器是另一个例子。美国于1923年发明了第一台电视机，但到了90年代以后，美国国内连一台电视机都不生产了，全部靠进口。日本在60年代后成为电视机的主要生产和出口国，90年代以来，韩国和中国也逐渐成为电视机的生产和出口国。再比如汽车行业，美国是最早的汽车生产和出口国，现在则大量进口日本汽车。最近几年，韩国也成为重要的汽车出口国了。

图3-5列出了自1970年以来美国、日本和韩国三国轿车产量占三国总产量的比重趋势图。从图中可以看出韩国的汽车产量比重是逐年上升的，而美国轿车产量在整个七八十年代的相对比重显著下降，90年代由于石油价格较稳定，轿车产量稳定在三国总产量40%的水平，日本轿车产量虽然在90年代末期有下降的趋势，但是自80年代开始一直领先于美国。

图3-6显示了美日两国厂商在美国轿车市场上的份额趋势图，明显的趋势是两者的市场份额差距在缩小。

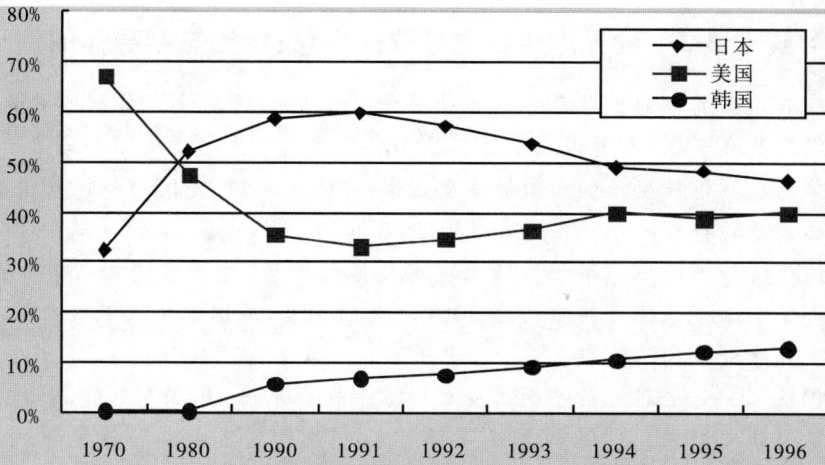

图 3-5 三国轿车产量相对比重趋势图

数据来源：www. economagic. com（Economic Time Series Page）

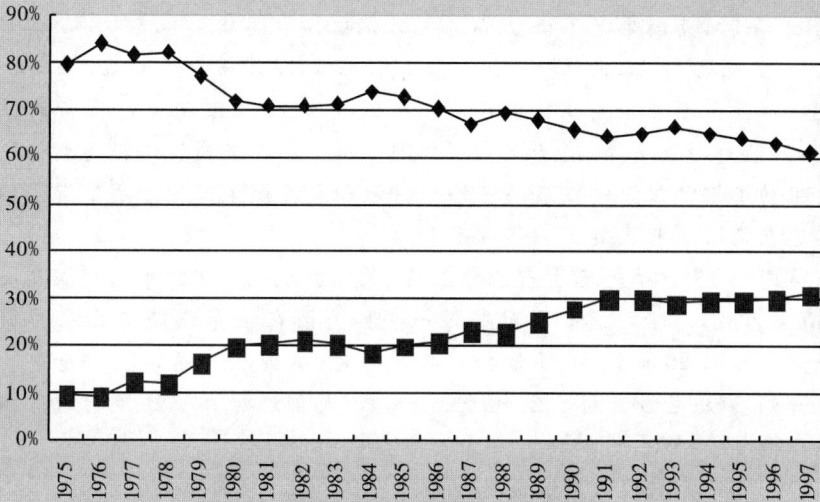

图 3-6 日美厂商在美国轿车市场上的较量

数据来源：www. economagic. com（Economic Time Series Page）

学习资料 3-2 世界产业领先地位的变化:钢铁与半导体的例子

战后不少国家的世界产业领先地位发生了巨大的变化。就美国来说,除了纺织品和汽车之外,美国在钢铁工业和半导体工业上也丧失了其霸主地位。美国曾是世界钢铁生产和出口的主要国家。20世纪初,美国的钢铁产量曾占世界总产量的将近一半。但是,从20世纪50年代初开始,美国逐渐失去了其在钢铁业的领先地位。半导体行业也有类似的经历,作为首先发明了半导体并主宰了全球半导体产品市场达30年之久的国家,美国也完成了从世界市场的霸主到净进口国的周期。

钢铁工业是世界上最早的工业之一。早在公元前1000多年前,古希腊就开始普遍使用铁器。18世纪工业革命之后,蒸汽机的发明和新的棉纺机的使用需要更多的铁、钢和煤。这一需求的增加带动了采矿与冶金技术方面的一系列改进,从而推动了钢铁工业的发展。18世纪钢铁工业最发达的是英国。在1800年,英国生产的铁比世界其余地区合在一起生产的还多,铁产量从1770年的5万吨增长到1800年的13万吨,进而增长到1861年的380万吨。在1880年时,英国生产了全世界30%的钢铁。

18世纪后期,工业革命进入了第二阶段。与第一阶段相比,第二阶段的主要特征是科学开始发挥重要作用。在钢铁工业中,发明了许多新的工艺方法(如贝塞麦炼钢法,西门子—马丁炼钢法和吉尔克里斯特—托马斯炼钢法),大大推动了钢铁工业的发展与传播。科学和大规模生产的方法使得美国和德国迅速在钢铁工业上赶上并超过了英国。

美国在1880年时已生产了全世界30%的钢铁。1910年的钢铁产量达到2 650多万吨,占世界总产量的将近一半!美国在世界钢铁工业上的霸主地位一直保持到20世纪50年代初。与此同时,英国在世界钢铁产量中的比重则下降到10%左右。到了20世纪80年代,英国在世界钢铁市场的份额进一步缩小到2%左右。

与美国同期快速发展钢铁工业的是德国。在1880年,德国的钢铁产量已占全世界的15%,到了1910年,德国的钢产量达到1 370万吨,在世界总产量的比重超过20%,成为仅次于美国的第二大钢铁生产国。

但是,无论美国还是德国,其钢铁工业在世界上的地位于二次世界大战以后逐渐衰弱。1953年以后,美国在世界钢铁工业的份额逐渐下降。到了1960年,美国的产量份额降至不到30%,德国降为10%左右。到了20世纪80年代,美国只生产全世界10%左右的钢铁,德国也只有5%,取而代之的是当时的苏联和日本。

　　苏联钢铁工业的发展与计划经济和战争有关。1953年,苏联超过德国,成为世界上第二大钢铁工业大国,生产量占世界生产总产量的20%以上。这一地位一直保持到20世纪90年代初苏联解体。

　　日本的钢铁工业在战后得到了很大的发展。50年代初,日本的钢铁产量在世界上的份额只有不到5%。到了70年代,日本生产了世界上将近20%的钢铁,成为仅次于苏联的世界第二大钢铁生产国和最大的钢铁出口国。但是,日本的钢铁大国的地位也没有保持多久。到了20世纪80年代末期,日本在世界钢铁市场上的份额逐渐减少到10%左右。在这一时期里迅速崛起的新兴钢铁生产强国是韩国。20世纪90年代以来,中国也逐渐成为钢铁的生产与出口国,而当年的世界钢铁霸主美国则不得不靠贸易壁垒来抵御来自中、韩、日以及欧洲的竞争。

　　半导体工业的发展始于战后初期。1947年,美国贝尔电话公司实验室首先发明了晶体管。随后,以晶体管为主的半导体工业于20世纪50年代逐渐在美国形成。到了60年代,美国企业又发明了集成电路,取代晶体管成为半导体工业的主要产品。半导体除了作为电脑、通讯设备、家用电器等电子产品的主要元件之外,也被越来越多地用于汽车、机械、飞机等产品中。1988年,全球半导体产业的市场销售额为350亿美元。十年之后(1998年)达到了1 220亿美元,到了2001年已超过1 800亿美元。

　　美国首先发明了半导体并主宰了全球半导体产品市场达30年之久。20世纪70年代中期,美国企业的全球市场占有率将近70%。但到了90年代,美国的市场份额仅剩下30%左右。美国开始成为半导体产品的净进口国。

　　日本的半导体工业始于20世纪60年代。半导体产品的主要生产者包括富士通、日立、东芝、三菱和NEC等公司。日本公司在全球市场的份额从70年代末的24%增加到1990年的49%。在广泛用于数控设备的集成电路DRAM的全球市场上,日本产品曾一度占有80%的份额。在80年代到90年代初,日本取代美国成为半导体产品的最大生产国和出口国。

　　但是,从20世纪90年代中期开始,日本的半导体工业的世界领先地位也逐渐动摇。到1998年末,日本在集成电路DRAM市场上的份额从最高峰时的80%下降到30%,并进而跌到2000年的20%左右。而迅速崛起并有可能取代日本半导体产品霸主地位的是韩国和中国台湾。(资料来源:The Rise and Fall of the Japanese Semiconductor Industry, 1970—2000", in Charles

W. L. Hill, *International Business：Competing in the Global Marketplace*, 3rd Edition, Irwin-McGraw-Hill, 2000；[美] 斯塔夫里阿诺斯，《全球通史：1500 年以后的世界》，吴象婴，梁赤民译，上海社会科学院出版社，1992 年)

第五节　产业内贸易理论

第二次世界大战以后，特别是 20 世纪 50 年代末以来，国际贸易出现了许多新的倾向，主要表现在：同类产品之间的贸易量大大增加，发达的工业国家之间的贸易量大大增加，以及产业领先地位不断转移。

古典与新古典贸易理论认为贸易的基础是国家之间产品生产的比较优势，即国际贸易的根源在于各国之间的差别，包括技术的差异(李嘉图模型)或固有的资源禀赋的差异(赫克歇尔—俄林模型)。按照这些理论，国家之间技术和资源禀赋的差异越大，它们之间的贸易量也应该越大，如果两个国家的差异很小，它们之间的贸易量就会比较小。也就是说，各国之间的贸易主要是不同产品之间的贸易，即"产业间贸易"，比如，面包与钢铁的贸易。但战后以来，许多国家不仅出口工业产品，也大量进口相似的工业产品，工业国家传统的"进口初级产品—出口工业产品"的模式逐渐改变，出现了许多同一行业既出口又进口的现象。例如，美国每年要出口大量的汽车，但同时又从日本、德国、韩国等地大量进口汽车。这种既进口又出口同一类产品的贸易模式被称之为"产业内贸易"。法尔维(Falvey,1981)认为产业内贸易是一国同时进出口某一相同类别产品(指国际贸易分类标准(SITC)某一组下的产品)的活动。格林纳韦和查瑞肯(Greenaway & Tharakan,1986)认为产业内贸易是同时进口或出口要素投入与消费替代关系密切的产品的活动。格林纳韦和桑普森(Greenaway & Milner,1987)认为产业内贸易是指一定时期内某一给定产业内产品同时发生的输入和输出关系。产业内贸易的日渐重要性使得经济学家对此进行了一系列的解释。

一、产业内贸易的测度

为了进一步了解产业内贸易，产业内贸易的测度成为首要的研究工作，下面将介绍三种产业内贸易测度指标：

（1）沃德恩（Verdoorn）指数

对产业内贸易水平测度的最初尝试是 1960 年沃德恩（Verdoorn）在研究"比、荷、卢经济联盟"中用某一产业产品 j 的出口（X_j）与相应的进口（M_j）的比例来检验贸易模式的变化。当 $S_j = X_j/M_j$ 的值接近于 1 时，表明贸易结构为产业内贸易，若数值远离 1，表明贸易结构为产业间贸易。

（2）巴拉萨（Balassa）指数

1966 年，巴拉萨在研究欧共体成员国之间的分工与贸易时，最先提出"产业内贸易"这一概念，进而提出了具体的测度方法，即巴拉萨指数，其含义是出口在多大程度上被进口所抵消。计算公式为：

$$C_i = \frac{X_i - M_i}{X_i + M_i}$$

X_i 和 M_i 分别表示某国 i 产业的出口值和进口值，C_i 是产业 i 的产业内贸易水平，C_i 的取值在 0 和 1 之间。C_i 越接近于 0，产业内贸易水平越高；C_i 越接近于 1，产业间贸易水平越高，产业内贸易水平越低。C 是所有产业巴拉萨贸易指数的算术平均数，表示该国产业间贸易和产业内贸易总体水平的高低。

（3）格鲁贝尔—劳埃德（Grubel & Lloyd）指数

1975 年，格鲁贝尔—劳埃德在《产业内贸易：异质产品国际贸易的理论与测度》中指出巴拉萨指数至少存在两大不足：第一是指数只是一个很简单的算术平均数，不能反映每个产业的权重；第二是指数没有考虑贸易不平衡的影响。并且二人给出了目前最广泛使用的产业内贸易指数（Intra-Industry Trade Index），即"GL 指数"或"IIT 指数"。对某一个给定国家的 i 产业的产业内贸易指数是：

$$GL_i = 1 - \frac{|X_i - M_i|}{X_i + M_i}$$

在这里 X_i 和 M_i 是在一特定时期，通常是 1 年，产业 i 的出口额与进口额。该指数可以取 0 和 1 之间的任何值，当 $X_i = M_i$ 时，$GL_i = 1$，即所有贸易均为产业内贸易；当 $X_i = 0, M_i \neq 0$ 时，或者 $X_i \neq 0, M_i = 0$ 时，$GL_i = 0$，即表示所有贸易均为产业间贸易。

按照 GL 指数的计算方法，表 3-2 列出了部分国家制造业部门产业内贸易状况，从表中可以看出，1970 年，工业化国家中产业内贸易所占的份额最低的是日本（32.8%），最高的是法国（78.1%），平均是 56.8%。到了 1999 年，最低的和最高的仍然分别是日本（62.3%）和法国（97.7%），但所有工业化国家的产业内贸易指数均有较大幅度的上升,平均水平达到了 85.8%。在发展中国家中,新加坡的行业内贸易指数一直很高,1970 年就超过日本和西班牙,1987 年仅次于法英两国,到 1999 年超过了英国。从变化的幅度看,墨西哥是产业内贸易增长最快的。1970 年墨西哥的产业内贸易指数只有 29.7%,到 1999 年则达到 97.3%,超过了新加坡成为产业内贸易指数最高的发展中国家。总体来说,从 1970 年到 1999 年将近 30 年内,各国的产业内贸易指数都有很大幅度的上升,且发展中国家上升的幅度更大,与发达国家的差距逐渐缩小。由此可见,随着一国经济的增长,产业内贸易也不断增加。这种"产业内贸易"在许多国家都超过其贸易总额的 50% 以上。产业内贸易在国际贸易中的重要性日益增强。

表 3-2　部分国家制造业部门产业内贸易指数(%)

工业化国家	1970	1987	1999	发展中国家	1970	1987	1999
美国	55.1	61.0	81.1	印度	22.3	37.0	88.0
日本	32.8	28.0	62.3	巴西	19.1	45.5	78.8
德国	59.7	66.4	85.4	墨西哥	29.7	54.6	97.3
法国	78.1	83.8	97.7	土耳其	16.5	36.3	82.2
英国	64.3	80.0	91.9	泰国	5.2	30.2	94.8
意大利	61.0	63.9	86.0	韩国	19.4	42.2	73.3
加拿大	62.4	71.6	92.8	阿根廷	22.1	36.4	48.7
西班牙	41.2	67.4	86.7	新加坡	44.2	71.8	96.8
平均	56.8	65.3	85.5	平均	22.3	44.3	82.5

资料来源:1970 年和 1987 年的数据来自 J. A. Stone and H. H. Lee,"Determinants of Intra-Industry Trade:A Longitudeinal, Cross Country Analysis", *Weltwirschaftliches Archiv*, No. 1, 1995。1999 年数据是根据 WTO 的 2000 年度的国际贸易统计报告计算的。

二、产业内贸易的特征

在第二章所呈现的以比较优势为基础的贸易模型中,生产成本是恒定不变的或不断提高的。根据这些假设,比如面包和钢铁的生产,每一单位额外的面包的生产会导致固定的或是更多的钢铁损失。然而,很多商品的生产是以规模经济为特征的,或者说是以更大规模的产出所导致的不断降低的成本为特征的。规模经济又分为内部规模经济(Internal Economies of Scale)和外部规模经济(External Economies of Scale)。内部规模经济被定义为随着更大规模的产出的实现而导致平均成本的下降。在实际中,这导致了许多大企业的形成,因为更大的生产规模给予企业更低的平均成本,而企业因此获得了比较优势。产业内贸易最显著的特征就在于内部规模经济。在外部规模经济的案例中,大企业和小企业相比并没有内生的优势,当整个产业规模扩大时,对于所有企业来说,平均成本都会下降。不像内部规模经济,在外部规模经济中,规模效益只是对整个产业而不是单个企业起作用,在下一节的贸易与地理中会详细地讨论外部规模经济的问题。

表 3-3 阐明了当企业因规模扩大而获得不断提高的回报时,成本构成的情况。更多的产出导致更高的成本,但是每单位的成本,或者说平均成本是在下降,在大多数案例中,随着生产水平的提高,平均成本最终会开始提高。但是在很多情况下,这种优势表现在对固定成本的分摊上。比如,汽车公司、软件公司,以及一些流行品牌的生活用品公司,其产品的成本构成中有很大一部分是固定不变的。因此,随着生产规模的扩大,不断提高的回报常常建立在内部发展的基础上,如在产品生产的工程技术、市场营销方面的发展,并且还与产品成本构成中固定成本的份额有关。固定成本的存在由很多因素决定,如为了建造一个大型生产厂房所花费的成本、巨额的研究开发经费,或者是市场营销费用。以软件公司为例,该公司需要投入巨额的前期研究开发经费来进行产品研发,所以卖出去的产品越多,平摊的固定成本就越少。

表 3-3　单一企业的规模报酬递增

产　　出	总成本	平均成本
100	1 000	10
200	1 400	7
300	1 500	5
400	1 600	4
500	1 650	3.5
600	1 950	3.25

内部规模经济在很大程度上还与主导地位的市场类型有关。之前的国际贸易理论,我们假设企业在完全竞争市场中运行,没有任何一家企业能够对市场价格以及产业的总产出产生决定性的影响。然而,当大企业获得更强的竞争力时,市场中存在的企业数量将会减少,最终形成另一种市场结构。在寡头

垄断(Oligopoly)的市场中,整个市场所能容纳的产出都是由少数大企业提供的。在此种情况下,生产以及贸易的模式很难被预测,因为每一家企业在制定其利润最大化战略时,都是以预测对手的行动为基础的。其影响就是,每家企业都会根据其对手的情况来改变自己的产出水平,从而使整个行业的生产水平和贸易量变得难以预测。在通常情况下,内部规模经济会导致一个更为普遍的市场结构,即垄断竞争(Monopolistic Competition)。在垄断竞争市场中,许多企业之间都存在着竞争,但它们之间的竞争激烈程度又因为实际存在的产品差异(Product Differentiation)而弱化。产品差异是指,同行业中每一家企业所生产出的产品略微有差异,这就给垄断竞争带来了垄断因素,即对于每一个企业来说,它所生产的产品是独一无二的。然而,不像完全垄断市场,每一家企业所生产的产品互相之间都有很强的替代性,而这则是实际中竞争因素的来源。

我们所提到的内部规模经济就是如此多企业想要进入出口产品市场的原因,任何一家生产出口产品的企业都会拥有很强的竞争优势,因为它有更大的销售量,并且能够充分利用内部规模经济所带来的成本减少的效应。

在产业内贸易理论发展领域,根据产品差异性,又可以分为垂直型产业内贸易和水平型产业内贸易两大基本理论模型。垂直型产业内贸易理论研究主要有 Falvey 和 Kierzkowski 的 F-K 模型(1987)及 A. Shaked 和 J. Sutton 的 S-S 模型(1984)。F-K 模型指出,在完全垂直型产业内贸易与完全没有这种贸易之间有许多过渡类型。垂直型产业内贸易的程度取决于要素禀赋、技术和收入分配情况这三个因素的相对影响。在技术一样、要素禀赋不同的情况下,垂直型产业内贸易可能发生。在要素禀赋一致、技术不一致的情况下,垂直型产业内贸易是确定的,收入分配不起决定性作用。S-S 模型探讨了由于研发支出不同造成产品质量差异对垂直型产业内贸易的影响。研究表明,在研发投入差异的情况下,只要市场上有两个企业,它们分别生产相对质量差异的同类产品,且它们分别处于不同的国家,两个国家之间就会发生垂直型产业内贸易。水平型产业内贸易的第一个正式模型是由克鲁格曼(1979)在 A. Dixit 和 J. Stiglitz(1977)规模经济和多样化消费之间的两难冲突模型的基础上,引入对外贸易将封闭模型扩展为开放模型,以实现规模经济和多样化消费。Lancester(1980)和 Helpman(1981)认为产品差异化是导致垄断竞争的基本因素,技术进步使产品差异化程度提高,但在封闭的市场中,生产者的规模和消费者的多样化偏好受到市场规模的限制。在这种情况下,两国进行贸易,既可以使企业的规模变大以降低单位产品的成本,获得规模收益,又可以使消费者的多样化偏好得到满足。随着企业规模的扩大,进一步增加研发投入,又会促进新的技术创新,从而使生产和贸易进入良性循环。

第六节　贸易与地理

电信技术革命降低了地理上的壁垒,降低了距离的重要性。通信卫星、光纤通信、移动电话以及电子邮件都大幅降低了远距离沟通的成本,并且让企业能够根据全球市场情况调节产量。同时,我们在讨论这些问题时,不得不以某种程度上来说是自相矛盾的方式来进行,一般认为地理上的科技产业集聚(如硅谷、三角研究园区等)在科学技术的发展中起到了关键作用。显然,距离因素还是会产生影响。高科技企业也许可以在任何地方建立,但是大多数高科技企业还是愿意在硅谷扎根,尽管硅谷的房租及其他成本高得荒唐,高速公路十分拥挤。软件设计业、生化产业、地毯制造业以及许许多多其他产业集聚在少数几个地方,这一产业集聚现象告诉我们,地理和距离的因素并没有完全因为最近电信的发展而被忽视。比如,有充分证据显示,企业愿意付出更高的成本在硅谷扎根,是因为对于这些企业来说,在硅谷的生产地理集中会带来更大的财务收益。

显而易见,那些激励企业形成区域性集中,或者说是集聚(Agglomerations)的因素,在最近电信技术以及交通技术迅猛发展的背景下其影响还是十分强有力的,但是却很难看出这与贸易以及贸易模式之间有什么关系。地理与贸易之间有着两个很关键的联系。首先,贸易壁垒的不断降低,对一些产业产生强大的激励作用,促使其重新定位生产区域以便充分利用更低的贸易成本。举例来说,墨西哥曾经要求在其国内市场出售汽车的企业,必须在墨西哥境内进行生产。但随着墨西哥经济的开放,北美汽车市场一体化程度不断提高,另一种不同的汽车生产模式就此出现。汽车制造商现在将整个北美大陆看成是一个单独的市场,无论是对于生产还是对于销售而言。关于生产区域定位以及贸易流动方向的决策的制定,已不再针对墨西哥、美国或者加拿大政策所施加的贸易壁垒,而是主要针对不同区域的需求,供给性产业的区域定位,以及基础交通设施的质量。

贸易与地理之间的第二个关键联系主要是指地理上的产业集聚将会给该产业带来竞争优势。当一个企业加入某一地区产业集群时,可能会从中为自己得到某种优势,但同时也会加剧在同一集群中与其他企业的竞争,并加强该产业国家出口的竞争力,如果一个国家率先发展出某一特定产业的集群,那么它将在该项产业上取得比潜在对手更大的竞争优势,并且实际上可以阻碍其他国家该产业竞争对手的发展。接下来,我们将会探索产业集聚的形成机制。

一、外部规模经济

产业在地理上的集聚不是一个新生的或是高科技的现象。在 20 世纪,底特律成为汽车制造中心。而在那之前,底特律就是钢铁制造厂、纺织品企业、陶器制造商以及金融服务商等一系列经济活动中的各部门企业生产地理集中地。在一些案例中,集聚的激励因素往往是该地区有着大量的原材料供应,或者是便利且廉价的水资源,但在其他案例中,生产地理集中往往通过外部规模经济的作用机制,给予单个企业以优势。外部规模经济与内部规模经济的最大不同在于,其规模的增大不是给个别企业带来优势,而是给整个产业带来优势。当外部规模经济出现时,一个更大规模的产业会为单个企业发展创造出有利的条件,但企业自身却没有充足的动机来扩大规模以至于对整个市场产生影响。

外部规模经济的实现不止一种渠道。第一种实现渠道是知识溢出效应。如果在一个地区的企业所生产的都是相似的产品,那么它们之间很可能会产生知识溢出效应,这对保持所有企业始终站在科技以及发展的最前沿是很有帮助的。密切的地理上的邻近会加大知识溢出效应,因为通过正式或非正式的社交网络,会创造出更多分享信息的机会。地区的产业组织很重要,但足球队、教会以及其他的能把在不同企业工作的人们聚集起来的城市组织也是十分重要的。知识溢出效应对于那些正经历着快速技术革新的前沿产业而言特别重要,这些产业对于面对面的交流非常敏感,而这种形式的交流却常常被地理距离所阻隔。

第二种外部规模经济的实现渠道如下:当某地的大量生产者对劳动力的需求使得一个巨大且稳定并能够提供特殊技能的劳动力市场产生时,外部规模经济形成。如果某个产业规模足够大,那么它将持续吸引大量能提供特殊技能的潜在雇员,这会减少企业的研发成本,并为企业提供最好的可用劳动力。这一优势对于一些要求高技术或者稀缺技能的产业来说特别重要。

第三种实现渠道是大规模生产地理集中导致高密度的原材料供应网络的形成。制造中间产品的产业更愿意选择靠近其产品市场的区位,因为这可以降低交通运输成本,并使得它们及时了解需求情况。在高科技产业部门,大量临近的元件供应商的存在会降低寻找提供某种特殊投入的生产厂商的成本,并且在深度上以及广度上扩大了企业对于生产投入性的商品及服务的选择范围。以上所有的效应都降低了生产者的成本。从生产者到其元件供应商之间的联系也可以从另一个方向发生。如果产业集群的厂商提供中间产品或服务,那么它就会吸引那些运用其产品来制造最终商品或提供最终服务的企业。这带给企业更多的有关市场方面的信息,并且有可能导致元件供应商及购买中间产品作为生产投入的企业之间更密切的合作。

二、贸易与外部经济

生产地理集中的一个本质特征是其自我强化能力。举例来说,随着企业吸引的专业工人及特殊投入要素的供应厂商的增多,可用的高质量投入要素的增加又产生反馈作用,吸引越来越多同产业的企业集中在该地区进行生产。反过来,这又对工人和要素供应商产生巨大吸引力。实际上,所有因素间都互相影响并推进整个系统向前发展。发展到某种程度时,一个地区已不能提供充足的住房和其他必需的基础设施,高额的生活成本以及对于拥挤人群和堵塞道路的不舒适感就会阻碍该地区进一步发展,但我们可以很肯定地说,几乎没有地区的发展已经达到这种程度。

从这些特征中我们可以得到启示,产业发展开始所产生的细微的差别有可能导致最终结果的巨大差异。那就是,某一地区在开始发展时轻微的领先或在吸引企业上的轻微优势可能会使其比其他地区更早一些形成显著的规模经济。只要规模上的优势变得明显起来,领先区域和其竞争者之间的差距就会加大,并且有可能变成领先区域的永久竞争优势。起始优势可以来源于任何东西,甚至包括历史上的偶然事件。举例来说,在第二次世界大战期间,当飞机引擎在英国进行研发制造时,盟国决定将其生产线移至美国西海岸,以最大限度避免轴心国运用军事力量进行空袭,把工厂摧毁。这是一个历史偶然事件的结果,盟国在战争期间的决定使得美国在商用飞行器制造业上占据了几十年的统治地位,直到欧洲政府联合起来运用大额补贴和其他干预措施培养了一个欧洲竞争者——空中客车公司。

一旦美国的领先优势得以确立,其他发展本质上与美国相同技术产业的国家永远都不能赶上,即使在理论上有能力达到相同的效率水平。美国地区产业集群的发展(如在西雅图和南加利福尼亚的专业航空器制造企业的产业集群)给了美国一个抢先优势以及很难被轻易超越的竞争优势。与那些新建立的欠发达的产业所出售的飞机相比,美国飞机总能够在更低的价格上出售。在这个例子中,贸易扼杀了一项有可能发展成为与现有产业同样具有竞争力的潜在产业的发展。

理论上,我们有可能相信后果会比刚才描述的更严重:贸易有可能会扼杀一个比现有产业更具效率的新生产业的发展。举例假设,在制造商用飞行器方面,欧洲人有可能在潜质上比美国人更具效率。然而,其潜质只有在经历过一段时间的实验和发展之后才能显露出来。刚开始面临的难题是,由于美国的元件供应商和生产者之间有着更好的联系,美国在生产效率上占有优势。在这种情况下,贸易以及由美国飞机低廉成本所带来的较低的准入门槛,削弱了欧洲人投资自身产业的积极性,并阻碍了一个可能更具效率的产业的发展。只要美国飞机比欧洲飞机卖得便宜,那么人们就没有任何经济理由去购买欧洲飞机,缺乏先期市场意味着欧洲人将会经历一段时间的财务损失,因而打击了投资的积极性。实际上,为躲避希特勒的炸弹而将飞机制造业转移到美国这一历史偶然所造成的国家间产业差异被贸易永久锁定了。

关于飞机的例子是很有启发性的,因为它阐述了一个贸易并没有带来益处的例子。在其他我们已经检视过的例子中,贸易总是会带来收益。然而,在上文所描述的情况下,贸易会带来潜在的损害,在这个假设的案例中,它通过把生产集聚到低效率的生产地区,降低全球的生产效率。飞机的例子还告诉我们,产业开始时小小的差异是怎样积累变为最后产业间巨大的差异的,以及在外部规模经济作用下,贸易模式是怎样变为完全不可预测的历史偶然的结果的。

第七节 新新国际贸易理论

新新国际贸易理论是继新国际贸易理论之后提出的,因此被称为新新国际贸易理论。传统国际贸易理论主要研究的是产业间贸易,并没有对作为微观主体的企业进行研究。在新古典贸易理论中,大多数研究都假定规模报酬不变的条件下,一般均衡模型只是限定了企业所在产业部门的规模,企业的规模则是模糊的。新贸易理论主要研究的是规模报酬递增和不完全竞争条件下的产业内贸易,虽然 Helpman-Krugman 差别产品模型对企业的规模做出了限定,但为简化起见,选用的是典型企业,也不考虑企业间的差异。实际上,考虑企业间的差异对于理解国际贸易至关重要,同一产业部门内部企业之间的差异可能比不同产业部门之间的差异更加显著,而且现实中并非所有的企业都会从事出口,无论在企业规模还是企业的生产率方面,企业都是异质的。新新贸易理论将研究重点放在异质企业上,考虑企业层面异质性来解释更多新的企业层面的贸易现象和投资现象。

传统贸易理论和新贸易理论同样不涉及企业的边界问题,现有企业理论仅限于局部均衡分析而忽视了公司内贸易的国际维度。跨国公司在全球经济地位的重要性与日俱增,企业国际化过程中越来越复杂的一体化战略选择,以及中间投入品贸易在全球贸易中的份额不断上升,都使得研究国际贸易和国际投资中企业的组织形式和生产方式选择变得非常重要。企业如何在不同国家进行价值链分配,是通过 FDI 在企业边界内进口中间投入品,还是以外包形式从独立供货企业手中采购中间投入品? 新新贸易理论较好地将产业组织理论和契约理论的概念融入贸易模型,在企业全球化生产这一研究领域做出了重大理论突破[5]。

新新贸易理论与传统贸易理论、新贸易理论的区别在于无论是"传统贸易理论"还是"新贸易理论",都将"产业"(Industry)作为研究单位,而"新新贸易理论",则将分析变量进一步细化到企业层面,研究企业层面变量(Firm-Level Variations),从而开拓国际贸易理论和实证研究新的前沿。新新贸易理论更关注企业的异质性与出口和 FDI 决策的关系,关注企业在国际生产中对每种组织形式的选择。新新贸易理论有两个分支,一是 Melitz 为代表的学者提出的异质企业贸易模型,另一个是 Antras 为代表的学者提出的企业内生边界模型。在 2003 年 Melitz 提出的异质企业贸易模型已成为国际贸易与对外直接投资领域研究的一块基石,Melitz 模型将贸易理论的传统方法和新方法相结合,将企业的生产率差别和出口的固定成本有机地结合起来,解释了出口企业和跨国公司生产率差异的原因,丰富了贸易和 FDI 的研究类型。同时,2003年 Antras 的研究将契约模型融入标准的一般均衡贸易模型,不仅用贸易模型解释了要素禀赋差异导致的各国出口产品要素密集度的差异,也解释了企业组织形式的差异,为国际贸易理论的发展做出了创新。异质企业贸易模型和企业内生边界模型为代表的新新贸易理论界定了新的比较优势来源:企业异质性和企业组织选择,单个企业行为会影响所在产业的结构变化。在新新贸易理论中,产业内部不完全契约与企业异质性相互作用,二者共同预测国际化和离岸生产,特别是解释了目前普遍存在的本土市场一体化、本土外包、国外一体化和国外外包等四种主要的企业组织形式,为解释现有的国际贸易和国际投资模式提供了新的视角[5]。

简单地说,异质企业贸易模型主要解释为什么有的企业会从事出口贸易而有的企业则不从事出口贸易;企业内生边界模型主要解释是什么因素决定了企业会选择公司内贸易、市场交易或外包形式进行资源配置。二者同时都研究了什么决定了企业会选择以出口方式或FDI方式进入海外市场。

【本章小结】

经济学家分别从关税结构、技能和人力资本、自然资源等视角对里昂惕夫之谜进行探索。国际贸易可以分为产业间贸易与产业内贸易,产业间贸易是指一个产业的产品与另一个产业的产品的交换,建立在比较优势基础之上;产业内贸易是指同一产业内差异性产品之间的双向贸易,以规模经济和不完全竞争为基础;需求偏好相似理论从需求的视角分析了产业内贸易发生的原因,各国居民对差别产品的需求源于国内国民收入分配的差距与国际贸易双方人均收入水平的差异;产品周期理论与雁行经济发展论从技术动态变迁的角度,分析了不同阶段所发生的需求和生产区位的变化,以及会导致贸易发生和贸易流向的变化。贸易与地理的联系之一是壁垒的不断降低,促使产业重新定位生产区域以便充分利用更低的贸易成本。之二是地理上的产业集聚将会给该产业带来竞争优势。新新贸易理论继续在规模经济和不完全竞争的条件下,将研究重点放在异质企业上,考虑企业层面异质性来解释更多新的企业层面的贸易现象和投资现象。

【思考与练习】

1.产业间贸易和产业内贸易的基础各是什么?这两种贸易有何异同?分析我国产业间贸易和产业内贸易的状况。

2.什么是外部规模经济?什么是内部规模经济?

3.分别选择一种代表性的劳动密集型的产品和资本密集型的产品,以我国为研究对象,搜集贸易数据进行相关的分析。

【参考文献】

[1]卜伟等.国际贸易与国际金融(第1版).北京:清华大学出版社,2005

[2]海闻、P.林德特、王新奎.国际贸易(第1版).上海:上海人民出版社,2003

[3]丹尼斯·R.阿普尔亚德、小艾尔弗雷德·J.菲尔德等著,赵英军译.国际经济学.北京:机械工业出版社,2010

[4]杨鸿.雁行模式与东亚经济合作.博士学位论文,复旦大学,2004

[5]樊瑛.新新贸易理论及其进展.国际经贸探索,2007年第23卷第12期:4～8

[6]赵英军、张友仁编著.国际经济学(第1版).北京:机械工业出版社,2009

[7]詹姆斯·伯格著,汪小雯等译.国际经济学(第6版).北京:机械工业出版社,2009

[8] Kravis I. B. Wages and Foreign Trade. *The Review of Economics and Statistics*, Vol. 38,No. 1 (Feb. ,1956):14～30

第4章 国际贸易政策演变

学习内容与要求：

　　本章从重商主义贸易政策、自由贸易政策、保护贸易政策和当代保护贸易政策四个部分介绍了国际贸易政策的历史演变，并以发达国家与发展中国家为界限介绍了它们的对外贸易政策的发展，最后回顾了我国对外贸易政策的变化与发展。要求了解各个时期的国际贸易政策的演变历程及其发生的背景；理解重商主义贸易政策、自由贸易政策、保护贸易政策、新保护贸易政策的含义，掌握各种贸易主张，能分析这些主张的合理性与不合理性；了解各国贸易政策的演变，能分析当今主要国家的贸易政策特点。

第一节　国际贸易政策的历史演变

一、重商主义

　　重商主义（Mercantilism）是对 1500—1750 年间，当时存在于欧洲的经济思想的统称。尽管不能把它划归为一个正式的思想派别，但可以将其看成是对国内经济活动和国际贸易作用有相似观点的统称。马克思称之是"对现代生产方式的最早的理论探讨"。这些观点是这一时期经济思想与经济政策的主导意见，其中的许多观点，源自当时的一些经济事件，而且还借助政府决策的作用影响了历史进程。它最初出现在意大利，后来流行到西班牙、葡萄牙、英国和法国等国家。

（一）历史背景

一系列历史事件都对重商主义思想的发展产生了影响：新大陆发现提供了新的贸易机会，也扩展了国际联系的范围，人口的迅速增长，文艺复兴带来的冲击，商人阶级的兴起，在新世界贵金属的发现，人们对利润与资本积累的旧有理念的改变以及民族国家的兴起，等等。

15—17 世纪是欧洲资本主义原始积累时期，15 世纪末，西欧社会进入封建社会瓦解时期，由于商业资本的兴起促使了封建自然经济的瓦解，资本主义生产关系开始萌芽和成长。大规模海外掠夺和国际贸易成为早期西欧国家进行资本原始积累的重要手段。当时的"地理大发现"不仅扩大了世界市场，而且极大地刺激了商业、航海业、工业的发展，商业资本的作用下，各国国内市场逐渐走向统一，推进了世界市场的形成，"地理大发现"、国内市场统一与世界市场的形成共同推动了对外贸易的发展。尽管商业资本的兴起与发展为日后的资产阶级壮大做好了铺垫，但是，当时西欧的封建专制的中央集权国家，运用国家力量支持商业资本的发展。随着商业资本的发展和国家支持商业资本的政策的实施，国家积极推行干预对外贸易的措施，采取严厉的贸易保护做法，重商主义成为代表商业资本利益和要求的重要经济理论思想。

从时间上看，重商主义可以说与文艺复兴运动同步，15 世纪初，正当文艺复兴运动进入初期发展阶段之时，重商主义兴起，人文主义和重商主义成为两种社会思想，其深刻的根源是当时社会上追求商品生产更快发展，追求商业资本的迅速增加和货币资本的不断积累成为一股不可抗拒的潮流，这也是重商主义产生的一个重要原因。然而，重商主义的产生和更深层次的背景，则是在追求商业资本增加、追求货币积累这股强大潮流冲击下，所引起的西欧经济形式和社会阶级关系的变化。新经济的发展，引起了社会各阶层的变化，旧式贵族变成了真正的商人，它正反映了自然经济向商品经济过渡的变化。

（二）基本内容

重商主义所重的"商"是对外经商，重商主义学说实质上是重商主义对外贸易学说，它是以财富观为理论基础，认为货币是一国财富的根本和富强的象征，一切经济活动的目的是积累财富，获取财富的途径则是对外贸易顺差，因此，对对外贸易的干预目的是增加本国商品输出，限制外国商品输入——"多卖少买"，追求顺差使货币流入国内，以增加国家财富和增强国力。

重商主义是贸易保护主义，在历史的发展过程中重商主义经历了早期重商主义和晚期重商主义两个阶段。早期重商主义产生于 15—16 世纪中叶，早期的重商主义被称为"货币差额论"，主要代表人物有英国的约翰·海尔斯

(John Hales)和威廉·斯坦福德(William Stafford)等。晚期称贸易差额论，最重要的代表人物是英国的托马斯·孟。货币差额论与贸易差额论关于致富的具体措施和方法有所不同。

货币差额论把增加国内货币积累，防止货币外流视为对外贸易政策的指导原则，认为国家采取行政手段，直接控制货币流动，禁止金银输出，在对外贸易上遵循少买或不买并且要求多卖的原则，这样每笔交易和每个国家都保持顺差，就可以使金银流入国内。英国早期重商主义的代表者约翰·海尔斯1550写了一本小册子，生前没有发行，后由威廉·斯坦福德修改后于1581年以W.S.的名字在伦敦出版，书名为《对我国同胞某些控诉的评述》，也被译成了《关于英国公共福利的对话》。他们认为英国物价上涨的主要原因是不足值的货币充斥市场，驱使足值货币流向国外，国家财富变少。为了降低物价，避免货币外流，一方面要停止损毁货币，另一方面要实行保护关税政策，必须禁止外国工业品，尤其是奢侈品的进口，即使售价比本国低的也不例外；禁止从英国输出羊毛、皮革、锡的原料，奖励那些不输出原料及在英国生产工业品的生产者。他们感叹道：外国商人从我们手中廉价购买羊毛，再将羊毛制品高价卖给我们，以此从我们手中赚取货币的就此离开我们，一去不复返了。他们还指出："我们必须时刻注意，从别人那里买进的不超过我们出售给他们的。否则，我们自己将陷入穷困，而他们则日趋富裕。"[1]

贸易差额论反对国家限制货币输出，认为那样做不但是徒劳而且是有害的。因为对方国家会采取对等措施进行报复，使本国贸易减少甚至消失，货币积累的目的将无法实现。其代表人物托马斯·孟在《英国得自对外贸易的财富》一书中说道："凡是我们将在本国加之于外人身上的，也会立即在它们国内制成法令而加之于我们身上……因此，首先我们就将丧失我们现在享有的可以将现金带回本国的自由和便利，并且因此我们还要失掉我们输往各地许多货币的销路，而我们的贸易与我们的现金将一块消失。"[2]贸易差额论认为，对外贸易能使国家富足，但必须谨守进出口贸易总额保持顺差的原则。托马斯·孟说："对外贸易是增加我们的财富和现金的通常手段，在这一点上我们必须时时谨守这一原则：在价值上，每年卖给外国人的货物，必须比我们消费他们的为多。"[3]贸易差额论还认为，国内金银太多，会造成物价上涨，使消费下

---

① 埃里克·罗尔.经济思想史(1973年版).北京:商务印书馆,1981:72
② 托马斯·孟著,袁南宇译.英国得自对外贸易的财富.北京:商务印书馆,1978:33
③ 同上。

降,使出口减少,影响贸易差额,如果出现逆差,货币自然外流。因而认为,国家应准许适量货币输出国外,这非但不会使货币流失,而且会像猎鹰叼回"肥鸭"一样,吸收进更多的货币,使国家更加富裕。贸易差额论者信奉"货币产生贸易,贸易增加货币"。托马斯·孟非常透彻地分析了西班牙由富变穷的原因是不能充分地用金银从事对外贸易。西班牙早期来自美洲的大量金银能够保持住,是因为它垄断了东印度的贸易,赚取了大量金银。垄断丧失后,宫廷和战争的大量耗费,本土又不能供应,全靠输出金银购买,金银流失殆尽,使西班牙变穷。

（三）经济政策

在重商主义下,主要的对外贸易政策是货币政策、奖出限入政策、保护关税政策和发展本国工业政策。

1. 货币政策

重商主义的货币政策,可追溯到中世纪,但在 16 世纪才相当普遍。奉行重商主义的国家特别禁止私人出口金银和其他贵金属,统治者只有在万不得已的情况下才允许金属货币流出国外,私人走私金属货币如果被逮捕会受到严厉的刑罚,通常会被判死刑。例如,西班牙曾规定输出金银者处死,检举者有赏,并禁止外国人购买金条。英国也曾规定输出金银为大罪。在禁止货币输出的同时,各国都想方设法吸收国外货币,政府通过法令规定外国人来本国进行贸易时,必须将出售货物所得到的全部款项用于购买本国的货物,以免货币外流。到了重商主义的晚期发展阶段,货币政策有所放宽,准许输出适量货币,也是为了获得更多的货币。

2. 奖出限入政策

奖出限入政策是通过奖出限入政策促进出口,减少进口,实现贸易顺差,积累货币财富。在进口方面,实行重商主义的国家不仅禁止奢侈品输入,而且对一般制成品的进口也严加限制。因为奢侈品、工业制成品价格昂贵,进口这些商品要输出大批金银,影响货币积累。英、法等国就曾制定过禁止奢侈品进口的法令。在出口方面,由于原料价格低廉,加工后产品增值、价格变贵,所以重商主义者主张出口制成品代替出口原料,并且认为输出廉价原料,再用高价购买其制成品是一种愚蠢的行为。另外,国家还用现金奖励在外国市场上出售本国商品的商人。例如,当时英国曾禁止输出羊毛、皮革和锡等原料品,奖励那些不输出原料及在英国制造并出口工业品的生产者。

政府还会把某些航路和区域的特许贸易权颁发给某些特许的公司,通过独买和独卖的贸易垄断带来丰厚的垄断利润,这些利润也直接或间接地鼓励了贸易顺差。哈德逊湾公司(The Hudson Bay Company)和东印度公司(The Dutch East India Trading Company)是垄断贸易中为人熟悉的事例。

3.保护关税政策

保护关税政策在重商主义的早期发展阶段便开始实行,晚期阶段已成为扩大出口、限制进口的重要手段之一。这种政策主张对进口的制成品设置关税壁垒,课以重税,使进口的商品价格提高,售价昂贵,从而达到限制进口的目的;对进口的原料和出口的制成品则减免关税,或出口制成品时退还进口原料所征的关税,以支持和鼓励本国制成品的生产和出口。例如,法国1667年实行保护关税政策,把从英国、荷兰进口的呢绒税率提高一倍,花边等装饰品的进口税率也提高一倍,阻止了这些产品的进口,而对法国急需的工业品原料如羊毛、铁、锡、铅等的进口及工业制成品出口则加以鼓励。重商主义在英国最主要的表现就是进口关税的剧增,出口关税逐步地废除。在1690—1704年期间,进口关税增至原来的3倍,而1722年以后每伴随一次战争,关税就上一个新台阶。1747年增加5%的进口税,1759年同样再次增加5%,也就是说,与1690年多数商品的5%～20%关税相比提高了25%,关税壁垒屡筑新高。而与此同时,出口关税却在逐步废除,1700年废除了毛纺织品出口关税,到1722年则废除了全部一般商品的出口关税。虽然出口关税的废除并未在很大程度上刺激出口,但其重商主义的贸易政策在当时可见一斑。在英法的双边贸易中,英国曾在1693—1696年间对法国商品征收巨额关税并几乎维持了一个世纪,甚至在1678年和1689年两度禁止法国商品进入,直到1763年英法战争(Anglo-French Wars)英国大获全胜后才逐步减弱,至1783年才得以撤销。

4.发展本国工业政策

重商主义者认为,保持贸易顺差的关键在于本国能够多出口竞争力强的工业制成品,他们主张通过控制产业发展和劳动力流动对经济活动进行管制。全面的管制制度利用独家生产特许权来具体实施。比如,在瑞士、英国和法国,通过对企业免税、补贴和赋予特权以及授予皇家制造商的称号,乃至皇家基金自由投资等措施,大力发展"皇家制造业",为扩大商品输出创造雄厚的经济基础。英国政府还通过职工法鼓励外国技工移入,通过行会法奖励国内工场手工业者。除了对生产的管制之外,政府还通过手工业行会对劳动力实行多种限制,比如,禁止熟练技工外流和机器设备输出;制定工业管理条例,加强质量管理,提高产品质量。最后,重商主义者建议推行低工资政策。因为劳动是最关键的生产要素,低工资意味着生产成本低,这样一国产品在国际市场上就更有竞争力。当时还普遍认为,下层社会的人只有处于贫困之中才有勤勉精神,增加工资会导致生产率降低。更要说明的是,当时工资并非由市场决定,而是根据一些制度因素来确定,也就是提供给工人的工资收入要与他们传统的社会地位相一致。由于劳动被看成是一国关键的生产要素,人口的不断增长是产出增长的关键所在,因此,政府鼓励增加家庭成员,对生小孩给予补贴,对结婚的人也提供资金援助等。

二、自由贸易政策

18 世纪中叶至 19 世纪末,资本主义进入自由竞争时期,在资本主义的经济基础上要求建立适合工业资产阶级利益的对外贸易政策。自由贸易政策是指国家取消对进出口贸易和服务贸易的限制和障碍,取消对本国进出口贸易和服务贸易的各种特权和优待,使商品自由进出口,服务贸易自由经营,也就是说国家对贸易活动不加或少加干预,任凭商品、服务和有关要素在国内外市场公平、自由地竞争。自由贸易政策是自由放任经济政策的一个重要组成部分。

(一)英国的自由贸易政策

英国是最早实行自由贸易政策的国家,它最先完成了产业革命,并且工业迅速发展。英国是 19 世纪最强大的工业国家,1850 年它的工业产量占世界30%,同时英国又是最大的殖民帝国,版图占地球陆地面积四分之一,殖民地面积超过本土 10 倍。一方面,"世界工厂"地位得以确立与巩固,其产品也具有强大的国际竞争力;另一方面,英国需要以工业制成品的出口换取原料和粮食的进口,这就决定了英国必须冲破国内保护贸易的限制,要求国内外政府放松对外贸易活动的管制,积极推行自由贸易政策。经过长期斗争之后,英国在19 世纪前期,逐步取得了自由贸易政策的胜利。英国的自由贸易政策的主要措施有:

(1)废除谷物条例。该条例是当时重商主义保护贸易的重要立法,为保持国内粮食价格处于较高水平,用征收滑准关税①的办法,限制谷物进口。经过工业资产阶级与地主贵族之间的长期斗争,该条例终于在 1846 年废除,工业资产阶级从中获得降低粮价、降低工资的利益,被视为英国自由贸易的最大胜利。

---

① 滑准关税亦称滑动关税或伸缩关税,是根据进出口商品价格或数量的变动而升降税率的一种关税。

(2)改革关税制度。1842年英国进口税目共有1 052个,1859年减至419年,1860年减至48个,以后又减至43个。把极复杂的关税税则加以简化,绝大部分进口商品不予征税,并基本上废除出口税。

(3)签订自由通商条约。1860年英法通商条约以及后来的英意、英荷、英德等通商条约,相互提供最惠国待遇,放弃贸易歧视,意味着英国自由贸易政策在国际上的胜利。

(4)取消对殖民地的贸易垄断。解散特权贸易公司,开放殖民地市场,把殖民地贸易纳入自由贸易体系。

在实行自由贸易政策初期,英国是最先进的国家,产业革命中不断有新的发明创造涌现,它有着明显的技术优势。但技术具有公共产品性质,可以产生正的外部性。由于英国未采取保护措施,其他国家很容易获得其先进技术,而它却无法得到应有的回报。由此,在美国等国对其技术进行模仿后,英国已丧失了技术优势,因此也就丧失了经济领先的基础。

在英国解决土地资源约束、资本积累约束,以及通过自由贸易解决市场约束后,制约它发展的主要因素已经转变为创新性技术进步了。但英国未认清这一点,没能及时转变其贸易战略。一方面,大多数企业依仗垄断贸易政策和已有的市场力量获得超额利润,对外贸易的目标仍停留在扩大出口市场上,贸易战略以突破资本积累约束为主,这带有明显的滞后性。另一方面,其他国家特别是美国通过对英国新技术的引进、模仿再创造后,其新技术、新发明超过了英国。英国没能保持在技术创新方面的领先,从而经济发展受到了制约。正是由于英国在技术创新上失去了优势地位,使其经济发展失去了后劲。英国在经济发展水平落后的情况下,不得不调整贸易政策。20世纪初,英国又逐步从自由贸易政策后退,采取了各种政策干预的保护政策。

(二)法德的自由贸易政策

法国是当时第二大工业强国,从19世纪中叶起也逐渐倾向于自由贸易。1853—1855年期间,曾降低煤、铁、钢材、羊毛、棉花进口税。1860年全部取消禁止进口货单,接着又废除出口奖励金,降低原料进口税,并同一些国家签订旨在推进自由通商的条约。

在此期间的德国由于工业落后,在采用自由贸易政策之前实施了一系列的鼓励出口和限制进口的措施,直到19世纪60年代才逐渐放松以关税为主要工具的保护政策,出现自由贸易倾向。

(三)美国的自由贸易政策

两次世界大战之间,国际贸易中的进出口商品结构发生了显著变化,其中的一个显著特点是：制成品贸易占有绝对优势地位。这一变化使国际分工进一步深化，不发达国家和地区也有机会参与到世界贸易中来。参与贸易的各方迫切需要某一国家牵头推行全球范围内的多边自由贸易体系的建设。美国采取自由贸易政策正是适应当时的要求。

20 世纪 20 年代，美国工业生产能力比 1913 年增长了 80%。随着工业生产能力的提高，美国在国际贸易中的地位也日益提高。然而，当时世界范围内的保护政策对贸易不断扩大的美国经济没有好处；且两次世界大战期间的贸易战，使其认识到保护贸易只会阻碍经济的正常发展进程。由于自由贸易的收益远远大于保护贸易的成本，美国成为自由贸易的积极倡导者。美国采取自由贸易政策的根本原因是希望在自由贸易体系中占领其他国家的市场，吸引全世界最优秀的人才及其他要素，从而在竞争中保持领先地位。不同于英国单独实行的自由贸易政策，美国倡导的是各国都同时实行多边的自由贸易政策，其手段是与其他国家进行谈判。以 1934 年《互惠贸易法》的颁布为标志，美国正式进入推行全球多边自由贸易时期。二战后，美国积极参与和推动了关贸总协定（GATT）的建立及多边关税减让谈判，试图将全球贸易纳入自由贸易政策的框架中来。

美国实行自由贸易政策促进了美国经济发展。1948 年，美国工业生产和对外贸易在世界中的比重分别达到 45% 和 18%；在资本输出方面，从 1945 到 1960 年，主要资本主义国家新增对外投资 120 亿美元中有 70% 来自美国；在国际收支方面，美国是唯一拥有大量贸易顺差的国家，美元是最受欢迎的国际储备货币和结算货币；此外，美国的黄金储备占世界的 2/3。由此可见，美国经济在世界经济中占有绝对优势。推行多边自由贸易政策后，美国的产业出现了分化。美国的钢铁、汽车、纺织等产业出现了衰落，竞争力落后于日本、西欧及一些新兴工业化国家和地区。特别是在二战后多边自由贸易政策演变为遏制苏联扩张的重要手段后，美国贸易在世界中的绝对优势地位也受到挑战（见表 4-1）。

表 4-1　出口贸易量年均增长率(%)

国家	1950—1960	1960—1970	1970—1980
美国	5.0	5.9	7.0
西德	15.4	8.8	5.5
英国	1.7	4.8	5.1
日本	16.2	17.3	9.6

资料来源：联合国贸易与发展会议：《国际贸易和发展统计手册》

如表 4-1 中所示,前两个时期,美国的出口贸易量除领先于英国外,均落后于日本与西德。直到 1970 年,美国转向公平贸易政策后才赶上西德,但仍与日本有差距。这表明,推行自由贸易政策过程中,日本、西欧获得了较快发展的机会,发展速度相对快于美国。

从世界范围来看,1860—1880 年这 20 年间是自由贸易的黄金时代,它与资本主义自由竞争时代相适应。随着自由竞争向垄断的过渡,自由贸易又逐渐为保护贸易所代替。从 19 世纪 80 年代到第二次世界大战前的 60 年间是自由贸易衰亡时期。第二次世界大战后,经济实力大为增强的美国竭力鼓吹贸易自由化,使其既有需要又有能力冲破当时发达国家所流行的高关税政策。美国主张降低关税,取消数量限制,实行无差别待遇的互惠原则,在它的影响下,建立起以"关税与贸易总协定"与"国际货币基金协定"为中心的国际经济贸易体制。

日本和西欧为了战后经济的恢复和发展,也愿意彼此放松贸易壁垒,扩大出口。此外,国际分工进一步深化,推动生产国际化、资本国际化,跨国公司迅速兴起,迫切需要一个自由贸易环境以推动商品和资本流动。于是,这一时期发达资本主义国家的对外贸易政策先后出现了自由化倾向。这种倾向主要表现在大幅度削减关税和降低或撤销非关税壁垒。其中关贸总协定(GATT)缔约方的平均进口最惠国税率下降至 5%左右。欧共体(现为欧洲联盟)实行关税同盟,对内取消关税,对外减让关税,使关税大幅度下降。此外,在发展中国家的努力下,发达国家给予来自发展中国家的制成品和半制成品的进口以普遍优惠制待遇。在非关税减让方面,发达国家不同程度地放宽了进口数量限制,扩大进口自由化,增加自由进口的商品;放宽或取消外汇管制,实行货币自由兑换,促进了贸易自由化的发展。

经过 40 余年的协调与冲突,从世界范围来看,关税壁垒大为削弱,贸易数量限制有所放宽,贸易自由化取得进展。但其他各种形式的关税壁垒却大为加强,新贸易保护主义势力有增无减,贸易自由化成为经济大国进行贸易扩张的工具。战后出现的贸易自由化倾向和资本主义自由竞争时期由英国等少数国家倡导的自由贸易不同。资本主义自由竞争时期的自由贸易反映了英国工业资产阶级资本自由扩张的利益与要求,代表了资本主义上升阶段工业资产阶级的利益和要求。战后的贸易自由化倾向是在国家垄断资本主义日益加强的条件下发展起来的,它主要反映了垄断资本的利益,是世界经济和生产力发展的内在要求。它在一定程度上和保护贸易政策相结合,是一种有选择的贸易自由化。在具体实行中,这种自由化政策形成了这样的趋势:工业制成品的贸易自由化程度超过农产品,机器设备等资本品超过工业消费品,区域性经济集团内部超过其外部,发达国家超过发展中国家。因此,这种贸易自由化倾向发展并不平衡,甚至是不稳定的。当本国经济利益受到威胁时,保护贸易倾向必然重新抬头。

学习资料 4-1 自由放任的缺失

英国的时代是自由资本主义的时代,英国的兴盛是由自由资本主义支撑的。因此,打破大陆封锁,"不仅是不列颠的军队的胜利,也是市场经济的胜利"。而在拿破仑看来,这只不过是"小店主"的胜利。1852 年英国议会曾发表一项原则声明,称自由贸易是英国的国策。英国靠"自由放任"达到兴盛的顶峰,因此也希望自由资本主义的时代永远保持下去。但时代终究变化了,到 19 世纪下半叶时,自由资本主义走向了终结。英国人不得不承认,自由放任过时了。霍布豪斯在《自由主义》一书中这样说:"19 世纪可被称为自由主义时代,但是到了这个世纪的末叶,这项伟大运动却大大地衰落了。无论是在国内还是国外,那些代表自由主义思想的人都遭到了毁灭性的失败。……它正在对自己失去信心。它的使命似乎已经完成。"自由主义正在被抛弃,表现在以下几方面:

第一,古典自由主义向新自由主义转变。所谓古典自由主义,即斯密和李嘉图等人提出的、反对国家干预的自由放任学说,它是 19 世纪英国政府制定经济政策的指导思想。但是,面对 19 世纪后期的激烈的市场竞争和英国经济优势地位的丧失,以及贫富不均、环境污染等工业化负面问题的加重,古典自由主义指导思想开始受到质疑。从某种意义上说,在英国经济地位下降的同时,古典自由主义的主流地位也在发生动摇和变化。特别是当德国等新兴国家依靠国家支持,经济实力迅速发展甚至超过英国的时候,新自由主义社会思潮和政策主张也开始在英国出现。人们一般将牛津大学教授托马斯·格林看成新自由主义的奠基人,他最早提出了积极自由的概念,并主张用政府干预式的自由代替放任主义式的自由,认为国家权力的增加并不意味着对个人自由的损害,积极自由不是削弱而是促进人的道德自由。格林的思想意味着英国哲学在相当程度上认同了德国哲学的理念,而德国哲学特别是黑格尔哲学在本质上是国家主义的。新自由主义的代表人物霍布豪斯认为,以平等为基础的自由才是真正的自由,社会条件和公共福利的改进,将使个人获得更大的安全保障,自由也将随之增加。国家应该采取积极的干涉措施,通过有效的改革活动为自由提供基本的社会条件。霍布豪斯指出,自由主义之所以在 1910 年前后能够绝处重生,原因在于"与社会主义交换思想的过程中吸取了不止一个教训",从格拉斯顿传统出发的自由党人已在很大程度上认识到:"自由贸易虽然为繁荣奠定了基础,但是并没有使大厦落成。"1936年约翰·凯恩斯出版了《就业、利息和货币通论》一书,提出了著名的凯恩斯理论。该理论从根本上否定了英国从斯密就开始的自由主义理论传统,提出利用国家的财政政策和货币政策对经济进行干预,即通过刺激消费达到充分就业,从而消除贫困。国家的作用在凯恩斯的理论中被提到了一个新的高度,标志着自由放任时代在英国的彻底结束。

第二,无形帝国向有形帝国转变。政治家思想的转变很好地迎合了新自由主义思想,突出体现在帝国问题上。19世纪70年代以后,英国失去了工业垄断的地位,美国、德国、法国等国家的商品越来越多地挤进国际市场;而且,德国和法国甚至西班牙、比利时、荷兰等欧洲国家都在拼命争夺或者保住自己的殖民地。在这种情况下,自由贸易和开放英帝国的市场是否更有利于其他国家?更重要的是,英国要不要与其他国家争夺更多的殖民地,即使承受负担也在所不惜?这一问题在19世纪最后30年中一直是议会两大政党最大分歧所在。自由党政府所坚持的传统"自由帝国政策"越来越受到质疑,保守党的有形帝国政策似乎更受青睐。但不管是哪一种帝国,英国人有一点是明确的,就是不要用战争和生命来换取。而正是战争使英国从帝国的地位上滑落下来,一战加速了英国从无形帝国向有形帝国的转变。在战争中,英国被迫放弃自由放任的经济思想,转而实行对经济的直接控制,保证国家按照战争需要来组织生产。因为战争,金本位被中止,平衡财政被破坏,自由贸易政策被更改,而这三者正是战前维持无形帝国经济发展的三大支柱。对于英国这样一个岛国来说,自由贸易是它的立国之本,帝国则是维系贸易顺利进行的保证。当英国强大之时,无论是无形帝国还是有形帝国政策都可以保证其在全世界的贸易优势地位,但如果国力下降到与其他国家差不多时,无形帝国论的基础就失去了,即使有悖于自由放任的思想,英国最终选择有形帝国也是无可奈何之举。

第三,自由贸易政策被终止。关税是自由贸易的核心问题,即使一战使英国在经济上已不再像过去那样风光无限,但它仍在力图坚持自由贸易的政策,到1931年9月止,仍有80%以上的进口商品免税。不过在30年代大萧条的打击下,英国的金本位制已形同虚设,自由贸易政策实在是难以为继了,英国被迫对经济政策进行调整。1932年议会通过《进口关税法》,规定除小麦、肉类和英国不生产或短缺的原材料外,所有的进口商品都要征收进口税。该法案的出台,标志着英国实行几个世纪的自由贸易原则被放弃了。内维尔·张伯伦私下说:只有《进口关税法》这样的政策才能够救帝国。甚至连保守党领袖斯坦利·鲍德温都说,自由放任已经走到尽头,就如同奴隶贸易一样。自由贸易是英国经济政策的基石,也是英国在 19 世纪称霸世界的经济哲学。自由贸易政策的终止,标志着英国衰落了,属于不列颠的时代已经过去了。(资料来源:唐晋主编.大国崛起.北京:人民出版社,2006:174～176)

三、保护贸易政策

保护贸易政策是国家广泛利用各种措施对进口和经营领域与范围进行限制,保护本国的产品和服务在本国市场上免受外国产品和服务的竞争,并对本国出口的产品和服务给予优待与补贴。国家对于贸易活动进行干预,限制外国商品、服务和有关要素参与本国市场竞争。

美国和西欧的一些国家如德国推行保护贸易政策,其基本原因在于这些国家的工业发展水平不高,经济实力和商品竞争能力都无法与当时的英国相抗衡,需要采取强有力的政策措施(主要是保护关税措施)以保护本国幼稚工业,避免遭受英国的商品竞争,因而逐步实行了一系列的鼓励出口和限制进口的措施。

保护贸易政策发端于 15 世纪重商主义时期,经历了早期、近代、现代、当代几个阶段的演变。早期的保护贸易政策,就是之前已经学习过的资本原始积累时期重商主义的保护贸易政策。以下将讨论近代、现代、当代三个阶段的保护贸易政策演变。

(一)近代的保护贸易政策:自由竞争资本主义时期

18 世纪末到 19 世纪末,资本主义处于自由竞争阶段。这一时期国际贸易政策的基本格调是自由贸易,但各国的工业发展水平不同。美国和德国相继选择了保护贸易政策。

(1)美国汉密尔顿的保护关税说

在美国,最早提出保护贸易政策的是美国开国元勋、政治家和金融家、第一任财政部长汉密尔顿(Alexander Hamilton)。1776 年,美国宣告独立,英国极力反对,派军队进行镇压,于是一场独立和反独立战争爆发并持续了七年之久。美国虽然获得了战争的最后胜利,经济却遭受了严重的破坏,加之独立战争后英国的经济封锁,使其经济更加凋敝。当时摆在美国面前有两条路:一条是实行保护关税政策,独立自主地发展本国工业;另一条是实行自由贸易政策,继续向英国、法国、荷兰等国出售小麦、棉花、烟草、木材等农林产品,用以交换这些国家的工业品,满足国内市场的工业品需求。前者是北方工业资产阶级的要求,后者是南部种植园主的愿望。

汉密尔顿站在工业资产阶级一边,极力主张实行保护关税制度,并于1791年向国会递交了一份题为《关于制造业的报告》。在报告中,他阐述了保护和发展制造业的必要性和重要性,极力主张实行保护关税政策,并提出了以加强国家干预为主要内容的一系列措施。

汉密尔顿认为,制造业有许多优点:有利于推广机器的使用,提高机械化水平,促进社会分工;有利于扩大就业,吸引移民流入,加速国土开发;有利于提供创业机会,充分发挥个人才能;有利于自我消化农产品原料和生活必需品,保证农产品销路,稳定农产品价格等。因此,制造业的发展对国家利益关系重大。他还认为,保护和发展制造业对维护美国的经济和政治独立具有重要意义。一个国家如果没有一定的工业基础,不但不能使国家富强,而且很难保住其独立地位。况且,美国工业起步晚,基础薄弱,技术落后,生产成本高,难与经济起步早的国家如英、法、荷等国的廉价商品进行自由竞争。因此,必须用关税将美国新建立起来的工业保护起来,使之生存、发展和壮大。他还指出,为了保护和发展制造业,政府应加强干预,实行保护关税制度,具体采取如下措施:向私营工业发放贷款,扶植私营工业发展;实行保护关税制度,保护国内新兴工业;限制重要原料出口,免税进口本国急需原料;给各类工业发放奖励金,并为必需品工业发放津贴;限制改良机器及其他先进生产设备输出;建立联邦检查制度,保证和提高工业品质量;吸收外国资金,以满足国内工业发展需要;鼓励移民迁入,以增加国内劳动力供给。

汉密尔顿的上述主张,虽然仅有一部分被美国国会采纳,却对美国政府的内外经济政策产生了重大和深远的影响。汉密尔顿的保护关税说为落后国家进行经济自卫和先进国家相抗衡提供了理论证据。这一学说的提出,标志着从重商主义分离出来的西方国际贸易理论两大流派已经基本形成。

(2)德国李斯特保护幼稚工业论

19世纪初,德国还是一个政治上分裂、经济上落后的农业国。在政治上,拿破仑战争后虽然封建割据局面有所改善,但是德意志境内依然小邦林立(尚有38个邦国),邦与邦之间关卡重重,各邦内省与省之间也因地方税率的差异而彼此分割。直到1834年,各邦才建立起统一的关税同盟,1848年结束封建割据的局面,完成政治上的统一。在经济上,其发展水平落后于工业革命已经完成的英国,而且与早已进入工业革命阶段的法国以及美国和荷兰等国也存在很大差距。德意志虽然在 19 世纪 30 年代开始工业革命,但到 1848 年时,还没有建立起自己的机器制造业。工业上仍以工业手工业和分散的小手工业为主,工厂生产的比重很小。在对外贸易方面,主要的出口是原料和食品,进口半制成品和制成品。这种状况反映了其落后的经济受到外来经济力量的巨大冲击和对外的严重依赖。为了发展德国经济,国内围绕对外贸易政策的选择展开了激烈的论战。一派主张实行自由贸易政策,另一派主张实行保护关税制度。前者的势力很大,且有一套理论;后者以 1819 年成立的德国工商业协会为核心,势力较弱,并缺乏理论基础。在这样的时代背景下,作为德国工商业协会顾问和保护贸易学派旗手的李斯特从民族利益出发,以生产力理论为基础,以意大利、汉萨同盟、荷兰、英国、西班牙、葡萄牙、法国以及美国等经济兴衰史作为佐证,猛烈地抨击了古典学派的自由贸易学说,建立一套以保护贸易关税制度为核心,以幼稚工业为保护对象,为经济落后国家服务的国际贸易学说。

　　李斯特在他 1841 年出版的著作《政治经济学的国民经济体系》中,着重分析了德国的历史和现实,系统地阐述了贸易保护的思想。作为贸易保护的立论基础,李斯特提出了经济发展阶段说,将人类社会的发展阶段共分为五个时期,即原始未开化时期、畜牧时期、农业时期、农工业时期和农工商时期。不同的时期应当采取不同的贸易政策。前三个时期均应采用自由贸易政策,这也是对外贸易政策的第一个阶段,在一个国家的经济由原始未开化时期转入畜牧、农业时期对比较先进的国家实行自由贸易是对本国有利的,因为通过自由贸易可为其猎场、牧场或森林及农产品和其他原料获取市场,并且可以通过贸易交换本国无能力生产的衣料、用具、机器以及贵金属等,从而促进本国农业的发展,并且有利于国内培养工业基础。第二阶段,处于农工业时期需要保护,因为本国农业已取得较大成就且工业已逐步发展,但由于还存在一个比它们更先进的工业国家的竞争力量,使它们在前进道路上受到阻碍——只有处在这样的情况下的国家才有理由实行商业限制以便建立并保护它们自己的工业。[①] 第三个阶段,当一个国家进入农工商业时期以后,实行自由贸易政策是可取的,因为国内工业品已具国际竞争力,通过自由贸易,可以在国内外市场进行无限制的竞争,使从事农工商业的人们在精神上不致松懈,并且可以鼓励

---

　　① 弗里德里希·李斯特著,陈万煦译.政治经济学的国民经济体系.北京:商务印书馆,1983:155

他们不断努力去保护既得的优势地位。① 李斯特认为,当时的葡萄牙和西班牙处于农业时期、英国达到了农工商业时期,它们应该采用自由贸易政策;当时的德国和美国处于农工业时期、法国还处在农工商时期边缘尚未进入,它们必须采用保护贸易政策。

李斯特还认为,保护制度,并非保护一切产品。粮食和原料等贸易无须保护,因为它们受到自然保护,不怕竞争;以奢侈品为主的精制品贸易也不用保护或只需轻度保护,因为这些物品的国外竞争不会对国家经济发展造成威胁。只有与国家工业发展有关的幼稚工业,即有发展前途但刚刚发展且有强有力的国外竞争者的工业才需要保护。这些工业经过相当一段时间(大约 30 年)保护而成熟后就不再需要保护,到那时就应取消保护制度。

为保护幼稚工业,李斯特提出,对某些工业品可以实行禁止输入,或规定的税率事实上等于全部或至少部分地禁止输入。同时,凡是在专门技术与机器制造方面还没有获得高度发展的国家,对于一切复杂机器的输入应当允许免税,或只征收轻微的进口税。同时,李斯特也承认,实行保护关税政策,会使国内工业品价格提高,本国在价值方面有些损失。但他认为这种损失是暂时的,是发展本国工业所必须付出的代价,牺牲的只是眼前利益,而得到的则是生产力的提高。国家由于实行保护关税所遭受的损失不管怎么说只是一些价值,相反地,它赢得了力量,利用这些力量,它永远可以生产难以估量的价值。由此可见,价值的这种消耗只能看成是国家进行工业培育所付出的代价。

李斯特主张保护贸易政策应通过国家干预经济来实行。李斯特把国家喻为国民生活中慈父般的有力引导者,认为国家在必要时,应限制国民经济活动的一部分,如干预对外贸易,以促进国民经济的发展。他以风力和人力在森林成长中的不同作用来比喻国家在经济发展中的重要作用,他说:"经验告诉我们,风力会把种子从这个地方带到那个地方,因此荒芜原野会变成稠密森林;但是要培养森林因此就静等风力作用,让它在若干世纪的过程中来完成这样的转变,世界上岂有这样愚蠢的办法? 如果一个植树者选择树秧,主动栽培,在几十年内达到了同样的目的,这倒不算是一个可取的办法吗? 历史告诉我们,有许多国家,就是由于采取了那个植树者的办法,胜利实现了它们的目的。"②

---

① 同上,105 页。
② 弗里德里希·李斯特著,陈万煦译.政治经济学的国民经济体系.北京:商务印书馆,1983:100-101

幼稚工业保护政策成了18—19世纪资本主义自由竞争时期美国、德国等后起的资本主义国家实行保护贸易政策的重要理论依据。当时这些国家的工业处于刚刚起步的幼稚阶段,缺乏竞争力,又无力与英国的工业品竞争。政府代表的工业资产阶级利益为发展本国工业,实行了保护贸易政策。保护的方法主要是建立严格的保护关税制度,通过高关税削弱外国商品的竞争能力;同时也采取一些鼓励出口的措施,提高国内商品的竞争力,以达到保护民族幼稚工业发展的目的。德国在保护政策的扶植下,经过1843年、1846年提高关税,经济确实在短期内有了迅速的发展,终于赶上了英、法等国。但李斯特的保护幼稚工业论也存在一些缺陷。比如,他对影响生产力发展的各种因素和经济发展阶段的分析等。

(三)现代的保护贸易政策:垄断竞争时期的超保护贸易政策

19世纪末到二战结束,垄断代替了自由竞争,资本主义进入垄断时期。此时,各国普遍完成了产业革命,工业得到迅速发展,世界市场的竞争开始变得激烈,各国在世界范围内争夺商品销售市场、原料产地、投资场所。尤其是1929—1933年资本主义世界经济大危机,使得市场问题急剧尖锐化。于是,各国垄断资产阶级为了垄断国内市场与争夺国外市场,纷纷要求实现超保护政策。超保护贸易政策是一种侵略的贸易政策,与自由竞争时期的保护贸易政策相比有着明显的区别:(1)它不是防御性地保护国内幼稚工业,以增强其自由竞争能力,而是保护国内高度发达或出现衰落的垄断工业,以巩固国内外市场的垄断;(2)保护的对象不是一般的工业资产阶级,而是垄断资产阶级;(3)保护的手法也趋于多样化,不仅仅是高关税,还有其他各种奖出限入的措施。

凯恩斯在此背景下写就的《劝说集》(1932)和《就业、利息和货币通论》(1936),一改自己大危机以前的立场,对自由贸易展开了批评,对重商主义的一些政策进行了重新评价,并以有效需求不足为基础,以边际消费倾向、边际资本效率和流动性偏好三个所谓心理规律为核心,以国家干预为政策基点。

在对外贸易政策上,凯恩斯在推崇重商主义贸易顺差思想的基础上,提出了旨在维护垄断资本的利益的超保护贸易政策。其内容主要体现在以下方面:运用财政政策和货币政策等宏观经济调控手段干预对外贸易,采取出口退税、"奖出限入"等措施来实现保护贸易;对幼稚工业和国内的高度发达的垄断工业以及出现衰落的垄断工业进行保护;以积极的、进攻性的扩张方式占领国外市场;利用政府力量组织排他性贸易集团,加强对本国和外国市场的垄断,保护本国垄断资本的利益。

凯恩斯的保护贸易政策比较切合当时资本主义发展的实际,在各国摆脱经济危机、解决对外贸易中存在的问题等方面起到了积极的作用。但是,凯恩斯的建立在大规模的赤字财政和通货膨胀的基础之上的对外侵略扩张式的保护贸易政策不利于国际经济的协调发展。

(四)当代保护贸易政策

在当代,世界各国可以大体上分为两类国家:发达国家和发展中国家。由于这两类国家经济发展的差距较大,从而体现在贸易政策上也有所不同。因此,当代保护贸易政策也可划分为两大类,其一是代表发达国家利益的保护贸易政策,其二是代表发展中国家利益的保护贸易政策。

(1)代表发达国家利益的保护贸易政策:新贸易保护主义

新贸易保护主义是相对于自由竞争时期的贸易保护主义而言的,它形成于 20 世纪 70 年代中期。其间,资本主义国家经历了两次经济危机,经济出现衰退,陷入滞胀的困境,至 80 年代中期以前,各种类型国家经济增长的停滞表现得尤为充分。经济增长的停滞,造成有效需求锐减,生产能力和产品大量过剩,驱使各国把希望维系在获取更大的世界市场份额上。然而,在经济生活国际化空前发展的条件下,世界市场份额的争夺同样也发生在国内市场上,占领更大的国内市场份额,也就是占领更大的世界市场份额。因此,以国内市场为主的产业垄断资产阶级和劳工团体纷纷要求政府采取保护贸易措施。此外,由于工业国家贸易不平衡,美国的贸易逆差迅速上升,其主要工业产品如钢铁、汽车、电器等,不仅受到日本、西欧等国家的激烈竞争,甚至面临一些新兴工业化国家以及其他出口国的竞争威胁。在这种情况下,美国一方面迫使拥有巨额贸易顺差的国家开放市场,另一方面则加强对进口的限制。因此,美国成为新贸易保护主义的重要策源地。美国率先采取贸易保护主义措施,引起了各国贸易政策的连锁反应,各国纷纷效尤,致使新贸易保护主义得以蔓延和扩张。

20 世纪 70 年代中期,美国率先采取了保护贸易政策,从而掀起了以美国为首的全球性的贸易保护高潮。这种贸易保护主义以非关税壁垒为主要工具、以陷入结构性危机和具有尖端技术的产业部门为保护重点、以"公平贸易"为旗号,为与传统的贸易保护相区别,故称之为新贸易保护主义。其政策主要体现在两个方面:通过实施奖出限入政策,促进本国出口的扩张和国内生产的扩大,增加国家的税收;通过政府增加公共投资,或通过减税鼓励私人投资,以提供充分的就业机会。新贸易保护政策由于具有较强的操作性,颇受西方发达国家的青睐。

新贸易保护主义不同于 20 世纪 30 年代的旧贸易保护主义。第一,贸易保护措施由过去以关税壁垒和直接贸易限制为主逐渐被间接的贸易限制所取代。发达国家求助于关贸总协定的免责条款,即为了保护本国暂时性的国际收支平衡或为了避免进口国国内工业受到大量进口的严重损害等,从本国的需要和目的出发,重新进行贸易立法的解释,设置进口限制,并且越来越倾向于滥用反补贴、反倾销这些所谓的维持"公平"贸易的武器,来削弱新兴工业化国家及其他出口国在劳动密集型产品成本方面的优势,阻挡发展中国家新的进口竞争。第二,贸易政策措施朝制度化、系统化和综合化的方向发展。贸易保护制度越来越转向于管理贸易(Managed Trade)制度,不少发达国家越来越把贸易领域的问题与其他经济领域的问题,甚至包括某些非经济领域的问题联系起来,进而推动许多国家的贸易政策明显向综合性方向发展。第三,其重点从限制进口转向鼓励进口,双边和多边谈判与协调成为扩展贸易的重要手段。第四,从国家贸易壁垒转向区域性贸易壁垒,实行区域内的共同开放和区域外的共同保护。

(2)代表发展中国家利益的保护贸易政策:普雷维什的保护贸易政策

二战以后,许多殖民地和半殖民地国家纷纷取得了政治上的独立,但是在旧的国际经济秩序下,发展中国家处于不利的贸易地位,贸易条件恶化。在这种情况下,普雷维什以"中心—外围"理论为核心、以"贸易条件恶化论"和"收入转移论"为基础提出了保护贸易政策。普雷维什的保护贸易政策主要内容有:以关税限制进口、补贴鼓励出口的方式,保护本国工业和市场;原料出口和进口替代工业并举,达到经济的整体发展。普雷维什提出通过保护贸易实现民族工业化的主张,极大地推动了 20 世纪 60 年代后拉丁美洲及其他地区发展中国家的工业化进程。

第二节　发达国家对外贸易政策的发展

为了进一步梳理国际贸易政策的演变,以下将对发达国家对外贸易政策的发展进行归纳。进入 20 世纪 90 年代以后,西方发达国家逐渐走出经济低谷,其贸易政策呈现出一些新的特点和趋势。

一、管理贸易成为贸易政策的发展方向

20世纪70年代以来，在新贸易保护主义的基础上，产生了管理贸易，它是以政府干预为主导，通过磋商谈判对本国进出口贸易和全球贸易关系进行干预和管理的一种国际贸易体制。因此，管理贸易既有别于纯粹的自由贸易政策，也不同于完全的贸易保护主义。其主要目的在于既争取本国对外贸易的有效发展，又在一定程度上兼顾他国利益，达成双方或多方均能接受的贸易折中方案，以限制贸易战及其破坏程度，共同担负起维护国际经贸关系的相对稳定和发展的责任。

管理贸易政策在国际贸易领域的应用主要有八种类型：在联合国贸易与发展会议安排下，通过商品综合方案和各种长、短期合同所进行的贸易；在国际组织协调下，通过国际商品协定、国际纺织品协定及多种纤维协定所进行的贸易；欧洲联盟在欧洲煤钢共同体和共同农业政策管理下所进行的贸易；石油输出国组织通过产量限制与价格协议所进行的石油出口贸易；各种双边贸易与对等贸易；各种自愿出口限制安排下的贸易；各种有秩序销售安排下的贸易；西方发达国家进出口管制下的贸易。

管理贸易使得贸易保护主义向合法化和制度化发展。在这个过程中，一些发达国家管理对外贸易的法律已由过去单行的法律，发展成为以外贸法为中心，与其他方面国内法相配套的法律体系，其中，美国表现得最为明显。1974年美国国会通过的《贸易改革法》，是一部自由贸易条款与限制性条款相混合的立法，它首次确定了各种关税壁垒如例外条款、反倾销、反补贴条款等在法律上的地位，并在"301条款"中授权美国总统对给美国出口施予不公平待遇的国家进行报复。1979年通过的《贸易协定》则增加了反倾销、反补贴专章，并将与多边贸易谈判有关的政府采购协定付诸实施，还规定了司法审查及其程序。1984年通过的《贸易与关税法》重点修改了1974年《贸易改革法》中的某些条款，如普惠制的延长与取消，降低劳务贸易、高技术产品和直接投资壁垒的国际协定等。而1988年通过的《综合贸易法》作为美国新贸易保护主义形成的法律标志，除了保留上述贸易立法中有关非关税限制条款外，还从多方面强化了保护主义措施，如制定了有名的"超级301条款"和"特别301条款"，前者要求政府对公平贸易做得不好的国家进行谈判或报复，后者则要求政府对保护美国知识产权做得不够好的国家进行谈判或报复。在美国的示范和推动下，"管理贸易"已逐渐成为西方发达国家基本的对外贸易制度。各国

政府更加强调政府积极介入外贸的作用。由于贸易结构的不断升级,管理贸易所包括的商品种类逐渐增多,管理的商品不仅包括劳动密集型产品和农产品,而且包括劳务产品、高科技产品和知识产品等。

可以说,管理贸易政策产生于 20 世纪 70 年代以来新贸易保护主义日益严重的背景之中,适应了发达国家既要遵循自由贸易原则,又要实行一定的贸易保护的现实需要,因此在一定程度上避免了极端形式的贸易冲突,减缓了各国之间的贸易摩擦,我们从过去 20 多年间的美日半导体协定、汽车及汽车零部件协定、移动电话协定和日欧汽车协定,1992 年的美欧农贸协定,1995 年的日本向美国开放汽车市场协定以及 1996 年中国向美国出口蜂蜜的自动限额协定等事例中,不难看到管理贸易政策所起到的这种作用。但是也应该看到,管理贸易体制毕竟包含了保护贸易的诸多措施和因素,尤其是它使贸易保护主义制度化和法律化,同时国际多边贸易关系也在向双边和区域内多边协调关系方向发展,这就为西方发达国家加大贸易保护力度提供了更大的可能性和合法性。从这个意义上来说,管理贸易政策又是进一步引发新的贸易争端的重要制度因素。

二、转向"公平贸易"政策

由于关贸总协定—世界贸易组织所构建的国际多边贸易协调体制的影响力已受到一定削弱,各国更多地借助双边贸易谈判,实行"公平贸易"政策。所谓"公平贸易",就是要求公平、互惠与机会均等。与高筑壁垒抑制外国竞争的保护主义或放任自流的自由主义政策都有所不同,这种公平贸易是指在支持开放性的同时,以寻求"公平"的贸易机会为主旨,主张贸易互惠的"对等"与"公平"原则。如美国前总统克林顿曾明确指出,美国要实行真正的公平贸易,就应坚持三项原则:(1)在欢迎范围广泛的产品和贸易伙伴进入美国市场的同时,也应该让美国商品全面进入外国市场;(2)在欢迎外国在美国企业中进行投资的同时,也应该让美国商品全面进入外国市场;(3)在欢迎外国公司在美国设公司的同时,也应要求它们交纳与美国公司相同的所得税。

三、以非关税壁垒为主要手段

由于经过关贸总协定及后来的 WTO 的多轮谈判,发达国家的关税总体水平已降至较低水平,正常关税已起不到保护的作用。因此,非关税壁垒在西方各国贸易政策中的作用日益明显。例如,西方国家为抵制发展中国家劳动密集型产品的进口,主要措施是数量限制和"反倾销"手段。据关贸总协定统计,1989 年 7 月至 1990 年 6 月,国际市场上的反倾销案例为 96 起;1991 年初到 1992 年初,上升为 237 起;至 2009 年,世界贸易组织各个成员通报的非关税措施,从 2008 年的 1 272 项上升到了 1 489 项。不容置疑,西方发达国家未来的外贸政策中,单纯的关税措施和直接的非关税措施都会相应减少,但各种新型的更灵活和更隐蔽的非关税壁垒会不断出现,并成为贸易政策的主体。

综合以上分析,西方发达国家今后的外贸政策既不可能背离贸易自由化这股世界潮流,甚至还是其推动力量,但同时基于各国经济、贸易发展的不平衡,以及追求自身利益的方式和策略的变化,它们又会时常出台一些保护色彩较浓的贸易措施,进一步采取更为隐蔽和巧妙的手段。概言之,它们极可能推行的是一种有管理的、可调节的自由贸易政策。其中,在政策协调的基础上实施某些保护措施,可能成为其外贸政策的一个特点。不完全的自由贸易政策和不断装饰的保护贸易政策仍将长期并存,不仅在不同的情况下发挥着各自的作用,而且有时还交汇融合,共同支配或影响着一个国家的对外贸易活动。

第三节　发展中国家对外贸易政策趋势

全世界众多发展中国家的经济发展水平相差悬殊,在不同时期内推行的政策措施更是各不相同,因而并无整齐划一的贸易政策可言。但纵观第二次世界大战以后多数发展中国家所实施的对外贸易政策,大致有两种最基本的形式,即进口替代政策和出口替代(导向)政策。

一、进口替代政策

进口替代政策,就是一国采取关税、进口数量限制和外汇管制等严格的限制进口措施,限制某些重要的工业品进口,扶植和保护本国有关工业部门发展的政策。实施这项政策的目的在于用国内生产的工业品替代进口产品,以减少本国对国外市场的依赖,促进民族工业的发展。这种政策的出台与战后发展中国家的贸易条件恶化有关。在殖民时期,由于殖民政策的影响,殖民地国家严重地依赖宗主国的工业产品。战后,初级产品对制成品的比价下降,这就迫使发展中国家必须以更多的出口商品（初级产品）来换取进口品（制成品），国际收支逆差与年俱增。于是广大发展中国家改变单一经济、发展民族工业的进口替代政策应运而生。

从 20 世纪 50 年代起，许多发展中国家相继实行了进口替代政策。从各国实施的政策来看，由于经济水平和所具备的条件不同，大致可分为两类国家。第一类在战前就具有一定的工业基础，一般侧重于先建立耐用消费品工业来替代该类产品的进口。另一类国家由于原有的工业基础比较薄弱，它们的进口替代首先从非耐用消费品工业入手。

进口替代政策对于一些发展中国家的进口替代工业部门的发展起到了一定的作用。但随着进口替代工业化的发展，进口替代面临着一些严重的问题。第一，进口替代工业主要面向国内市场，其发展难免受到国内市场相对狭小的限制，加上一些工业部门的生产率低下，生产成本高，在国际市场缺乏竞争力，难以扩大出口，从而阻碍了进口替代工业的进一步发展。第二，随着进口替代工业的发展，所需的生产设备和某些原材料的进口也相应增加，使生产设备和原材料的进口代替了消费品进口，其结果不仅不能减少外汇支出，平衡外汇收支，反而导致国际收支的恶化。第三，由于政策着眼于进口替代工业，对基础设施重视不够，特别是忽视农业的发展，严重削弱国家的发展后劲，阻碍了整个工业化的进程。随着进口替代工业的发展，这些问题日趋严重。因此，从 20 世纪 60 年代中期以来，一些发展中国家，特别是一些新兴工业化国家和地区的政府及其经济学者日益感到扩大制成品出口的必要性，开始从实行进口替代政策转向出口替代政策，企图以此促进工业化和民族经济的发展。

二、出口替代政策

出口替代政策，是指一国采取各种措施手段来促进出口工业的发展，用工业制成品和半制成品的出口代替初级产品出口，促进出口产品的发展多样化，以增加外汇收入，并带动工业体系的建立和经济的持续增长。

20 世纪 60 年代中期前后，东亚和东南亚一些国家和地区最先转向出口替代政策。在它们的示范影响下，其他国家和地区也相继仿效。由于各国具体条件不同，实施这一政策的措施和策略也不尽相同。大致来看，有三种表现类型：一种是拉美国家的做法（如巴西、墨西哥、阿根廷等国），它们一般是在进口替代的基础上发展出口替代工业，即把出口替代与进口替代结合起来。第二种是原来出口初级产品的国家，日益增加对初级产品的加工出口，提高附加值,如马来西亚、泰国、科特迪瓦等国。第三类是亚洲"四小龙",它们地域狭小,矿产资源贫乏,就充分利用劳动力资源发展劳动密集型的装配加工工业。

出口替代政策对一些发展中国家,特别是新兴工业化国家和地区的工业化和工业制成品的出口起了一定的积极作用。20世纪60年代发展中国家(不包括石油生产国)的出口年平均增长率为6.7%,其中一些制成品主要出口国家的年出口平均增长率达到7.9%。1970—1980年,发展中国家(除石油生产国)制成品出口占全部商品的比重从24.9%上升到38.4%,同期在世界制成品出口总额中所占份额从5%增至9.72%。从具体的国家来看,1972年巴西工业制成品出口仅占出口总额的24%,而到1981年已上升为60%。

但是,各国实施出口替代政策也产生了不少问题。由于该政策的主要目标是促进出口,为此而建立的工业严重地依赖于世界市场。特别是20世纪70年代中期以来,发达国家的贸易保护主义重新抬头,给依赖制成品出口的发展中国家带来了严重的影响。少数实施这种政策的国家,由于片面追求出口增长,忽视国内消费,造成国内消费品短缺,加上为刺激出口而实行货币贬值,致使国内货物和进口货物的价格上涨,通货膨胀率上升。

三、横向联合政策

发展中国家除了实施进口替代和出口替代政策外,还采取了经济集团化和加强横向联合的政策。面对实力雄厚的发达国家,广大发展中国家深感仅凭自身力量难以维护其民族经济的发展,更难以在竞争中站稳脚跟。实行经济集团化政策,可以运用共同的力量来同发达国家相抗衡,以维护和扩大本国正当经济利益,甚至可以通过集体力量来提高整个发展中国家在世界经济中的地位。为此,20世纪60和70年代,发展中国家采取了一系列重大联合行动。

第一,成立"77国集团"。1963年,发展中国家在联合国大会上组成"77国集团",商讨贸易、金融、关税、援助及开发等问题,彼此协调力量,争取共同行动。1967年,通过了《阿尔及尔宪章》,决定联合行动以结束旧的国际经济秩序。此后,该集团定期召开全体成员国大会,就一系列重大经济问题进行磋商和协调,以期联合行动。该集团目前约有130个成员国,但仍沿用"77国集团"名称。

第二,提出建立国际经济新秩序的战备目标。在1974年召开的第六届特别联合国大会上,发展中国家正式提出并系统阐述了建立国际经济新秩序的要求,这就为它们联合斗争进一步指明了方向。

第三,在国际性经济机构里联合行动。贸发会议和关贸总协定等组织机构在维护和争取发展中国家正当权益、冲击国际经济旧秩序的根本问题上,起着一定的推动作用。这些正是广大发展中国家团结一致、联合斗争的结果。

第四,金砖国家的联合。传统金砖四国是巴西、俄罗斯、印度和中国,这些国家的英文首字母与英语单词的砖(Brick)类似,因此被称为"金砖四国"。南非加入后,其英文单词变为 BRICS,并改称为"金砖国家"。这些国家在过去30 多年里成功地适应了全球经济结构的变化,经济保持高速增长,成为应对史无前例的国际金融危机的重要力量。在 2007 年美国次贷危机引发的国际金融危机背景下,世界各国贸易保护主义趋势加强,金砖国家领导人多次会晤重点讨论金砖国家如何在当今世界经济形势下加强协调与合作,共同抵制贸易保护主义。2012 年 3 月 28 日至 29 日,金砖国家第四次峰会,在印度首都新德里签署两项协议——《金砖国家银行合作机制多边本币授信总协议》和《多边信用证保兑服务协议》,意在稳步推进金砖国家间本币结算与贷款业务,为各国间贸易和投资便利化服务。

总的来说,发展中国家联合行动已初见成效。但由于发达国家占有明显的优势,这种联合行动的实际成果还不尽如人意。值得注意的是,20 世纪 90年代以来,发展中国家内部两极分化愈益显著,差距急剧拉大。这势必削弱发展中国家整体的凝聚力,使得横向联合政策陷于停顿甚至倒退的境地。因此,如何加强广大发展中国家的团结和联合,争取其在国际经贸活动中的正当权益,是这些国家外贸政策的一大问题。

第四节 中国的对外贸易政策演变

一、改革开放前的贸易政策(1949—1978 年)

从新中国成立到 1978 年期间,由于当时国内外的主客观原因,对外贸易在改革开放前并没有成为我国国民经济活动的一个重要领域,执行的是国家管制的封闭型的保护贸易政策。造成这种状况的原因主要有两个方面。一方面,受国际环境的影响,中国对外经济关系受到很大制约。20 世纪 60 年代以前,以美国为首的世界主要资本主义国家一直对中国实行封锁禁运,使中国失去了与资本主义世界的经济联系。60年代以后,又由于苏联撕毁同中国的经济合同,使一些社会主义国家与中国的经济联系也大大减少。这种国际环境迫使中国处于一种近似于封闭的自然经济之中。另一方面,由于主观上的认识问题也限制了我国对外经济关系的发展。在对对外经贸的认识上,长期以来基本上是局限于"党和国家领导人的主要见解和政策范围"[7],即以"自力更生"和"互通有无"为主的见解和政策,即提出以"自力更生为主,争取外援为辅;国内市场为主,对外贸易为辅";提倡"依靠本国人民的劳动和智慧,充分利用本国的资源来发展贸易,互通有无"。在"文革"期间,更是由于对"自力更生"的歪曲理解,以至于把对外贸易在国民经济中的地位和作用仅仅看作是互通有无、调剂余缺的手段,从而走向闭关锁国的极端。再者,我国建国后长期以来实行的传统计划经济体制,也使政策局限在政府对经济的管制,包括外贸方面,使得外贸的实践空间缺乏。

与当时高度集权的计划经济体制相适应,改革开放前的对外贸易也采取了一种高度集中的体制,主要表现在四个方面:

第一,外贸经营活动方面,实行的是严格的国家对外贸易的统制原则。进出口贸易的经营权按照严格分工负责一类产品(包括进出口贸易的对外谈判、签约和履约等),被授予国内十几个国家级的外贸专业总公司及其所属的口岸分公司,其他任何企业均无经营外贸进出口的业务。在外贸的对内经营方面,则实行出口的收购制和进口调拨制,生产单位对出口品的价格、盈亏不承担责任,用货部门不同外商发生合同关系,不承担进口品的质量和效益责任。

第二,在外贸体制管理方面实行的是一套严格的指令性计划,由严格进行分工的垄断性外贸公司完成,并通过相应的审批许可、保护性关税、货运监管等制度予以监督和保护。可以说,外贸计划成为调节进出口的唯一行政手段。

第三,外贸公司的经济核算和国家预算预算在一起,其盈亏由外贸部统一核算,外贸企业的财务处于"预算软约束"状态,外贸企业、生产供货单位和使用进口物资单位都对盈亏不负责任,由中央财政统负。

第四,进口商品的内销价和出口商品的收购价均由物价部门设定,而进口商品的购进和出口商品的外销则按国际市场价格作价,国内价格体系与国际市场价格体系处于隔离状态,两种价格严重脱节,汇率作为一种价格只是一种核算工具和手段,对进出口不产生影响,高估并固定不变,企业也因此感受不到国际竞争的压力。

在这种体制下,尽管进出口总体上可以达到平衡并保证国际收支和财政平衡,维持较低的国内价格水平,但是,这种行政干预的外贸体制,造就了我国"自我封闭"的保护藩篱;而且由于这种体制持续的时间过长,没有随时代变迁和历史条件变化而变革,其固有的弊端对我国对外贸易甚至整个国民经济的健康成长都带来了诸多负面影响。如独家经营、统得过死,不利于调动各地方、各部门经营外贸的积极性;工贸、技贸脱节,产销脱钩;责权利不统一,统包盈亏,"吃大锅饭",不讲经济效益等等。这些弊端直接影响了我们充分利用国际分工和交换来加快国内经济发展。1953—1978 年,中国出口额占世界出口总额的比重,由 12.3% 下降到 0.75%,在世界贸易中的位次由第 17 位后移到第 32 位。这充分说明了在这 20 多年的时间里我国出口贸易的发展速度低于世界出口贸易的发展速度。与此相应的结果是,我国不仅在技术上拉大了同世界先进水平的差距,而且与不少发展中国家相比,也落后了许多。

二、改革开放后至 1994 年的贸易政策调整

1978 年,党的十一届三中全会提出要实行经济改革与对外开放政策,打破闭关自守,调整经济发展战略,重视对外贸易在经济发展和经济调整中的作用。对外开放作为改革的重要一环,使中国经济开始逐步摆脱封闭状态,中国与世界经济的联系日益密切。我国对外开放的发展进程可以简单地用"点—线—面"的逐次推进来描述:"点"即试办经济特区,作为对外开放的"窗口",提供改革开放的经验;"线"即开放沿海城市和开辟沿海经济开放区,推广对外开放的经验;"面"即向沿江、沿边、沿线及广大的内陆地区开放。其最终结果,是形成了一个全方位、多层次、有步骤的对外开放格局。中国开始迈向了开放型经济的发展道路。

我国对外贸易政策调整的进程大致可分为四个阶段:第一阶段(1979—1986 年)。主要内容有:改革外贸管理体制,下放对外贸易经营权;加强和完善宏观调控体系,运用汇率、关税、外汇留成、出口补贴等措施,鼓励出口;大幅度减少对进出口管理的指令性计划,而以指导性计划为主;恢复进出口许可制度。第二阶段(1987—1990 年)。主要措施有:在外贸企业中推行承包责任制,开始打破"大锅饭"的财务体制;对出口财政补贴加以限制;在轻工、工艺和服装三个外贸行业实行自负盈亏的试点;下放外贸总公司所属的地方分支机构,由当地政府领导,并与地方财政挂钩;设立进出口商品行业商会,协调各公司的进出口业务;取消原有的使用外汇控制指标,扩大外汇留成比例和开放外汇调剂市场等。第三阶段(1991—1993 年)。这次改革使中国外贸管理体制

更适应社会主义市场经济发展的要求,更便于参与国际分工和国际交换。主要内容有:取消对外贸出口的财政补贴,实行自负盈亏;人民币汇率贬值,并作频繁的小幅度调整;实行以大类商品划分的全国统一的外汇留成比例,放宽进入外汇调剂中心的限制;调整出口商品的指令性计划、指导性计划和市场调节的范围,缩减配额和许可证管理商品的范围;降低关税总水平;深化外贸企业内部机制的改革,推动外贸企业转化经营机制;促进科、工、贸相结合,组建大型企业集团,向集团化、实业化、国际化方向发展。第四阶段(1994 年以后)。中共十四届三中全会确定的我国外贸体制改革的方向是:"坚持统一政策、放开经营、平等竞争、自负盈亏、工贸结合、推行代理制"。这一轮外贸体制改革作为国民经济体制全面改革的重要组成部分,在广度、深度、力度和难度上都有所突破。主要表现在这些方面:(1)改革汇率制度,取消承包。从 1994 年 1 月 1 日起将双重汇率并轨,取消外贸企业承担的上缴外汇和额度管理制度,实行有管理的单一浮动汇率制;外贸出口一律取消外汇留成,实行统一的结汇制;实行银行售汇制,允许人民币在经常项目下有条件的可兑换。(2)进一步放宽外贸经营权,企业的进出口经营权逐步由审批制向登记制过渡。(3)进一步改革进出口商品管理制度。出口退税全部由中央财政承担;从 1995 年 12 月 31 日始,取消 176 个税目的商品进口控制措施,包括进口许可证和进口配额管理的商品;自 1996 年 4 月 1 日起,进口关税总水平降低至 23%;最大限度地放开进出口商品经营;取消进出口贸易的指令性计划,实行指导性计划等等。通过这些改革措施,中国的贸易自由度大大提高。(4)强化外贸法制建设,提高我国外贸法律制度透明度,将对外贸易的管理纳入法制化轨道。(5)加快转换外贸企业经营机制。按照现代企业制度改组国有外贸企业,积极推行股份制试点,具备条件的外贸企业要逐步改变为规范化的有限责任公司或股份有限公司。

三、20 世纪 90 年代后的外贸政策的变化

中国在大规模贸易自由化和外商直接投资自由化中,标志性的外贸政策变化表现在:(1)2001 年加入世界贸易组织(World Trade Organization,简称WTO)的前前后后。入世前,20 世纪 90 年代的一轮自由化势头强劲,主要源自中央领导层面,更偏向国内和单边政策。中国政府利用入世谈判这一战略契机巩固并加速了国内改革。入世后的中国,严格遵守 WTO 协议,甚至在很大范围内都超越了大多数发展中国家的承诺。入世作为中国对外开放的阶段

性成果,已经使其充分发掘了劳动密集型产业的比较优势,与之紧密相连的国际贸易和外商直接投资在入世后也得到了大幅增加。(2)2005年7月21日起,我国开始实行以市场供求为基础、参考一篮子货币进行调节、有管理的浮动汇率制度。人民币汇率形成机制改革按照主动性、渐进性、可控性原则有序推进,对我国实体经济发挥了积极影响,为宏观调控创造了有利条件,也在应对国内外形势变化中起到了重要作用,取得了预期的效果。一是促使企业提高技术水平,加大产品创新力度,提升核心竞争力,使出口保持了较强的整体竞争力。二是汇率浮动为推动产业升级和提高对外开放水平提供了动力和压力,促进了出口结构优化和外贸发展方式转变,有利于经济发展方式转变和全面协调可持续发展。三是企业主动适应汇率浮动的意识增强,应对人民币汇率变动和控制风险的能力提高,外汇市场得到培育和发展。(3)2010年6月19日,中国人民银行宣布进一步推进人民币汇率形成机制改革,增强人民币汇率弹性。在美国等发达国家对我国贸易顺差给予的外在压力的背景下,我国主动性地、有战略性地提出了增强人民币汇率弹性。

【本章小结】

　　国际贸易政策随着世界政治、经济与国际关系的变化而变化。国际贸易政策演变历史中出现过重商主义贸易政策(早期重商主义和晚期重商主义)、自由贸易政策、保护贸易政策、超保护贸易政策和新贸易保护主义;同一国家在不同时期以及不同国家在同一时期往往实行不同的对外贸易政策。进入20世纪90年代以后,发达国家对外贸易出现了新的发展趋势,在政策协调的基础上实施某些保护措施,不完全的自由贸易政策和不断变化的保护贸易政策相辅相成,成为发达国家对外贸易政策的特点;发展中国家在第二次世界大战后大致实施了进口替代政策和出口导向政策,并根据形势的变化采取了诸如成立"77国集团"等的横向联合政策,取得了一定的成效。我国的对外贸易政策自1978年改革开放后,从封闭走向开放。

【思考与练习】

　　1.比较保护贸易政策、超保护贸易政策和新贸易保护主义。

　　2.各国制定对外贸易政策的目的是什么?

　　3.什么是幼稚产业保护论?为什么这一观点有限制条件?

【参考文献】

[1] MBA 智库百科. http://wiki.mbalib.com/

[2] 弗里德里希·李斯特著,陈万煦译. 政治经济学的国民经济体系. 北京:商务印书馆,1983

[3] 海闻、P. 林德特、王新奎. 国际贸易(第 1 版). 上海:上海人民出版社,2003

[4] 陈宪等. 国际贸易理论与实务(第 2 版). 北京:高等教育出版社,2004

[5] 张婷. 浅析英美的自由贸易政策. 时代经贸,2007(12):85~86

[6] 陈善步、林杰. 保护贸易政策的演变及成因分析. 全国商情,2008(6):112~114

[7] 任烈. 贸易保护理论与政策. 上海:立信会计出版社,1997

[8] 伍先斌. 中国贸易政策研究. 中共中央党校博士论文,2002:37~42

[9] 丹尼斯·R. 阿普尔亚德、小艾尔弗雷德·J. 菲尔德等著,赵英军译. 国际经济学(原书第 6 版). 北京:机械工业出版社,2010

[10] 埃里克·罗尔著,陆元诚译. 经济思想史(1973 年版). 北京:商务印书馆,1981

[11] 托马斯·孟著,袁南宇译. 英国得自对外贸易的财富. 北京:商务印书馆,1978

[12] 唐晋主编. 大国崛起. 北京:人民出版社,2006

第5章 贸易政策工具:关税

学习内容与要求:

　　本章介绍了关税的种类、关税的计算与关税的经济效应。要求理解关税征收的种类以及关税税表里的关税种类、反补贴与反倾销税的概念;掌握名义关税与有效关税税率的计算与方法;了解关税的功能,能够运用局部均衡分析和一般均衡分析关税的经济效应,准确地把握关税作为贸易政策工具对大国和小国的福利效应。

第一节　关税的基本认识

　　关税(Tariff)作为最简单的贸易政策工具,是指进出口商品在经过一国关境时,由政府设置的海关向进出口国所征收的税收。关税与其他国内税负一样,具有强制性、无偿性和预定性。

　　关税作为最古老的贸易政策形式,一直是政府收入的重要来源。例如,美国政府在引入所得税之前,其主要收入就是来自关税。随着社会经济的发展,其他税源的增加,总体上财政关税的意义已大为降低,关税收入在国家财政收入中的比重已经相对下降。在 20 世纪末美国关税占政府全部财政收入的 1% 左右。对于经济比较落后的国家来说,财政关税仍是其财政收入的一个重要来源。在关税财政收入作用降低的同时,被世界各国普遍作为限制外国商品进口、保护国内产业和国内市场的一种手段加以使用。在 19 世纪早期,英国运用关税,即著名的《谷物法》来保护其农业不受外来竞争的影响;到了 19 世纪末期,德国和美国通过对进口的制造品征收关税来保护其新兴的工业部门。到现代,关税作为贸易政策的工具仍旧被使用到,2001 年日本限制中国农产品的进口,两个月后,中国"礼尚往来",对日本汽车、移动电话和空调机电进口征收 100％关税。2003 年 11 月,欧盟威胁对美国 20 亿美元的出口商品实施报复性关税,因为在 2002 年美国对从欧洲进口的钢铁实施了这一做法。此外,欧盟对美国出口的 40 亿美元商品实行制裁,因为美国通过一种特殊的安排,即通过国外销售公司对美国公司出口商品提高税收减免,而作为国际贸易规则监督机构的世界贸易组织已经宣布这种税收减免是违法的。

第二节　关税的种类

一、进口关税

(一)从量税(Specific Duty)

从量税是对进口的每单位实物产品征收固定数额的进口关税,单位按照商品的重量、数量、容量、长度和面积等计量单位为标准计征。从量税额计算的公式是:税额＝商品的数量×每单位从量税。例如,从量税可以是每吨计征 25 美元,也可以是每磅计征 2 美分。税务局征收从量税非常方便,因为他们只需要知道进入该国的商品数量,而无须知道其货币价值。然而,作为保护国内生产者的政策工具,从量税还有很大的缺陷,因为它的保护程度与进口品的价格变化相反。如果从国外生产商进口的商品价格为每单位 5 美元,对每单位征收 1 美元,那就相当于 20％的关税税率;但是如果发生通过膨胀,进口价格上涨到 10 美元,则 1 美元的从量税仅相当于 10％的关税税率。虽然本国消费者剩余增加了,但国内厂商认为与从前相比(在通货膨胀前)关税的保护作用降低了。第二次世界大战期间和战后初期、20 世纪 70 年代末 80 年代初都有通货膨胀发生,许多国家逐渐放弃了从量税,不过,针对有些商品仍然在采用。

(二)从价税(Ad Valorem Tax)

在通货膨胀时期,使用从价税可以克服对本国厂商保护程度降低的问题。从价税是按进口商品每单位商品价值的固定比率来计征的。因此,当从价税为 10％时,进口一件世界价格为 10 美元的商品须缴纳 1 美元的进口税;由于通货膨胀的原因价格涨为 20 美元时,进口税亦会提高到 2 美元。

尽管从价税在价格上涨的情况下保持了贸易干预对国内厂商的保护程

度,但使用这种关税工具还面临许多困难,海关人员需要估算进口商品的货币价值。因为销售者总是试图低估发票和提单上的商品价格,以减轻关税支出。另一方面,海关官员为了对付销售者的压价或为了提高保护的程度、增加关税收入,很可能会人为地高估价值。当然,进口商为了抵消价格高估而会进一步压低价格,而海关官员则会进一步高估价格,等等。尽管如此,从价税还是得到了广泛的运用。

(三)复合税(Mixed or Compound Tariff)

复合税是在税则的同一税目中,定有从价和从量两种。复合税是对某一进出口货物或物品既征收从价税,又征收从量税,可以分为两种:一种是以从量税为主加征从价税;另一种是以从价税为主加征从量税。这种税制有利于为政府取得稳定可靠的财政收入,也有利于发挥各种税的不同调节功能。现代各国普遍采用复合税制,我国现行税制也是复合税制,于 1999 年起对部分商品征收复合税。例如,对于完税价格低于或等于 2 000 美元/台的录像机执行单一从价税,普通税率是 130%,优惠税率为 45%(2002 年降到 36%);但对完税价格高于 2 000 美元/台的录像机,每台征收复合税:普通税率是每台20 600元人民币的从量税,再加 6% 的从价税;优惠税率是每台 7 000 元(2002年降到 5 480 元)人民币的从量税,再加 3% 的从价税。

(四)滑准税(Sliding Duties)

滑准税,又称滑动税,是一种与进口商品价格成反向关系的关税计征办法,即进口商品价格越高其进口关税税率越低,而价格越低税率越高。其主要特点是,可以保持滑准税商品的国内市场价格的相对稳定,尽可能减少国际市场价格波动的影响。

二、关税税率表的其他特征以及其他关税名头

关税立法的其他方面也值得重视,下面将介绍与政策相关的关税工具。

(一)特惠税(Preferential Duties)

特惠税的全称为特定优惠关税,是根据进口商品在地理意义上的产地所征收的关税税率,它是指对从特定国家或地区进口的全部商品或部分商品,给予特别优惠的低关税或零关税待遇,其税率低于最惠国税率。特惠税有的是互惠的,有的是单向非互惠的。例如,英联邦特惠税或称帝国特惠税,这是英国对来自英联邦其他成员国,如澳大利亚、加拿大、印度等国的进口产品征收一个较低的关税税率。目前,欧盟的特惠税规定欧盟的任一成员国从另一个

成员国进口的商品支付零关税。同样的商品如果是从欧盟之外的其他国家进口，除非还有其他的特殊安排，往往需要支付一定的关税。在北美自由贸易协定的加拿大、美国和墨西哥也是如此。

（二）普惠制（Generalized System of Preference，GSP）

普惠制是指许多发达国家承诺对来自某些特定发展中国家或地区的列入选定名单的商品，特别是制成品和半制成品，给予普遍的、非歧视的和非互惠的关税优惠待遇。其中，普遍性原则是指发达国家应对从发展中国家进口的制成品和半制成品尽可能给予关税优惠；非歧视原则是指发达国家应对所有发展中国家一视同仁，实施统一的普惠制，而不应该区别对待；非互惠原则是指发达国家给予发展中国家特别优惠关税待遇，不应要求发展中国家给予反向对等优惠。值得强调的普惠制税率低于最惠国税率，高于特惠税。但是，这类符合免税条款的商品如果是从发达国家或其他发展中国家来的仍旧要征收关税。从本质上讲，特惠税与普惠制是一种地理意义上的差别待遇。

根据河北进出口企业网 2008 年 3 月 28 日发布的消息，给予我国普惠制关税优惠待遇的国家名单有：(1)欧盟 27 国：德国、英国、荷兰、意大利、法国、西班牙、比利时、瑞典、丹麦、希腊、奥地利、芬兰、葡萄牙、爱尔兰、卢森堡（原来 15 国）；波兰、捷克、斯洛伐克、匈牙利、斯洛文尼亚、爱沙尼亚、拉脱维亚、立陶宛、塞浦路斯、马耳他（后加入 10 国）；罗马尼亚、保加利亚（2007 年 1 月 1 日新加入国）[①]。(2)日本、加拿大、瑞士、澳大利亚、挪威、俄罗斯、白俄罗斯、新西兰、土耳其、乌克兰、哈萨克斯坦。

普惠制待遇促进了我国出口贸易的发展，但是，欧盟也逐渐将中国等部分新兴经济体排除在"普惠制受惠国名单"之外。自 1996 年开始，欧盟已多次大规模减少给予我国的受惠产品待遇，从"产品毕业"到"行业毕业"，中国"国家毕业"将是一个不可避免的趋势。

（三）最惠国待遇（Most-Favored-Nation Treatment，MFM）

最惠国待遇在国际贸易学中指缔约国一方现在和将来给予任何第三国在贸易、关税、航运、公民法律地位等方面的优惠和豁免，也都给予缔约国对方国家。享有最惠国待遇的国家称为受惠国，依据多是一项双边或多边条约的规定。现在被称为正常的贸易关系（Normal Trade Relations，NTR）。最惠国

---

① 匈牙利、斯洛文尼亚、爱沙尼亚、拉脱维亚、立陶宛、塞浦路斯和马耳他自 2004 年 5 月 1 日对我国签发普惠制产地证书；罗马尼亚和保加利亚自 2007 年 1 月 1 日对我国签发普惠制证书。

待遇这个词很容易引起误解,被认为是一国得到了特殊的、超出所有其他国家的优厚待遇。其实,含义恰恰相反,它是指关税政策中的非歧视性原则。

需要注意的是,优惠是相对于一般关税税率而言的,因此最惠国待遇往往不是最优惠税率,在最惠国待遇之外,还有更低的税率。

(四)境外装配条款(Offshore Assembly Provisions,OAP)

美国等发达国家在关税立法中有这一内容。境外装配条款,也就是美国国际贸易委员会所说的产品份额安排协定(Production Sharing Arrangements),是对某一种产品实际所适用的关税税率比税率表中规定的关税税率要低。假定美国从中国台湾地区进口的移动电话为每部 80 美元,若电话适用的关税税率为 15%,则每部进口电话须缴纳 12 美元的进口关税,美国消费者的购买价格为每部 92 美元。然而,假定中国台湾地区生产话机使用的零部件中,有价值 52 美元的部件是美国制造的,那么根据 OAP 条款,美国进口税率适用的关税最终产品价值为扣除美国生产的零部件价值后的剩余部分,即在外国或其他地区的那部分增加值。因此,当一部移动电话运抵美国进口报关时,其"应税价值"是 80-52=28 美元,按 15% 的税率,仅需要缴纳 4.2 美元的进口关税。美国消费者支付的税后价格变成 84.2 美元,可以说 OAP 改善了消费者福利。

尽管如此,人们对 OAP 还是有很多争议。美国受保护产业(电话业)的工人就反对这一条款,因为装配工作本可以在美国境内完成,但却转移给了海外的工人。另一方面,美国生产零部件产业中的工人却支持该条款,因为为了他们的产品在美国销售时更具竞争力,外国公司会积极地购买美国产的零部件。

(五)反补贴税(Countervailing Duty)

反补贴税是一种进口附加税。在国际贸易中,有些国家对进口商品除了征收正常的进口关税之外,往往还会根据某种需要再征收额外的关税,即进口附加税。反补贴税是进口国家对于直接或间接接受奖金或补贴的外国商品进口所征收的进口附加税。进口商品在出口国家生产、制造、加工、买卖、输入过程中接受了直接的奖金或补贴,并使进口国家生产的同类产品遭受重大损害是构成征收反补贴税的重要条件。反补贴税的税额一般以"补贴数额"征收。其目的在于增加进口商品的成本,抵消出口国对该项商品所做的补贴的鼓励作用。

在美国对中国的光伏产业征收反补贴税案中,2011 年 10 月 19 日,以 SolarWorld 为首的美国 7 家光伏企业向美政府提出申诉,要求美国向中国进口的太阳能电池板征收超过 100％关税,其指控为中国光伏企业向美倾销产品且接受政府高额补贴。美国商务部先后三次延迟了裁决期限,直到 3 月 20 日才最终做出裁决。裁决中,美国商务部肯定了这 7 家光伏企业的申诉,认为中国企业获得了不公平的政府补贴,但决定仅对中国进口的太阳能电池板征收 2.90％至 4.73％的反补贴税。美国太阳能制造业联合会称,美国商务部决定对从尚德太阳能电力有限公司、天合光能和中国其他太阳能公司进口的产品分别征收 2.9％、4.73％和 3.59％的反补贴税[3]。

(六)反倾销税(Anti-dumping Duties)

反倾销税是对实行商品倾销的进口商品所征收的一种进口附加税。当进口国因外国倾销某种产品,国内产业受到损害时,征收相当于出口国国内市场价格与倾销价格之间差额的进口税。

在涉及我国对柯达、富士等企业销售相纸的反倾销案中,我国商务部于 2010 年 12 月 23 日决定对原产于柯达有限公司、富士胶片制造(美国及欧洲)有限公司等的进口相纸产品进行反倾销立案调查。经过调查,商务部最终裁定,在该案调查期内,上述产品存在倾销,中国国内相纸产业受到实质损害,且倾销与实质损害之间存在因果关系,将对上述产品征收 16.2％～28.8％的反倾销税,从 2012 年 3 月 23 日起,对原产于欧盟、美国和日本的进口相纸产品征收反倾销税,实施期限为 5 年[4]。

资料 5-1 中国 2012 年部分产品进口关税种类和税率

表 5-1 2012 年中国进口商品从量税、复合税税目、税率表 (部分商品)

序号	税则号列	货品名称	普通税率	2012 年最惠国税率
1	02071200	冻的整只鸡	5.6 元/千克	1.3 元/千克
2	02071411	冻的带骨鸡块(包括鸡胸脯、鸡大腿等)	4.2 元/千克	0.6 元/千克
3	02071419	冻的不带骨鸡块(包括鸡胸脯、鸡大腿等)	9.5 元/千克	0.7 元/千克
4	02071421	冻的鸡翼(不包括翼尖)	8.1 元/千克	0.8 元/千克
5	02071422	冻的鸡爪	3.2 元/千克	0.5 元/千克
6	02071429	冻的其他鸡杂(包括鸡翼尖、鸡肝等)	3.2 元/千克	0.5 元/千克
7	05040021	冷、冻的鸡胗(即鸡胃)	7.7 元/千克	1.3 元/千克
8	22030000	麦芽酿造的啤酒	7.5 元/升	0

续表

序号	税则号列	货品名称	普通税率	2012年最惠国税率
9	27090000	石油原油（包括从沥青矿物提取的原油）	85元/吨	0
10	37013021	未曝光照相制版用激光照排片（任何一边＞255毫米）	70元/平方米	3.7元/平方米
11	37013022	未曝光照相制版用PS版（任何一边＞255毫米）	70元/平方米	8.1元/平方米
12	37013024	未曝光照相制版用CTP版（任何一边＞255毫米）	70元/平方米	8.1元/平方米（暂定税率4.7元/平方米）
32	37025200	未曝光中窄彩色胶卷（中窄胶卷指宽度≤16毫米，长度＞14米）	433元/平方米	95元/平方米
33	37025300	幻灯片用未曝光彩色摄影胶卷（宽度＞16毫米，但≤35毫米，长度≤30米）	433元/平方米	128元/平方米
42	37029800	未曝光非彩色胶卷（宽度＞35毫米	210元/平方米	21元/平方米
43	85211011	广播级磁带录像机	完税价格不高于2 000美元/台：130%；完税价格高于2 000元/台：6%，加20 600元。	完税价格不高于2 000美元/台：30%；完税价格高于2 000美元/台：3%，加4 374元。
45	85211020	磁带放像机	完税价格不高于2 000美元/台：130%；完税价格高于2 000美元/台：6%，加20 600元。	完税价格不高于2 000美元/台：30%；完税价格高于2 000美元/台：3%，加4 374元。
46	85258012	非特种用途的广播级电视摄像机	完税价格不高于5 000美元/台：130%；完税价格高于5 000美元/台：6%，加51 500元。	完税价格不高于5 000美元/台：35%；完税价格高于5 000美元/台：3%，加12 960元。

注：2012年1月1日起实施

表 5-2　2012 年进口商品特惠税目、税率表 I（部分高技术行业商品）

税则号列	商品描述	最惠国税率（%）	智利	巴基斯坦	新加坡	新西兰	秘鲁	哥斯达黎加
87100010	坦克及其他机动装甲战斗车辆	15	0	12	0	0	10.5	9
87100090	坦克及其他机动装甲战斗车辆零件	15	0	12	0	0	10.5	9
87111000	汽油型微马力摩托车及脚踏两用车	45	0		0	4	31.5	27
87112010	装有往复式活塞发动机,气缸容量超过 50 毫升,但不超过 100 毫升的汽油型小马力摩托车及脚踏两用车	45	0		0	4	31.5	27
87112020	装有往复式活塞发动机,气缸容量超过 100 毫升,但不超过 125 毫升的汽油型小马力摩托车及脚踏两用车	45	0		0	4	31.5	27
87112030	装有往复式活塞发动机,气缸容量超过 125 毫升,但不超过 150 毫升的汽油型小马力摩托车及脚踏两用车	45	0		0	4	31.5	27
87112040	装有往复式活塞发动机,气缸容量超过 150 毫升,但不超过 200 毫升的汽油型小马力摩托车及脚踏两用车	45	0		0	4		27
87112050	装有往复式活塞发动机,气缸容量超过 200 毫升,但不超过 250 毫升的汽油型小马力摩托车及脚踏两用车	45	0		0	4		27
87113010	汽油型中小马力摩托车及脚踏两用车	45	0	32.8	0	4		27
87113020	汽油型中大马力摩托车及脚踏两用车	45	0	32.8	0	4		27

续表

税则号列	商品描述	最惠国税率(%)	智利	巴基斯坦	新加坡	新西兰	秘鲁	哥斯达黎加
87114000	汽油型大马力摩托车及脚踏两用车	40	0		0	4		24
87115000	汽油型超大马力摩托车及类似车	30	0		0	4		18
87119010	电动或电动助力的摩托车(包括机器脚踏两用车)	45	0		0	4		27
87119090	装有其他发动机的摩托车及边车	45	0		0	4		27
87120020	竞赛型自行车	13	0	5	0	0	5.2	7.8
87120030	山地自行车	13	0	5	0	0	5.2	7.8

表 5-3　2012 年进口商品特惠税目、税率表 Ⅱ(部分低技术行业商品)

税则号列	商品描述	最惠国税率(%)	智利	巴基斯坦	新加坡	新西兰	秘鲁	哥斯达黎加
84283990	其他未列名连续运货升降、输送机	5	1.5	0		0	0	0
84284000	自动梯及自动人行道	5	0	0		0	0	0
84286010	货运架空索道	8	0	5		0	0	0
84286021	单线循环式客运架空索道	8	0	5		0	0	0
84286029	其他客运架空索道	8	0	5		0	0	0
84286090	其他缆车、座式升降机用牵引装置	8	0	5		0	0	0
84289010	矿车推动机、铁道机车等的转车台	10	0	5		0	0	0

续表

税则号列	商品描述	最惠国税率（%）	智利	巴基斯坦	新加坡	新西兰	秘鲁	哥斯达黎加
84289020	机械式停车设备	5	1.5	0		0	0	0
84289090	其他升降、搬运、装卸机械	5	1.5	0		0	0	0
84291110	功率＞235.36kw 的履带式推土机	7	2.1	5		0	0	0
84291190	功率≤235.36kw 的履带式推土机	7	2.1	5		0	0	0
84291910	功率＞235.36kw 的其他推土机	7	0	5		0	0	0
84291990	功率≤235.36kw 的其他推土机	7	0	5		0	0	0
84292010	功率＞235.36kw 的筑路机及平地机	5	1.5	0		0	0	0
84292090	其他筑路机及平地机	5	1.5	0		0	0	0
84293010	斗容量＞10 立方米的铲运机	3	0	0		0	0	0
84293090	斗容量≤10 立方米的铲运机	5	0	0		0	0	0
84294011	机重≥18 吨的震动式压路机	7	2.1	5		0	0	0
84294019	其他机动压路机	8	2.4	5		0	0	0
84294090	其他未列名捣固机械及压路机	6	1.8	5		0	0	0
84295100	前铲装载机	5	1.5	0		0	0	0
84295211	轮胎式挖掘机	8	2.4	5		0	0	0
84295212	履带式挖掘机	8	2.4	5		0	0	0
84295219	其他挖掘机	8	2.4	5		0	0	0
84295290	其他上部结构可转为 360 度的挖掘机类似机械	8	2.4	5		0	0	0
84295900	其他机械铲、挖掘机及机铲装载机	8	2.4	5		0	0	0
84301000	打桩机及拔桩机	10	0	5		0	0	0
84302000	扫雪机及吹雪机	10	0	5		0	0	0
84303100	自推进截煤机、采石机及掘进机	10	3	5	0	0	7	0

第三节　关税的计算

一、一国平均关税的度量

各国对进口商品都设定了大量而不同的关税税率，那么如何从大量关税中得出平均关税税率呢？

度量平均关税税率的一种方法是非加权平均关税税率（Unweight-Average Tariff Rate）。假定只有 3 种进口商品，关税税率分别如下：商品 A，10％；商品 B，15％；商品 C，20％。这三种税率的非加权平均为：

$$(10\％＋15\％＋20\％)/3＝15\％$$

这种计算方法的问题在于它并未考虑进口商品的相对进口重要性。如果该国进口的主要是商品 A，这种非加权平均极有可能高估该国的平均关税水平。

另一种方法是加权平均关税税率（Weight-Average Tariff Rate）。每种商品的关税税率都通过该商品在总进口额中所占的比重为权数进行加权计算。还用上例，假定该国进口 500 000 美元的商品 A，200 000 美元的商品 B，100 000 美元的商品 C，加权平均关税为：

$$\frac{10\％×500\ 000＋15\％×200\ 000＋20\％×100\ 000}{500\ 000＋200\ 000＋100\ 000}＝\frac{100\ 000}{800\ 000}＝12.5\％$$

加权平均的税率 12.5％低于非加权平均税率 15％，这表明该国进口的低税率商品多于高税率的进口商品。尽管如此，如果联系到需求规律，加权平均税率还有不足的地方。假定所有商品的需求弹性都相似，那么对高税率商品的购买由于征收高关税将会大幅度减少，而对相对低税率的那些商品的购买减少幅度会小一些。这样，税率本身便改变了进口商品组合的内在构成，低税率商品占到了较大的权重。因此，加权平均税率也有偏低的倾向。

在实践中，非加权平均税率与加权平均税率一样有用。避免使用加权平均税率造成偏差的一个办法是：计算时以进口商品在世界贸易而不是在某个国家中所占的比重作为权重。这种办法减小了使用进口国自己的权重而导致的偏差，因为世界贸易的权重较少地受到进口国关税税率表的影响。

二、名义税率与有效税率的计算

一个引人关注的问题是选择什么样的税率来评价关税的影响。在各国进行税率减让谈判时，这个问题尤为重要，因为谈判必须针对某一适当的税率。这就涉及名义税率（Nominal Tariff Rate）与有效税率（Effective Tariff Rate），后者也称之有效保护率（Effective Rate of Protection，ERP）。名义税率就是一国税率表上标明的税率，既可以采用从价税形式，也可以采用从量税形式。名义税率关注的是由于关税的存在，导致国内消费者的购买价格提高了多少。当使用有效保护率概念时，关注的是现存的整个关税结构对与进口产品相竞争的国内产业的"增加值"改变了多少。在现实中，由于任何一个行业中的企业，既受到该行业最终产品进口征收关税的影响，也受到对其原材料或中间投入征收关税的影响。例如，汽车生产企业会由于对钢材或橡胶征收关税而增加成本受到损害。反之，也会因为钢材或橡胶的减免关税而获益。因此，分析对某种行业的实际保护程度不仅要看该行业最终产品的名义关税率，还要了解这一行业的结构及对其中间投入产品的保护程度。

为了正确反映一个行业的实际保护程度，引入了有效保护率的概念。一个行业的有效保护率被定义为，一个国家的整体保护措施使该行业每单位产出增加值提高的百分率。这里的"整体保护措施"指的是对一个行业所有产品（包括最终产品、中间产品和原材料）的关税与非关税保护。用公式表示，对行业 j 的有效保护率 e_j 为：

$$e_j = \frac{V'_j - V_j}{V_j}$$

$$= \frac{\text{关税保护下的增加值} - \text{自由贸易条件下的增加值}}{\text{自由贸易条件下的增加值}}$$

其中，V_j 为自由贸易时 j 行业单位产品的增加值，V'_j 为有关税或非关税壁垒保护下的 j 行业单位产品的增加值。举例来说，如果没有任何保护时每辆汽车的增加值是 2 000 美元，而在支付汽车和生产汽车所用的钢铁和橡胶等中间产品的关税后，汽车的增加值为 5 000 美元。那么，汽车行业的有效保护率为（5 000－2 000）/2 000＝150％。

利用图 5-1 来说明有效保护率的计算及其含义。在图例中，我们假设在自由贸易下，本国汽车售价为 10 000 美元。其中，投入成本为 8 000 美元，增加值为 2 000 美元。假定政府对汽车整体征收 50％的关税，而对所有零部件和原材料等只征收 25％的关税。其结果是,本国汽车售价涨至 15 000 美元,而成本只涨到 10 000 美元,增加值提高到 5 000 美元。有效保护率达到 150％,使得本国汽车行业得到了比名义保护率(即名义关税)更高的保护。这样看来,尽管消费者的福利受损,但汽车产业使用的各个要素都从征收关税中受益。

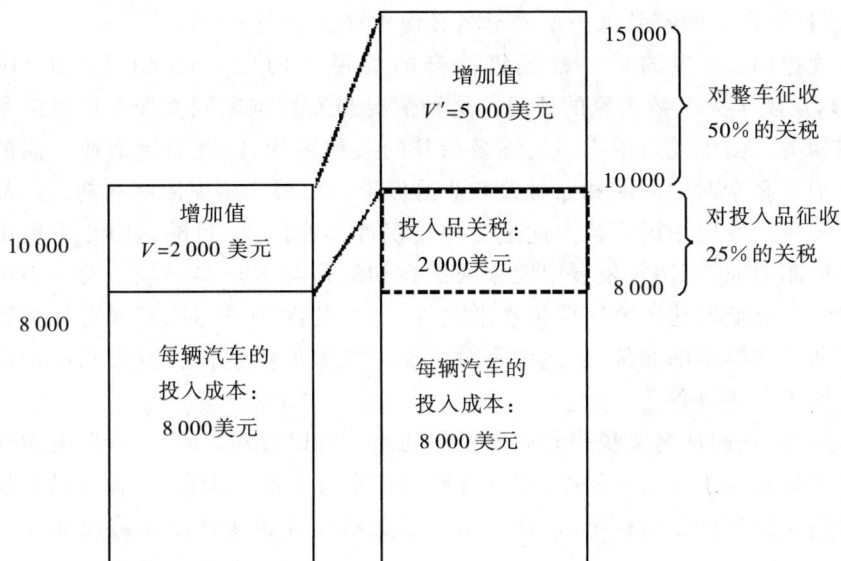

对汽车行业的有效保护率 $=(V'-V)/V=(5\,000-2\,000)/2\,000=150\%$

图 5-1　有效保护率的计算图解

另一方面,如果进口零部件和原材料的关税率为 75％,那么汽车生产的成本就会升至为 14 000 美元,增加值只有 1 000 美元。与自由贸易时相比,行业的增加值反而减少了。增加值的增长率,即有效保护率是—50％。

考虑到投入品的任意一个产业的有效保护率的一般性计算公式是:

$$e_j = \frac{t_j - \sum a_{ij}t_{ij}}{1 - \sum a_{ij}}$$

其中,t_j 是 j 行业最终产品的名义关税率,a_{ij} 是在自由贸易下 j 行业中各种投入 i 占总收益的份额,t_{ij} 是对投入 i 征收的名义关税率。这个公式与我们前面所用的公式实际上是一致的。在图 5-1 中,$(1-\sum a_{ij})$ 为 0.2,投入的关税(t_{ij})均为 25％,所以 $\sum a_{ij}t_{ij}$ 为 0.2,已知最终产品关税率 t_j 是 0.5,其有效保护率 $e_j = \dfrac{0.5-0.2}{0.2} = 150\%$。

第二种计算有效保护率的方法说明了名义保护率与有效保护率之间的三个基本规律:(1)如果最终产品的名义税率高于中间投入品的加权平均名义税率,则最终产品的有效保护率会高于名义保护率;(2)如果最终产品的名义税率低于中间投入品的加权平均名义税率,则最终产品的有效保护率会低于名义保护率;(3)如果最终产品的名义税率等于中间投入品的加权平均名义税率,则最终产品的有效保护率等于名义保护率。

规律(1)表现的是一种逐级抬升的关税结构(Escalated Tariff Structure),反映了大多数国家的情况。这种情况与发达国家同发展中国家的贸易密切相关。由于发达国家多是逐级抬升的关税结构,因此对制造业产品的进口保护要高于对中间品和原材料产业的保护。发展中国家限制在初级产品的出口领域。发展中国家认为这是一种歧视性税收制度,目的是阻止发展中国家发展制造业,妄图将发展中国家限制在初级产品的出口领域。发展中国家要求除了降低发达国家的保护水平之外,还需要改变发达国家现有的关税结构。通过普惠制的实施,发达国家对发展中国家的关税保护方式和保护水平已经做了一些改善。

另外,我们从名义税率和有效税率的差异可以发现,一个产业的有效保护率并不是总高于其名义税率,而且有些保护率有时甚至为负,当投入品的税率大大高于最终产品的税率时,这种结构的关税会使得生产要素流出而非流入该产业。

总而言之,名义关税税率在估算关税对国内消费者价格产生的影响时很有用。对生产者而言,有效保护率则更有用,因为要素总是倾向于流入有效保护率水平相对较高的产业。

第四节　关税的经济效应

关税对进口国经济的多方面影响称之为关税的经济效应,包括对其国内价格、贸易条件、生产、消费、贸易、税收、再分配及福利等方面所产生的影响。对关税的经济效应的分析,可分为局部均衡分析与一般均衡分析。每一种分析又可分为进口大国和进口小国两种情况,在进口大国情况下的分析,是指一国某种商品进口量占这种商品国际贸易量的比重较大,以至于其进口量的变化能影响这种商品的国际市场价格,是国际市场价格的影响者(Price-Maker),它面对的外国出口供给曲线是一条向上倾斜的曲线;进口小国正好相反,是国际市场价格的接受者(Price-Taker),它面对的外国出口供给曲线是一条水平直线。

一、关税的局部均衡分析

在关税的局部均衡分析中,只分析关税对一种商品市场的影响,而不分析这种影响对其他商品市场的影响。

(一)小国征收关税的影响

首先,用图 5-2 来分析小国征收关税对国内生产、消费和贸易量的影响。如果中国是国际钢铁市场上微不足道的进口国,则我们可以看到,在自由贸易情况下,中国钢铁价格等于国际市场价格,为每吨 1 000 元。在此价格下,国内生产量是 S_1(假定为 60),国内钢铁的消费量为 C_1(假定为 120),进口量为 M_1(60)。

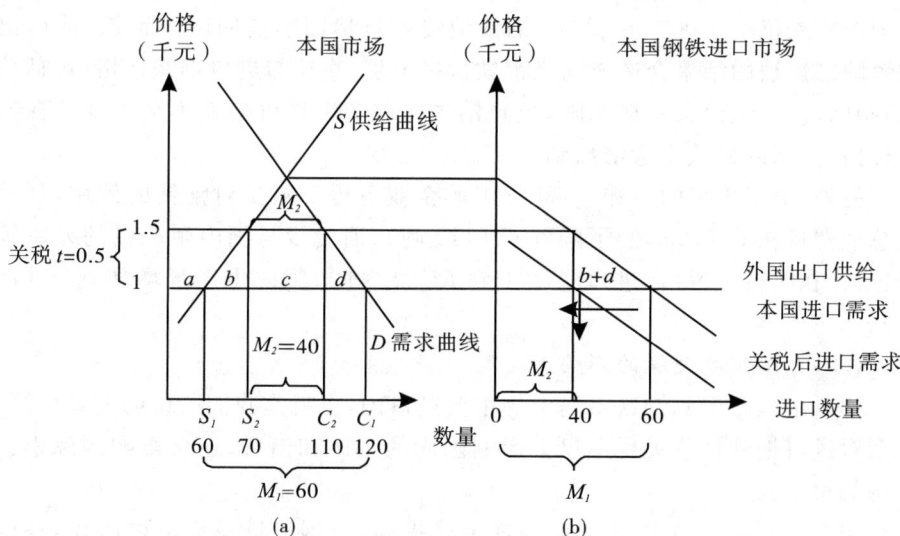

图 5-2 关税对进口小国的影响

如果政府决定征收关税,并假设为每吨 500 元,或税率为 50%,第一个受影响的是进口商品的成本。由于要上税,每吨进口钢铁的成本上升了 500 元。为了不亏本,进口商必须将价格提高。

由于进口钢铁价格上升,对进口钢铁的需求量就自然减少,在图 5-2(b)

中,表现为中国的进口需求曲线向下平移 500 元(在预算不变的情况下,消费者愿意支付的进口钢铁价格会下降 500 元),或向左平移 20 吨[如果价格不变的话就少购买 20 吨,$60-60 \times 1\,000/(1\,000+500)=20$]。但由于中国是钢铁进口小国,国际市场价格没有受到影响,仍是 1 000 元。进口钢铁价格的提高使一部分消费者转向购买国内钢铁,从而刺激了国内钢铁的生产。一些原来由于生产成本较高无法与国际市场价格竞争的厂商也可能投入了生产。本国钢铁产量的增加会引起边际成本的提高,而边际生产成本的提高自然也提高了国产钢铁的价格,但只要这一价格仍然低于加关税后的进口钢铁的价格,国产钢铁就有市场,生产就会扩大。当国产钢铁的生产成本和市场价格都等于进口钢铁的税后价格时,国内生产的扩张就会停止(新的国内钢铁产量 S_2 假设为 70 吨)。在新的市场均衡下,国产钢铁与进口钢铁的价格一样,都是 1 500 元,等于国际市场价格(1 000 元)加上关税(500 元)。

关税对国内生产的影响过程还可以从某一个角度来看。我们假定政府突然宣布对每吨进口钢铁征收 500 元的关税,进口钢铁价格骤然升至 1 500 元。而国产钢铁仍是 1 000 元,这时,钢铁消费者自然而然涌向国产钢铁,从而出现短缺。短缺的结果会造成国产钢铁价格上涨,直至与进口钢铁价格(包括关税)相同,此时供给又变得无限,短缺消失。国产钢铁价格就不会再涨。在这一价格下,国内钢铁产量增加到 S_2。

另外,由于价格的上涨,一部分工矿企业不得不减少对钢铁的使用,从而使总消费量从 C_1(120 吨)下降到 C_2(110 吨),消费量与国内生产量的差额等于进口,在实行关税后,进口量减少到 M_2(40 吨),国内生产量增加到 S_2(70 吨)。

(二)大国征收关税的影响

如果中国是国际钢铁市场上的主要进口国,也就是我们所说的进口大国,那么对进口钢铁征收关税不仅会影响国内的生产和消费,还会影响国际钢铁市场的价格。

图 5-3 中,由于关税使进口钢铁价格提高,中国的进口量随之减少,在国际市场上,中国的进口需求曲线向下移动(平移 500 元)。由于中国是一个钢铁进口大国,面对的外国出口供给曲线不再是一条水平曲线,而是向上倾斜(供给量与价格正向变动)的市场供给曲线。当中国的进口需求下跌时,国际市场均衡价格就会下跌。本来进口需要支付每吨 1 000 元的价格,现在则便宜了(假设为 800 元)。但是,中国国内的钢铁价格再加上关税后仍会比自由贸易时的价格要高,在新的降低了的国际市场价格上加上 500 元的关税,新的

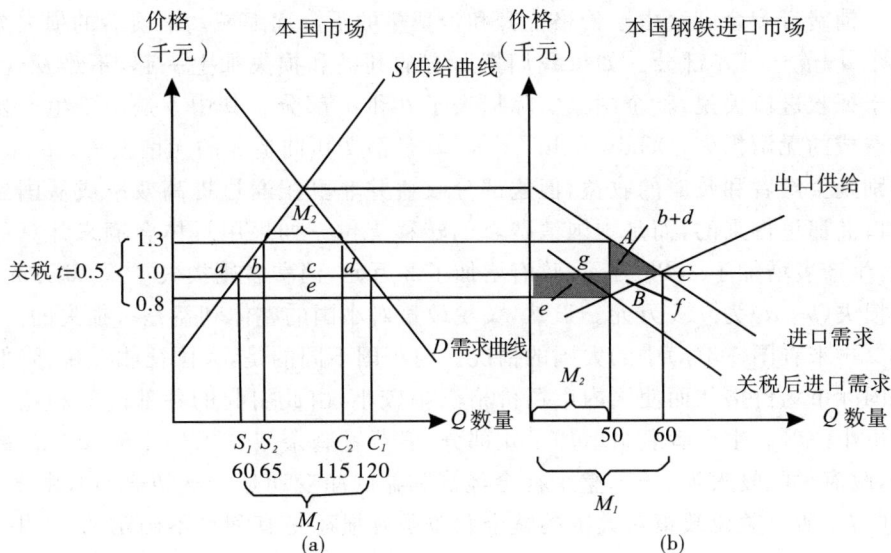

图 5-3 关税对进口大国的影响

国内钢铁价格为 1 300 元。虽然价格上涨幅度低于小国的情况,但仍比自由贸易时高了,因此,国内的钢铁生产也因此扩大到 S_2(假定为 65),消费水平则降低到 C_2(假定为 115),进口数量也减少为 M_2(50)。

由以上分析可以看到,无论大国小国,不管本国有无能力影响国际市场价格,征收关税的结果都会导致产品国内价格上升,生产增加,进口减少,消费缩减,但影响的程度则会由于在国际市场上的地位不同而不同。

(三)关税的福利分析

对进口商品征收关税到底给本国带来什么福利变化呢?从直觉上说,消费者是不喜欢进口关税的,因为关税提高了商品的价格。国内与进口产品竞争的企业是欢迎或者说要求政府征收关税来保护他们的生产,显然他们是从中受益的。但消费者究竟受了多少损失,生产者又得到了多少好处,整个社会的经济利益究竟增加了还是减少了呢?关税的福利分析不仅可以证实人们的直觉,还可以通过计算出利益和损失而超越直觉。我们通过生产者剩余和消费者剩余来衡量福利。

我们仍然用图 5-2 来说明小国的利益变动。在自由贸易时,国内市场的价格是 1 000 元,征收关税后,上升为 1 500 元。价格的上升和生产的扩大,给生产者增加的剩余(利益)是 a 部分。政府当然也愿意征收关税,通过课税,政府可以得到收入,总额等于商品的单位税额乘以进口总量,在图中,这是 c 部分。消费者剩余则会由于价格上升和消费量的下降而缩减。消费者的损失为整个 $a+b+c+d$ 部分。如果我们把所有的利益和损失加上一起，不难发现，由于征收进口关税，整个国家实际损失了 b 和 d 部分。其中 b 是由于生产扭曲造成的无谓损失（Deadweight Loss），d 是消费扭曲造成的无谓损失。a 和 c 分别是生产者和政府的收益，但这部分收益并非真正通过提高效率或从国外出口商那里得来的，而是本国消费者的转移支付。如果用具体金额来计算的话，生产者增加了 3.25 万元，政府增加了 2 万元，消费者则损失了 5.75 万元，净损失（$b+d$）为 0.5 万元。显然，关税政策对小国的整体利益是有损失的。

再来看图 5-3(a) 中的大国的情况。与小国不同的是，大国征收关税，降低了国际市场价格从而使国内市场价格涨幅较小，由此引起的各部门的利益变动也小一些。生产者剩余增加了 a 部分，消费者剩余减少了 $(a+b+c+d)$ 部分，政府税收收入为 $c+e$，整个社会经济利益的净变动是 $[e-(b+d)]$，由于 e 是收益，所以关税政策对大国的整个利益是有损还是有利是不确定的：如果 e 小于 $(b+d)$，整个国家是净损失，但如果 e 大于 $(b+d)$，整个国家则可以从征收关税中获益。

在图 5-3(b) 中，征收关税导致的国际市场价格的下降使国外出口商的利益损失了 $(e+f)$ 部分，又因为本国的净损失为 $(b+d-e)$，所以世界整体的福利净损失为 $(b+d-e)+(e+f)=b+d+f$，即在图 5-3(b) 中的三角形 ABC。

为什么小国征收关税造成社会经济净损失而大国征税有可能提高国民福利呢？其主要原因是大国在国际市场上有左右价格的能力，通过减少进口，大国可以迫使出口国降低价格。这实际上是迫使出口国也承担一部分税负。图 5-3 中的 e 部分是由出口国间接支付的。对进口国来说，则是一笔额外的收入，如果这笔收入大于因关税造成的经济损失的话，进口国就可能在总体上得益。小国则不然，国际市场价格不会因小国进口减少而下降。因此，小国无法让外国出口商通过降价来支付一部分税收，整个关税的负担完全由本国消费者承受，总体上不得不是净损失。

不过，大国想完全由出口国来支付关税也不大可能，除非出口国的出口供给曲线是完全没有价格弹性的垂直曲线。在完全没有弹性的情况下，出口国必须把一定数量的商品销售出去而不管什么价格，也只有在这种条件下，进口国才能将全部关税都转嫁到出口国头上。如果关税全部由出口国承担的话，进口国的国内市场价格不会上涨，国内生产也不会增加，进口量最终也不会减少，那么通过关税来减少进口、保护国内进口工业的政策目标就不能达到。不过，政府倒是通过关税获得了收入，整个社会福利也因此增加。

（四）最优关税率

从以上分析中我们得知,对贸易小国,任何关税都会带来社会福利的纯损失,而对于大国来说,关税有可能带来收益。那么大国是否关税越高收益越大呢?答案是:不一定。高关税固然使进口商品的单位税收额增加,但也造成进口数量的减少,总的关税收入不一定增加。如果关税过高,进口量下降严重,关税收入有可能下降。另外,如果进口缩减得厉害,造成国内价格大幅上升,消费下降,消费者所受的损失也会增加。因此,只有在适当的税率下,进口国才有可能使净收益达到最大。这个能使本国的经济收益达到最大的适当税率,我们称之为最优关税率。

这一最优税率选择的原则是:税率上的任何微小变动所引起的额外损失不能超过由此带来的额外收益,在最优点上两者正好相等,用图 5-3(b)中收益损失的部分来表示的话,最优关税率的条件是: $\left| \dfrac{\mathrm{d}e}{\mathrm{d}\tau} \right| = \left| \dfrac{\mathrm{d}(b+d)}{\mathrm{d}\tau} \right|$,或 M'

$\dfrac{\mathrm{d}P^*}{\mathrm{d}\tau} = \tau P^* \dfrac{\mathrm{d}M}{\mathrm{d}\tau} + \dfrac{1}{2} \dfrac{\mathrm{d}P}{\mathrm{d}\tau} \dfrac{\mathrm{d}M}{\mathrm{d}\tau}$ 。我们也可以用图 5-4 来说明最优关税率的决定。

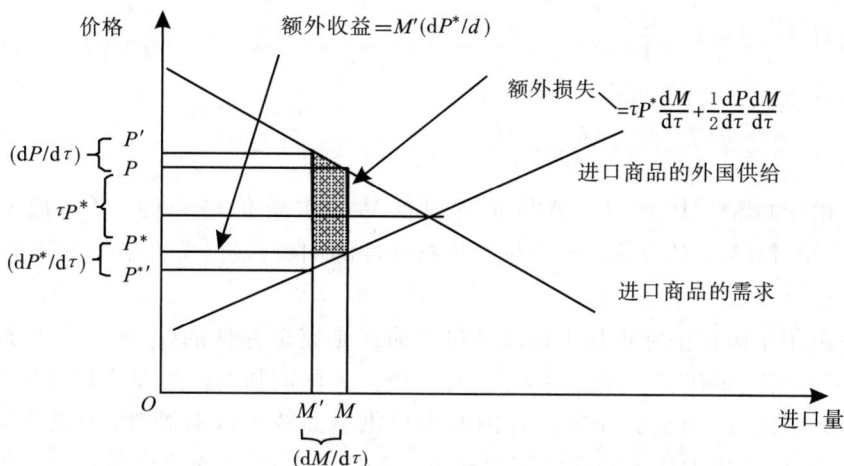

图 5-4　稍微提高关税税率引起的收益及损失

这里的 M 和 M' 分别是关税变动前后的商品进口数量;P 和 P^* 分别是关税变动前的国内价格和国际价格,$P=(1+\tau)P^*$ 。τ 是税率,τP^* 是单位商品关税额。大国的税率变动会引起进口量的变动,从而引起国际市场价格变动。一般来说,税率与国际价格反向变动:税率提高,大国进口量减少,国际市场价格下降,$\mathrm{d}P^*/\mathrm{d}\tau<0$ 。另外,税率又与国内价格正向变动:税率提高,大国进口

量减少,国内市场价格上升,$dP/d\tau>0$。$M'\dfrac{dP^*}{d\tau}$的绝对值就是由于提高(或降低)税率而增加(或减少)的由外国出口商间接支付的政府税收收入部分。对本国来说,这是收益的变动。$dM/d\tau$是由于税率变动而造成的进口量的变动。如果税率提高,进口量必定减少,两者反向运动,$dM/d\tau<0$。因此,$\tau P^*\dfrac{dM}{d\tau}+\dfrac{1}{2}\dfrac{dP}{d\tau}\dfrac{dM}{d\tau}$的绝对值是提高(或降低)关税率而造成的本国社会损失的变动。本国的社会损失包括消费者剩余的减少和由于进口量下降而造成的税收减少。不管是降低还是提高关税率,在最优税率上,两者的绝对值都必须相等。

根据这一条件,我们可进一步推导出最优税率的公式。为了计算方便,我们将

$$M'\frac{dP^*}{d\tau}=\tau P^*\frac{dM}{d\tau}+\frac{1}{2}\frac{dP}{d\tau}\frac{dM}{d\tau}$$

简化为

$$M'\frac{dP^*}{d\tau}\cong\tau P^*\frac{dM}{d\tau}$$

移项后进一步整理,可得

$$\tau=\frac{M'\cdot dP^*/d\tau}{P^*\cdot dM/d\tau}=\frac{dP^*}{dM}\cdot\frac{M'}{P^*}$$

由于$(dM/dP^*)(P^*/M')$是进口商品的供给价格弹性(可写成ε_x),$(dP^*/dM)(M'/P^*)$即是这一供给价格弹性的倒数,最优关税率则可简化成:

$$\tau=1/\varepsilon_x$$

由于小国在国际市场上面临的供给曲线是完全弹性的($\varepsilon_x=\infty$),因此对于小国来说,最优关税率是零,即没有关税。大国面临的供给曲线是有弹性但不是无限的,τ^*就会大于零。外国的出口供给曲线越没有弹性,关税率就越可以提高,最优关税率的确定完全取决于外国出口供给的价格弹性。根据供给价格弹性制定的关税率使进口国的经济利益达到最大,低于这一税率,进口国失去了一部分可以获得的利益,高于这一税率,损失开始增加。

值得指出的是,这一最优关税率只是对本国利益而言,对于整个世界来说,任何关税都会带来效率的损失。最优关税率给进口国带来的收益,实际上只是出口国损失的一部分。另外,这一最优关税率的设计是假设出口国不报复的情况,如果出口国也采取同样方法进行报复,那么通过关税所得利益就会在出口中失去,甚至有得不偿失的可能。

二、关税的一般均衡分析

关税的一般均衡分析考虑了关税所影响的商品在内的所有市场,因为受到关税影响的商品的市场变化会影响其他商品的市场,而这些影响又会对该商品的市场产生重要的反作用。

(一)小国征收关税的影响

图 5-5 中进行的是小国征收关税的总体均衡分析。跟前面一样,我们假设中国只生产两种商品:钢铁和大米。钢铁价格为 P_s,大米价格为 P_r。在自由贸易时,中国进口钢铁,出口大米。给定国际相对价格 $\dfrac{P_r}{P_s}$,中国的生产点为 S_1,社会福利最大化下的消费点是 D_1。D_1O_1 为进口的钢铁量,S_1O_1 为出口的大米量,社会福利水平为 CIC_1。

如果中国政府对进口钢铁征收关税(t),从而使得钢铁的国内市场价格变成了 P_s+t,高于国际市场价格(P_s)。在国际大米价格不变的情况下,国内大米相对价格下降了,在国内市场上,人们现在需要用更多的大米来换取同样数量的钢铁。在图 5-5 中,这一变化表现为国内大米相对价格变成了一条斜率为 $\dfrac{P_r}{P_s+t}$ 的低于国际相对价格的直线。国内两部门的生产者和两种产品的消费者都对关税下的新价格作出反应。降低了的国内大米相对价格(或提高了的钢铁相对价格)把一部分资源从大米部门转移到钢铁生产,从而使大米生产量下降,钢铁生产量增加,生产点移到了点 S_2。在 S_2 点上,相对价格曲线与生产可能性曲线相切,生产大米的边际成本等于关税下的大米相对价格。与 S_1 相比,关税虽然提高了国内的钢铁生产量,却也因此减少了大米的生产。在资源本已充分就业的情况下,保护和支持了一个部门的生产必定会减少其他部门的生产。在有关税的相对价格下,消费者会怎样选择新的消费点呢?就消费者本身来说,面对新的带有关税的相对价格,消费只能选择 $D_2{}'$,钢铁相对价格的上升不仅使钢铁的消费下降,其产生的负收入效应也可能减少大米的消费。

但是,在关税保护下,经济的参与者除了生产者与消费者以外,多了一个政府。政府通过征收关税提高了收入。无论是政府将这一部分收入返还给消费者也好,还是政府直接用来消费,都应算作是中国消费的一部分。因此,作为一个整体来说,中国的消费不是在 $D_2{}'$,而是在 D_2。从 $D_2{}'$ 到 D_2 之间的消费变动实际上是税收收入所带来的消费。在最终消费点 D_2 上,有两个条件必须得到满足。第一,点 D_2 必须是在从生产点 S_2 向左上方延伸出来的国际相对价格曲线上。这是中国的消费可能性曲线。换句话说,中国在 S_2 点上生产,但可以在国际相对价格上与别国进行贸易,从而在国际价格线上选择消费。第二,由于消费者面对的是国内价格,在最终消费点上,反映福利水平的社会无差异曲线必定与国内价格曲线相切。在这一点上,商品的边际替代率(无差异曲线的斜率)等于包括关税的商品相对价格(国内相对价格曲线的斜率)。这是社会福利最大化的选择。

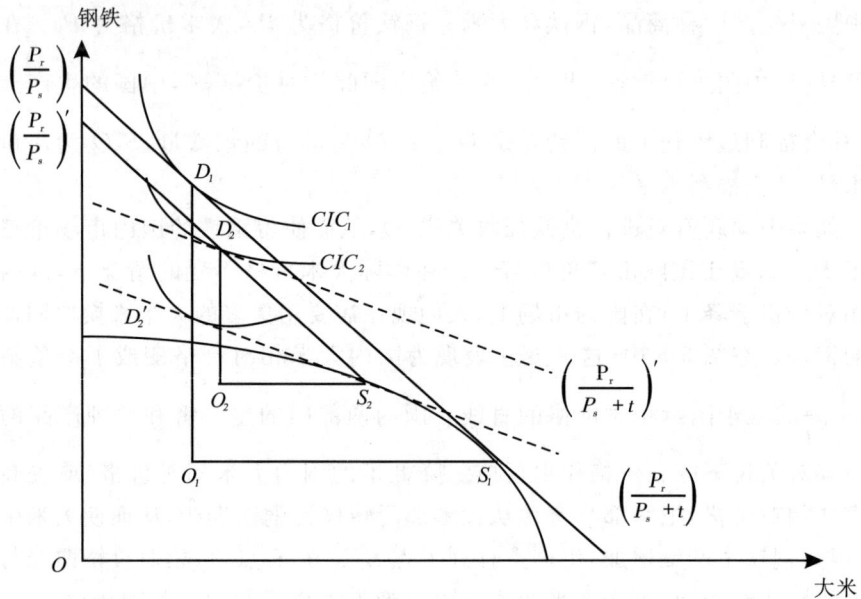

图 5-5　小国关税一般均衡分析

由于假设中国是小国,中国的关税和由此引起的进出口变动不会影响国际市场价格。因此,从 S_2 向左上方延伸的国际价格曲线是与通过 S_1 的价格曲线平行的。但由于生产发生了变化,在最终消费点 D_2 上的社会无差异曲线(CIC_2)则低于自由贸易中的水平(CIC_1),反映了社会总体福利水平的下降。另外,对进口的钢铁征收关税后,不仅减少了钢铁进口量(从局部均衡分析中已得知),也减少了中国大米的出口。

虽然进口竞争行业的生产增加了,但本国出口行业则为此付出了代价。从总体均衡分析中我们可以看到,一国对进口行业的保护不仅直接影响到该行业的生产消费及福利变动,而且也影响其他行业的生产和消费。

总之,征收关税对小国经济的影响可以概括为:增加进口竞争行业产品的生产,减少出口产品的生产;减少进口竞争产品的消费;减少贸易量;降低社会的福利水平。

(二)大国征收关税的影响

下面我们再来看一下大国征收关税的总体均衡分析。现在假定中国是一个钢铁进口大国,并假定大国征收与小国一样的关税税率,大国的生产点也会从 S_1 向 S_2 移动,但由于大国征收关税后进口减少,引起国际钢铁市场价格的下跌。即使征收与小国同样税率的关税,由于市场价格的下降,加税后的国内钢铁价格的增长幅度也要低于小国。因此,关税对生产的影响也要小于小国。用图5-5来进行对比分析的话,大国征收关税后的国内相对价格曲线会比小国陡一些(斜率大一些),与生产可能性曲线相切的点会在 S_2 的右下方。大国征收关税的结果虽然也会增加进口产业(钢铁)的生产,减少出口产业(大米)的生产,但变动幅度会小一些。新的生产点(假定为 S_2')会位于 S_1(自由贸易生产点)与 S_2(小国征收关税后的生产点)之间。

同样,大国会在从 S_2' 向左上方延伸的新国际相对价格曲线上选择与新的国内相对价格曲线相切的消费点 D_2'。新的国际相对价格不再与原来的价格曲线平行,其斜率会大于原来的价格曲线。这是因为大国对进口商品征收关税而改善了贸易条件。由于小国的国际价格不变,新的消费点所代表的社会福利水平一定低于自由贸易时的水平。但是,大国的情况却不一定。一方面,由于生产的扭曲,大国的消费可能性曲线(即从生产点上延伸的国际相对价格曲线)比自由贸易时降低了。另一方面,由于贸易条件的改善,新的消费可能性曲线的斜率提高了。因此,与最终消费点相切的社会无差异曲线有可能在原来消费点的右下方。换句话说,由于贸易条件的改善,大国征收关税有可能会提高整个社会的福利水平。这一点,与局部均衡分析所得出的结论是一致的。

至此,我们可以概括征收关税对大国经济的影响:增加进口品的生产,减少出口品的生产;进口产品的相对价格下降,贸易条件改善;社会福利水平下降,但也有可能上升。

【本章小结】

关税是历史上最常见的贸易保护工具,种类繁多,根据不同的标准,可以分为不同的种类,关税的征收方法有从量税、从价税、复合税和滑准税;名义关税关注的是关税的存在,有效关税可以正确地反映一个行业的实际保护程度;

关税的经济效应是指一国征收关税对其国内价格、贸易条件、生产、消费、贸易、税收、再分配及福利等方面所产生的影响；进口国对进口产品征收关税会引致进口产品价格上升，从而导致该产品国内产量的提高、进口数量的减少和需求的减少。关税总是保护国内的生产者，损害消费者，增加政府收入，但其对进口国的净福利效应是不确定的。

【思考与练习】

1. 关税保护了谁？损害了谁？对大国和小国的净福利效应如何？

2. 根据资料5-1，比较高技术产品与低技术产品的关税及其国别差异，并解释。

3. 什么是最优关税率？小国有最优关税率吗？大国的最优关税率是如何确定的？

【参考文献】

[1]唐海燕编著.国际贸易学.上海：立信会计出版社，2001

[2]海闻、P.林德特、王新奎.国际贸易（第1版）.上海：上海人民出版社，2003

[3]沈玮青.商务部对进口相纸征反倾销税 柯达富士等涉案.新京报，2012年03月23日

[4]网易财经.美初裁中国光伏产品反补贴税 结果好于预期.2012年03月21日

贸易政策工具:
非关税壁垒

学习内容与要求:

　　本章继续学习贸易政策工具,但把重点放在非关税壁垒上,介绍了非关税壁垒产生的背景、概念、特征和种类,产业政策对一国国内产业与贸易的作用,以及非关税壁垒贸易政策的经济效应。要求了解非关税壁垒产生的背景及其特征;熟悉各种非关税壁垒的种类;理解一国的产业政策对本国产业和贸易的作用,能够分析扶持性产业政策的利弊;了解非关税壁垒的功能,能够运用局部均衡分析和一般均衡分析关税的经济效应,把握对大国和小国的福利效应。

第一节　非关税壁垒的基本认识

一、非关税壁垒的产生背景

　　非关税壁垒早在资本主义发展初期就已出现,但普遍建立却是在 20 世纪 30 年代。由于 1929—1933 年世界性经济危机之后,非关税壁垒措施开始在各国大量出现。当时,各资本主义国家为了缓和国内市场的矛盾,对进口的限制变本加厉,一方面高筑关税壁垒,另一方面采用各种非关税壁垒措施阻止其他国商品的进口。但是,由于当时各国的关税水平很高,贸易壁垒效应十分明显,所以非关税措施并没有引起过多的重视。第二次世界大战后,特别是 20 世纪 60 年代后期以来,在世界贸易组织(World Trade Organization,WTO)的前身——关贸总协定(General Agreement on Tariffs and Trade,GATT)多边贸易谈判回合的推进下,西方发达国家的平均关税水平从 40% 下降到了

3.8%,发展中国家的平均关税水平也下降到 13% 左右,关税作为政府干预贸易的政策工具已经不能满足各国利益集团自身利益的保护需要,非关税壁垒措施在此背景下日渐抬头。

在第二次世界大战结束后,各国对国际贸易达成的共同认识是:对外贸易能够给参加国带来利益,但是贸易利益的划分,或者说各国所获利益的多寡取决于该国在国际市场上的比较优势以及竞争优势,但是,比较优势以及竞争优势并不一定是天生的,通过后天学习也可以获得。这一看法使得各国政府得到一个启示,也就是通过某些政策保护或扶持国内产业的发展,使其获得比较优势及竞争优势,然后获得更多的贸易利益。因此,到 20 世纪 70 年代末,非关税壁垒已经成为贸易保护的主要手段,形成了新贸易保护主义。据统计,非关税壁垒从 20 世纪 60 年代末的 850 多项增加到 70 年代末的 900 多项,自 1995 年 WTO 建立以来,非关税壁垒措施并没有像关税措施那样受到较为严格意义上的"约束",新的贸易壁垒措施接踵而至,全球的非关税壁垒到 GATT 乌拉圭回合即将结束时,这一数字已经增长到 3 000 多种。

非关税壁垒与关贸总协定和世界贸易组织促进贸易自由化的宗旨相违背。关贸总协定较早地意识到了这个问题,在"东京回合"中大面积地涉及非关税壁垒,尽管没有达成共同签署的多边贸易协定,但形成了《东京回合守则》,在此基础上,经过乌拉圭回合谈判最终形成了世界贸易组织《反倾销协议》、《补贴与反补贴协议》、《技术性贸易壁垒协议》、《保障措施协议》和《原产地协议》等管辖非关税壁垒措施的多边协议。

二、非关税壁垒的概念与特征

非关税壁垒(Nontariff Barriers,NTBs),是指一国政府采取除关税以外的各种办法,来对本国的对外贸易活动进行调节、管理和控制的一切政策与手段的总和,其目的就是试图在一定程度上限制进口,以保护国内市场和国内产业的发展。非关税壁垒大致可以分为直接的和间接的两大类:前者是由海关直接对进口商品的数量、品种加以限制,后者是对进口商品制定严格的海关手续或通过外汇管制,间接地限制商品的进口。

与关税措施相比,非关税措施主要具有下列三个明显的特征:(1)具有更大的灵活性和针对性。关税的制定,往往要通过一定的立法程序,要调整或更改税率,也需要一定的法律程序和手续,因此关税具有一定的延续性。而非关税措施的制定与实施,则通常采用行政程序,制定起来比较迅速,程序也较简单,能随时针对某国和某种商品采取或更换相应的限制进口措施,从而较快地达到限制进口的目的。(2)更强烈和直接。关税措施是通过征收关税来提高商品成本和价格,进而削弱其竞争能力的,因而其保护作用具有间接性。而一些非关税措施如进口配额,预先限定进口的数量和金额,超过限额就直接禁止进口,这样就能快速和直接地达到关税措施难以达到的目的。(3)具有隐蔽性和歧视性。关税措施,包括税率的确定和征收办法都是透明的,出口商可以比较容易地获得有关信息。另外,关税措施的歧视性也较低,它往往要受到双边关系和国际多边贸易协定的制约。但一些非关税措施则往往透明度差,隐蔽性强,而且有较强的针对性,容易对别的国家实施差别待遇。

第二节　非关税壁垒的主要种类

一、进口配额制(Import Quotas System)

各国在限制外国商品进口、保护本国市场方面,除了征收关税以外,最流行的非关税壁垒是进口配额。进口配额制,又称进口限额制,是直接限制进口的一种重要措施。进口配额制是指一国政府在一定时期内,对某些商品的进口数量或金额规定一个数额加以直接的限制,在规定时限内,配额以内的货物可以进口,超过配额则不准进口,或者征收较高的关税、附加税或罚款后才能进口。配额是对进口商品设置一定的限额,其目的与征收关税一样,都是为了限制进口,保护国内的工业。但与关税不同的是,进口配额是直接的数量控制而不是通过提高进口商品价格间接地减少进口。

尽管世界贸易组织要求成员一般取消数量限制,但是,进口配额制在某些领域仍然占据十分重要的地位,例如在纺织品和农产品贸易中,WTO《纺织品与服装协议》规定各成员 2005 年 1 月 1 日取消纺织品配额制度,但是在 2004年 3 月初,美国纺织品制造商协会(ATMI)与美国制造业贸易行的联盟(AMTAC)联合伊斯坦布尔纺织品及服装出口商会(ITKIB)发起了《伊斯坦布尔声明》,要求 WTO 在 2004 年 7 月 1 日以前召开紧急会议,讨论将纺织品配额延长至 2007 年年底的建议。随后墨西哥、意大利、比利时、奥地利等十多个国家的纺织和贸易协会签署了这一声明。

以下将分析几种不同的配额类型：

(一)进口数量限制

最明显的配额类型就是对进口数量的直接限制。根据对超过配额部分的做法不同，可以分为绝对配额和关税配额。

1.绝对配额

绝对配额是指在一定时期内，对某种商品的进口数量或金额规定一个最高数额，达到这个数额后，便不准进口。这种方式在实施中，有以下三种形式：

(1)全球配额，是指对来自任何国家或地区的商品一律适用，按进口商品的申请先后批给一定的额度，至总配额发放完为止，超过总配额就不准进口。全球配额并不限定进口的国别或地区，故配额公布后，进口商往往相互争夺配额。邻近的国家或地区以其优越地理因素，在竞争中居于有利地位。为了减少这种情况所带来的不足，一些国家采用了国别配额。

(2)国别配额，是在总配额内按国别和地区分配给固定的配额，超过规定的配额便不准进口。为了区分来自不同国家或地区的商品，在进口商品时进口商必须提交原产地证明书。实行国别配额可使进口国家根据它与有关国家或地区的政治经济关系分别给予不同的配额。例如，1987年年底，我国与美国就纺织品贸易达成协定，使我国对美纺织品成衣出口年增长率，从1988年1月1日起4年内，由19%下降到3%。

(3)进口商配额，指某些商品的数量限额直接分给本国的进口商，进口商按政府机构分配的额度组织进口，超额不得进入的一种进口配额制。实施进口商配额的国家往往把配额给予本国的垄断商、进口商，而中小商人则难以得到额度。例如，日本的食用肉进口配额就是在29家大商社直接进行分配。

在这三种配额中，由于国别配额最能体现进口国的国别政策，而且通过双边协商后订立的双边国别配额不容易引起对方的不满或报复，因此，双边协商的国别配额运用十分广泛。

2.关税配额

关税配额是指对商品进口的绝对数额不加限制，而对在一定时期内，在规定的关税配额以内的进口商品，给予低税、减税或免税待遇，对超过配额的进口商品征收高关税、附加税或罚款。这种方式在实施中有以下两种形式：

(1)优惠性关税配额，是对关税配额内进口的商品给予较大幅度的关税减让，甚至免税；超过配额的进口商品征收原来的最惠国税。欧盟在普惠制实施中所采用的关税配额就属此类。

(2)非优惠性关税配额，是对关税配额内进口的商品征收原来正常的进口税,一般按最惠国税率征收;对超过关税配额的部分征收较高的进口附加税或罚款。例如,1974年12月,澳大利亚曾规定对除男衬衫、睡衣以外的各种服装,凡是超过配额的部分加征175%的进口附加税。

(二)配额的其他形式

(1)进口许可证

进口许可证是指进口国家规定某些商品进口必须事先领取许可证,才可进口,否则一律不准进口。美国不经常使用这种配额,但是有许多其他国家依靠这种配额来进行保护。例如,直到1989年,进口许可证还是墨西哥进行保护的主要形式。正如其名,进口许可证要求进口商就其进口取得政府的许可。通过管制颁发许可证的数量以及每个许可证所允许的进口数量,基本上与配额一样,但是没有配额透明。政府部门通常并不公开所允许进口数量的信息,外国厂商对出口的具体限制数量更是一无所知。

按照许可证有无限制,可分为公开一般许可证和特种进口许可证。公开一般许可证,是对进口国别或地区没有限制,凡列明属于公开一般许可证的商品,进口商只要填写此证,即可获准进口。特种进口许可证,是进口商必须向政府有关当局提出申请,经政府有关当局逐笔审查批准后才能进口。

按照进口商品许可程度可以分为自动许可证和非自动许可证。自动许可证,不限制商品进口,设立的目的也不是对付外来竞争,它的主要作用是进行进口统计。非自动许可证,是须经主管行政当局个案审批才能取得的进口许可证,主要适用于需要严格数量质量控制的商品。

根据进口许可证和进口配额的关系,进口许可证可分为有定额的进口许可证和无定额的进口许可证。有定额的进口许可证,是先规定有关商品的配额,然后在配额的限度内根据商人申请发放许可证。无定额的进口许可证,主要根据临时的政治的或经济的需要发放。

(2)自愿出口限制(Voluntary Export Restraints,VERs)

自愿出口限制最早出现于20世纪80年代初的美日汽车贸易(详见资料6-1)。1986年12月,美国依据《1962年贸易扩大法》第232节关于国家安全的规定,对从日本、中国台湾进口的机床、汽车等实行由出口国实施的"自愿出口限制"。随后又对从德国进口的相关产品实行"最大市场份额水平"的限制。韩国在汽车市场开放后,也以日本汽车、美国汽车超过其认为的合理数量为由,一度采取了限制日本汽车和美国汽车的进口措施。美国、日本、芬兰、挪威等国要求中国对这些国家的纺织品出口实行自愿出口限制,欧盟也要求中国对它们的农产品出口实行自愿出口限制的政策。

自愿出口限制,也被称为自动限制协议(Voluntary Restraint Agreement,VRA),是指出口国家或地区在进口国的要求和压力下,"自愿"规定某一时期内某些商品对该国的出口限制,在该限制期内自行控制出口,超过限制即停止出口。所谓"自愿",其实并不完全自愿,只是出口国在进口国的要求和压力下不得不采取的限制政策。事实上,许多配额采用的就是自愿出口限制,亦称"被动配额"。对于出口国来说,与进口国设置"进口配额"或采取反倾销措施相比,自愿出口限制对出口国的损失要少一些,甚至可能因为进口国旺盛的需求而获得"超额利润",同时也因为出口国控制配额分配,出口国政府或企业可以因此获得"出口配额租"。

资料6-1　日美汽车贸易中的"自愿出口限制"

"自愿出口限制"最早最著名的例子是日本对出口美国的汽车的限制。日本汽车自20世纪60年代开始进入美国市场,到80年代初,对美国汽车产业造成了严重的冲击。1979—1980年美国汽车业失业率的上升和利润的下降,使福特汽车公司和美国汽车工人联合工会(United Automobile Workers,简称UAW)向美国国际贸易委员会申请使用201条款的保护。几位来自美国中西部各州的参议员提出了一个把1981、1982、1983年出口到美国的日本汽车总数限制在160万辆的议案。这个议案原定在1981年5月12日的参议院金融委员会上进行讨论和修改。但日本政府在知道这一消息后主动于5月1日宣布它会"自愿"限制在美国市场上汽车的销售。1981年4月—1982年3月,限制总额为183万辆,包括出口到美国的168万辆小汽车和8.25万辆公共交通工具以及出口到波多黎各的7万辆其他交通工具。在1984年3月之前,这个限额一直保持不变,后来开始逐步增加,1984年配额升至202万辆,1985年又升至每年251万辆,1992年3月限额开始下降。

最初几年里,自愿限制总额几乎都用完。在1987年前,自愿限制对日本的汽车出口一直是有约束力的。1987年之后,日本公司开始在美国境内生产汽车,美国从日本的进口自然下降,实际进口逐渐低于限制总额。到1994年3月,美国对日本汽车的自愿出口限制就取消了。

有意思的是,1981年,在实行限制后的第一年,销往美国的日本汽车的单位价值上升了20%,而1982年在前一年的基础上又上升了10%。当然,价格的上升可能反映的是一般性价格水平的上升,也可能反映了日本销美汽车质量的提高。

美国加州大学的罗伯特·芬斯阙(Feenstra)教授于1988年建立了一个质量选择的理论模型，并利用日本出口到美国的不同车型价格数据，就自愿出口限制协议对日本输美汽车质量的影响进行了实证研究。通过比较自愿出口限制协议生效前后的变化，他发现：日本公司改变了在美国市场所销售汽车的特性，转向了更高质量和价格的车型，也就是说，伴随自愿出口限制协议而来的日本汽车进口价格的上涨，部分原因是进口车型的质量提高。在考虑了日本进口车质量提高因素的基础上，他计算出在1983和1984年的自愿出口限制水平下，每进口一辆小汽车，美国实际支付的福利成本超过1 000美元。（资料来源：《汽车工业研究》，中国汽车工业经济技术信息研究所；Feenstra, Robert C., "Quality Change Under Trade Restraints in Japanese Autos", *Quarterly Journal of Economics*, 103(1) 1988, February, pp. 131~146.）

二、技术性贸易壁垒

技术性贸易壁垒(Technical Barriers to Trade，TBT)，是一个国家或地区为维护国家或区域安全，保障人类健康和安全、保护动植物健康和安全、保护环境、防止欺诈行为、保证产品质量等而采取的一些强制性或自愿性的技术性措施。这些措施对其他国家或地区的商品、服务和投资自由进入该国或该地区市场产生影响，形成贸易扭曲，因而具有贸易壁垒的实际效果。

为了防止各国利用技术标准作为贸易保护手段并有效解决由于技术标准出现的贸易纠纷，关贸总协定于东京回合达成了第一个《贸易技术壁垒协议》，并自1980年1月1日开始实施。乌拉圭回合又对此协议作出一些修订，在基本原则不变的基础上，使基本概念更加清晰完整，易于操作，并将其列为各成员国必须遵守的关贸总协定规定之一。

关贸总协定乌拉圭回合还达成了一项《卫生和植物检疫措施协议》(Agreement on the Application of Sanitary and Phytosanltary Measures，简称SPMS)，以规范各国所有可能影响国际贸易的动植物检疫行为。和技术标准的《贸易技术壁垒协议》一样，该项协议也并非具体规定各成员国应该采用什么标准，而只是制定了各国实行具体标准时必须遵守的纪律。技术标准和动植物检疫措施的两项协议实际上建立了一个防止各国政府滥用标准拒绝产品进口行为的机制，在消除贸易的技术壁垒方面起到了积极作用。

（一）技术法规和标准

各种产品的技术标准和认证制度是经济运行中必不可少的组成部分。一部分的产品技术标准是由某个行业或某个非政府标准化机构制定的，旨在便于通用、降低成本或保证质量，如电压认证等。另一类的产品技术标准是通过政府授权强制实行的，具有法律约束力。制定这些标准的目的是保证安全或保护整体利益，如环境、食品、药品标准等。

技术法规和标准对于国际贸易来说，与其他贸易壁垒措施不同的是，它不是限制，而是完全禁止。因为，发达国家一般都规定不符合技术法规或标准的产品是不允许进入市场的，也就是设置了一个门槛，凡是符合的可以自由进口，不符合的就禁止进口。例如，原西德禁止在国内使用车门从前往后开的汽车，而这恰好是意大利索菲特500型汽车的样式；法国严禁含有红霉素的糖果进口，从而把英国糖果拒之门外；美国则对进口的儿童玩具规定了严格的安全标准等。

（二）卫生检疫标准

卫生检疫标准主要涉及的是农副产品及其深加工产品，也包括化妆品在内，这些规定对进口商品中所含有的各种化学成分都有严格的限制。卫生检疫中一个重要方面是动植物检疫措施。动植物进口必须通过本国的检疫，用以保护本国人民、动物或植物免受国外害虫、疾病及污染的侵害。比如，美国规定其他国家或地区输往美国的食品、饮料、药品及化妆品，必须符合美国《联邦食品、药品及化妆品法》（The Federal Food，Drug and Cosmetic Act）的规定，其条文还规定，进口货物通过海关时，均须经食品药物管理署（Food and Drug Administration，FDA）检验，如果发现与规定不符，海关将予以扣留，有权进行销毁，或按规定日期装运再出口。

典型的例子是1999年中国出口美国的木质包装事件。由于美国的动植物检疫部门发现中国输往美国产品的木质包装中有光肩星天牛的虫卵，美国商务部因而紧急通知禁止中国未经过熏蒸的木质包装进入美国市场。在美国之后，加拿大、欧盟也出台了相同的规定，使中国出口企业受到不小的损失。

（三）商品包装和标签的规定

包装标签规定除了对进口商品的包装规格、包装材料有一定的要求外，还要求注明产品的产地、内容等，不合乎包装标签规定的商品，即使质量合格也不准进口。这些规定内容繁杂、手续麻烦，出口商为了符合这些规定，不得不按规定重新包装和改换标签，费工费时，增加商品的成本，削弱了商品的竞争力。例如，在北欧有些国家规定了包装材料的可回收要求，禁止使用易拉罐等包装容器;法国在 1975 年 12 月 31 日宣布,所有的标签、说明书、使用手册、保修单和其他产品的情况资料,都要强制性地使用法语或经批准的法语替代词。

资料6-2 技术标准导致的贸易壁垒

由于各国采用不同的技术标准,提高了商品贸易的成本,对各国商品的自由贸易形成了一定程度的障碍,一些国家甚至有意通过不同标准来设置贸易壁垒。以下是几个技术标准不同导致贸易障碍的典型例子。

1.法国建筑瓷砖

在欧洲各国中,建筑瓷砖的标准是不同的。法国政府规定,非法国标准的瓷砖不得用于公共建筑物(约占整个建筑业市场的 40%)。私人建筑虽然可以用非标准瓷砖,但他们也不愿意用,因为保险公司要求建筑物符合行业标准,否则不给保险。因此,外国同类瓷砖即使价格很低(如西班牙生产的瓷砖)也很难进入法国市场。

2.意大利空心粉

在意大利有一个"空心粉纯度法",要求空心粉的制作原料必须是硬质小麦,而这种硬质小麦主要产于意大利南部。欧洲其他国家的空心粉大多由混合种类的小麦制成,不符合"空心粉纯度法",很难进入意大利市场。

3.日本滑雪板

日本有很多滑雪场,本国也生产滑雪板。日本滑雪场对滑雪板有严格的技术标准,除了日本生产的滑雪板以外,外国的滑雪板基本都达不到这种标准,因为日本强调他们的雪质特殊,所以必须使用适应日本雪的滑雪板。如果使用不合标准的滑雪板,日本保险公司也不给保险,出现伤害事故自己负责。因此,日本就不会轻易进口外国产的滑雪板。

4.欧盟肉类进口

1988 年 1 月,欧盟对于食用牲畜制定了禁止使用催肥激素物质的规定。这一禁令影响了美国对欧盟的肉类出口。根据美国官方估计,此项规定全面实施的话,将使美国向欧盟的肉类出口量每年减少 1.15 亿美元。为此,双边出现了贸易摩擦,美国认为这是欧盟利用动植物检疫措施设置的技术壁垒,而欧盟则强调此规定的目的是保护人体健康。无论出于什么目的,此项卫生检疫规定对外国肉类进入欧盟市场起到了明显的阻碍作用。

5.中国的小麦进出口检验

美国太平洋西北部的七个州小麦产区有一种称为"矮腥黑穗病"(TCK)的小麦病害,小麦感染TCK病害后会造成减产和商业价值损失。中国并没有这种小麦病害,为了防止 TCK 传入中国,从 1972 年开始中国一直对美国七州生产的小麦实行进口禁运,直到 1999 年 11 月的《中美农业合作协议》才对这项严格的禁运措施作出了调整。(资料来源:霍克曼和考斯泰基,《世界贸易体制的政治经济学:从关贸总协定到世界贸易组织》,法律出版社,1999 年 1月。卢锋,"农业扩大开放的机遇和挑战——评中美 WTO 协议农业承诺的意义和影响",《中国粮食经济》,1999(12))

三、歧视性的政府采购政策

20 世纪 30 年代大萧条后,在凯恩斯宏观经济思想的影响下,各国政府在经济中的影响与作用都变得非常的重要。就美国而言,一年的政府采购都超过 1 万亿美元,占当年 GDP 的 20% 左右。美国飞机销售总额中接近 30% 都由美国政府购买,其他产品中政府采购也有相当份额。因此,无论是长期维护一个较为庞大的政府也好,短期通过扩大政府支出来刺激经济也好,政府采购已成为一国消费的重要组成部分,从而成为影响国际贸易的因素之一或用来进行贸易保护的政策工具之一。

歧视性的政府采购做法包括:

(1)优先购买本国产品与服务。不少国家通过制定法令,规定政府机构要优先购买本国产品。

(2)强调产品与服务中的国产化程度。在一些政府不得不使用的外国产品和服务中,有时会提出一些其他的要求,如零部件国产化程度、当地产品含量或本国提供服务的比例等。

(3)偏向国内企业的招标。在政府出资的工程招标中采用偏向国内企业的标准或程序。一些国家虽然没有明文规定外国企业不能投标,但通过一些苛刻的歧视性标准和不透明的程序使得外国企业实际上不可能中标。

(4)直接授标。有的政府工程不通过招标而直接将标授予一家特定企业(一般都是本国企业)。

例如,美国从 1933 年开始实行,并于 1954 年和 1962 年两次修改的《购买美国货法案》(Buy American Act)是最典型的政府采购政策。该法案规定,联邦政府必须购买美国产品,或者是用美国原材料制造的。凡商品的成分中有50% 以上是国外生产的就称外国货。以后又做了修改,规定只有在美国自己生产数量不够或国内价格过高,或不买外国货有损美国利益的情况下,才可以购买外国货。显然,这是一种歧视外国产品的贸易保护主义措施。英国、日本等国家也有类似的制度。

由于庞大的政府歧视性采购对贸易的影响,在 1979 年结束的关贸总协定东京回合上首次产生了《政府采购协议》。1994 年结束的乌拉圭回合又对这一协议作了修改。但由于这一协议属于"诸边"贸易协议,协议的规定只限于签字方遵守,而签署这项协议的国家数目极为有限(目前仅 11 个签字方,包括奥地利、加拿大、欧盟、以色列、日本、韩国、挪威、瑞典、瑞士、英国和美国),因此,歧视性政府采购作为一种贸易保护政策仍被广泛使用。

资料 6-3　2009 年美国救市方案含"买美国货"政策的前因后果

日　期	标　题	内　容
2009-1-4	钢铁产业敦促政府保障美国货	美国钢铁产业向奥巴马争取一项计划,希望在复苏计划中加入购买美国货的条款。
2009-1-29	复苏计划推出"购买美国货"条款	参议院讨论的文本要求所有经济刺激计划项目必须使用美国制造的设备和商品。
2009-2	贸易伙伴不满美国国货条款	加拿大、欧盟、英国纷纷对此表示不满,希望美国能取消"购买国货"的规定。
2009-2-3	奥巴马拟删购买美国货条款	奥巴马 3 日警告美国国会,新经济刺激计划的最终版本不应包含任何可能引发贸易战的保护主义语言。
2009-2-4	美议员誓言推进买美国货计划	钢铁生产州的议员们坚持该计划必须是美国经济刺激计划的一部分。
2009-2-5	参院投票通过购买美国货修正案	美国参议院投票通过了修改后的"购买美国货"计划,修正案声明此计划必须"符合国际贸易法案规定的美国的义务"。
2009-2-13	最终救市方案含买美国货政策	美国国会 13 日通过振兴经济方案,"买美国货"条款也包含在内。

资料来源:新浪财经网

四、其他形式的非关税壁垒

除了以上学习到的,还有其他许多非关税壁垒,从不同程度上直接地或间接地起着限制进口、保护贸易的作用。这些非关税壁垒包括:

(一)劳工标准

近期,美国与其他国家都要求劳工标准必须包含在未来所有贸易谈判中。这些劳工标准本来都属于各国国内的政策,但一旦有贸易介入,将贸易壁垒作为其中一项执行机制的提议被广泛视为一种新形式的发达国家的单边贸易保护主义。

由于劳工标准覆盖了很多潜在的收益,例如,从摆脱强迫劳动的自由劳动权的基础权益,延伸至能够在工会取得代表权的公民利益,劳工标准的概念是多方面的。以下五个是由世界劳工组织(International Labor Organization,ILO)提出的劳工标准,并由经济合作与发展组织(OECD)对此进行了相关修改:

◆对于强迫劳动的禁止;
◆工会的自由权益;
◆形成组织并集体与雇主讨价的权利;
◆终结对于童工的剥削;
◆在雇佣时的无歧视原则。

一般来说,发达国家劳工的工资和福利待遇要高于发展中国家,而且有禁止童工、法定休息日、最低工资等法律。但是,一些发展中国家很少有这些要求。发展中国家拥有的大量的不熟练劳动力都依赖于低薪、低生产率的工作作为其就业的主要部分。大部分高收入发达国家持续保护对于发展中国家产品而言十分关键的领域——农业、服装业以及纺织业——由此产生一种强烈的质疑,即劳工标准是一种暗中削弱低收入国家比较优势的途径,使它们处于一种竞争劣势,而一些发达国家则希望通过要求发展中国家提高劳工标准的办法来保护国内企业。

关于劳工标准和贸易的讨论和磋商可以追溯到19世纪,当时的国际磋商最终导致了1919年国际劳工联合会的创立。1947年关贸总协定签订以来,美国与其他发达国家也一直不断地在这一领域中努力。在关贸总协定乌拉圭回合谈判的最后阶段,美国和法国坚持把劳工标准的问题引入了谈判,但没有达成任何具体协议。1995年世界贸易组织成立以来,欧美国家一直希望在新的一轮谈判中将劳工标准正式引入议程,要求将 WTO 的成员利益和成员资格与实行低劳工标准挂钩。1999 年在美国西雅图召开的 WTO 第三届部长会议上,美国坚持将劳工标准和环保标准纳入世贸组织新一轮谈判中去,但遭到了大多数发展中国家的反对,发展中国家认为这是发达国家的一种贸易保护措施。所有国家都认为使用奴隶和强迫劳动是不道德的,由此生产出来的产品应当禁止出口,但并不应该因此而要求提高发展中国家的劳工标准。

典型的一个例子是 2004 年美国政府开始质疑商业巨头沃尔玛公司的全球采购体系,认为沃尔玛的巨额利润来自对工人的极度剥削,或者说是来自那些对工人没有任何保障的、不符合劳工标准的企业,并促使沃尔玛公司开始执行"回归本土"的策略。

(二)繁琐的海关手续

一些国家虽然名义上没有什么进口限制,但把进口的海关手续弄得非常繁琐复杂,即使不用审批的话,也要层层填表、盖章,或故意拖延时间,降低过关效率。一个典型的例子是,法国在 1982 年规定,所有从日本进口的录像机都必须通过普瓦蒂埃(Poitiers)海关,而那个海关位于法国北部港口数百英里的小镇上。海关人员不多,屋子非常窄小。法国政府的目的不言而喻,为日本录像机的进口制造麻烦。结果是,进入法国的日本录像机从每月 6 万多台骤减到每月不足 1 万台[1]。另一个例子是,有的国家进口新鲜农产品的海关手续复杂,时间很长,致使出口国担心有些新鲜农产品因时间过长出现腐烂而不敢再出口。

(三)国产化程度要求

许多国家提出产品的国产化程度要求,规定产品中一定比例的零部件必须使用国产货。发展中国家的汽车产业政策中经常会出现这种要求。例如,印尼曾经规定,根据国产化率对汽车中使用的进口汽车部件减税或免进口关税。对设备、商标及技术方面达到国产化规定标准的公司,可视为国产汽车,免除奢侈品税和进口零部件的关税。另外还规定,如果外国生产的汽车中使用的印尼生产的零部件达到汽车价格的 25% 以上,可以视为满足了 20% 国产化率的要求。印尼的汽车国产化政策遭到了许多国家的反对,最后不得不在 1999 年作了修改[2]。

---

① 薛荣久主编. 国际贸易. 成都:四川人民出版社,1994

② 刘力. 违反公约,印尼汽车国产化政策遭遇多国反对. 人民日报,2001 年 11 月 16 日

　　中国在加入世贸组织以前的《汽车工业产业政策》中也明确要求："汽车工业企业在引进产品制造技术后，必须进行国产化工作。引进技术产品的国产化进度，将作为国家支持其发展第二车型的条件之一。"在上整车项目时，要求企业必须以 40％ 的国产零部件作起步，如果引进车型国产化率不足 40％，将按整车交纳关税，如果汽车散件进口按单件计算超过 60％ 的话，也将按整车交纳关税。在此基础上，政府不仅要求企业制定不断提高国产化率的进程表，还通过贷款支持、上市指标的分配等手段，根据企业国产化水平的差别安排了不同的优惠政策，以鼓励企业提高产品的国产化率。另外，中国在建筑设备、科学仪器、IT 产品等方面都曾有国产化要求，加入世贸组织后都立即取消了。

　　国产化要求虽然没有明确限制国外零部件的进口，但通过要求使用本国生产的产品而起了保护国内同类零部件行业的作用。

　　（四）进出口的垄断经营

　　进出口的垄断包括国家机关的直接经营和交由某些垄断组织的独家经营。垄断的范围既可以是全部商品也可以是部分商品。在中国外贸体制改革以前基本上是国家垄断，西方国家则有许多大公司对某种产品的经营垄断。

　　各国国家垄断的进出口商品主要有四大类。第一类是烟酒。由于可以从烟酒进出口的垄断中获取巨额财政收入，各国一般都实行烟酒专卖。第二类是农产品。对农产品实行垄断经营，往往是一国农业政策的一部分，这在欧美国家最为突出。如美国农产品信贷公司，是世界上最大的农产品贸易垄断企业，对美国农产品国内市场价格能保持较高水平起了重要作用：当农产品价格低于支持价格时，该公司就按支持价格大量收购农产品，以维持价格水平，然后，以低价向国外市场大量倾销，或者"援助"缺粮国家。第三类是武器。它关系到国家的安全与世界和平，自然要受到国家专控。第四类是石油。它是一国的经济命脉，因此，不仅出口国家，主要的石油进口国也都设立国营石油公司，对石油贸易进行垄断经营。

　　进出口垄断的保护作用不是通过政府贸易政策而是通过垄断组织的行为实现的。由于独家经营，垄断机构为了牟利就可以通过控制进口量来提高进口商品在国内市场的价格，其结果是一方面减少了进口，另一方面刺激了国内生产。关于国家垄断贸易经营企业，GATT 第 17 条中规定，它们在购买和销售时，应只以商业上考虑（包括价格、质量、货源、推销及其他购销条件）为根据，并按商业惯例对其他缔约国提供参与购买或销售的适当竞争机会，不得实行歧视政策。该条款旨在防止国家垄断贸易经营企业利用其特殊的法律地位，妨碍自由贸易政策的实施。

138

(五)外汇管制和不合理的汇率

实行外汇管制,进口商和消费者不能自由兑换外汇,自然也就没有能力来自由进口了。另外,外汇管制往往伴随着不合理的汇率,所谓不合理的汇率指的是偏离实际价值比率的汇率。当官方汇率偏离市场汇率时政府无力或不愿进行干预,民间又没有足够的能力来调整,从而使本国货币高估或低估。有时为了限制进口,政府故意让本国货币贬值从而使进口商品用本国货币购买时变得更贵,降低了本国居民购买进口商品的能力,自然也就减少了进口。

第三节 产业政策

通过贸易政策限制进口的主要目的之一是保护国内生产同类商品的工业。但要实现这一目标,贸易政策并不是唯一的手段,事实上在贸易保护越来越受到国际压力的情况下,许多国家不再通过公开的贸易壁垒而是通过产业政策等国内经济政策来帮助扶植本国的工业。

影响国际贸易的重要国内经济政策之一是产业政策。产业政策就是政府设计实施的用来创造新产业或者是支持现有产业的政策措施,它在全球范围内被发达国家及发展中国家所广泛采用。产业政策对进口工业的支持主要是直接或间接的生产补贴。这些生产补贴包括现金补贴,减免税收,提供研究与开发基金,低利率等补贴性贷款,对贷款提供保险等。另外,政府也可以使用直接采购和区域支持的方法来帮助国内进口工业。政府采购一方面保证了国内产品的销售,另一方面在价格上也包含了大量的补助。

一、产业政策实施的原因

当只考虑私人因素的市场经济体不能提供最佳产量的商品和服务时,我们就称其为市场失灵(Market Failure)。市场失灵是政府实施产业政策的一个主要的理论上的正当理由。最佳产量是指,在这一产量上,提供给个人消费者的商品的价值与整个社会的生产总成本相等。因此,市场上商品的过剩或是不足都可以被认为是市场失灵的结果。可以将此解释为,私人回报与社会回报产生了背离。造成私人回报与社会回报产生背离最普遍的原因是一些经济活动的成本或收益是外化的,即所谓的外部化(Externality)。外部化理论蕴含的思想是,一项经济活动所产生的所有成本或利益不会完全分摊到经济活动的参与人或参与企业身上,也就是说这些成本或收益被外部化了。

当企业无法占有其创造的外部收益,私人企业所得到的利润总和要小于社会总回报。因此,对于产生社会回报的这项经济活动的投资额将会少于社会最优化时需要的数量。对于产业政策的支持者而言,解决的途径就是以积极的政府干预来提高这项值得进行的经济活动水平。

(一)知识溢出效应

知识溢出效应就是最普遍的一个例子,并且常被作为一个实施产业政策的原因提出。不同企业之间工人在社交和商业上的相互往来会促进关于新产品及新生产程序的信息传播。在这种情况下,此种新知识的社会回报要大于私人回报,因为往往发生溢出效应的都是首先进入某个产业的领头企业。产业的创始企业会提供关于该产业的可行性信息。创始企业也可能将有关市场和技术的信息泄露给其他企业,在此种情况下,社会回报再一次大于私人回报。

另一项相关的知识溢出效应发生在研究开发方面。企业开发出某项获得巨大突破的技术,并有可能因此获得巨额利润。通常情况下,这种新产品的构成很快就会被其他竞争者所消化,并被改进。竞争者在复制该产品技术的基础上对其作出改进,进而获益。尽管最初的技术革新者未能占有由其研发带来的所有收益,但这部分收益并没有消失,而是为社会的其他成员所占有。造成研究和开发的众多相关效应的问题关键在于如何获得现有技术信息。企业可以花钱到专业机构搜索某种技术信息,但一旦通过运用该项技术找到了解决问题的方法,那么其竞争对手也很有可能复制这套方案,因为要想把这种信息保持在一个企业是十分困难的。

(二)资本市场的不完善

造成私人回报和社会回报相背离的另一个原因是资本市场的不完善。由于不完善的资本市场,新企业很难吸引到足够的启动资金。现有企业想要筹措资金进行新产品或者新生产工艺的开发,也面临同样的困难。如果金融体系中的银行和其他信贷机构缺乏必要的信息来发放贷款,那么许多固定资产建设项目就不能得到充足的资金支持。当牵涉到规模经济时,不完善的资本市场也会导致市场失灵。产业政策的支持者提出这样一个事实,即许多大规模的生产建设项目需要相关产业间一系列投资的立即注入。举例来说,一个具有潜在竞争力的钢铁产业的建立需要同时投资大量的资金进行港口和铁路系统建设。对照每一个需要建设的部分来看,也许它们各自都不会盈利,但结合起来,就会得到一个庞大的、竞争力强劲的产业。

二、产业政策的典型案例

(一)德国政府对航空工业的战略产业定位

在德国的产业政策中,扶持有未来发展前途的新兴产业的发展,即型塑性结构政策(Gestaltende Strukturpolitik)占有重要的地位。从 20 世纪 70 年代起,国家的研究与科技政策就成为德国产业政策的重要组成部分。国家的研究与科技政策一方面为私营部门的研发活动创造条件和基础设施(比如通过国家设立的基础研究机构和促进科研成果的产业化);另一方面,通过以产业为导向的研究与科技政策选择一些特别具有战略意义的技术领域进行扶持。与传统的对结构危机消极应付的结构政策不同(比如煤矿政策和钢铁政策),型塑性结构政策强调结构变革对增长的贡献,对技术进步的促进,以及国际竞争和对外贸易。

在德国和欧盟推行这种所谓的"新工业政策"中,对"空中客车"的国家扶持堪称经典。20 世纪 60 年代后期,欧洲同美、日在高科技领域的竞争愈加激烈。美、日在高科技产业方面逐渐超过了欧洲,导致欧洲竞争力的下降。欧洲意识到需挑选出一些有未来前景的产业加以扶持,打破美日在一些高科技领域的垄断地位。航空工业是一个典型的高科技工业,它不仅具有高研发强度的特点,而且零部件多、制造环节复杂。所以,它在技术上的成功可以通过外溢带动许多相关产业的发展,具有很强的正外部效应。另外,当时的欧洲航空业已经有相当规模的发展,但各国各行其是,急需联合来增强力量。当时世界民用客机市场被美国所垄断,1958—1985 年,美国公司占世界喷气式飞机生产的 83%,而其中,波音公司就占了 50%强。到 2003 年 12 月,空客全球现役客机占全球机队总量的约 30%,而且累计储备订单量多于波音的订单量。2000 年 12 月,EADS 同英国航空集团宣布研制 A380 超大型民用客机,在 2008 年 A380 客机交付使用后,空客将在 400 座以上的大型客机领域大大领先于波音(占市场份额的 83%)。

(二)德国政府对空中客车采取的扶持措施

欧洲的飞机制造商是后来者,所以得到了国家的大力扶持。德国政府采取的措施主要有两个方面:一是国家支持德国空中客车的开发和生产企业做大做强,培育"民族冠军"。1989 年,当时的戴姆勒—奔驰集团收购了德国空客主要制造商 MBB 以及制造马达和涡轮机的 MTU,并与它控股的 Dornier、

AEG 等公司合并组建"戴姆勒—奔驰航空股份公司"(DASA),由于合并后的公司在德国航空和军火工业方面的市场统治地位,合并曾遭到了德国联邦卡特尔局的否决。但根据德国《反限制竞争法》第 23 条,在对整体经济的好处大于对竞争限制的弊端及服务于重大公众利益的情况下,联邦经济部长有权批准被卡特尔局禁止的并购("部长特许")。2000 年,DASA 和法国的 Aerospatiale Matra 合并成立欧洲航空、国防与航天公司(EADS)也是同德国政府的支持分不开的。二是国家补贴。根据德国政府的报告,德国政府共为 A300、A310 和 A320 提供研发补贴 37 亿马克(1 马克约为 0.5 美元)。另外,政府还为飞机生产提供融资担保,为 A300 和 A310 的生产提供的担保为 19 亿马克。另外,20 世纪 80 年代以来,德国马克兑美元的汇率坚挺,使德国空客飞机的出口产生困难。为此,德国政府对本国的企业提供汇率波动津贴,从 1988 年到 1996 年补贴高达约 40 亿马克。德国政府的财政援助占到 MBB 在 A330/340 研制和生产份额的 90%。

(三)战略产业扶持与国际规则冲突

从 1978 年起,美国民用飞机制造商开始感受到空客对它们的竞争威胁。1979 年,美国政府敦促当时的关贸总协定(GATT)成员国在东京回合框架内签署了《民用飞机贸易协定》(Agreement on Trade in Civil Aircraft,1980 年生效)。美国在 1990 年准备到关贸总协定告欧共体违反 1980 年的《民用飞机贸易协定》。但由于双方都不愿意使补贴争端升级为一场贸易战,从而采取了谈判解决的立场。经过艰苦的谈判,达成了 1992 年的欧盟与美国关于大型飞机贸易的双边协议。2004 年 10 月,美国单方面终止了 1992 年的双边协议并启动世界贸易组织的贸易争端程序,美国政府指责欧盟和空客 4 个生产国政府向空客制造商提供了关贸总协定 1994 年《补贴和反补贴协议》(ASCM)禁止的国家补贴。欧盟马上回应并指责正是美国的补贴违反了关贸总协定的《补贴和反补贴协议》。由于大型民用飞机国家补贴问题的复杂性和取证困难,世贸组织至今未能就此贸易争端作出最终裁决。

三、简单的理论分析:政府出口补贴的选择的博弈

(一)没有补贴时的纳什均衡

美国的波音和欧洲的空中客车,在世界市场上竞争。它们选择生产和不生产两种战略。如果他们都选择生产,竞争将使价格下降,双方遭受损失。如果它们都选择不生产,双方的利益为零。如果它们一个选择生产,另一选择不

生产,生产者占领全部的市场份额,而不生产者利益为零。见图 6-1 所示。

结果是,谁进入生产,另一家就不再进入。假定波音首先在市场上生产,那么空中客车就只能选择不生产,作为在对方既定战略的条件下,最优的选择。

	空中客车生产	空中客车不生产
波音生产	(-5, -5)	(100, 0)
波音不生产	(0, 100)	(0, 0)

图 6-1 无补贴时的纳什均衡

(二)存在空中客车补贴时的纳什均衡

如果欧洲政府认为飞机行业非常重要。为了鼓励空中客车进入市场,欧洲政府补贴了 25。这种政府补贴政策改变了支付矩阵,也改变了博弈的结构。见图 6-2 所示。

	空中客车生产	空中客车不生产
波音生产	(-5, -5+25)	(100, 0)
波音不生产	(0, 100+25)	(0, 0)

图 6-2 空客补贴时的纳什均衡

结果是,政府补贴后,空中客车已经有了一个占优战略,也就是生产。因此,就只有一个纳什均衡点,即(波音不生产,空中客车生产)。

第四节　非关税壁垒的经济效应

非关税壁垒种类繁多,无法对其效应逐一进行具体分析。在这里以典型的非关税壁垒措施——进口配额制进行分析,并将其与关税的效应做比较。

一、竞争条件下的进口配额

我们仍然用前面的例子,假定中国进口钢铁,而中国钢铁行业假定是完全竞争的。在自由贸易的情况下,中国钢铁行业中的许许多多企业必须与国外同类商品生产者竞争,由于中国不具有生产钢铁的比较优势,国外产品很自然地进入中国市场,在自由贸易的情况下,国内市场价格等于国际市场价格,亦由国际市场的出口供给和进口需求决定。

在图 6-3 中,商品的国内市场价格与国际市场价格一样,假定为每吨1 000元。在这一价格下,中国国内的钢铁生产量为 S_1(60),消费量为 C_1(120)。现假定中国政府实行钢铁进口配额,只允许进口 Q(＝40)吨,其总量一定小于自由贸易下的进口量($C_1 - S_1 = 60$ 吨)。整个供应量从原来在国际价格下的无限量变成了有限供给。消费者的需求也被分割成两部分。在满足了对进口钢铁的 Q 吨需求之后,其余对钢铁的需求只能由本国产品来供给。在总需求 D 扣除了 Q 之后,就是对本国钢铁的需求,用 D_d 表示。在原来每吨1 000元的价格下,对本国钢铁的需求量大于供给量,出现短缺,从而引起国内钢铁价格上涨。在竞争的条件下,中国钢铁业中的各企业生产增加,一些本来在国际市场价格下无法经营的企业也投入了生产。一方面国内的生产量随价格上涨而不断增加,另一方面,国内的需求量则由于价格上升而减少,短缺逐渐消失,当国内生产量与对本国钢铁的需求量相等(都等于 S_2)时,市场达到新的均衡。在新的国内价格(1 500 元)水平上,本国生产 S_2(70)吨,进口 40吨(等于配额),总供给量为 110 吨,等于在这一价格上的总需求量 C_2。

在竞争条件下,进口配额对本国生产、消费、价格的影响都与减少同样数量进口的关税相似,只不过关税是通过提高进口商品的价格来减少进口和增加国内生产,而配额则从相反的途径,先减少进口造成价格上涨从而增加国内生产。

144

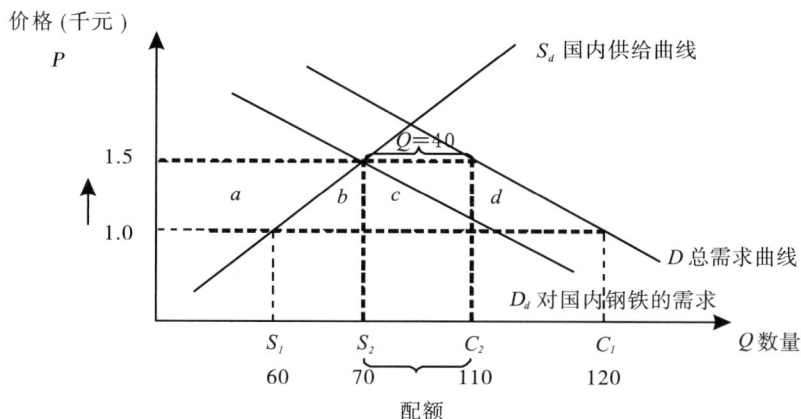

图 6-3　竞争条件下进口配额的影响

但是,配额对国内各集团和整个社会的经济利益的影响与关税略有不同。这个不同主要反映在政府税收上。关税给政府带来收益,而配额中这部分的利益就不一定归政府了。这部分利益(图 6-3 中的 c 部分)被称为"经济租"(Economic Rent),其归属完全取决于政府怎样分配这些进口限额。一般来说,政府有以下几种方式分配进口配额,而每一种方式所产生的福利变动都是不同的。

(1)政府直接颁发进口许可证给进口商。颁发给谁由政府决定,许可证是免费的,谁拿到就可以从进口中获利。进口商在进口时只需要支付国际市场的价格,转手在国内市场就按国内的高价出售,其所得的利润正好等于政府的税收部分 c。当然,进口许可证也许会直接发给需要使用钢铁的消费者(企业),对于这些企业来说,相当于花费了较低的价格(1 000 元)购置了价值1 500元的商品,c 直接到了获得钢铁进口许可证的企业手中。在这种情况下,进口国的社会总利益变动与关税一样,只不过 c 部分从政府转到了国内的进口商或一部分消费者手里。

(2)政府根据进口商或消费者的申请颁发许可证。这种方式与前一种略有不同的是,谁都可以申请许可证,政府在申请的基础上审批颁发,其过程比前者复杂。为得到许可证,进口商或消费者必须详细说明为什么需要进口,互相之间还要竞争,得到许可证的过程不像前一种那么容易,其申请过程中(被称为"寻租"行为)必然付出一定代价。最后归于拿到许可证的进口商或消费者的利益,减去所用花费,会小于 c。由于这些在申请过程所耗费的人力物力是额外的,因此,整个社会的利益少于关税的情况。

安妮·克鲁格(Anne Krueger,1974)曾估计,进口权分配程序花费的代价占土耳其和印度两国国民生产总值相当大的比重(1964年在印度占7.3%,1968年在土耳其占15%)。根据粗略的估计,她指出,这种资源成本大致等于潜在经济租的数额。

(3)政府公开拍卖许可证。谁愿出高价谁就可以拿到许可证。作为进口商,愿出的最高价不会超过进口所能获得的利润,即不超过c。一般来说,拍卖中的竞争会把价格最终抬到最高,从而使许可证的价值等于c。但不管进口商最终出什么价,他们所付的正好等于政府所收的。c部分即由政府和进口商共分。这种情况下各集团间的利益分配与关税更为相似,整个社会的利益变动也与关税一样。罗伯特·芬斯阙(Robert Feenstra,1989)做过估计,如果拍卖美国的钢铁、纺织品、服装、机床、糖和奶制品进口配额权,会使政府在1987年前后每年增加收入大约50亿美元。

(4)政府在设置限额以后,将权限交给出口国,由出口国自行分配。这种情况相当于将进口许可证免费交给了外国的出口商,出口商将他们的商品按进口国国内市场的高价出售而获得本来属于进口国政府或进口商的利益。c部分到了外国出口商手中,对进口国来说,是一种额外损失,整个社会的净损失变成了$b+d+c$,大于关税时的净损失。

从以上四种情况看,不管政府怎样分配这些进口配额,整个社会的利益变动至多也与关税相似,不会比关税更好。那么,在现实生活中为什么许多政府对一些商品不用关税却用配额呢?其主要原因是:第一,配额可以比关税更有效地控制进口,实现其保护国内产业或控制进口外汇支出、改善国际收支的目标。关税是间接的,而配额是直接的。如果本国的进口需求是有弹性的,在关税的情况下,外国厂商可以通过降低价格来保持竞争力,本国进口也许并不能减少多少。而配额则可以直接控制进口量,在控制外汇支出或保证本国企业市场份额方面的结果是确定的。第二,配额比关税灵活,政府可以通过发放进口许可证随时调节进口数量。而政府在调节关税方面却不那么容易。除非某种例外条款允许,政府是不能随意提高关税的。第三,实行配额给政府更多的权力。这种权力不仅表现在对贸易的控制上,也体现在对企业的控制上。在进口配额制度下,政府官员通常对谁能得到进口许可证拥有权力,并能利用这种权力控制企业得到好处。对于利益集团来说,他们也看到在配额制度下可以通过游说或其他活动来谋取许可证特权的机会。第四,国际贸易自由化的压力。关税是最古老的贸易保护的武器之一,而且是明显的保护,在国际贸易谈判中也是最令人瞩目的。在关贸总协定成立后最初十几年的贸易谈判中,主要的议题是降低关税税率。从 1947 年到 1994 年结束的乌拉圭回合,发达国家的加权平均关税从大约 35％降到了 4％左右,发展中国家也降到了 10％左右。而且关贸总协定的原则之一是关税只能降不能升,从而使得关税保护在现实中使用也越来越困难。国际上对于非关税壁垒的限制开始得比较晚一些,只在 1973 到 1979 年的"东京回合"上,才就取消非关税壁垒达成一些协议。配额虽然被认为应该取消,但实施中仍有许多灵活方式。当然,随着世贸组织中多边谈判的进展,配额也正被作为陈旧的保护手段而逐渐淘汰。

二、国内或国际市场变动时配额与关税的区别

通过前面的分析我们知道,配额与关税的区别在于:关税是通过提高进口商品价格从而减少进口;而配额则通过数量限制直接减少进口,结果也抬高了商品价格。二者在保护本国生产者和影响国内产品市场价格上的最终效果是一样的。但是,在国内或者国际市场状况发生变化时,这两种手段对经济的影响会有什么区别呢?

首先,我们探讨国内市场变化时关税和配额的不同影响。为了描述方便,我们仍用中国钢铁市场的例子并假定中国为钢铁进口小国,进口变动不会引起国际市场价格的变化。

在图 6-4 中,(A)是中国国内钢铁市场,(B)是中国的钢铁进口市场,D_M 是中国关税前的钢铁进口需求曲线,中国的进口价格由国际钢铁市场的供给决定,等于 1 000 元。中国政府征收 500 元的关税后,国内市场价格变为 1 500 元,进口量为 40 吨。如果中国政府采用配额的政策,将进口量限制在 40 吨,其结果与关税相同,国内价格上升为 1 500 元。从这个意义上来说,配额与关税的影响是一样的。

现在我们假设中国国内对钢铁的需求突然增加了,国内的需求曲线(D)向右移动至 D'(假定增加 20 吨)。在供给不变的情况下,中国在国际市场上的钢铁进口需求曲线 D_M 也右移。由于中国是进口小国,因此,国际价格并没有变动,仍是 1 000 元。如果关税率不变,仍是 50％(或每吨 500 元),进口需求的增加会导致进口量的增加(图中从 40 吨增加到 60 吨),但不会对国内的价格产生任何影响(仍为 1 500 元)。国内的钢铁生产也不会发生任何变化。但是,如果中国政府采用的是配额政策,结果就大不一样了。

如果配额量不变,仍然限制在 40 吨,那么,当国内需求增加时,就会在原有的价格下产生一个供需缺口(缺 20 吨),结果是,国内钢铁价格上涨,供给量

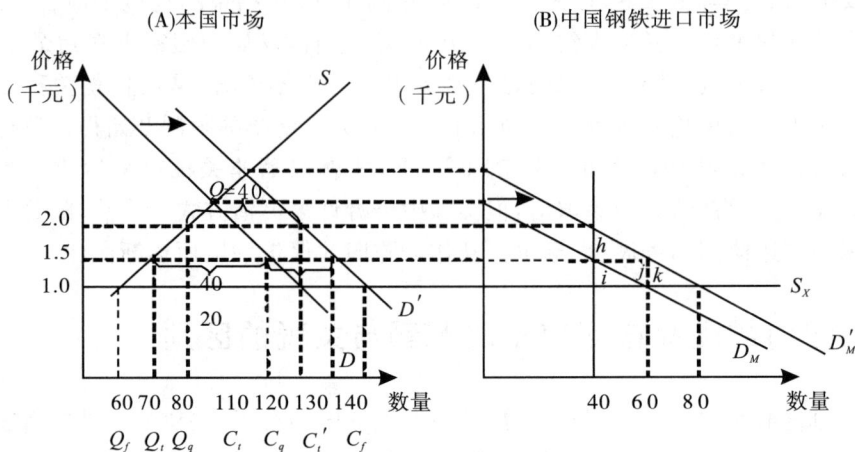

(A)本国市场   (B)中国钢铁进口市场

图 6-4　国内市场变化时关税和配额的不同影响

增加,需求量减少,直至这一缺口消失。这时,进口量仍为 40,但价格涨至 2 000 元,本国钢铁生产增加了(假定从 70 吨增加到 80 吨),总消费量下降了(从 130 吨降到 120 吨),市场达到了新的均衡。但是与需求变动之前相比,消费量还是增加了(从 110 吨提高到 120 吨)。

配额与关税的不同结果还表现在福利变动上。当中国的钢铁需求增加时,进口需求曲线向右移动。如果是自由贸易,中国会进口 80 吨钢铁。在关税不变(仍是 50%)的情况下,中国进口 60 吨,社会福利净损失为 k,政府税收收入增加了 $i+j$。在配额不变(仍是 40 吨)的情况下,虽然"配额租"增加了,但与自由贸易相比社会净损失也增加了,为 $h+i+j+k$。与关税政策相比,配额造成了更多的损失(损失比关税多 $h+i+j$)。

现在我们再来分析国际市场变化时关税和配额两种手段产生的不同影响。

在图 6-5 中,(A)显示的是中国钢铁进口情况,D_M 是中国钢铁进口需求曲线。由于中国是进口小国,面对的国际市场钢铁供给是一条水平曲线,即钢铁的国际市场价格。而钢铁的价格则是由国际市场(图 6-6(B))上的出口供给与进口需求所决定的。在国际市场发生变动之前,钢铁的国际价格是 1 000 元。中国征收 500 元关税之后,钢铁的国内价格涨为 1 500 元,实际进口 40 吨。如果政府采用 40 吨的进口配额政策,结果是一样的。

现在假设国际钢铁市场发生了变动,全世界钢铁的出口供给增加了。在图 6-5(B)中,供给曲线 S_w 向右移动,在需求不变的情况下,造成国际钢铁价格的下跌(假定跌至 500 元)。如果中国的单位关税不变的话(假定仍收每吨 500 元)。在支付关税之后,国内的价格下降到 1 000 元,中国钢铁进口量就会增加到 60 吨,社会福利净损失为 k。

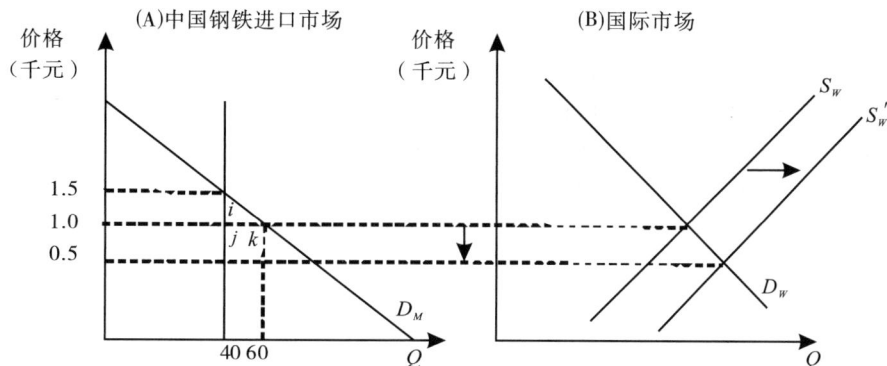

图 6-5 国际市场变化时关税与配额的不同影响

如果中国政府制定的配额不变的话(仍是 40 吨),进口量不会增加,国内的价格也不会变动,唯一的变化是配额的"租"增大了,在图 6-6(A)的例子中,租由原来的 $(1.5-1.0)\times 40$ 变成了 $(1.5-0.5)\times 40$,增加了一倍,与此同时,跟自由贸易相比的社会福利损失也扩大了,由原来的 i 变成了 $(i+j+k)$,比关税情况下的损失多 $(i+j)$。

与关税相比,实行配额常常会引起进口产品质量的上升。简单来说,有两方面的原因:第一,由于存在数量限制,在同样利润率的情况下,外国厂商愿意销售价格高的产品来获得较大的利润总额,而价格高一般意味着产品的质量比较高。如果美国只允许进口 100 辆日本汽车,日本厂商是出口 1 万美元经济型轿车每辆赚 1 000 美元呢(假定利润率都是 10%),还是出口 4 万美元的高级轿车以获得每辆 4 000 美元利润呢?第二,在同样的单位产品运输成本下,厂商更愿意运价值高的产品而使单位价值的成本比重下降。假如每辆汽车的运输成本都是 500 美元,出口商是运 1 万美元的车呢还是运 4 万美元的车?在以上两种情况下,厂商都会选择出口质量较高、价格较高的产品。运输成本导致的产品质量升级也被称为"华盛顿苹果"效应。在 1964 年发表的论文中,埃尔钦(Alchian)和艾伦(Allen)[1]研究了这一现象。他们注意到美国华

----

① Alchian, Armen A. and William R. Allen. *University Economics*. Belmont, CA: Wadsworth, 1964.

盛顿州出产许多种苹果却把最好的苹果运到最远的东岸市场。其原因就在于每个苹果的运输成本相同,运最好的苹果比运一般的苹果合算。

综上所述,我们可以看到,尽管配额与关税在一定程度上对本国经济产生同样的影响,但当国内或国际市场发生变动时,实行配额和实行关税政策的结果则不同。表 6-1 概括了前面所分析的"国内需求增加"和"国际供给增加"在两者之间的差别。我们也可以用同样的方法来分析国内需求下降、国际供给下降,国内供给变动或国际需求变动时配额与关税的差别。在此我们不一一列出,留给读者自己展开分析。

表 6-1　配额和关税政策影响比较

影　　响	国内需求增加		国际市场供给增加	
	配额	关税	配额	关税
进口量	不变	上升	不变	上升
国内价格	上升	不变	不变	下降
国内生产	增加	不变	不变	下降
国内消费	增加	增加	不变	增加
政府收益或配额租	增加	增加	增加	增加
相对自由贸易的福利损失	增加	不变	增加	不变

【本章小结】

与关税相比,非关税壁垒有更大的灵活性、针对性、更强烈与直接、具有隐蔽性和歧视性;非关税壁垒种类繁多,根据不同的标准有不同的分类;产业政策理论是建立在市场条件下不能充分发展出一个对于经济体未来繁荣具有重大意义的产业,或是由于一个产业对于该产业中的企业来说产生了过大的外部收益,从而使得其发展不能达到最优化这一假设之上的;产业政策包括一系列的直接或间接的补贴手段;进口配额具有与关税不同的经济效应,一般有三种分配方式:直接颁发进口许可证给进口商、根据进口商或消费者的申请颁发许可证、公开拍卖和将权限交给出口国由出口国自行分配。

【思考与练习】

1.非关税壁垒有何特征?

2.选择某些产业作为目标产业进行发展的理论依据是什么？实施产业政策所面临的普遍问题是什么？

3.比较关税与进口配额的经济效应的异同。

【参考文献】

[1]陈宪等.国际贸易理论与实务(第2版).北京:高等教育出版社,2004

[2]卜伟等.国际贸易与国际金融(第1版).北京:清华大学出版社,2005

[3]海闻、P.林德特、王新奎.国际贸易(第1版).上海:上海人民出版社,2003

[4]史世伟.德国产业政策:鲁尔区与空中客车.德国研究,2008(1):42-46

[5]霍克曼、考斯泰基著,刘平等译.世界贸易体制的政治经济学:从关贸总协定到世界贸易组织.北京:法律出版社,1999

[6]薛荣久主编.国际贸易.成都:四川人民出版社,1994

[7]卢锋.农业扩大开放的机遇和挑战——评中美WTO协议农业承诺的意义和影响.中国粮食经济,1999(12):8-11

[8]刘力.违反公约 印尼汽车国产化政策遭遇多国反对.人民日报,2001年11月16日

[9]Feenstra，Robert C.. Quality Change Under Trade Restraints in Japanese Autos. *Quarterly Journal of Economics*. 103(1) 1988，February：131-146.

[10]Alchian，Armen A. and William R. Allen. *University Economics*. Belmont，CA:Wadsworth,1964.

第7章 国际收支

学习内容与要求：

　　国际收支和国际收支平衡表是国际金融研究的起点。本章主要介绍了国际收支、国际收支平衡表、国际收支平衡等的概念；国际收支平衡表的账户分类和记账原则；国际收支平衡的衡量口径；国际收支失衡的原因、不利影响和调节等等。本章要求掌握国际收支平衡表的账户分类和记账原则，能够结合中国国际收支平衡表分析我国国际收支状况。

第一节 国际收支概述

　　经济全球化时代，中国已经成为"制造业大国"。"中国制造"遍布世界各地，为国内企业带来了利润与发展，同时也为世界经济的稳定发展做出了积极贡献。[①] 中国也成为世界上吸收外商直接投资（Foreign Direct Investment，FDI）最多的国家和地区之一。在过去一年，中国与世界其他国家都进行了哪些经济交易和资金往来？怎样记录这些交易？

　　[①] 美国记者萨拉·邦焦尔尼决定从 2005 年 1 月 1 日起，带领全家一年不买中国产品。结果她发现这样的生活成本高。在 2006 年的元旦，萨拉全家与"中国制造"重修旧好。[美]萨拉·邦焦尔尼.离开中国制造的一年：一个美国家庭的生活历险.机械工业出版社，2008 年出版。

一、国际收支的定义

国际收支(Balance of Payments,BOP):在一定时期内一国居民与非居民之间全部经济交易的系统记录。

二、国际收支的特点

1.国际收支是流量,不是存量。一般是以一年或者半年为报告期。
2.国际收支记录居民与非居民之间的交易。

居民是指在某个国家或地区居住期限达一年或者一年以上者,否则为非居民。居民包括个人、企业、非营利团体和政府四类。个人即居民自然人,企业、非营利团体和政府则属于居民法人。

居民和公民的定义是不同的。公民是指具有一个国家的国籍、根据该国的法律规范享有权利和承担义务的自然人。居民的定义则不管该法人和自然人的注册地和国籍。

我国自 1996 年 1 月 1 日起实施的《国际收支统计申报办法》第 3 条规定:"中国居民,是指:(一)在中国境内居留一年以上的自然人,外国及香港、澳门、台湾地区在境内的留学生、就医人员、外国驻华使馆领馆外籍工作人员及其家属除外;(二)中国短期出国人员(在境外居留时间不满一年)、在境外留学人员、就医人员及中国驻外使馆工作人员及家属;(三)在中国境内依法成立的企业事业法人(含外商投资企业及外资金融机构)及境外法人的驻华机构(不含国际组织驻华机构、外国驻华使馆领馆);(四)中国国家机关(含中国驻外使馆领馆)、团体、部队。"

需要特别指出的是,一国的外交使节和驻外军事人员等,即使在外国居住长达一年以上,仍属派出国的居民、驻在国的非居民。国际性机构如联合国、世界银行、国际货币基金组织等,不是某一国的居民,而是任何一国的非居民。

如果经济交易发生在居民和居民之间,只能算国内收支。例如,中国银行伦敦分行与中国银行总行的业务往来构成中国和英国的国际收支内容;相反,中国银行总行与在华的各外国公司之间的资金往来,只构成中国国内收支。

3.只要交易发生,不论交易是否已经支付或者结清。
4.国际收支记账单位是外国货币,比如美元。

第二节 国际收支平衡表

国际收支平衡表用来记录国家之间的所有经济交易。国际收支平衡表是随后各章的基础,是本教材的重点。通过国际收支平衡表可以了解一国国际收支顺差(或者逆差)主要来自哪些账户,并由此分析该国宏观经济运行状况;汇率、外汇管制、国际资本流动等相关章节内容都建立在国际收支平衡表的基础之上。

本节的重点是掌握国际收支平衡表的编制方法,包括两个方面:国际收支平衡表的账户分类和记账原则。本节首先介绍国际收支平衡表的账户分类;在掌握国际收支平衡表账户分类的前提下,掌握国际收支平衡表的记账原则;最后,结合例题学习国际收支平衡表的编制方法。

一、国际收支平衡表概述

(一)国际收支平衡表

国际收支平衡表(Balance of Payment Presentation),又称国际收支账户,是按照特定账户分类和复式记账原则系统记录国际收支的会计报表。

(二)国际收支手册

国际货币基金组织(International Monetary Fund,IMF)发布的《国际收支和国际投资头寸手册(国际收支手册)》是世界各国编制国际收支平衡表的指导性框架,也是各国分析判断国际经济地位的基本数据参考。[①] 国际货币基金组织于1948年首次颁布了《国际收支手册》第一版,又先后于1950年、1961年、1977年、1993年和2008年12月修改了手册,不断地补充了新的

---

① 国际货币基金组织是政府间的国际金融组织,与世界银行并列为世界两大金融机构。它是根据1944年7月在美国新罕布什尔州布雷顿森林召开联合国和联盟国家的国际货币金融会议上通过的《国际货币基金协定》而建立起来的。于1945年12月27日正式成立,1947年3月1日开始办理业务。同年11月15日成为联合国的一个专门机构,但在经营上有其独立性,其总部设在华盛顿。其职责是监察货币汇率和各国贸易情况、提供技术和资金协助,确保全球金融制度运作正常。

内容。

　　为更好地应对世界经济出现的诸多新变化,2008 年 12 月,IMF 公布了最新版的《国际收支手册(第六版)》(BPM6),它扩展、充实了《国际收支手册(第五版)》(BPM5)的相关内容,对货物与服务贸易收支部分子项目进行了调整,更加突出对国际投资和国际金融交易的记录。因为世界各国还未大规模按照第六版编制国际收支平衡表,本教材将介绍《国际收支手册(第五版)》的相关规定。

二、国际收支平衡表的账户分类

　　国际货币基金组织(IMF)出版的《国际收支手册(第五版)》提供了国际收支平衡表的账户分类标准。国际收支平衡表的账户又称项目,包括经常账户、资本和金融账户、错误与遗漏账户三大账户,如下图所示。各国可以根据本国具体情况对其进行必要的调整。

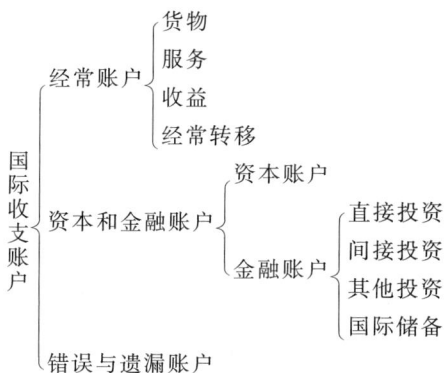

图 7-1　国际收支平衡表的账户分类

(一)经常账户

经常账户记录实际资源的流动,包括货物、服务、收益、经常转移等四项。

1.货物

货物又称商品,是指通过海关的进出口货物,包括一般商品、用于加工的货物、货物修理、各种运输工具、在港口购买的货物和非货币黄金。以海关的进出口统计资料为基础,进出口均采用离岸价格(FOB)计价,出口计入贷方,进口计入借方。

2.服务

即劳务贸易或者无形贸易,指由提供或者接受劳务服务以及无形资产的使用所引起的收支。包括运输、旅游、通讯、建筑、保险、金融服务、计算机和信息服务、专有权和特许权的使用费、商业服务、个人文化娱乐服务以及政府服务。出口计入贷方,进口计入借方。

从理论上分析,国际服务贸易是无形的,不与海关发生联系。而货物贸易需要物流,所以与海关联系紧密。国际服务贸易在各国海关进出口统计上没有体现,但通过国际收支统计申报系统可以查询到国际服务贸易。所以,尽管海关没有国际服务贸易数值,但国际服务贸易是进入国际收支平衡表的。

3.收益

收益又称收入,包括职工报酬和投资收益两类。职工报酬包括职工在国外工作而得到的工资、奖金、福利。职工包括季节性工作的工人和其他短期工作(不足 1 年)的工人。大使馆、领事馆或国际组织机构工作的当地职工所得到的报酬也被视为这些机构驻地所在国的非居民向居民的支付。获得的收益计入贷方,支出的收益计入借方。

投资收益包括金融账户中直接投资项下的利润、利息收支和再投资收益的获得和支出,证券投资项下的收益(股息、利息等)和支出,其他投资收益项下的利息的收入和支出。

4.经常转移

经常转移用来记载居民与非居民之间的不涉及经济价值的回报的实物或金融产品的所有权变更,不管这种变更是自愿还是非自愿。经常转移不同于在资本和金融项目下的资本转移。经常转移包括所有非资本转移的转移项目,它直接影响可支配收入的水平,影响货物和服务的消费。经常转移分为两大类:各级政府转移和其他部门转移,其中各级政府转移包括不同经济体政府间的国际合作或政府与国际组织之间的合作,如政府间的经济援助、捐赠、战争赔偿、国际组织作为一项政策向各国政府定期提供的转移;其他部门转移包括个人之间、非政府机构之间或团体之间(或这两类组织之间)的转移项目,如侨汇、继承、捐赠、资助性汇款等。获得的经常转移计入贷方,支出的经常转移计入借方。

(二)资本和金融账户

资本和金融账户记录资本在国家间的流动,包括资本账户和金融账户。

1.资本账户

资本账户包括资本转移和非生产、非金融资产交易。

资本转移是指涉及固定资产所有权的变更及债权债务的减免等导致交易一方或双方资产存量发生变化的转移项目。主要包括固定资产转移、债务减免、移民转移和投资捐赠等。

非生产、非金融资产交易是指不是生产出来的有形资产(土地和地下资源)和无形资产(专利、版权、商标和经销权等)的所有权买卖。这里关于无形资产的记录和经常账户下服务项下的不同,这里记录的是各种专利权、特许权及各种知识产权的买卖所产生的外汇收支;而经常账户服务项下记录的是专利权、特许权的使用(如租赁)所产生的外汇收支。

2.金融账户

金融账户记录的是一国对外资产负债变更的交易,反映的是居民与非居民之间投资与借贷的增减变化,包括直接投资、证券投资、其他投资和储备资产等四类。

(1)直接投资

直接投资是投资者在母国以外经营企业并拥有最低10%的控股的投资。包括股本资本(购买股份的比例应该达到10%或以上,否则为证券投资)、收益(用于再投资的收益)和其他资本。直接投资包括外国在国内直接投资(和撤资清算)和本国对外直接投资(和撤资清算)。

(2)间接投资

间接投资又称证券投资,其资产与负债按金融产品进行分类,包括股本证券和债务证券两大类。债务证券又可以细分为中长期债券、货币市场工具和其他衍生金融工具。间接投资包括外商在国内证券投资(或撤资)和本国对外证券投资(或撤资)。

(3)其他投资

其他投资是指直接投资和证券投资外的所有金融交易,其资产与负债按金融产品进行分类,分为贸易信贷、贷款、货币和存款、其他投资四类。

(4)国际储备

国际储备是指中央银行等货币当局拥有的对外资产,包括黄金储备、外汇储备、特别提款权和在国际货币基金组织的储备头寸(又称普通提款权)。

(三)错误与遗漏账户

根据复式簿记原则,从理论上讲,国际收支平衡表全部项目的借方总额和贷方总额总是相等的。但是,由于遗漏(比如未能有效统计、逃避管制的资本外逃、热钱流入等隐性资本流动)和误差(同一笔交易发生于借方和贷方的时间差、统计口径以及不同币种间的换算差额等原因而造成),造成国际收支平衡表自身不能平衡。所以人为设置错误与遗漏账户,以保证借方和贷方总额相等。

错误与遗漏是基于会计上的需要,在国际收支平衡表中借贷双方出现不平衡时,设置的用以抵消统计偏差的项目。即满足:

经常账户差额＋资本和金融账户差额＋错误与遗漏差额＝0

移项,得:

错误与遗漏差额＝－(经常账户差额＋资本和金融账户差额)

错误与遗漏账户与前两账户(经常账户、资本和金融账户)的差额的和的数值大小一样,符号相反。错误与遗漏差额要么出现在借方,要么出现在贷方,但只会出现在其中的一方。

三、国际收支平衡表的编制原则

国际收支平衡表按复式记账原则编制,即"有借必有贷,借贷必相等"。任何一笔交易要求同时作借方记录和贷方记录,借贷双方金额相等。一切收入项目或负债增加、资产减少的项目,都列入贷方;一切支出项目或资产增加、负债减少的项目都列入借方。国际收支平衡表的编制原理和会计学课程的讲述是一致的。具体来讲:

1.凡是引起本国外汇收入增加的项目,记入贷方。

记入贷方项目的是:货物和服务的出口、获得的收益、接受的经常转移、得到的外国直接投资或证券投资、本国在外国的直接投资或证券投资的撤资、负债的增加和资产(存款、债权)的减少。

2.凡是引起本国外汇收入减少的项目,记入借方。

记入借方的项目是:货物和服务的进口、支出的收益、对外提供的经常转移、外国在国内直接投资或证券投资的撤资、本国对外的直接投资或证券投资数量的增加、资产(存款、债权)的增加和负债的减少。

3.国际储备的增加要借记,国际储备的减少要贷记。

国际储备是一国政府拥有的储备资产,包括黄金储备、外汇储备、特别提款权和普通提款权。由于国际储备是一国政府的资产,所以,国际储备的增加要借记,国际储备的减少要贷记。

国际收支平衡表的账户分类和借贷法则如表7-1所示。

表 7-1 国际收支平衡表账户分类和借贷法则

账　户	借　记	贷　记
经常账户		
货物	进口	出口
服务	进口	出口
收益	支出	得到
经常转移	支出	得到
资本与金融账户		
资本账户	支出	得到
金融账户		
直接投资		
外国在国内的直接投资	撤资清算	增加
本国在国外的直接投资	增加	撤资清算
证券投资		
外国在国内的证券投资	撤资	增加
本国在国外的证券投资	增加	撤资
其他投资		
资产	增加	减少
本国在国外的存款	增加	减少
负债	减少	增加
外国在本国的存款	减少	增加
储备资产		
黄金储备	增加	减少
外汇储备	增加	减少
特别提款权	增加	减少
普通提款权	增加	减少

四、国际收支平衡表记账实例

例 1：A 国某企业出口商品得到 150 万美元，导致其海外存款相应增加。

借：本国在外国银行存款　　　　　　　　　　　150 万
　　贷：商品出口　　　　　　　　　　　　　　　　150 万

例 2：A 国居民出国旅游花费 30 万美元，导致其海外存款相应减少。

借：服务进口　　　　　　　　　　　　　　　　30 万
　　贷：本国在外国银行存款　　　　　　　　　　30 万

例 3：外商以 1 000 万美元价值的设备投资 A 国。

借：商品进口　　　　　　　　　　　　　　　1 000 万
　　贷：外国直接投资　　　　　　　　　　　　1 000 万

例 4：A 国政府动用 40 万美元外汇储备向外国提供援助，另提供 60 万美元药品。

借：经常转移　　　　　　　　　　　　　　　100 万
　　贷：官方储备　　　　　　　　　　　　　　　40 万
　　　　商品出口　　　　　　　　　　　　　　　60 万

例 5：企业海外投资获利 150 万美元，其中 75 万美元再投资，50 万美元购买当地商品运回国内，25 万美元调回结汇。

借：商品进口　　　　　　　　　　　　　　　50 万
　　官方储备　　　　　　　　　　　　　　　25 万
　　对外长期投资　　　　　　　　　　　　　75 万
　　贷：投资收益　　　　　　　　　　　　　　150 万

例 6：本国居民动用海外存款 70 万美元以购买国外股票。

借：证券投资　　　　　　　　　　　　　　　70 万
　　贷：在外国银行存款　　　　　　　　　　　70 万

例 7：A 国某企业从出售专利给国外企业，得 10 万美元。

借：其他投资　　　　　　　　　　　　　　　10 万
　　贷：资本项目　　　　　　　　　　　　　　10 万

例 8：国外居民对其在我国亲属汇款 80 万美元。

借：其他投资　　　　　　　　　　　　　　　80 万
　　贷：经常转移　　　　　　　　　　　　　　80 万

利用上述各笔交易编制一国际收支平衡表，如表 7-2 所示。

表 7-2　A 国国际收支平衡表

单位：万美元

项　目	借　方	贷　方	差　额
一、经常账户	1 180	440	−740
A. 货物	1 000＋50	150＋60	
B. 服务	30		
C. 收益		150	
D. 经常转移	100	80	
二、资本和金融账户	410	1 150	740
A. 资本账户		10	
B. 金融账户			
直接投资	75	1 000	
证券投资	70		
其他投资	150＋10＋80	30＋70	
储备资产	25	40	
三、错误与遗漏			0
总　　计	1 590	1 590	0

五、错误和遗漏账户与隐性国际资本流动

隐性国际资本流动是指为转移所得或投机性等原因而发生的国家之间的非正常的、政府统计不到、不直接反映在国际收支平衡表资本与金融项目上的资本流动。隐性资本流动包括资本外逃和热钱流入。如通过贸易渠道实现资本外逃，包括"价格转移"（高报进口、低报出口、进口不到货、出口不收汇）、高报外方实物投资价值、假贸易结算。

如前所述，政府无法统计到的隐性国际资本流动是国际收支平衡表不能自动平衡的原因之一。尽管错误和遗漏账户是人为设置的账户，但其具有很大的现实意义，可以根据错误和遗漏账户来计算隐性资本流动。

任何一个国家每年都有资本外逃，也有热钱流入。如果发生资本外逃，该

国国际储备数量减少,贷记减少的国际储备数量。由于资本外逃的隐蔽性,无法借记(不知借记在国际收支平衡表哪个账户下)该笔交易。这时为平衡国际收支平衡表,错误和遗漏账户应该借记相应数额。如果错误与遗漏额为负值,意味着当年隐性资本流出规模大于隐性资本流入的规模,错误与遗漏变量的数值大小反映了官方统计之外的资本净流出的数量(即资本外逃数量减去热钱流入数量)。

同样,如果热钱流入一个国家,会导致该国国际储备数量增加。这时,借记增加的国际储备数量。由于热钱流入的隐蔽性,不知贷记哪个账户,无法同时进行贷记。为平衡国际收支平衡表,错误和遗漏账户应该贷记相应数额。所以,如果错误与遗漏账户为正值,意味着隐性资本流入的数值大于隐性资本流出数值,反映了隐性资本净流入的数量(热钱流入数量减去资本外逃数量)。见"小知识:非法交易对国际收支平衡表的影响"。

中国的错误与遗漏账户一般是负值。除了 2002、2003、2004、2007、2008 年这五年外,从 1995 到 2009 年中国"错误与遗漏账户"均为负值,表明中国大多年份外逃的资本多于流进来的热钱。

六、2010 年中国国际收支平衡表

(一)中国国际收支平衡表数据来源

中国国际收支平衡表数据以国家外汇管理局 1996 年 1 月实行的国际收支统计申报系统(该申报系统以从银行交易记录中得到的信息为基础,以调查为补充,收集有关旅游、直接投资、证券投资以及金融机构交易的数据)为基础,辅之以海关统计、外汇局的外债统计等相关部门统计。

在 1996 年以前,国家外汇管理局(简称外汇局)在编制国际收支平衡表时,按照 IMF《国际收支手册》第四版规定的方法,从政府机构、银行和外汇局的记录收集数据。从 1996 年开始,中国的国际收支统计根据 IMF《国际收支手册》第五版编制。不同之处在于将储备资产单独列项,因此我国国际收支平衡表包括经常账户、资本和金融账户、储备资产、净误差和遗漏(即错误和遗漏账户)等四大项。

在每年 9—10 月、4—5 月,新华社、《金融时报》、《中国金融》(月刊)和中国其他主要媒体分别发布上半年和上年度国际收支概况。在外汇局的《中国外汇管理年报》(1997 年第一次以中、英文公布)、《国际收支统计年报》(1999 年第一次以中、英文公布)和《中国国际收支报告》(2005 年第一次以中、英文公布)上公布完整的国际收支平衡表。外汇局还在《中国外汇管理》(月刊)和《国家外汇管理局文告》上公布国际收支平衡表。国家外汇管理局公布的国际收支平衡表以千美元表示,其统计范围涵盖中国大陆(港澳台除外)的所有国际收支交易。不编制地区表或其他地理分类的国际收支平衡表。[①]

(二)2010 年中国国际收支平衡表

2011 年 4 月,国家外汇管理局网站公布 2010 年我国国际收支平衡表数据,如表 7-3 所示。

表 7-3 2010 年中国国际收支平衡表

单位:亿美元

项 目	行次	差额	贷方	借方
一、经常项目	1	3 054	19 468	16 414
A.货物和服务	2	2 321	17 526	15 206
a.货物	3	2 542	15 814	13 272
b.服务	4	−221	1 712	1 933
1.运输	5	−290	342	633
2.旅游	6	−91	458	549
3.通讯服务	7	1	12	11
4.建筑服务	8	94	145	51
5.保险服务	9	−140	17	158
6.金融服务	10	−1	13	14
7.计算机和信息服务	11	63	93	30
8.专有权利使用费和特许费	12	−122	8	130
9.咨询	13	77	228	151
10.广告、宣传	14	8	29	20
11.电影、音像	15	−2	1	4
12.其他商业服务	16	184	356	172
13.别处未提及的政府服务	17	−2	10	11
B.收益	18	304	1,446	1,142
1.职工报酬	19	122	136	15

---

① 国家外汇管理局网站:http://www.safe.gov.cn。

续表

项　目	行次	差额	贷方	借方
2.投资收益	20	182	1 310	1 128
C.经常转移	21	429	495	66
1.各级政府	22	−3	0	3
2.其他部门	23	432	495	63
二、资本和金融项目	24	2 260	11 080	8 820
A.资本项目	25	46	48	2
B.金融项目	26	2 214	11 032	8 818
1.直接投资	27	1 249	2 144	894
1.1 我国在外直接投资	28	−602	76	678
1.2 外国在华直接投资	29	1 851	2 068	217
2.证券投资	30	240	636	395
2.1 资产	31	−76	268	345
2.1.1 股本证券	32	−84	115	199
2.1.2 债务证券	33	8	154	146
2.1.2.1(中)长期债券	34	19	128	110
2.1.2.2 货币市场工具	35	−11	25	36
2.2 负债	36	317	368	51
2.2.1 股本证券	37	314	345	32
2.2.2 债务证券	38	3	22	19
2.2.2.1(中)长期债券	39	3	22	19
2.2.2.2 货币市场工具	40	0	0	0
3.其他投资	41	724	8 253	7 528
3.1 资产	42	−1 163	750	1 912
3.1.1 贸易信贷	43	−616	5	621
长期	44	−43	0	43
短期	45	−573	4	578
3.1.2 贷款	46	−210	197	407
长期	47	−277	0	277
短期	48	66	197	131

续表

项　目	行次	差额	贷方	借方
3.1.3 货币和存款	49	−580	303	883
3.1.4 其他资产	50	244	245	1
长期	51	0	0	0
短期	52	244	245	1
3.2 负债	53	1 887	7 503	5 616
3.2.1 贸易信贷	54	495	583	88
长期	55	35	41	6
短期	56	460	542	81
3.2.2 贷款	57	791	5 860	5 069
长期	58	100	264	163
短期	59	691	5 596	4 906
3.2.3 货币和存款	60	603	1 038	435
3.2.4 其他负债	61	−3	22	25
长期	62	−4	1	5
短期	63	1	22	20
三、储备资产	64	−4 717	0	4 717
3.1 货币黄金	65	0	0	0
3.2 特别提款权	66	−1	0	1
3.3 在基金组织的储备头寸	67	−21	0	21
3.4 外汇	68	−4 696	0	4 696
3.5 其他债权	69	0	0	0
四、净误差与遗漏	70	−597	0	597

注：

1. 资料来源：国家外汇管理局，2010 年中国国际收支报告，http://www.safe.gov.cn 本表计数采用四舍五入原则。

2. 从 2010 年三季度开始，按照国际标准，将外商投资企业归属外方的未分配利润和已分配未汇出利润同时记入国际收支平衡表中经常账户收益项目的借方和金融账户直接投资的贷方。2010 年各季度以及 2005—2009 年年度数据也按此方法进行了追溯调整。

2010 年，全球经济总体呈现复苏态势，但在欧洲主权债务危机影响下，国际金融市场出现较大波动。2010 年，我国涉外经济总体趋于活跃，国际收支交易呈现恢复性增长,总体规模创历史新高,与同期国内生产总值之比为95%,较2009年上升13个百分点,贸易、投资等主要项目交易量均较快增长。经常项目收支状况持续改善,顺差与国内生产总值之比为5.2%,与2009年的比例基本持平,仍明显低于2007年和2008年的历史高点。国际收支统计口径的货物贸易顺差与国内生产总值之比为4.3%,较2009年下降0.7个百分点。主要受欧洲主权债务危机影响,我国资本和金融项目顺差年内呈现一定波动。境内市场主体的负债外币化倾向依然较强,外债规模有所上升,外汇贷款继续增加。

2010年,我国经常项目顺差3 054亿美元,较上年增长17%,2009年为下降40%;资本和金融项目顺差2 260亿美元,较上年增长25%,2009年为增长8.5倍。各主要项目情况如下:

1.经常账户

货物贸易顺差与2009年基本相当。2010年,我国货物贸易进出口规模达到历史最高水平。但进口增速快于出口,货物贸易顺差未现大幅增长。按国际收支统计口径,2010年货物贸易出口15 814亿美元,进口13 272亿美元,分别较上年增长31%和39%。货物贸易顺差2 542亿美元,较上年略增2%。国际分工格局对我国贸易的影响未发生较大变化,外商投资企业加工贸易仍是顺差主要来源。2010年,我国外商投资企业加工贸易顺差2 701亿美元,较上年增长21%。贸易逆差主要来自国有企业的一般贸易,2010年逆差1 798亿美元,较上年增长46%。我国对外贸易格局日趋多元化,与周边国家或地区的贸易逆差扩大。2010年,我国与欧盟、美国和日本的进出口总值分别较2009年增长32%、29%和30%,合计占我国贸易总量的39%,较上年略有下降。我国与新兴市场国家进出口增速明显,2010年与东盟、印度、巴西、俄罗斯进出口总值分别增长38%、42%、48%和43%,均高于总体进出口增速。2010年,我国对美国和欧盟顺差分别为1 813亿美元和1 428亿美元;对日本、韩国和东盟等周边国家或地区逆差分别为556亿美元、696亿美元和164亿美元,合计较上年扩大73%。

服务贸易逆差收窄。2010年,服务贸易收入1 712亿美元,较上年增长32%;支出1 933亿美元,较上年增长22%;逆差221亿美元,较上年下降25%。服务贸易逆差主要来自运输、保险服务、专有权利使用费和特许费及旅游项目,逆差分别为290亿、140亿、122亿和91亿美元。其中,旅游项目逆差增长较快。2010年,我国旅游收入458亿美元,增长15%;旅游支出549亿美元,增长26%;逆差91亿美元,增长1.3倍。在旅游收入方面,随着世界经济逐步复苏,我国入境人数较上年增长 5.8%。在旅游支出方面,国民收入水平的进一步提高促使居民消费结构继续呈现多元化发展,2010 年我国出境人数较上年增长 20%。从分国别和地区旅游收入和支出测算的情况看,我国对美国、香港、澳大利亚和澳门均呈较大规模的逆差。

收益项目顺差较 2009 年大幅增加。2010 年,收益项目顺差 304 亿美元,较上年增长 3.2 倍。由于我国对外资产规模持续扩大,投资收益净流入 182 亿美元,2009 年净流入 1 亿美元。同时,我国海外务工人员的劳务收入继续增加,2010 年职工报酬净流入 122 亿美元,较上年增长 70%。

经常转移顺差。人民币升值预期、侨居国货币贬值预期、国内利率高于海外主要经济大国和华人侨居国利率、国内资产市场(股市和房地产等)上涨预期等因素将吸引侨汇更多的流入国内。侨汇通常占"经常转移"项目下"其他部门"科目的主体。2010 年侨汇流入 495 亿美元,经常转移顺差 429 亿美元。

2. 资本与金融账户

外国在华直接投资和我国在外直接投资均较快增长。2010 年,直接投资顺差 1 249 亿美元,较上年增长 78%。其中,外国在华直接投资增加 2 068 亿美元,撤资清算等流出 217 亿美元,外国在华直接投资净流入 1 851 亿美元,较上年增长 62%。我国在外直接投资规模达到 678 亿美元,撤资清算汇回 76 亿美元,2010 年净流出 602 亿美元,较上年增长 37%。从投资行业分布看,2010 年我国非金融部门吸收外国在华直接投资最多的三个行业是制造业(685 亿美元)、房地产业(271 亿美元)、租赁和商务服务业(104 亿美元),其增幅分别是 46%、78% 和 59%。2010 年金融部门外国在华直接投资主要集中于银行业,其他金融机构、保险业和证券业次之,占比分别是 62.5%、27.1%、8.5% 和 1.8%。从投资来源地看,非金融部门外国在华直接投资的资金来源地较为集中,2010 年在华直接投资排名前十的国家或地区依次为:中国香港 913 亿美元、中国台湾 84 亿美元、新加坡 81 亿美元、美国 66 亿美元、日本 64 亿美元、英属维尔京群岛 41 亿美元、韩国 29 亿美元、开曼群岛 17 亿美元、德国 14 亿美元和法国 13.6 亿美元。2010 年金融部门在华直接投资的主要国家或地区有:中国香港、西班牙、新加坡、英国和日本,其占比分别为 37%、12%、10%、6% 和 4%。

证券投资净流入较 2009 年下降。2010 年,证券投资项下流入 636 亿美元,流出 396 亿美元,净流入 240 亿美元,较上年下降 38%。其中,我国对境外证券投资净流出 76 亿美元,2009 年为净回流 99 亿美元;境外对我国证券投资净流入 317 亿美元,较上年增长 10%。

3.国际储备账户

2010 年中国经常账户和资本与金融账户都是顺差,即双顺差,导致中国外汇储备增加。2010 年中国国际收支平衡表借记 4 717 亿美元,较 2009 年新增额扩大 18%。其中,外汇储备增加 4 696 亿美元,在基金组织的储备头寸和特别提款权增加 22 亿美元。

4.错误与遗漏账户

2010 年中国经常账户差额、资本与金融账户差额和储备资产差额的和不等于零,为 597 亿美元,所以错误和遗漏账户的差额为"-597"亿美元,以平衡国际收支平衡表。

2011 年,我国国际收支仍将保持顺差格局。全球经济持续复苏,国际贸易和投资活动稳步回升,我国将继续吸引外资流入,利差、汇差等因素可能增加我国资本净流入。主要发达国家消费有待进一步提振,我国经济结构调整有所加快,内需将逐渐成为拉动经济增长的主要动力,贸易平衡状况可能有所改善。此外,宏观经济金融中的不稳定因素依然较多,国际收支运行可能呈现一定波动。

第三节　国际收支平衡

宏观经济四大目标:充分就业、物价稳定、经济增长和国际收支平衡。国际收支平衡是宏观经济四大目标之一。

一、国际收支平衡的定义

把国际收支记录的全部交易分为自主性交易(Autonomous Transactions)与补偿性交易(Compensatory Transactions)。自主性交易是指个人和企业为某种自主性目的而从事的交易。主要是大部分的经常项目和资本与金融项目下包括的交易。补偿性交易又称弥补性交易,是指为弥补国际收支不平衡而发生的交易。例如,一国政府为弥补国际收支逆差而向国外政府或者国际金融机构的借款、动用官方储备等等。

当自主性交易的差额为零时,称为国际收支平衡;当自主性交易的差额为正时,称为国际收支顺差;当自主性交易的差额为负时,称为国际收支逆差。

二、国际收支平衡衡量口径

可以通过四种口径计算自主性交易的差额,判断国际收支是否平衡。分别是贸易收支差额、经常账户差额、资本与金融账户差额与综合差额。如果这些差额为零,则国际收支平衡;差额为正,称国际收支顺差;差额为负,称国际收支逆差。

（一）贸易收支差额

贸易收支差额即货物的贷方余额减去借方余额,即货物的出口额减去进口额。其数字易于通过海关的途径及时收集,能反映一国对外经济交往情况。

贸易收支差额能表现一国或地区的自我创汇能力,反映一国产业结构和产品在国际上的国际竞争力及在国际分工中的地位,是一国对外经济交往的基础。

（二）经常账户差额

经常账户差额即经常账户的贷方余额减去借方余额,即货物、服务、收益加上经常转移等项目的差额。能反映一国进出口状况,反映国民收入和总支出之间的关系和该国国际竞争力水平。

（三）资本和金融账户差额

资本与金融账户差额即直接投资、证券投资和其他投资加上储备资产等项目的差额。能反映一国资本市场的开放程度、金融市场的发达程度以及经常账户的状况和融资能力。

（四）综合差额

综合差额即储备资产的相反数。即:

综合差额＝－（储备资产的差额）＝经常账户差额＋资本与金融账户差额（不包括国际储备）＋错误与遗漏账户差额

综合差额为正号,则意味着储备资产的差额为负,表示储备资产增加;反之亦同。如果一国储备资产增加,则表明该国综合差额大于零,该国国际收支顺差（以综合差额来衡量）。

2011年一季度中国出现10.2亿美元的贸易逆差,6年来首次季度逆差。但是中国的外汇储备增加1 973亿美元。以综合差额来衡量,2011年第一季度中国国际收支顺差。

根据上面综合差额的公式,综合账户差额是经常账户差额、资本与金融账户差额（不包括国际储备）和错误与遗漏账户差额的和。尽管2011年一季度中国贸易收支差额为负,但在国际主要经济体保持宽松的流动性的背景之下,有大量的国际资本流入中国,导致中国资本与金融账户差额大于零。尽管经常账户差额小于零,但资本与金融账户差额(不包括国际储备)大于零,最后导致2011年第一季度综合账户差额大于零。

学习资料 7-1　中国国际收支双顺差

双顺差是指经常账户差额、资本和金融账户差额都大于零。

中国国际收支双顺差格局自1999年一直持续到2010年。1985年以来,经常项目差额除了1985、1986、1988、1989、1993年是逆差以外,其余年份均是顺差,而资本和金融项目差额仅在1992、1998年为逆差,其余年份均是顺差,如图7-2所示。图中深色的代表经常账户差额,浅色的代表资本与金融账户差额。

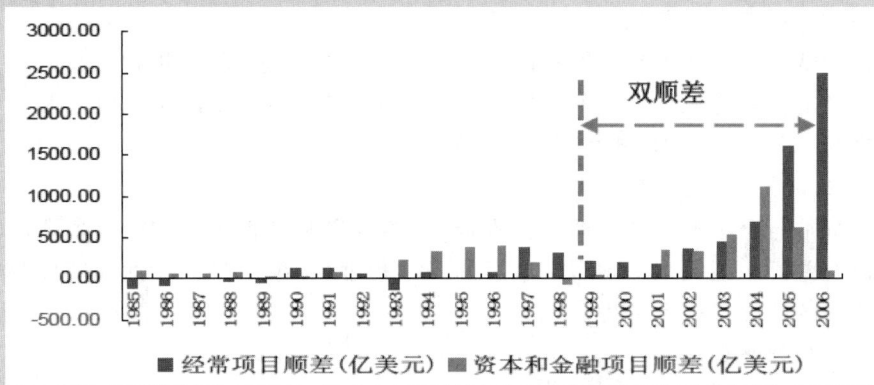

图 7-2　1985—2006 年中国国际收支账户差额

中国双顺差的原因分析。原因之一是我国资本和金融项目还没有开放,不管是中国人还是外国人,其资本流出国受到严格限制。内需不足也是中国双顺差的主要原因。过去30年来,中国一直在沿用着外需主导型增长模式。出口和固定资产投资这两个经济部门占GDP的合计比重从1979年的34%快速上升至2007年的75%,翻了一番多。出口遥遥领先,成为最强大的增长动力。1979—2006年间,出口占GDP的比重从5%上升至36%。作为拥有13亿人口、占世界人口近四分之一的世界第一大人口大国,中国长期依靠出口和外需来实现增长肯定是不可持续的,对世界经济平衡也是不利的。陈志武(2010)指出,中国的资产财富过多地集中在国家手里,过多收入通过征税进入政府手里,使国内民间消费的相对水平下降,抑制国内需求的增长。把国民工资收入加在一起,占国家的 GDP 的比重,欧美最高,大约 55%,南美 38%,非洲 20%,而中国是 8%。中国的最低年收入不到世界平均水平的 15%,全球排名 159 位,最低工资甚至低于 32 个非洲国家。而由政府掌握这么多财富、收入使用权的结果,就是使得中国经济的产能不断膨胀,反过来强化中国经济对出口的依赖度,导致更大的外贸顺差和外汇储备。[1] 孟亮(2008)指出,由于我国居民收入水平低,教育、医疗、社会保障制度落后和医疗、养老保险金空置,老百姓对失业、健康和养老担忧,直接造成了收入与支出两方面不稳定和不确定,抑制了居民消费和投资。投资和消费的不足,进一步加大了贸易收支的矛盾。Zheng Song and Storesletten(2009)从中国金融市场发展不完善的角度解释了中国为何会出现双顺差、产生巨额外汇储备。中国国内金融市场不完善,导致融资难但有较高要素生产率的企业以劳动密集型的生产活动为主。[2] 贾根良(2010)指出,外资企业在中国每年赚取高达 25% 的利润,中国错误的招商引资政策导致中国吸引到外商直接投资过多,产生资本与金融账户顺差。

三、国际收支失衡的原因

(一)临时性冲击

即由短期的、非确定的或偶然因素引起国际收支不平衡。主要包括:边境冲突、季节性原因、自然灾害、外汇投机、资本外逃等等。例如,1990 年伊拉克入侵科威特,国际社会对伊拉克实行全面经济制裁,世界各国一度曾中止与伊拉克的一切经济往来,伊拉克的石油不能输出,引起出口收入剧减,贸易收入恶化;相反,由于国际市场石油短缺,石油输出国扩大了石油输出,这些国家的国际收支从而得到了改善。这种性质的国际不平衡,程度一般较轻,持续时间也不长,带有可逆性,因此,可以认为是一种正常现象。

(二)周期性经济波动

即由一国经济周期波动引起国际收支不平衡。在经济发展过程中,各国

---

[1] 陈志武.陈志武说中国经济.山西经济出版社,2010 年 2 月出版,193 页

[2] Zheng Song, Kjetil Storesletten. Growing Like China. *American Economic Review* 2009,92(2), 148—152.

经济不同程度地处于周期波动之中,周而复始出现繁荣、衰退、萧条、复苏,而经济周期的不同阶段对国际收支会产生不同的影响。在经济衰退阶段,国民收入减少,总需求下降,物价下跌,会促使出口增长,进口减少,从而出现顺差;而在经济繁荣阶段,国民收入增加,总需求上升,物价上涨,则使进口增加,出口减少,从而出现逆差。如日本在 1974 年,国民生产总值增长 19.4%,国际收支却出现 46.9 亿美元的逆差;1976 年日本经济萧条,但国际收支却出现顺差 36.8 亿美元。

(三)结构性因素

世界各国由于地理环境、资源分布、技术水平、劳动生产率差异等经济条件和历史条件不同,形成了各自的经济布局和产业结构,从而形成了各自的进出口商品和地区结构,各国的产业、外贸结构综合成国际分工结构。发达国家完成了工业化以后,从传统的制造业向高新技术和金融业等部门转移,在国际收支上普遍表现为贸易收支趋于恶化,经常项目长期存在逆差的失衡状况。而我国在以出口为主导的经济增长模式下资源配置集中向低端产业流动,依赖大量廉价劳动力投入的加工制造业占据了产业构成的主导地位,并形成与之相适应的比较优势,国际收支上表现为贸易收支存在大量盈余、经常项目长期保持顺差的失衡状况。

结构性不平衡与本国的经济结构、劳动生产率有关,具有长期性,扭转起来相当困难。需要重新组织生产,并对生产要素的使用进行重新组合,以适应需求和供给的新结构。

(四)货币性因素

货币性不平衡是指一国货币增长速度、商品成本和物价水平与其他国家相比,如发生较大变化而引起的国际收支不平衡。这种不平衡主要是由于国内通货膨胀或通货紧缩引起的,一般直观地表现为价格水平的不一致,故又称价格性的不平衡。例如,一国发生通货膨胀,其出口商品成本必然上升,使用外国货币计价的本国出口商品的价格就会上涨,就会削弱本国商品在国际市场上的竞争能力,客观上起着抑制出口的作用。相反,由于国内商品物价普遍上升,相比较而言,进口商品就显得便宜,鼓励了外国商品的进口,从而出现贸易收支的逆差。不过在这里还得注意的是,通货膨胀还会引起该国货币汇率一定程度的贬值,但一般来说此时汇率贬值的幅度要比物价上涨的幅度小得多,因而其影响也小得多。它只能缓和但不会改变通货膨胀对国际收支的影响。货币性不平衡可以是短期的,也可以是中期的或长期的。

（五）收入性因素

收入性不平衡是指由于各种经济条件的恶化引起国民收入的较大变动而引起的国际收支不平衡。一般来说，国民收入相对快速增长，导致进口需求的增长超过出口增长，国际收支出现逆差；反之国民收入减少时，国际收支出现顺差。

（六）政府政策因素

很多发展中国家都存在贸易管制。一方面，通过实行"奖出限入"政策，对商品输出输入实行管制，同时采用出口退税等措施增加出口，导致经常账户顺差。另一方面，虽然一些发展中国家国内储蓄很丰富，银行积累了大量的储蓄存款，但是许多潜在投资者如中小企业难以从银行得到足够的融资支持；国内资本市场不发达，储蓄也不能通过其他渠道转化为国内投资。在这种情况下，各级政府为保持 GDP 快速增长和增加就业，出台针对 FDI 的各种优惠政策。[①] 这些优惠政策的核心内容是发展中国家的税收、环保、土地、社会保障、劳工保护、产业安全等生产成本很低。这些优惠政策吸引大量国外资金进入国内。同时，为防止耗费国际储备等种种目的，发展中国家严格限制国内企业特别是民营企业对外投资，而这些都导致资本和金融账户顺差。

四、国际收支失衡的不利影响

一国的国际收支如果出现了持续、大量的不平衡而又得不到改善，那么，无论顺差还是逆差，对该国经济发展都将产生十分不利的影响。

（一）国际收支持续顺差对一国经济的不利影响

1. 产生本币升值的压力

持续顺差在外汇市场上表现为有大量的外汇供应，这就增加了外汇对本国货币的需求，导致本币汇率上升，外汇汇率下跌。

2. 国内通货膨胀的压力加大

如果国际贸易出现顺差，那么就意味着国内大量商品被用于出口，导致国内市场商品供应短缺；同时，持续顺差使外汇储备过快增长，外汇储备过快增

---

① 王兵.我国国际收支顺差持续扩大的原因、影响和对策.科技信息，2009 年第 5 期，351～352

长导致基础货币被动投放,产生流动性过剩。① 也就是说,国内商品数量减少,本币流通量过多,从而推动国内物价上涨。

国际收支顺差会使利率政策不能发挥作用。国际收支顺差导致的外汇储备过量增加会使基础货币投放过多,货币供应量过大,在货币政策的操作上应该调高利率。但调高利率,扩大本外币利差,会形成更大的资本流入,结汇后形成更大的基础货币投放。

3.产生国际贸易摩擦

一国国际收支出现顺差也就意味着世界其他一些国家因其顺差而国际收支出现逆差,从而影响这些国家的经济发展,它们要求顺差国调整国内政策,如要求顺差国提高本币汇率、提高内需等等。同时,逆差国政府可能设立动物福利标准、劳工标准、绿色贸易壁垒,出台反倾销、反特保等贸易保护措施,产

---

① 基础货币(Monetary Base),也称强力货币、初始货币,因其具有使货币供应总量成倍放大或收缩的能力,又被称为高能货币(High-powered Money),它是中央银行发行的债务凭证,表现为商业银行的存款准备金(R)和公众持有的通货(C)。货币供应量是基础货币和货币乘数之积。在现代经济中,每个国家的基础货币都来源于货币当局的投放。货币当局增加基础货币投放数量的渠道主要有如下几条:一是直接发行通货;二是变动黄金、外汇储备;三是实行货币政策(其中最主要为公开市场业务)。如中央银行在公开市场上买进证券;中央银行收购黄金、外汇;中央银行对商业银行再贴现或再贷款;财政部发行通货等等。流动性(Liquidity)是指资产能够以一个合理的价格变成现金的能力。常见资产的流动性大小排序:现金＞活期存款＞短期国债＞蓝筹股＞一般股票＞城市中心小型物业＞城市外围大型物业。流动性过剩(Excess Liquidity)中所指的"流动性",特指整个宏观经济的流动性,即在整个经济体系中货币的投放量的多少,一般由 M_1 和 M_2 的数量来衡量。所谓流动性过剩是指货币投放量过多,这些多余的资金出于资本逐利的本性,必然会寻找投资出路,这将导致投资过热,并暗含着通货膨胀风险。我国的国际收支顺差、外汇结售汇制度及有管理的浮动汇率制度导致央行必须将流入外汇购入,而放出大量基础货币,不断加剧着流动性过剩问题,是我国流动性过剩的主要原因之一。

生国际间的贸易摩擦。①

4.外商直接投资过多,导致国内社会福利损失

资本与金融账户顺差一般是由外商直接投资过多造成的。如果外商直接投资企业没有带来国外技术或者设备,只是以外汇资金的形式投资,对该国技术进步没有多大的促进作用。而且,一国外商直接投资过多,外商直接投资企业可能占据国内某个行业大部分市场,促使外资企业获得高利润,本国消费者

---

① 动物福利最初是由一些关心动物福利的民间人士和动物保护团体倡导并发展起来的。在 18 世纪末,英国功利主义哲学 Jeremy Bentham 首先提到动物的福利问题,认为动物福利是真实存在的,因为动物也能感受到痛苦。1822 年,理查德·马丁(Martin)提出《反对虐待以及不恰当地对待牛的行为》的法案(即《马丁法案》)在英国国会获得通过。这是世界上第一个关于动物福利的法律。法国也在 1850 年通过了反对虐待动物的相关法案。1866 年由美国外交官亨利·伯格(Henry Bergh)建立的世界上第一个动物福利组织——美国防止虐待动物协会(ASP-CA),并推动纽约州通过了美国的第一个动物福利法:《反虐待法》。其后的一段时间里,世界各国纷纷建立自己的动物福利保护法规。这些法规都是在道德伦理方面强调我们应该对动物权利的保护。目前在国际上普遍认可的动物有"五项基本福利":(1)为动物提供适当的清洁饮水和保持健康与精力所需要的食物,使动物不受饥渴之苦;(2)为动物提供适当的房舍或栖息场所,能够舒适地休息和睡眠,使动物不受困顿不适之苦;(3)为动物做好防疫,预防疾病和给患病动物及时诊治,使动物不受疼痛、伤病之苦;(4)保证动物拥有良好的条件和处置(包括宰杀过程),使动物不受恐惧和精神上的痛苦;(5)为动物提供足够的空间、适当的设施以及与同类动物伙伴在一起,使动物能够自由表达正常的习性。比如,国际法规对猪的动物福利规定:猪在运输途中必须保持运输车的清洁,要按时喂食和供水,运输时间超过 8 小时就要休息;在宰杀时,应当使用高压电快速击中致命部位,使其在很短时间内失去知觉,以减少宰杀的痛苦,并且必须隔离屠宰,以防被其他猪看到而产生恐惧感。不少欧美国家要求供货方必须能提供畜、禽或水产品在饲养、运输、宰杀过程中没有受到虐待的证明才准许进口。

劳工标准,即劳动标准,从法律上讲就是劳工权利,它一般是指在国际劳工大会上通过的公约和建议书以及其他国际协定和达成的完善系统的一些规则。它主要包括基本人权和与国际贸易的经济利益有关的工作条件,包括就业、工资、工时、职业安全与卫生、职业培训和社会保障。国际贸易中的"劳工标准"就是"世贸组织对各个国家关于执行统一的、最基本的劳工标准",即对工资、劳动时间、劳动保护、社会福利等制定了一系列国际标准,从而使世界上所有国家都必须遵守执行国际贸易,以实现"公平竞争"。最新的规制是SA8000(Social Accountability 8000),即社会责任标准。它是在当今国际贸易发展过程中兴起的一种新的认证体系。自从其于 2001 年发表后,无论是对消费者的购买行为还是各国厂商的销售行为都产生了重大的影响。许多厂商开始将劳工权利与订单挂钩,不符合这一标准的生产厂商一般难以得到订单。一些跨国公司在中国采购时,将是否获得SA8000 的认可作为先决条件。SA8000 已经构成了一项新的贸易壁垒。

福利受损严重。

5.本国外汇储备过量增加

在外汇储备主要币种汇率波动的情况下,外汇储备激增增加了政府管理外汇储备资产的难度。同时,持有外汇储备,要考虑机会成本问题。外汇储备表现为持有一种以外币表示的金融债权,不能投入国内生产使用。这就产生了机会成本问题:如果货币当局不持有储备,就可以把这些储备资产用来进口商品和劳务,增加生产的实际资源,从而增加就业和国民收入,而持有储备则放弃了这种利益。

(二)国际收支持续逆差对一国经济的不利影响

1.国内经济增长受到抑制

一国国际收支持续逆差,导致国内产品销售数量下降,国内企业开工不足,国内经济增长受到抑制,进而影响一国的国内财政以及人民的充分就业。

2.导致外汇储备大量流失

一国国际收支持续逆差,导致外汇储备大量流失。储备的流失意味着该国金融实力甚至整个国力的下降,损害该国在国际上的声誉。

3.本币贬值的压力

一国国际收支持续逆差,在外汇储备无法满足对外支付需求的情况下,需要用本币购买外汇储备,本币汇率会下跌。

4.引发货币危机和债务危机甚至使国家破产

持续逆差会导致本币贬值,一旦本币汇率过度下跌,会导致该国货币信用的下降,国际资本大量外逃,引发货币危机和债务危机。主权债务违约会导致本币大幅贬值,国内物价水平上升,经济下滑,甚至可能使国家破产。

五、国际收支自动调节机制

一国国际收支持续不平衡会给该国经济带来危害,政府必须采取适当的调节措施,以使该国的国内经济和国际经济得到健康的发展。国际收支的调节大体可分为两类:一类是自动调节,另一类是人为的政策调节。

国际收支自动调节是指由国际收支不平衡引起的国内经济变量变动对国际收支的反作用过程。在商品经济条件下,一国国际收支不平衡时,受价值规律的支配,一些经济变量就会出现相应变动,这些变动反过来又会使国际收支不平衡自动地得到一定程度的矫正。

在不同的货币制度下,自动调节机制也有所差异。

（一）国际金本位制下的自动调节机制

在国际普遍实行金本位制的条件下，一个国家的国际收支可通过物价的涨落和现金（即黄金）的输出输入自动恢复平衡。这一自动调节规律称为"物价—现金流动机制（Price Specie-Flow Mechanism）"。它是在 1752 年由英国经济学家大卫·休谟（David Hume）提出的，所以又称"休谟机制"。"物价—现金流动机制"自动调节国际收支的具体过程如下：一国的国际收支如果出现逆差，则外汇供不应求，外汇汇率上升，若外汇汇率上升超过了黄金输送点，则本国商人不再用本币购买外汇付给商人，而是直接用黄金支付给外国出口商，这样黄金就大量流出。黄金外流导致本国银行准备金降低，从而使流通中货币量减少，物价下跌，而物价下跌使得出口成本降低，本国商品的出口竞争力增强，出口增加，进口减少，直至国际收支改善。这样，国际收支的不平衡完全能够自发调节，用不着任何人为的干预。如果一国国际收支出现顺差，其自动调节过程完全一样，只是各经济变量的变动方向相反而已。

上述自动调节过程可用图 7-3 表示如下：

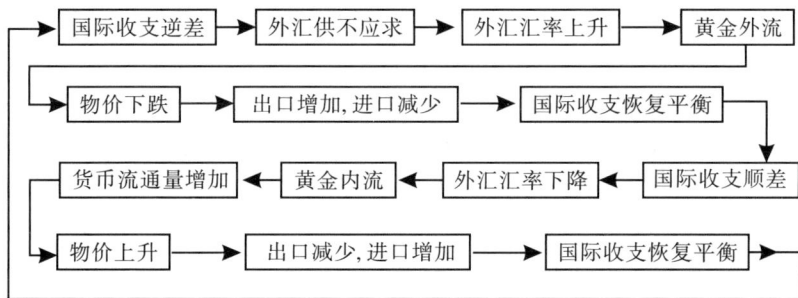

图 7-3　物价—现金流动机制

休谟的"物价—现金流动机制"在理论上分析存在着一系列缺陷：第一，他是以货币数量论为依据的，因而得出物价仅因货币数量变化而变化；第二，在金币流通的情形下，黄金流动不一定会引起物价变动，因为金属货币可以自发调节到必要的数量；第三，他强调相对价格的变动，而忽视了产量和就业的变动；第四，黄金流动同恢复国际收支平衡自动联系起来，金融当局没有进行干预的余地。正是因为休谟忽略了上述 4 方面的情况因而过高估计了"物价—现金流动机制"对国际收支不平衡的调节作用。

（二）纸币流通条件下的国际收支自动调节机制及局限性

在纸币作为流通货币的条件下，国际收支失衡在市场机制的自发作用下，可以通过价格机制、汇率机制、收入机制与利率机制的自发调节恢复平衡。

1.纸币流通条件下的国际收支自动调节机制

(1)价格的自动调节机制

当一国的国际收支出现顺差时,由于外汇支付手段的增多,容易导致国内信用膨胀、利率下降、投资与消费相应上升、国内需求量扩大,从而对货币形成一种膨胀性压力,使国内物价与出口商品价格随之上升,从而削弱了出口商品的国际竞争能力,导致出口减少而进口增加,使原来的国际收支顺差逐渐消除。

当一国的国际收支出现逆差时,由于外汇支付手段的减少会导致国内信用紧缩、利率上升、国内总需求量减少、物价下跌,使出口商品成本降低,从而增强了其在国际市场上的竞争能力,与此同时,进口商品在国内相对显得昂贵而影响其进口,于是,国际收支的逆差逐渐减少,恢复平衡。

(2)汇率的自动调节机制

汇率调节国际收支是通过货币的升值、贬值消除顺差或逆差,从而恢复国际收支平衡的。

当一国国际收支出现顺差时,外汇供给大于外汇需求,本币汇率上升,进口商品以本币计算的价格下跌,而出口商品以外币计算的价格上涨,因此,出口减少,进口增加,贸易顺差减少,国际收支不平衡得到缓和。

当一国国际收支出现逆差时,外汇需求大于外汇供给,本币汇率下跌,出口商品的价格以外币计算下跌,而以本币计算的进口商品的价格上升,于是刺激了出口,抑制了进口,贸易收支逆差逐渐减少,国际收支不平衡得到缓和。

(3)国民收入的自动调节机制

国民收入的自动调节机制是指在一国国际收支不平衡时,该国的国民收入、社会总需求会发生变动,而这些变动反过来又会减弱国际收支的不平衡。

当一国国际收支出现顺差时,会使其外汇收入增加,从而产生信用膨胀、利率下降,总需求上升,国民收入也随之增加,因而导致进口需求上升,贸易顺差减少,国际收支恢复平衡。

当一国国际收支出现逆差时,会使其外汇支出增加,引起国内信用紧缩、利率上升,总需求下降,国民收入也随之减少,国民收入的减少必然使进口需求下降,贸易逆差逐渐缩小,国际收支不平衡也会得到缓和。

(4)利率的自动调节机制

利率的自动调节机制是指一国国际收支不平衡会影响利率的水平,而利率水平的变动反过来又会对国际收支不平衡起到一定的调节作用。

一国国际收支出现顺差时,即表明该国银行所持有的外国货币存款或其他外国资产增多,负债减少,因此产生了银行信用膨胀,使国内金融市场的银根趋于松动,利率水平逐渐下降。而利率的下降表明本国金融资产的收益率下降,从而对本国金融资产的需求相对减少,对外国金融资产的需求相对上升,资本外流增加、内流减少,资本项目顺差逐渐减少,甚至出现逆差。另外,利率下降使国内投资成本下降,消费机会成本下降,因而国内总需求上升,国外商品的进口需求也随之增加,出口减少,这样,贸易顺差也会减少,整个国际收支趋于平衡。

反之,当一国国际收支出现逆差时,即表明该国银行所持有的外国货币或其他外国资产减少,负债增加,于是就会发生信用紧缩,银根相应地趋紧,利率随市场供求关系的变化而上升,利率上升必然导致本国资本不再外流,同时外国资本也纷纷流入本国以谋求高利。因此,国际收支中的资本项目逆差就可以减少而向顺差方向转化;另外,利率提高会减少社会的总需求,进口减少,出口增加,贸易逆差也逐渐改善,国际收支逆差减少。

2.纸币流通条件下的国际收支自动调节机制的局限性

在纸币流通条件下,国际收支自动调节机制的正常运行具有很大的局限性,往往难以有效地发挥作用,因为它要受到各方面因素的影响和制约。

(1)国际收支的自动调节只有在纯粹的自由经济中才能产生作用

政府的某些宏观经济政策会干扰自动调节过程,使其作用下降、扭曲或根本不起作用。自西方国家盛行凯恩斯主义以来,大多数国家都不同程度地加强了对经济的干预。

(2)自动调节机制只有在进出口商品的供给和需求弹性较大时,才能发挥其调节的功能

如果进出口商品供给、需求弹性较小,就无法缩小进口、扩大出口,或扩大进口、减少出口,改变入超或出超状况。

(3)自动调节机制要求国内总需求和资本流动对利率升降有较敏感的反应

如果对利率变动的反应迟钝,那么,即使是信用有所扩张或紧缩,也难以引起资本的流入或流出和社会总需求的变化。对利率反应的灵敏程度与利率结构相关联,也与一国金融市场业务的发展情况息息相关。

由于自动调节机制充分发挥作用要满足上述三个条件,而在当前经济条件下,这些条件不可能完全存在,导致国际收支自动调节机制往往不能有效地发挥作用。因此,当国际收支不平衡时,各国政府往往根据各自的利益采取不同的经济政策,使国际收支恢复平衡。

六、国际收支失衡的政策调节

由于市场机制对国际收支失衡的自发调节存在一定局限性,影响其国际收支调节作用的发挥,甚至可能造成一国经济内外均衡的冲突。因此,当一国出现严重不平衡,特别是国际收支逆差时,可以采取以下措施:

(一)外汇缓冲政策

外汇缓冲政策指一国利用官方储备的变动或临时向外筹措资金来抵消超额外汇供给或需求,从而改善其国际收支状况。这种方法可以融通一次性或季节性的国际收支赤字。该政策受到储备规模的影响,只适于规模较小的短期的国际收支赤字。

(二)财政货币政策

一国出现逆差时,可以采取紧缩性的财政政策。该政策可以降低商品和劳务的支出,从而降低进口;调整国内商品与国外商品的价格比,促进出口;提高国内利率,以抑制社会总需求,迫使物价下跌,出口增加,进口减少,资本也大量流入本国,从而逆差逐渐消除,改善资本账户的状况。其局限性:改善国际收支往往以牺牲国内经济为代价。

(三)汇率政策

利用汇率变动消除国际收支逆差。通过让本币贬值增加出口、减少进口,从而改善国际收支账户的状况。但是,贬值容易给一国带来通货膨胀压力,从而陷入"贬值→通货膨胀→贬值"的恶性循环。它还可能导致其他国家采取报复性措施,从而不利于国际关系的发展等等。因此,一般只有当财政、货币政策不能调节国际收支不平衡时,才使用汇率手段。

(四)直接管制政策

贸易管制方面的主要内容是奖出限入。在奖出方面常见的措施有:①出口信贷;②出口信贷国家担保制;③出口补贴。而在限入方面,主要是实行提高关税、进口配额制和进口许可证制,此外,还有许多非关税壁垒的限制措施。在限入方面的主要措施是出台贸易保护政策,政府设置贸易壁垒,如反倾销、反补贴、保障措施、特保、技术性贸易壁垒、知识产权纠纷等等,减少从国外的进口。

(五)国际经济合作

如前所述,当国际收支不平衡时,各国根据本国的利益采取的调节政策和管制政策措施,有可能引起国家之间的利益冲突和矛盾。因此,除了实施上述调节措施以外,有关国家还试图通过加强国际经济、金融合作的方式,例如国际债务清算自由化、国际贸易自由化、协调国家与国家之间的经济关系,从根本上解决国际收支不平衡的问题。

【本章小结】

国际收支是在一定时期内一国居民与非居民之间全部经济交易的系统记录。国际收支平衡表是指按照特定账户分类和复式记账原则系统记录国际收支的会计报表。国际收支平衡表记录了国家与国家的所有经济交易。国际收支平衡表按复式记账原则编制,"有借必有贷,借贷必相等"。任何一笔交易要求同时作借方记录和贷方记录,借贷双方金额相等。一切收入项目或负债增加、资产减少的项目,都列入贷方;一切支出项目或资产增加、负债减少的项目都列入借方。国际收支平衡表的编制原理和普通的会计学课程的讲述是一致的。国际收支平衡是指自主性交易的差额等于零。各国发生国际收支失衡的原因繁多而复杂,如周期性的、结构性的、货币性的和季节性、暂时性的原因等。国际收支不平衡的调节目标是指改变一国过长时间、过大规模的逆差或顺差状况,而不是彻底消除不平衡。国际收支不平衡首先可以利用市场的力量自动进行调节,但是,一般来说,这种力量较弱。真正有效的调节要采取政策性措施,如财政政策、货币政策、汇率政策和直接管制政策等。

【思考与练习】

1. 下列交易是否应该计入 2012 年国际收支?

①温州企业出口 100 万美元的皮鞋给美国企业;

②姚明在美国将 NBA 工资的一部分汇给上海居住的父母;

③中国留学生在美国购买别克汽车;

④在中国国内高校任职半年的英国外教在杭州物美超市买一先锋牌电风扇;

⑤联合国在北京派出机构和纽约总部的资金往来;

⑥我国驻外使馆工作的我国工作人员的工资收入;

⑦美国驻华使馆工作的我国工作人员的工资收入;

⑧美国驻华使馆工作的美方工作人员的工资收入;

⑨我国某企业在澳门投资建厂;

⑩我国对台湾提供药品援助;

⑪我国政府从某国政府购买黄金以增加黄金储备;

⑫温州企业 2011 年 10 月签订出口服装的合同,2012 年 2 月收到货款。

2.下面是假想的 2012 年甲国与其他国家的交易项目:

①甲国企业出口给美国企业 100 万美元的皮鞋;

②甲国从英国进口价值 150 万美元的设备,以其在英国某商业银行的存款支付;

③甲国某企业租用德国经营的油轮,以其在德国某商业银行的美元存款支付 50 万美元;

④甲国公司从日本收回专利租赁费 30 万美元,日本公司以其在甲国商业银行的美元存款支付款项;

⑤甲国政府向受灾的邻国捐赠 500 万美元的食品;

⑥甲国某公司投资 250 万美元与英国某企业合资在英国办厂,其中 125 万美元以甲国公司在英国的美元存款支付,125 万美元以机器设备形式支付;

⑦甲国政府投资美国政府债券获利息 800 万美元;

⑧甲国政府卖给韩国投资者 200 万美元黄金,以韩国投资者在甲国某商业银行的美元外汇存款支付。

试对各交易作会计分录,并编制甲国 2012 年的国际收支平衡表。

3.假设某年 A 国与其他国家共发生了以下 15 笔国际经济交易:

①A 国某公司对 B 国某公司出口一批价值为 280 万美元的机械设备,后者用其在 A 国某商业银行的美元存款支付这笔进口货款;

②A 国某公司从 C 国进口一批价值 50 万美元的小麦货款系用 A 国某公司在 C 国某商业银行的美元存款支付的;

③B 国人在 A 国旅游观光花费 20 万美元,A 国某国际旅行社将其美元外汇存入其在国外的商业银行账户上;

④A 国人在 C 国旅游观光花费 30 万美元,C 国某国际旅行社将其美元外汇存入其在 A 国的某商业银行账户上;

⑤A 国某进口商租用 D 国的油轮共支出 30 万美元,付款方式是使用 A 国某进口商在 D 国某商业银行账户上的美元存款;

⑥A 公司将其某项专有技术出售给 B 国某公司,后者用 100 万美元的产品抵偿这笔款项;

⑦A 国某公司购买 B 国的有价证券共获得收益 20 万美元,存入其在 B 国某商业银行的账户上;

⑧A 国政府用其外汇储备 50 万美元和相当于 50 万美元的粮食向 F 国提供经济援助;

⑨E 国某国际企业以价值 800 万美元的机械设备向 A 国投资开办合资企业；

⑩A 国某公司用 500 万美元购入 D 国某家上市公司股份的 51％，D 国股票的卖方将其美元外汇收入存入其在 A 国某商业银行账户上；

⑪B 国某投资者用其在 A 国某商业银行的 20 万美元的短期存款，购入 A 国某公司发行的 10 万股普通股；

⑫C 国某投资者用其在 A 国银行的短期存款，购买 A 国某公司长期债券 30 万美元；

⑬B 国中央银行用其在 A 国某银行的美元外汇存款从 A 国国库购入相当于 50 万美元的黄金；

⑭B 国中央银行用 B 国货币从 A 国某商业银行购入相当于 50 万美元的 A 国货币，后者将这笔 B 国货币收入存入其在 B 国商业银行的账户上；

⑮B 国政府将与 100 万美元等值的特别提款权调换成 A 国货币，存入其在 A 国商业银行的账户上。

试对各交易作会计分录，并编制 A 国该年度的国际收支平衡表。

4．什么是国际收支失衡？衡量国际收支失衡的标准是什么？

5．国际收支失衡有几种类型？它们各自是如何产生的？

6．国际收支失衡对一国经济有怎样的影响？

7．简述在不同的国际货币体系下，国际收支失衡的自动调节机制。

8．一国国际收支失衡的政策调节措施有哪些？各自分别有什么优缺点？

9．在网络上查找某年美国的国际收支平衡表，和同一年中国的国际收支平衡表进行比较。

10．国家与国家之间有哪些经济交易？用哪些账户记录这些交易？记录这些交易遵循什么原则？

第8章 汇率

学习内容与要求：

　　本章介绍国际金融研究的对象——汇率。本章主要介绍外汇和汇率的定义、汇率的分类和标价方法；汇率变动的概念和幅度；影响汇率变动的因素和汇率变动的经济后果；汇率决定理论。要求掌握买入汇率和卖出汇率的计算和方法、影响人民币汇率变动的因素和人民币升值的经济后果。

第一节　外汇

　　随着我国改革开放的深入发展，涉外经济活动深入到国民经济的各个领域。无论进出口贸易，科技学术交流，还是引进外商直接投资，国内企业发行B股、H股或环球国债，都涉及外汇。

一、外汇的定义

　　外汇(Foreign Exchange)是指外国货币或以外国货币表示的可用于对外支付的资产。

　　外国货币简称外币，它是指本国货币以外的其他国家和地区的货币。外币仅仅是外汇的组成部分。从形式上看，外汇是某种外国货币或外币资产，但不能认为所有的非本国货币都是外汇，只是那些能够可自由兑换的外国货币才能成为外汇。

　　《中华人民共和国外汇管理条例》第3条规定，本条例所称外汇，是指下列以外币表示的可以用作国际清偿的支付手段和资产：

1.外国货币,包括纸币、铸币。

2.外币支付凭证,包括票据、银行存款凭证、邮政储蓄凭证等。

3.外币有价证券,包括政府债券、公司债券、股票等。

4.特别提款权。

5.其他外汇资产。

表 8-1　主要外汇及其标准英文缩写

国家或地区	货币	符号	ISO 标准代码
英国	英镑	￡	GBP
美国	美元	US $	USD
日本	日元	￥	JPY
欧元区	欧元	€	EUR
瑞士	瑞士法郎	SF	CHF
中国内地	人民币	RMB￥	CNY
香港	港元	HK $	HKD
澳门	澳门元	PAT.	MOP
瑞典	瑞典克朗	SKr	SEK
澳大利亚	澳元	A $	AUD
韩国	韩元	₩	KRW
加拿大	加元	Can $	CAD
新加坡	新加坡元	S. $	SGD
印度	卢比	Re. 复数:Rs.	INR

二、外汇的分类

1.按外汇能否自由兑换分

按外汇能否自由兑换可分为自由外汇、有限自由兑换外汇和记账外汇。

(1)自由兑换外汇

自由兑换外汇是指不需要经过外汇管理当局批准,在国际金融市场上可以随时自由兑换成其他国家的货币,或可以随时自由买卖并可以对任何国家自由支付的货币。目前全世界属于自由兑换外汇的货币大约有 70 种,使用最广泛的是美元、日元、欧元、英镑、瑞士法郎等。

（2）有限自由兑换外汇

有限自由兑换外汇,是指未经货币发行国批准,不能自由兑换成其他货币或对第三国进行支付的外汇。国际货币基金组织规定凡对国际性经常往来的付款和资金流动有一定限制的货币均属于有限自由兑换货币。世界上有一大半的国家货币属于有限自由兑换货币,包括人民币。

（3）记账外汇

记账外汇也称协定外汇或清算外汇,是指不经货币发行国批准,不能自由兑换成其他国家货币,或对第三国进行支付,只能在两国政府间签订的支付协定项目所使用的外汇。

2.按外汇的来源分

按外汇来源可分为贸易外汇、非贸易外汇和金融外汇。

（1）贸易外汇

贸易外汇是指来源于或者用于进出口贸易的外汇,包括货款及其从属费用。

（2）非贸易外汇

非贸易外汇是指除贸易外汇以外通过其他方面所收付的外汇,如旅游外汇、劳务外汇、驻外机构经费,以及运输、邮电、银行、保险等部门业务的收支外汇。

（3）金融外汇

金融外汇与贸易外汇、非贸易外汇不同,是属于一种金融资产外汇,例如银行同业间买卖的外汇,既非来源于有形贸易或无形贸易,也非用于有形贸易,而是为了各种货币头寸管理。资本在国家之间的转移,也要以货币形态出现,采用直接投资、间接投资或者国际游资形式,都形成在国家之间流动的金融资产。

3.按外汇汇率的市场走势不同分

按外汇汇率的市场走势不同,外汇又可区分为硬外汇和软外汇。

外汇就其特征意义来说,总是指某种具体货币,如美元外汇是指以美元作为国际支付手段的外汇;英镑外汇是指以英镑作为国际支付手段的外汇;日元外汇是指以日元作为国际支付手段的外汇,等等。

在国际外汇市场上,由于多方面的原因,各种货币的币值总是经常变化的,汇率也总是经常变动的,因此根据币值和汇率走势我们又可将各种货币归类为硬货币和软货币,或叫强势货币和弱势货币。硬货币是指币值坚挺,购买能力较强,汇价呈上涨趋势的自由兑换货币。由于各国国内外经济、政治情况千变万化,各种货币所处状态也不是一成不变的,昨天的硬货币也可能变成今天的软货币。

第二节 汇率

一、汇率及汇率变动

（一）汇率

汇率（Exchange Rate）又称汇价或者外汇行市,是指不同货币之间的兑换比率。或者用一国货币所表示的另一国货币的价格。

（二）汇率变动

汇率变动包括汇率上升或者下降。汇率上升即货币升值,汇率下降即货币贬值。货币升值是指同样数量的该国货币能够兑换更多数量的其他货币;货币贬值是指同样数量的该国货币只能兑换更少数量的其他货币。

本币和外币的汇率变动趋势是相反的:本币对某种外币升值,则外币相对本币贬值;同样,本币对某种外币贬值,则外币相对本币升值。

（三）货币的对内购买力和对外购买力

货币是有价值的。既可以用货币购买本国商品,也可以购买外国商品。不管购买本国商品还是外国商品,同样数量该国货币购买商品的数量发生变化,货币的购买力就发生相应变化。

货币购买力分为对内购买力和对外购买力两种。货币的对外购买力是指同样一单位该国货币能够购买的外国商品数量的变化。一国货币的对外购买力和该国汇率是等价的。如果一国货币升值,则同样一单位该国货币能够兑换更多的其他国家货币;如果其他国家商品价格不变,则本币升值后同样一单位该国货币能够购买更多数量的其他国家的商品,该国货币的对外购买力上升。相反,一国货币贬值则该国货币对外购买力下降。

货币的对内购买力是指同样一单位该国货币购买国内商品数量的变化。货币的对内购买力和该国国内物价变动成反比。国内物价上升（通货膨胀）,

同样一单位该国货币购买的国内商品数量越来越少,该国货币对内购买力下降;国内物价下降(通货紧缩),同样一单位该国货币购买的国内商品数量越来越多,该国货币对内购买力上升。

货币升值不是指该国发生通货紧缩,更不是指该国发生通货膨胀。一国货币的汇率(对外购买力)和该国货币的对内购买力是不同的,但两者相互影响。一国货币的对外购买力(即汇率)和该国货币的对内购买力变动方向是一致的。详见本章第三节和第四节内容介绍。

(四)汇率和利率

利率(Interest Rates)又称利息率。表示一定时期内利息量与本金的比率,通常用百分比表示,其计算公式是:利息率＝利息量/本金。按年计算则称为年利率,年利率除以 12 就是月利率。

货币升值不是指加息。加息是一国中央银行提高国内存款利率和贷款利率。但是加息会对汇率产生影响,详见本章第三节和第四节内容。

二、汇率标价方法

汇率的标价法即汇率的表示方法,有三种:直接标价法、间接标价法和美元标价法。

(一)直接标价法

直接标价法下,用本币表示外币的价格。即固定数量的外国货币能够兑换多少单位本国货币。"固定数量"可以是 1 单位也可以是 100 单位。世界上大多数国家采用直接标价法。

例:2010 年 7 月 3 日 17 时 58 分,中国工商银行外汇牌价人民币与外币汇率的中间价:

1 美元＝6.7716 人民币

1 欧元＝8.4956 人民币

1 英镑＝10.2916 人民币

对中国工商银行来讲,人民币是本币,美元、欧元或者英镑都是外币,用本币表示外币价格,这种标价方法是直接标价法。

直接标价法下,汇率标价法中等号右面的本币数值变大,则外币升值,本币贬值。因为要用较原来多的本国货币才能购得同量的外国货币,所以外国货币升值,本国货币贬值,本币的汇率下降。反之,汇率标价法中等号右面的本币数值变小,外币贬值,本币升值。也就说,如果能用比原来少的本国货币购得同等数量的外国货币,则本国货币升值,外国货币贬值。

（二）间接标价法

间接标价法下,用外币表示本币的价格,即数量固定的本国货币能够兑换多少单位外国货币。世界上英国、美国、欧盟、加拿大和澳大利亚等国采用此方法。美国在1978年以前采用直接标价法,1978年后除了对英镑和欧元等货币的汇率仍采用直接标价法以外,对其他货币的汇率都用间接标价法。英国对所有国家的汇率都采用间接标价法。

例:某日,美国纽约花旗银行外汇市场牌价:

1美元＝6.7716人民币

1美元＝123.15日元

对美国来讲,美元是本币,人民币或者日元是外币。用外币表示本币的价格,这种标价方法是间接标价法。

间接标价法下,汇率标价法中等号右面的外币数值变大,本币升值,外币贬值;汇率标价法中等号右面的外币数值变小,本币贬值,外币升值。

（三）美元标价法

美元标价法是指各货币均以美元为标准表示汇率的方法。在实际的外汇买卖中,对交易双方而言,交易所涉及的两种货币往往是外国货币而非本国货币,就很难再使用直接或间接标价法的概念对报价进行规范。除欧元、英镑、澳元、新西兰元等几种货币外,其他货币都以美元为基准货币进行标价,即美元标价法。两种非美元货币之间的汇率需要进行套算。美元标价法是目前国际金融市场上炒外汇通用的标价法。

人们将各种标价法下数量固定不变的货币叫做基准货币（Base Currency）或者基础货币、基本货币、关键货币,把数量变化的货币叫做标价货币（Quoted Currency）。在美元标价法下（除欧元、英镑、澳元、新西兰元等几种货币外）,基准货币是美元,标价货币是其他各国货币。若标价货币的数额上涨,说明美元升值、汇率上涨,而标价货币相对美元贬值、汇率下跌;反之亦然。

欧元、英镑、澳元、新西兰元的标价则采用以本身为基准货币,以美元为标价货币。若标价货币的数额上涨,说明美元贬值、汇率下跌,而标价货币相对美元升值、汇率上涨;反之亦然。

美元标价法下,不区分直接和间接,买卖的都是基础货币,且基础货币数量是固定的,如表8-2所示,货币对中反斜杠前面的都是基础货币,基础货币都是1个单位,含义即1单位基础货币兑换的另一种货币的数量。

表 8-2　某日外汇市场牌价

货币对	收盘价	上一交易日收盘价	较前日涨跌幅（%）
美元/日元	100.67	99.82	0.85
欧元/美元	1.3408	1.3604	−1.44
英镑/美元	1.7043	1.7097	−0.32
美元/瑞郎	1.1390	1.1288	0.90
澳元/美元	0.6432	0.6841	−5.98
美元/加元	1.1732	1.1501	2.01
美元/人民币	6.8357	6.8205	0.22

以收盘价为例,外汇牌价为:

USD/JPY＝100.67

银行买入 1 美元,支付 100.67 日元。

EUR/USD＝1.3408

银行买入 1 欧元,支付 1.3408 美元。

GBP/USD＝1.7043

银行买入 1 英镑,支付 1.7043 美元。

USD/CHF＝1.1390

银行买入 1 美元,支付 1.1390 瑞郎。

小知识:汇率标价方法的几点说明

1. 在不同国家同样两种货币的外汇牌价比较

以中美两国为例,同一时间两国国内公布的"人民币和美元的汇率"相差不多,有时两国外汇牌价是一致的。如表 8-3 所示。

表 8-3 美国联邦储备委员会和中国人民银行外汇牌价的比较

日期	中国人民银行外汇牌价	美联储外汇牌价
2008-7-15	6.8230	6.8211
2008-7-14	6.8266	6.8450
2008-7-11	6.8397	6.8338
2008-7-10	6.8489	6.8430
2008-7-9	6.8632	6.8632
2008-7-8	6.8581	6.8510
2008-7-7	6.8567	6.8567
2008-7-4	6.8639	6.8639
2008-7-3	6.8529	6.8529
2008-7-2	6.8621	6.8542
2008-7-1	6.8608	6.8608

注:(1)中国外汇牌价来自中国人民银行,http://www.pbc.gov.cn

(2)美国商业银行外汇牌价取自美国联邦储备委员会,http://www.newyorkfed.org/markets/fxrates/historical/home.cfm

2. 汇率标价方法是相对的

汇率标价是相对的,前提是针对哪个国家来讲。只有国家确定下来,才能确定哪个货币是本币、哪个货币是外币。例如 2008 年 7 月 15 日,在中国 1 美元兑换 6.8230 人民币。同一天在美国,1 美元兑换 6.8211 人民币,汇率数值相差不多。但对中国来讲,"1 美元＝6.8230 人民币"的标价方法是直接标价法;对美国来讲,"1 美元＝6.8211 人民币"的标价方法是间接标价法。

3. 汇率水平高的国家采用间接标价法,比如英国。英国对所有国家都采用间接标价法,美国公布美元对大多数国家货币的汇率采用间接标价法,但对欧元和英镑等货币的汇率采用直接标价法。汇率水平低的国家采用直接标价法,比如韩国,韩国对大多数国家都采用直接标价法。

4. 不同标价法下货币升值的定义

直接标价法、间接标价法和美元标价法下汇率升值的含义是不同的,如表 8-4。但是,不管是直接标价法、间接标价法还是美元标价法,某种货币汇率上升或者货币升值都是指同样数量该种货币能够兑换更多的其他国家的货币。

表 8-4　直接标价法和间接标价法下汇率变动的含义

	直接标价法	间接标价法
定义	外币处于等式的左边,用本币表示外币的价格。	本币处于等式的左边,用外币来表示本币的价格。
表现形式	用本币数量的变动来表示汇率的变动。	用外币数量的变动来表示汇率的变动。
汇率变动	本币的数量↑,表明外币升值(本币贬值),反之亦然。	外币的数量↑,表明本币升值(外币贬值),反之亦然。

不管是直接标价法还是间接标价法,货币升值都是指同样数量的该种货币能够兑换更多数量的其他货币。货币贬值则相反。

三、汇率的分类

（一）买入汇率和卖出汇率

买入汇率(Bid Rate)又称买入价,是指银行向客户买进外汇时所使用的汇率。卖出汇率(Offer Rate)又称卖出价,是指银行向客户卖出外汇时所使用的汇率。买入汇率和卖出汇率都是银行公布的,是站在银行的角度上来讲的;是银行买入或者卖出外汇(不是本币)的价格。

客户和银行的行为是相反的。站在客户角度,如果客户从银行买进外汇,银行则卖出外汇,客户要查看银行的卖出汇率;如果客户卖出外汇,银行则买入外汇,客户要查看银行的买入汇率。客户要明确自己是在买外汇还是卖外汇,而不是看自己是在买本币还是在卖本币。

比如,如果中国国内一客户到银行用1万元人民币兑换美元,应该查看银行的卖出汇率,不能查看银行的买入汇率。因为客户是用本币(人民币)到银行购买外汇。尽管客户是在"卖"本币,但客户是在用本币"买"外汇,而银行在"卖"外汇。所以,客户查看银行卖出外汇时候的汇率——卖出汇率,银行也要查看自己公布的卖出汇率。

1.直接标价法下的买入汇率和卖出汇率

直接标价法下,买入汇率在前,卖出汇率在后。数字较小的是买入汇率,数字较大的是卖出汇率。

例:2010 年 7 月 3 日,中国工商银行的一个外汇牌价:

100 USD＝675.81/851 CNY[①]

对中国工商银行来讲,这是用本币表示外币的价格,即汇率的直接标价法。所以:

中国工商银行买入汇率为 675.81:中国工商银行买进 100 USD,付给客户675.81 CNY。[②]

中国工商银行卖出汇率为 678.51:中国工商银行卖给客户 100 USD,得到678.51 CNY。[③]

中国工商银行每买卖 100 美元获利 2.70 CNY,中国工商银行美元汇率的点差为 0.20%。反过来,这就是客户的汇兑成本。[④]

2.间接标价法下的买入汇率和卖出汇率

间接标价法下,卖出汇率在前,买入汇率在后。间接标价法下,数字较小的是卖出汇率,数字较大的是买入汇率。

但是,不管是直接标价法还是间接标价法,外汇牌价等式右方,前面的数字都小于后面的数字。

例:某日美国银行的一个外汇牌价:

1 USD＝1.6152/202 DEM

对美国银行来讲,这是用外币表示本币的价格,即汇率的间接标价法。所以:

---

① 该标价方法有两层含义:A 货币/B 货币:表示 100 单位的 A 货币兑换多少 B 货币;等式右边的 x 数值/y 数值分别表示直接标价法下报价方的买入价和卖出价。由于买入价和卖出价相差不大,因此卖出价仅标出最后几位不一样的数字,与买入价相同的前几位数则省略不写。"851"实际代表的数字是"678.51"。

② 客户卖给中国工商银行 100 USD,客户可以从银行得到675.81 CNY。

③ 客户从中国工商银行购买 100 USD,客户需要支付给银行678.51 CNY。

④ 该例题中的汇率不是真实发生的汇率,所以点差较大。点差即卖出汇率和买入汇率的差除以两者的算术平均值。外国商业银行的点差一般为 0.1%,我国大约为 0.5%。点差越高,银行利润越高。对于客户来说,点差越高,汇兑成本越高,炒外汇时获利的机会越小。

美国银行买入汇率为 1.6202：美国银行买进 1.6202 DEM，要支付 1 USD。①

美国银行卖出汇率为 1.6152：美国银行卖出 1.6152 DEM，得到 1 USD。②

美国银行买卖获利 0.05 DEM。反过来，这就是客户的汇兑成本。

小知识：查询人民币汇率的渠道和方法

用 Google 或百度搜索"外汇牌价"，或者直接到国内各商业银行网站查看人民币外汇牌价。比如表 8-5 和表 8-6 所示中国工商银行（http://www.icbc.com.cn）和中国交通银行（http://www.bankcomm.com）人民币外汇牌价。

表 8-5　中国工商银行人民币外汇牌价

时间：2010 年 7 月 3 日 04:02:41　　　　　　　　　　单位：人民币/100 外币

币种	现汇买入价	现钞买入价	卖出价	汇买、汇卖中间价
美元（USD）	675.81	670.39	678.51	677.16
港币（HKD）	86.73	86.03	87.07	86.90
日元（JPY）	7.6773	7.4306	7.7389	7.7081
欧元（EUR）	846.16	818.98	852.96	849.56
英镑（GBP）	1 025.03	992.10	1 033.27	1 029.15
瑞士法郎（CHF）	633.29	612.94	638.37	635.83
加拿大元（CAD）	634.78	614.39	639.88	637.33
澳大利亚元（AUD）	568.16	549.90	572.72	570.44
新加坡元（SGD）	484.94	469.36	488.84	486.89
丹麦克朗（DKK）	113.54	109.90	114.46	114.00
挪威克朗（NOK）	104.78	101.41	105.62	105.20
瑞典克朗（SEK）	88.33	85.49	89.03	88.68
澳门元（MOP）	84.14	83.47	84.48	84.31
新西兰元（NZD）	464.42	449.50	468.16	466.29
韩元（KRW）	——	0.5222	0.5794	0.5508

注：此汇率为中国工商银行初始报价，成交价以各地分行实际交易汇率为准。

---

① 客户卖给美国银行 1.6202 DEM，客户得到 1 USD。
② 客户从美国银行买进 1.6152 DEM，客户要支付给银行 1 USD。

表 8-6 中国交通银行人民币外汇牌价

时间:2010-07-03　04:01:36

币种	单位	现汇买入价	现钞买入价	卖出价	中间价
澳大利亚元(AUD/CNY)	100	569.31	551.02	573.87	571.59
加拿大元(CAD/CNY)	100	635.17	614.77	640.27	637.72
瑞士法郎(CHF/CNY)	100	633.62	613.26	638.7	636.16
丹麦克朗(DKK/CNY)	100	113.63	109.98	114.53	114.08
欧元(EUR/CNY)	100	846.64	819.44	853.44	850.04
英镑(GBP/CNY)	100	1 025.13	992.19	1 033.35	1 029.24
港币(HKD/CNY)	100	86.7	86.01	87.04	86.87
日元(JPY/CNY)	100 000	7 672.88	7 426.36	7 734.5	7 703.69
韩元(KRW/CNY)	100 000	—	531.14	570.8	550.97
澳门元(MOP/CNY)	100	84.18	83.5	84.5	84.34
挪威克朗(NOK/CNY)	100	104.87	101.5	105.71	105.29
新西兰元(NZD/CNY)	100	—	450.13	—	466.93
菲律宾比索(PHP/CNY)	100	—	14.03	—	14.55
瑞典克朗(SEK/CNY)	100	88.39	85.55	89.09	88.74
新加坡元(SGD/CNY)	100	484.8	469.22	488.68	486.74
泰铢(THB/CNY)	100	—	20.14	—	20.89
美元(USD/CNY)	100	675.65	670.23	678.35	677

注:(1)牌价非实际交易价格,仅供参考。
(2)仅提供查询最多两个月内的牌价交易价格。

中国人民银行于每个工作日闭市后公布当日银行间外汇市场美元等交易货币对人民币的收盘价,作为下一个工作日该货币对人民币交易的中间价。中间价是一日一价,但不是银行挂牌买卖价的加权平均价。以中间价为基础,外汇指定银行可在波幅范围内一日多次调整银行挂牌买卖价,实现柜台外汇牌价的"一日多价"。

对所有的商业银行来讲,现汇买入价和现钞买入价是不同的,但所有商业银行现汇的卖出价和现钞的卖出价是一样的。对银行来讲,现钞买入价低于现汇买入价,银行买现钞比较便宜,都低于卖出价。现钞卖出价与现汇卖出价相同。现钞是指外币钞票和硬币。现汇是指以支票、汇款、托收等国际结算方式取得并形成的银行存款。现钞与现汇的区别主要在于银行的处理成本不同。银行进行现钞兑换时更麻烦,所以买入现钞价格低。具体来讲,就是与买入现汇相比,银行买入现钞后要承担更高的成本费用。银行买入现钞要承担的成本费用包括:现钞管理费、运输费、保险费、包装费等。这些费用就反映在现钞买入价低于现汇买入价的差额中。如果银行买入的是现钞,由于外币现钞不能在交易的当地流通使用,需要把现钞运往国外,所以它不仅不能立即获得存款和利息,而且还得支付费用保管现钞。等到现钞积累到足够数量,银行才能把这些外币现钞运送到国外,存在国外的银行里。直到此时,银行才能获得在国外银行的外汇存款并开始获得利息。银行买入现汇的价格更高。因为客户把现汇卖给银行,就是把客户在国外银行的外汇存款卖给银行。这笔外汇存款从客户卖给银行的那一刻起,就从客户的名下转移到银行的名下。银行只要做相应账务处理,就可以马上得到这笔在国外银行的外汇存款,并可以马上开始计算利息。

比如表 8-5 中国工商银行美元与人民币的现汇价格:100 USD/CNY＝675.81/851。现汇买入价为 675.81,即中国工商银行买入 100 美元现汇,需支付 675.81 人民币。而美元与人民币的现钞价格为:100 USD/CNY＝670.39/851。现钞买入价为 670.39,即中国工商银行买入 100 美元现钞,需支付670.39人民币。很显然,中国工商银行现钞买入价低于现汇买入价,也都低于卖出价。

根据国家外汇管理有关规定,现钞不能随意换成现汇。个人外汇买卖业务本着"钞变钞,汇变汇"的原则。

(二)即期汇率与远期汇率

按外汇买卖的交割期限来划分,汇率可分为即期汇率与远期汇率。所谓交割,是指买卖双方履行交易契约,进行钱货两清的收受行为。外汇买卖的交割是指购买外汇者付出本国货币、出售外汇者付出外汇的行为。由于交割日期不同,汇率就有差异。

1.即期汇率

即期汇率(Spot Exchange Rate)是用于外汇的现货买卖的汇率。外汇现货买卖即外汇即期交易(Spot Exchange Transaction),又称现汇交易,是指外汇买卖成交后在两个营业日内完成资金对应收付、办理交割的外汇交易。

2. 远期汇率

远期汇率(Forward Exchange Rate)是用于远期外汇交易的汇率。远期外汇交易(Forward Exchange Transaction)又称期汇交易,是指交易双方在成交后并不立即办理交割,而是事先约定币种、金额、汇率、交割时间等交易条件,到期才进行实际交割的外汇交易。

远期外汇交易与即期外汇交易的根本区别在于交割日不同。凡是交割日在成交两个营业日以后的外汇交易均属于远期外汇交易。

(三)固定汇率和浮动汇率

1. 固定汇率

固定汇率(Fixed Exchange Rate)是指两国货币的汇率基本固定,汇率的波动幅度被限制在较小的范围内。

2. 浮动汇率

浮动汇率(Floating Exchange Rate)是指不规定汇率波动的上下限、可以自由变动的、汇率随外汇市场的供求关系自由波动的汇率。

(四)名义汇率、实际汇率和有效汇率

1. 名义汇率

名义汇率(Norminal Exchange Rate)是在社会经济生活中被直接公布、市场上使用的汇率。有些国家的名义汇率由政府决定,另外一些国家由市场供求决定。[①]

2. 实际汇率

实际汇率(Real Exchange Rate)是用两国价格水平对名义汇率进行调整后的汇率,即 eP^*/P。

其中,e 为直接标价法的名义汇率,即用本币表示的外币价格,P^* 为以外币表示的外国商品价格水平,P 为以本币表示的本国商品价格水平。实际汇率反映了以同种货币表示的两国商品的相对价格水平,从而反映了本国商品的国际竞争力。

在金本位制度下,各国规定了每一铸币单位的含金量,两种货币的含金量

---

① 一国汇率高估(Overvaluation)是指货币的名义汇率高于其均衡汇率。均衡汇率是外汇的供给等于外汇的需求时的汇率。低估(Undervaluation)是指货币的名义汇率低于其均衡汇率。

的对比称为铸币平价。这是在金本位制度下两种货币实际价值的对比形成的汇率,是金本位制度下的实际汇率。在纸币流通制度下,纸币是黄金的价值符号,起初规定了纸币的含金量,这种纸币的含金量的对比称为黄金平价,以黄金平价作为汇率的决定基础。后由于纸币的法定含金量与纸币实际代表的含金量脱节,因而纸币的汇率改由其实际价值的对比来确定其汇率。在金本位制度、纸币流通制度下决定汇率的基础都是货币实际价值的对比,实际汇率不依外汇市场供求波动而波动。实际汇率不是市场实际外汇买卖的汇率而应是买卖外汇的基础。外汇市场上实际买卖外汇的汇率总是偏离实际汇率。

3.有效汇率

有效汇率(Effective Exchange Rate)是一种加权平均汇率,通常以对外贸易比重为权数。有效汇率是一个非常重要的经济指标,通常被用于度量一个国家贸易商品的国际竞争力,也可以被用于研究货币危机的预警指标,还可以被用于研究一个国家相对于另一个国家居民生活水平的高低。

在具体的实证过程中,人们通常将有效汇率区分为名义有效汇率(Norminal Effective Exchange Rate)和实际有效汇率(Real Effective Exchange Rate)。一国的名义有效汇率等于其货币与所有贸易伙伴国货币双边名义汇率的加权平均数,如果剔除通货膨胀对各国货币购买力的影响,就可以得到实际有效汇率。实际有效汇率不仅考虑了所有双边名义汇率的相对变动情况,而且还剔除了通货膨胀对货币本身价值变动的影响,能够综合地反映本国货币的对外价值和相对购买力。

目前,通行的加权平均方法包括算术加权平均和几何加权平均两类。在测算有效汇率时,研究人员往往根据自己的特殊目的来设计加权平均数的计算方法、样本货币范围和贸易权重等相关参数,得出的结果可能存在一定的差异。

(五)基准汇率和套算汇率

基准汇率是指本国货币与基准货币或关键货币的汇率。

由于外币种类很多,各国在制定本国汇率时,通常选择某种货币作为基准货币或关键货币,首先制定本币对基准货币的汇率,叫做基准汇率;然后根据基准汇率套算出本币对其他货币的汇率。关键货币一般是指一种在本国对外经济交往中最常使用的世界货币,被广泛用于计价、结算、储备货币,并可自由兑换,是国际上可普遍接受的货币。目前作为关键货币的通常是美元,把本国货币对美元的汇率作为基准汇率。

其他外国货币与本国货币之间的汇率,可以根据国际市场上该货币与关键货币之间的汇率和基准汇率套算出来。套算出来的汇率就是套算汇率,也称为交叉汇率。

四、汇率变动的幅度

(一)汇率变动的绝对值

用基点衡量汇率变动的绝对值。按照惯例,汇率的标价通常由 5 位有效数字组成,从右边向左边数过去,第一位称为"X 个基点",它是汇率变动的最小单位;第二位称为"X 十个基点",以此类推。1 点等于单位货币的 0.0001(0.1‰)。25 个基点,即变动 0.25%。日元 1 点等于单位日元的 0.01(1%)。

例如:欧元对美元的汇率从 1 欧元 = 1.1010 美元变为 1 欧元 = 1.1015 美元,则欧元对美元上升了 5 个基点,简称 5 个点。

美元对日元从 1 美元 = 120.50 日元变为 1 美元 = 120.00 日元,则美元对日元下跌了 50 点。

(二)汇率变动的相对值

相比期初汇率期末变动的幅度,即汇率变动的相对值计算有两种方法。这两种方法计算结果是相同的。

1. 第一种方法

汇率变动幅度可以通过同样数量的该种货币兑换的其他货币数量变化情况来计算。如果同样数量的该种货币兑换的其他货币数量增加,则该种货币相对其他货币升值;反之,如果同样数量的该种货币兑换的其他货币数量减少,则该种货币相对其他货币贬值。比较同样数量的该种货币兑换的其他货币数量变化即可以计算汇率变动幅度。计算本币汇率变动幅度和计算外币汇率变动幅度的公式类似,即:

$$货币汇率变动幅度 = \frac{X_t - X_0}{X_0} \times 100\%$$

公式中,X_t 和 X_0 分别代表同样数量该种货币在期末和期初分别兑换的其他货币的数量。该等式的值大于零则表示升值,小于零则表示贬值。

例:2005 年 7 月 20 日,人民币与美元的汇率中间价为 1 美元 = 8.28 人民币;2011 年 3 月 10 日,1 美元 = 6.56 人民币。请问人民币汇率和美元汇率变动的幅度分别是多少?

解:同样数量的人民币,比如 8.28 人民币,在期末兑换 8.28/6.56 美元,在期初兑换 1 美元,则人民币对美元汇率变动幅度为:

人民币对美元汇率变动幅度$=\dfrac{8.28\div 6.56-1}{1}\times 100\%=26.07\%$

同样数量的美元,比如 1 美元,在期末兑换 6.56 人民币,在期初兑换 8.28 人民币,则美元对人民币汇率变动幅度为:

美元对人民币汇率变动幅度$=\dfrac{6.56-8.28}{8.28}\times 100\%=-20.65\%$

所以,与 2005 年 7 月 20 日相比,2011 年 3 月 10 日人民币对美元升值 26.07%,美元对人民币贬值 20.65%。

2.第二种方法

①直接标价法下汇率变动的幅度

在直接标价法下,计算其汇率变动的幅度(即变动率),公式如下:

外币汇率的变动幅度:$E_{外}=\dfrac{e_1-e_0}{e_0}\times 100\%$

本币汇率的变动幅度:$E_{本}=\dfrac{e_0-e_1}{e_1}\times 100\%$

上述公式中,$E_{本}$和$E_{外}$分别表示本币汇率的变动幅度、外币汇率的变动幅度;e_0表示期初的汇率水平(1 外币$=e_0$本币);e_1表示期末的汇率水平(1 外币$=e_1$本币)。

例:2005 年 7 月 20 日,人民币与美元的汇率中间价为 1 美元$=8.28$人民币;2011 年 3 月 10 日,1 美元$=6.56$人民币;问:人民币汇率和美元汇率变动的幅度分别是多少?

解:根据已知条件,可知:

$e_0=8.28$ $e_1=6.56$

人民币汇率的变动幅度为:

$$E_{本}=\dfrac{e_0-e_1}{e_1}\times 100\%=\dfrac{8.28-6.56}{6.83}\times 100\%=26.07\%$$

人民币对美元的汇率的变动率大于零,人民币对美元升值,升值 26.07%。

美元汇率的变动幅度为:

$$E_{外}=\dfrac{e_1-e_0}{e_0}\times 100\%=\dfrac{6.56-8.28}{8.28}\times 100\%=-20.65\%$$

美元对人民币的汇率的变动率小于零,美元对人民币贬值,贬值 20.65%。

两种方法计算结果一致。

②间接标价法下汇率变动的幅度

如果一国采用间接标价法,计算汇率变动的幅度(即变动率),公式如下:

外币汇率的变动幅度:$E_{外} = \dfrac{e_0 - e_1}{e_1} \times 100\%$

本币汇率的变动幅度:$E_{本} = \dfrac{e_1 - e_0}{e_0} \times 100\%$

上述公式中,$E_{本}$ 和 $E_{外}$ 分别表示本币汇率的变动幅度、外币汇率的变动幅度;e_0 表示期初的汇率水平;e_1 表示期末的汇率水平。

直接标价法和间接标价法下,计算本币(或者外币)的汇率变动幅度的公式是相反的。

(三)人民币汇率变动

从 1953 年到 1973 年,因为中国实行计划经济制度,人民币与美元挂钩,汇率保持在 1 美元兑换 2.46 元人民币的水平上。随后,由于石油危机,世界物价水平上涨,西方国家普遍实行浮动汇率制。为了推行人民币计价结算,便于贸易,为国外贸易所接受的原则,人民币汇率参照西方国家货币汇率浮动状况,采用"一篮子货币"加权平均计算方法进行调整。人民币对美元汇率从 1973 年的 1 美元兑换 2.46 元逐步调至 1980 年的 1.50 元,美元对人民币贬值了 39.2%。

从 1980 年到 1994 年,中国大陆有双重汇率制度。人民币官方汇率因内外两个因素的影响,其对美元汇率由 1981 年 7 月的 1.50 元向下调整至 1984 年 7 月的 2.30 元,人民币对美元贬值了 53.3%。之后人民币汇率又多次下调。美元兑人民币从 1984 年 7 月的 2.30 下调到 1985 年 1 月的 2.80。到 1993 年底,人民币对美元官方汇率与调剂汇率分别为 5.7 和 8.7。

1994 年至 2005 年间,人民币单一钉住美元,人民币汇率不变。1 美元兑 8.28 元人民币左右。2005 年 7 月 21 日 19 时,中国启动人民币汇率制度改革,美元对人民币交易价格调整为 1 美元兑 8.11 元人民币。2005、2006、2007、2008、2009 和 2010 年人民币对美元升值幅度分别为 2.49%、3.35%、6.80%、6.88%、0.09% 和 3.01%(见表 8-7)。[①] 2005 年至 2008 年间,人民币升值速度越来越快。由于美国次贷危机诱发的全球金融危机,中国经济开始明显受到影响,2008 年 6 月起人民币暂停升值。2008 年 6 月到 2010 年 6 月

---

① 本年最后一个交易日中间价和上一年最后一个交易日中间价相比较,人民币对美元汇率变动的幅度。

的 2 年间,1 美元始终兑换 6.83 元人民币左右。2010 年 6 月 18 日,中国重启汇率制度改革,人民币继续升值。但一直到 2011 年 4 月份,人民币升值幅度都很小。进入 2011 年 4 月份,人民币对美元中间价出现加速升值态势,已连续突破6.55、6.54、6.53、6.52、6.51、6.50 等 6 个关口。而在 4 月的最后一个交易日,人民币兑美元汇率中间价升破 6.50 至 6.4990,2011 年以来人民币已升值 1.90%。

自 2005 年人民币汇率形成机制改革以来至 2011 年 3 月末,人民币对美元汇率累计升值 26.24%,对欧元汇率累计升值 8.05%。

表 8-7　2004—2010 年每年最后一个交易日美元与人民币的汇率中间价

（1 单位外币兑换人民币）

	2004	2005	2006	2007	2008	2009	2010
最后一个交易日汇率中间价	8.2765	8.0702	7.8087	7.3046	6.8346	6.8282	6.6227
汇率变动幅度（%）	—	2.49	3.35	6.80	6.88	0.09	3.01

资料来源:中国人民银行网站,www.pbc.gov.cn

以每年中间价为例计算人民币对美元升值幅度,如表 8-8 所示。2010 年人民币与美元汇率中间价为 1 美元＝6.7695 元,与 2005 年人民币与美元汇率中间价比较,人民币只升值 21.01%。[①] 2010 年 1—12 月,人民币对美元期初价 6.8281,期末价 6.6227,最高价 6.6227,最低价 6.828。2010 年人民币对美元汇率平均中间价较上年升值 0.91%,升值幅度很小,远不及 2009 年的1.67%。

---

　　①　本年年平均中间价和上一年年平均中间价相比较,人民币对美元汇率变动的幅度。

表 8-8 1981—2010 年人民币兑换主要货币汇率年平均中间价

（1 单位外币兑换人民币）

年份	美元	日元	港元	欧元
1981	1.7050	0.007735	0.30410	
1982	1.8925	0.007607	0.31150	
1983	1.9757	0.008318	0.27360	
1984	2.3270	0.009780	0.29710	
1985	2.9366	0.012457	0.37570	
1986	3.4528	0.020694	0.44220	
1987	3.7221	0.025799	0.47740	
1988	3.7221	0.029082	0.47700	
1989	3.7651	0.027360	0.48280	
1990	4.7832	0.033233	0.61390	
1991	5.3233	0.039602	0.68450	
1992	5.5146	0.043608	0.71240	
1993	5.7620	0.052020	0.74410	
1994	8.6187	0.084370	1.11530	
1995	8.3510	0.089225	1.07960	
1996	8.3142	0.076352	1.07510	
1997	8.2898	0.068600	1.07090	
1998	8.2791	0.063488	1.06880	
1999	8.2783	0.072932	1.06660	
2000	8.2784	0.076864	1.06180	
2001	8.2770	0.068075	1.06080	
2002	8.2770	0.066237	1.06070	8.0058
2003	8.2770	0.071466	1.06240	9.3613
2004	8.2768	0.076552	1.06230	10.2900
2005	8.1917	0.074484	1.05300	10.1953
2006	7.9718	0.068570	1.02620	10.0190
2007	7.6040	0.064632	0.97459	10.4175
2008	6.9451	0.067427	0.8919	10.2227
2009	6.8310	0.072986	0.8812	9.5270
2010	6.7695	0.077279	0.8713	8.9725

注：

(1)资料来源:中国人民银行网站,www.pbc.gov.cn

(2)欧元(EURO)数据从 2002 年开始。欧元是欧洲货币联盟(EMU)单一货币的名称,是欧元区国家统一法定货币。1999 年 1 月 1 日起在奥地利、比利时、法国、德国、芬兰、荷兰、卢森堡、爱尔兰、意大利、葡萄牙和西班牙 11 个国家(以下称为"欧元区内国家")开始正式使用。2002 年 1 月 1 日起,欧元现钞正式进入流通,欧元区的各成员国原流通货币从 2002 年 3 月 1 日起停止流动。截至 2011 年 1 月 1 日,欧盟 27 个成员国中已有 17 个国家使用欧元,还有 10 个欧盟成员国未加入欧元区。

其他外币方面,2010 年 12 月人民币对欧元月均中间价为 8.7837,较上月的 9.1078 环比升 3.69%,比上年同月的 9.9708 升 13.51%,全年平均中间价为 8.9725,较上年的 9.5270 升值 6.18%。全年人民币对欧元最高价 8.1301,最低价 9.9220,最高价与最低价相差 22.04%。

2010 年 12 月人民币对日元(100 日元,下同)月均中间价为 7.9809,较上月的 8.0725 环比升 1.15%,比上年同月的 7.6101 贬值 4.65%,全年平均中间价 7.7279,较上年的 7.2986 贬值 5.56%。全年人民币对日元最高价 7.1922,最低价 8.3008,最高价与最低价相差 15.41%。

2010 年 12 月人民币对港元月均中间价为 0.85560,较上月的 0.85829 环比升 0.31%,比上年同月的 0.88069 升 2.93%,全年平均中间价 0.87131,较上年的 0.88123 升值 1.14%。全年人民币对港元最高价 0.85093,最低价 0.88047,最高价与最低价相差 3.47%。

第三节　影响汇率变动的因素和汇率变动的经济后果

在现实中,许多因素影响一国汇率,这些因素既有经济的,也有非经济的。各因素之间相互联系,相互制约,甚至相互抵消。理论研究每个影响因素时,都假定其他条件不变。但从现实情况角度分析汇率变动问题时,不能只从某一因素进行,而要全面综合分析所有因素的影响作用。

一、影响汇率变动的因素

(一)经济因素

1. 国际收支

国际收支是一国对外经济活动的综合反映,它对一国货币汇率的变动有着直接的影响。而且,从外汇市场的交易来看,国际商品和劳务的贸易构成外汇交易的基础,因此它们也决定了汇率的基本走势。

一国因出口大于进口或者吸引大量 FDI,国际收支都会出现顺差,引起外汇供给增长。出口商因出口得到的外汇或者进入该国进行直接投资的跨国公司拿来的外汇不能在该国流通,出口商或者跨国公司需要将这些外汇换成该国本币。这时,出口商或者跨国公司把外汇卖给商业银行,商业银行把本币卖给出口商和跨国公司。在这个过程中,对该国货币需求增加,而外币的供给增加,本币汇率就会上升,外币汇率下降;反之,当一国国际收支逆差时,该国居民要用本币购买外国货币,对外国货币产生更大的需求,这时,在外汇市场就会引起外汇升值,本币贬值。如图 8-1 所示。

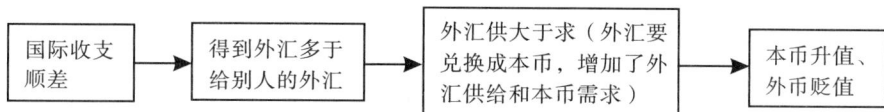

| 国际收支顺差 | → | 得到外汇多于给别人的外汇 | → | 外汇供大于求(外汇要兑换成本币,增加了外汇供给和本币需求) | → | 本币升值、外币贬值 |

图 8-1　国际收支对汇率的影响

如果一国国际收支顺差且该国货币不是国际货币,比如人民币,则该国国际贸易需要用外币计价和结算,该国顺差拿到的外币数量越来越多,拿回来的外币要兑换成本币,增加了对本币的需求,本币升值、外币贬值;如果一国国际收支顺差但该国货币是世界货币,比如美元或者欧元,国际贸易可以使用该国货币计价和结算,购买该国产品的国家需要先购买该国货币,增加了对该国货币的需求,顺差国的货币升值。

2005 年以来人民币对美元一直在升值的内在原因也是中国对美国顺差。自 20 世纪 80 年代中后期开始,美元在国际经济市场上长期处于贬值的状况,而日元一直不断升值,其主要原因就是美国长期以来出现国际收支逆差,而日本对美国持续出现巨额顺差。

2.通货膨胀

通货膨胀是影响汇率变动的一个长期、主要而又有规律性的因素。在纸币流通条件下,两国货币之间的比率,从根本上说是根据其所代表的价值量的对比关系来决定的。通货膨胀对汇率的影响一般要经过一段时间才能显现出来。

一般来说,通货膨胀率高的国家货币汇率下跌,通货膨胀率低的国家货币汇率上升。通货膨胀率高的国家,货币的对内购买力降低,会使该国货币的对外购买力降低,即贬值。因此,对内购买力是对外购买力的基础。仔细来讲,如果国内产生通货膨胀,物价上升(本币对内购买力下降),出口减少,进口增加,顺差变小,可以抑制本币升值的压力(本币对外购买力下降);如果该国因为国内通货膨胀而由顺差变成逆差,则在其他条件不变的情况下,该国需要用本币兑换外币支付进口,本币供给增加、外币需求增加,本币贬值(本币对外购买力下降)、外币升值。总之,国内有通货膨胀,会抑制本币升值,甚至可能导致本币贬值。如图 8-2 所示。

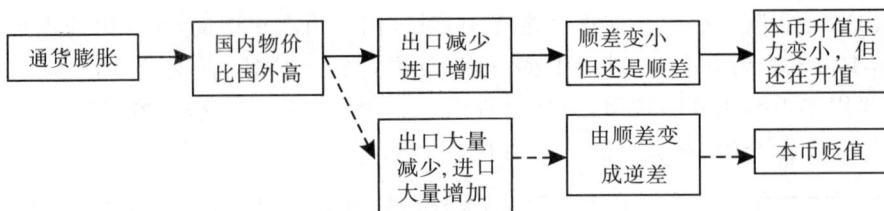

图 8-2　通货膨胀对汇率的影响

　　相反,国内产生通货紧缩,会缓解本币贬值压力,甚至导致本币升值。因为国内产生通货紧缩,物价下降(本币对内购买力上升),本国出口增加,进口减少,本来就是逆差,现在逆差变小,会缓解本币贬值压力;如果出口大量增加,进口大量减少,由逆差变成顺差,会导致本币汇率上升(对外购买力上升)。总之,国内有通货紧缩,会抑制本币贬值,如果本国国际市场变成顺差,在其他条件不变的情况下会导致本币升值。如图 8-3 所示。

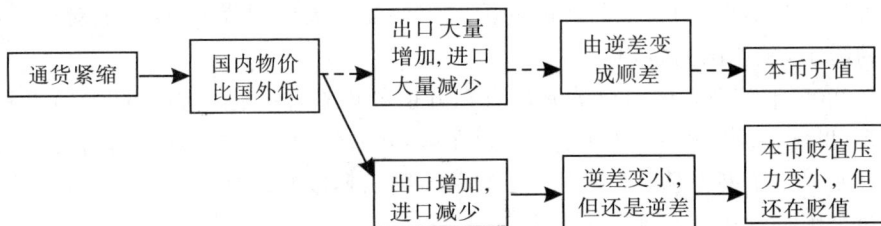

图 8-3　通货紧缩对汇率的影响

　　总之,一国国内有通货膨胀(该国货币对内购买力下降),其国际收支顺差变成逆差时,本币贬值(该国货币对外购买力下降)。同样,一国国内有通货紧缩(该国货币对内购买力上升),其国际收支逆差变成顺差时,本币升值(该国货币对外购买力上升)。所以,在一定条件下,本币对内购买力和对外购买力变动方向是一致的。

　　3.利率

　　利率高低,会影响一国金融资产的吸引力。一国利率的上升,会使该国的金融资产对本国和外国的投资者来说更有吸引力,从而导致国外资本流入,国外资本要兑换成本币,增加对本币的需求,本币汇率上升,本币升值、外币贬值。如图 8-4 所示。

　　当然,这里也要考虑一国利率与别国利率的相对差异。如果一国利率上升,但别国也同幅度上升,则汇率一般不会受到影响;如果一国利率虽有上升,

```
┌──────────┐    ┌──────────┐    ┌────────────────────┐    ┌──────────┐
│ 一国提高 │───▶│ 国外资本 │───▶│ 外汇供大于求（外汇要 │───▶│ 本币升值、│
│ 利率     │    │ 流入     │    │ 兑换成本币，增加了外 │    │ 外币贬值 │
│          │    │          │    │ 汇供给和本币需求）   │    │          │
└──────────┘    └──────────┘    └────────────────────┘    └──────────┘
```

图 8-4　利率对汇率的影响

但别国利率上升更快，则该国利率相对来说反而下降了，其汇率也会趋于下跌。

利率因素对汇率的影响是短期的，一国仅靠高利率来维持汇率坚挺，其效果是有限的，因为这很容易引起汇率的高估，而汇率高估一旦被市场投资者（投机者）所认识，很可能产生更严重的本国货币贬值风潮。例如，20 世纪 80 年代初期，里根入主白宫以后，为了缓和通货膨胀，促进经济复苏，采取了紧缩性的货币政策，大幅度提高利率，其结果使美元在 20 世纪 80 年代上半期持续上扬，但是 1985 年，伴随美国经济的不景气，美元高估的现象已经非常明显，从而 1985 年秋天美元开始大幅度贬值。

4.经济增长率

在其他条件不变的情况下，任何一国经济增长率高，本币就有升值的趋势。

对于出口导向型国家来说，经济增长是由于出口增加和招商引资而推动的。一是经济较快增长伴随着本国商品出口的高速增长和进入该国的外商直接投资数量增加，都会增加对该国货币的需求，其汇率会上升；二是如果国外投资者把该国经济增长率较高看成是经济前景看好、资本收益率提高的反映，那么就可能扩大对该国的投资，增加对该国货币的需求，这时，该国汇率也会上升。中国就同时存在着这两种情况，尤其是 2001 年加入 WTO 以后，中国一直面临着人民币升值的巨大压力。

5.财政收支

政府的财政收支状况常常也被作为该国货币汇率预测的主要指标，当一国出现财政赤字，其货币汇率如何变动主要取决于该国政府所选择的弥补财政赤字的措施。一般来说，为弥补财政赤字一国政府可采取四种措施：一是通过提高税率来增加财政收入，如果这样，会降低个人的可支配收入水平，从而个人消费需求减少，同时税率提高会降低企业投资利润率而导致投资积极性下降，投资需求减少，导致资本品、消费品进口减少，出口增加，进而导致汇率升值；二是减少政府公共支出，这样会通过乘数效应使该国国民收入减少，减少进口需求，促使汇率升值；三是增发货币，这样将引发通货膨胀，由前所述，将导致该国货币汇率贬值;四是发行国债,从长期看这将导致更大幅度的物价上涨,也会引起该国货币汇率下降。在这四种措施中,各国政府比较有可能选择的是后两种。如果采用增发货币即赤字货币化的方法解决财政赤字,国内流通货币数量增加,会产生通货膨胀,会抑制本币升值压力,其货币汇率往往贬值。

6.外汇储备

一国中央银行所持有外汇储备充足与否反映了该国干预外汇市场和维持汇价稳定的能力大小。外汇储备多,该国货币不会贬值。如果该国货币有贬值压力,该国政府可以动用外汇储备购买外汇市场上的本币,增加对本币的需求,捍卫本币汇率稳定。所以,外汇储备对该国货币稳定起非常重要作用。外汇储备充足,往往该国货币汇率也较坚挺;外汇储备少,则缺少捍卫本币汇率稳定的能力。

东南亚金融危机很大一个原因就是这些国家连年贸易赤字和归还外债,并且外汇储备不足。当本币贬值时,政府无法用外汇储备购买本币。1997年7月2日,泰国宣布放弃自1984年以来一直实施的固定汇率制度安排,当天泰铢即贬值20%。7月11日,菲律宾首先步泰国后尘,宣布货币自由浮动。菲律宾比索当天贬值11.5%,利率一夜之间猛升到25%;印尼则宣布印尼盾汇率的波幅由8%扩大到12%;一向稳健的新加坡元也于7月18日跌至30个月以来的最低点,1美元兑换1.4683新元;8月14日,印尼宣布汇率自由浮动,当天印尼盾再次贬值5%;8月16日,马来西亚林吉特暴跌了6%,跌至24年来的最低点。因为外汇储备数量少,面对本币贬值政府无能为力。

(二)政治因素

政治因素主要是指政治风险。政治风险是指由于一国的投资气候恶化而可能使资本持有者所持有的资本遭受损失。如果一个国家发生战争、政变、大选、边界冲突、自然灾害等,该国本币有贬值压力。

此外,各国政府(央行)为稳定外汇市场,增加国内就业和维持国内经济健康发展,遏制竞争对手经济过快增长,经常对外汇市场进行干预。干预的途径主要有四种:①与其他国家联合,进行直接干预,要求别国货币升值(比如1985年美国为首的西方国家强迫日元和德国马克升值,2005年美国和日本强迫人民币升值),或通过政策协调进行间接干预等;②直接在外汇市场上买进或卖出外汇;③调整国内货币政策和财政政策;④在国际范围内发表表态性言论以影响市场心理。政府干预虽然不能从根本上改变汇率的长期趋势,但在不少情况下,它对汇率的短期波动有很大影响。

（三）预期心理因素

在外汇市场上，人们买进还是卖出某种货币，和交易者对今后情况的看法有很大关系。当交易者预期某种货币的汇率在今后可能下跌时，他们为了避免损失或获取额外的好处，便会大量地抛出这种货币；而当他们预料某种货币今后可能上涨时，则会大量地买进这种货币。在允许卖空交易的国家，也可以针对有贬值趋势的货币进行卖空操作。一些外汇专家认为，外汇交易者对某种货币的预期心理现在已是决定汇率变动的最主要因素。

如果一个国家货币缓慢升值，国际热钱就会预测短期内该国货币不会升值到位，未来只会升值不会贬值，就会加速流入该国。而且因为是缓慢升值，国际热钱有机会和时间窗口从容流入该国，兑换成该国货币，增加对该国货币的需求，该国货币升值压力变大。

如果一国货币快速升值，快速升值后就会趋于稳定。这时，就不存在货币升值的预期。而且由于货币升值速度快，国际热钱无法在短期内进入该国，不会增加该国货币升值的压力。

二、影响人民币升值的因素

（一）经济因素

1. 国际收支顺差

1998 年以来，我国国际收支始终保持经常项目和资本项目双顺差。双顺差导致流入我国的外汇数量越来越多，要兑换成人民币，增加对人民币的需求。所以，人民币本身就有升值的压力。

2. 国内通货膨胀

货币对内购买力是对外购买力的基础，国内通货膨胀会抑制本币升值，甚至会导致本币贬值。为什么国内有通货膨胀、对内购买力下降了，人民币还要升值？原因之一就是尽管中国有通货膨胀，但中国仍然是顺差。2010 年中国 CPI 上涨 3.1%，国内有通货膨胀，人民币对内购买力下降，但中国仍然是顺差（只不过顺差因为国内通货膨胀而变小而已）。只要是顺差，人民币还要继续升值，只不过升值压力没有以前大。另一个原因就是前文理论分析国内物价对汇率的影响时，都是假设其他条件不变。但是现实生活中所有因素都在变化，影响人民币汇率的因素除了中国国内物价外，利率、经济增长率、热钱流入、外国政府压力和心理预期等等因素都对汇率同时产生影响，这些因素中的大部分因素都导致人民币升值。所以，尽管中国国内有通货膨胀，但中国仍然是顺差,再加上其他一些影响因素的共同作用,人民币还在升值。

3.利率提高

我国在 2010 年 10 月、2010 年 12 月、2011 年 2 月以及 4 月连续四次提高利率(加息),导致国外资金的进入和在外资金的回流,从而增加对人民币的需求,拉动人民币升值。

4.中国经济增长速度快

高的经济增长率,往往伴随本币升值。在世界经济普遍不景气的背景下,中国经济持续高速增长,人民币本身有升值的压力。中国较低的人力资本和良好的经济前景吸引对华直接投资剧增,这也形成了人民币升值的压力。

5.外汇储备数量多

2010 年 12 月底,中国外汇储备已达 2.847 万亿美元,较 2009 年增长 18.7%。如果人民币贬值,中国有充足的外汇储备在外汇市场上购买人民币,让人民币不贬值。

(二)政治因素

虽然中国国内一段时期内有地震和泥石流等自然灾害,但中国整个社会经济运行平稳,国内政局稳定,人民币没有贬值的压力。而且,世界上许多的重要经济体都强烈要求人民币升值,尤其是美国、日本等国出于增加各自国内就业和政治的需要向中国施加巨大压力。一定程度上讲,人民币是被迫升值。

(三)预期心理因素

2005 年以来,人民币缓慢升值而不是一步到位。人民币每年升值幅度都不大,不超过 7%。国际热钱就会预期短期内人民币只会涨不会跌。而且因为人民币缓慢升值,国际热钱有机会和时间窗口流入中国,兑换成人民币,从而增加对人民币的需求,增加人民币升值的压力,加速人民币升值的步伐。

三、汇率变动的经济后果

汇率变动是指汇率上升或者汇率下降。汇率变动从根本上说取决于一国国际收支和经济发展的状况,但实际上,汇率的变动在很大程度上受到该国汇率政策的影响,即出于一定的目的,该国政府有意识地促使本国货币贬值或升值。因为货币汇率的变动对一国经济会产生广泛的影响,既有有利方面,也有不利的方面,而该国决策层往往为了某些方面的目标,而促使汇率朝有利的方向移动,因此有必要对汇率变动的经济效应作些具体的分析。

因为人民币近年来一直升值,下面以升值为例分析汇率变动对经济的影响。货币升值对经济的影响和贬值对经济的影响正好相反。

（一）本币升值对一国涉外经济的影响

1. 本币升值将抑制出口，鼓励进口，恶化国际收支

本币升值不利于出口企业。一国货币升值，会提高该国出口商品的外币价格，出口商品的价格优势将消失，降低出口产品的国际竞争力，国外市场对该国出口产品的需求萎缩，订单减少。相反，对于进口来说，本币升值会导致进口商品的本币价格下降，这会提高进口商品在国内市场的竞争能力，增加对这些进口商品的需求，增加进口数量。进口增加，出口减少，恶化国际收支。

下面通过举例来认识本币升值对进出口的影响。首先看本币升值对出口的影响。在人民币对美元汇率是 1 美元＝8 人民币的时候，中国出口到美国 1 万双皮鞋，每双皮鞋定价 80 元人民币。皮鞋生产商出价 80 万/8＝10 万美元，此时企业利润率为 5％。一年后，假如人民币升值到 1 美元＝6.8 人民币，在皮鞋人民币价格不变的情况下，该皮鞋生产商还是出口 1 万双皮鞋。此时，皮鞋生产商只能出价 80 万/6.8＝11.76 万美元。[①] 美国进口商购买中国制造的皮鞋需要多支出 1.76 万美元。总之，本币升值后，即使出口商品的本币价格不变，也会导致出口商品的外币价格上涨，中国制造产品的价格优势减弱，外国居民购买中国商品的数量减少。[②] 参见"小知识：人民币升值对国际贸易的影响"。

再看本币升值对进口的影响。中国企业进口美国的一套设备，每套设备价值 10 万美元。在人民币对美元汇率是 1 美元＝8 人民币的时候，中国企业购买一套美国造的设备需要花费 10 万×8＝80 万元人民币。假如一年后人民币升值到 1 美元＝6.8 人民币，中国企业购买一套美元价格不变的美国设备，这时需要花费 10 万×6.8＝68 万美元。比人民币升值前少支出 12 万元人民币。本币升值后，进口商品的本币价格下降，本国居民会增加进口商品的购买量。

但是，这里还要注意两个问题：

第一是"弹性"问题。上面我们所分析的货币升值可以增加进口，抑制出

---

① 如果国内发生通货膨胀和劳动力工资上涨，则企业生产成本上升。这种情况下，企业不会降低商品的人民币单价，否则利润会下降更多。

② 如果一国有通货膨胀和劳动力成本上涨，为保持利润率不变，出口商品的本币价格不是不变而是上涨，这将进一步提高订单的外币价格，削弱价格优势，导致订单数量减少。

口,考虑的仅仅是进出口的数量,而非外汇价值。而一国政府关心的主要是汇率升值或者贬值是否会减少外汇收入,增加外汇支出,恶化贸易收支问题。事实上就出口而言,汇率升值对出口数量和出口商品外币单价的影响是相反的。外汇收入等于出口数量乘以价格。一国本币升值以后,一国商品出口数量(Q)减少,但是同时其外币单价却在增加(上例中从 10 美元增加到 11.76 美元)。因此,随着出口数量的减少,所得外汇收入却不一定减少。

那么在什么条件下,货币升值会减少出口外汇收入呢?在货币升值的国家,如果其出口商品在国外市场的需求价格弹性与进口商品在该国国内的需求价格弹性之和大于 1,其货币对外币的升值会减少国际收支顺差;两者之和小于 1,会增加国际收支顺差;两者之和等于 1,国际收支状况不变。参见“小知识:“马歇尔—勒纳条件和 J 曲线效应”。

第二是“时间滞后”问题。即使一国进出口商品需求的价格弹性满足“马歇尔—勒纳条件”,汇率升值后其贸易收支也不会立即得到恶化,而是需要在一段时间之后才会慢慢地开始恶化。因为在升值初期,该国进口商品的本币价格已经下降,出口商品的外币价格已经提高,但是该国的进出口规模却不可能马上改变。参见“小知识:马歇尔—勒纳条件和 J 曲线效应”。

2.本币升值将使进出口企业面临汇率风险

本币升值,出口企业不仅订单减少,还面临汇率风险。汇率风险又称外汇风险,是指经济主体持有或运用外汇的经济活动中,因汇率变动而蒙受损失的可能性。出口企业有应收外汇款项,出口企业接单、出货和结汇周期越长,如果本币升值,越晚拿到外汇款项,兑换的本币数量越少,汇率风险越高。进口企业有应付外汇款项。如果本币升值,支付外汇款项越迟,购买外汇需要花费的本币越少,所以本币升值背景下进口企业没有汇率风险。参见“小知识:人民币升值对国际贸易的影响”。

以一个 100 万美元订单为例,签订合同时 1 美元兑人民币为 6.6,如果 3 个月后人民币汇率升到 6.5,汇率损失就在 10 万元人民币左右。企业净利率约 5 个百分点左右,而这样一笔订单的利润大约 30 多万元人民币。汇率损失导致企业利润减少 33%。

如果以 1 比 105 为基础,美元对日元比价每下跌 1 日元,本田汽车公司全年的收益将减少 200 亿日元。日元对美元及欧元各升值 1 日元,丰田汽车因此年营利分别减少 400 亿日元、60 亿日元。

小知识：人民币升值对国际贸易的影响

一般而言，纺织出口企业订单的过程是首先与国外客户洽谈，签订合同；然后将订单交给工厂生产；最后交货，同时收款。一般周期约为2～3个月甚至更长时间，如果在此期间本币汇率出现升值，损失将会较大。由于接单与结汇存在时间差，企业面临汇率风险。

一外贸公司在签订单时，人民币汇率为1美元＝X_1人民币。[①] 一般情况下，在签订单时外贸公司无法拿到全部货款，只有公司把产品生产出来后才能拿到货款（最多只能提前拿到相当于将出口产品运到目的地来回所需运费的货款）。为分析简单起见，没有预付款，假设6个月后才能拿到全部货款。TC_1为企业按照签订单时的劳动力价格、原材料价格等估算的生产该笔订单的总成本。假设利润率π_1和以前订单的利润率相同。[②] 当TC_1、π_1已知，可以根据下述公式(8.1)计算出I的数值（I为以人民币为计价单位的该笔订单的总价格，如果利润率π_1和以前订单的利润率相同、劳动力和原材料价格上涨，则与前订单相比较，此订单人民币价格肯定上涨）。

$$\pi_1 = \frac{I - TC_1}{TC_1} \times 100\% \tag{8.1}$$

该笔订单向外国客商报价I/X_1美元。6个月后企业拿到I/X_1美元货款时，人民币汇率为1美元＝X_2人民币。该企业利润率实际上只有：

$$\pi_2 = \frac{\frac{I}{X_1} \times X_2 - TC_2}{TC_2} \times 100\% \tag{8.2}$$

① 中国外贸公司给出口产品定价一般采用成本倒推定价。成本倒推定价是指在行业竞争激烈、产品差异较小的背景下，企业的生产成本已是相对公开的信息，外商或外商在境内的代理人在综合考虑原材料、劳动力成本、固定资产折旧费用、汇率水平和出口退税等诸多因素后，在成本价的基础上增加3%（利润率）左右（参考以前订单利润情况，依中方谈判能力定利润率）的毛利，为企业出口产品定价（人民币为单位），然后再按照当时汇率换算为外汇，即该笔订单的外币价格。2010年我国出口企业平均利润率为1.47%，低于工业企业平均利润水平，而2011年1月至2月，企业出口利润率进一步下降到1.44%。

② 如果国内物价稳定，则原材料、劳动力价格不会提高，企业生产该批订单的总成本也不会提高（以人民币计价的订单价格不变）；在国内物价上涨的情况下，企业生产该订单的总成本肯定比生产上个订单的总成本高，为保持利润率不变，以人民币计价的该批订单价格I要上升（如果利润率和以前订单的利润率相同，在成本上升的情况下企业不会保持或者降低产品的人民币价格I，否则利润率会下降）。

在中国，人民币对美元在升值、美元在贬值，所以 $X_2 < X_1$，$(I \times X_2)/X_1$ 的值小于 I。TC_2 为拿到订单后实际生产过程中购买原材料、组织工人生产所发生的成本。如果劳动力、原材料价格上涨，则 $TC_1 < TC_2$。所以，外币贬值再加上成本上升，结果就是 $\pi_2 < \pi_1$。对于那些在人民币升值前利润率较低的企业，此时的利润率可能变成负值，这些企业可能倒闭；而对于那些利润率较高的企业，尽管其利润率下降了，但还可能大于零，可以继续经营。

在一国国内劳动力和原材料价格上涨、本币升值背景下，本币升值对国际贸易有以下三方面的影响：首先，以本币计价的订单价格 I 要上升，否则企业利润会下降，这将导致企业的价格优势减弱；其次，即使以本币计价的订单的价格 I 不变，因为本币升值，以外币计价的订单的总价格也要上升，这将进一步导致企业的价格优势减弱，外国客商转移订单到其他国家或者地区；最后，具体到某一订单来讲，当以外币计价的订单的总价格确定下来，写进进出口合同后，该订单的价格就固定了（比如上例中的 (I/X_1) 是固定不变的）。但当出口国本币升值后，出口企业拿到外币后换成本币的数额变小，企业收益降低（只有 $(I \times X_2)/X_1$，小于 I/X_1），这就是企业面临的汇率风险。

简单地说，在一国国内劳动力价格上升、原材料成本上升、本币升值的情况下，订单减少，同时出口企业还面临汇率风险。

3.本币升值降低该国外商直接投资的吸引力

本币升值将导致对外资吸引力的下降，减少外商对该国的直接投资。因为本币升值后，同样数量的外币兑换的本币数量下降，能购买的劳动力和土地等生产要素的数量减少。但是，尽管短期内有汇兑损失，如果考虑在该国投资能够赚取更多的利润，盈亏相抵还有盈余，外商直接投资还会选择进入该国。本币升值有利于那些已经在该国投资的外商直接投资者。因为本币升值后，他们的利润可以兑换更多的外币。总之，本币升值有利于生产性资本流出，不利于生产性资本流入。

4.如果一国货币缓慢升值，将会引发热钱流入

如果一国货币缓慢升值，就意味着短期内该国货币不会升值到位，未来还会继续升值。在该国货币开始升值后不久，国际热钱就有机会通过各种途径进入该国换成该国本币，然后存在当地银行。一段时期后该国本币升值到位或者即将升值到位，把原来存在银行的本金和利息（币种是该国本币）取出，再按照当时的汇率，将本息换成外币，得到更多的外国货币，并逃出该国。这样就可以通过套利和套汇（该国本币汇率上升）获取双重盈利。如果热钱到该国

后没有选择存在银行,而是购买了该国的股票或者房地产(在股票或者房地产有升值趋势的情况下),热钱将获利更多。因为当股票或房地产价格上涨以后,持有热钱的投资者高价卖出手中的股票或者房地产,获得更多的本币。再按照升值后的汇率,将手中的本币换成更多外币,逃出该国,通过资产价格溢价和套汇赚取更多利润。①

5.本币升值导致该国国际储备数量减少

一方面,汇率变动主要通过对进出口及资本流动的影响引起外汇储备的增减变化,即汇率变动通过影响国际收支而引起储备变动;另一方面,汇率变动还会使外汇储备的实际价值发生变化。比如外汇储备中比例最大的关键货币的汇率下降,使该储备货币持有国受到无形损失。

本币升值,出口减少,进口增加,会不断耗费国际储备,在该国由顺差变成逆差的情况下,导致该国国际储备数量减少。如果该国还是顺差,只是顺差变小,则国际储备还会增加,只不过增加的没有以前多。

如果外汇储备中的美元对日元或者欧元贬值,则因为美元比重大,导致外汇储备资产缩水。需要指出的是,该国外汇储备不会兑换成本币。所以,不是因为本币升值从而从账面上看外汇储备兑换的本币数量减少(只有当外汇储备主要币种相对其他外币贬值时,才可能导致该国外汇储备的价值变小即缩水)。本币汇率变化和外汇储备存量的价值变动无关,或者说,本币升值,外汇储备价值也不会缩水。

不过,如果一国货币缓慢升值,热钱会流入,热钱流入会增加该国外汇储备数量。但是,因为世界各国都存在一定的监管措施,热钱流入数量一般不会很大。而且,这些热钱短期内还会流出,热钱流出导致外汇储备数量减少。本币升值引起热钱流入对外汇储备的影响是短暂的。

6.本币升值可以提高该国货币的国际地位

货币价值的稳定是货币国际化的首要条件和内在基础。只有稳定或者有升值趋势的货币才能为世界其他国家的交易个体和官方机构所信任并被广泛

---

① 如果一国货币有贬值趋势或者缓慢贬值,也会引发国际热钱流入,此时国际热钱主要进行卖空外汇交易。如1992年索罗斯攻击英镑和1997年亚洲金融危机国际热钱攻击泰国等亚洲国家货币。如果一国货币贬值,也会导致资本外逃。汇率下跌以后,以贬值国货币计值的金融资产的相对价值就下跌,为了躲避货币贬值的损失,便会发生"资本抽逃"现象,使大量的资金移往国外。例如,1994年年底爆发的墨西哥金融危机,很主要原因就是墨西哥货币比索贬值造成的。

接受。

小知识："马歇尔—勒纳"条件和 J 曲线效应

（一）"马歇尔—勒纳"条件

马歇尔—勒纳条件（Marshall-Lerner Condition）是由英国经济学家马歇尔（Alfred Marshall，1842—1924）和美国经济学家勒纳（Alfred Marshall，1903—1982）揭示的关于一国货币的贬值与该国贸易收支改善程度的关系。

1."马歇尔—勒纳"条件概述

一国货币相对于他国货币贬值，能否改善该国的贸易收支状况，主要取决于贸易商品的需求弹性和供给弹性。需求弹性是指价格变动所引起的进出口需求数量的变动程度。如果数量变动大于价格变动，需求弹性便大于1；反之，数量变动小于价格变动，需求弹性便小于1。这里要考虑两个弹性：

（1）该国出口商品的需求弹性：

$$E_x = -(dQ_x/Q_x)/(dP_x/P_x)$$

（2）该国进口商品的需求弹性：

$$E_m = -(dQ_m/Q_m)/(dP_m/P_m)$$

这两个弹性的值均大于零。

在假定一国非充分就业，因而拥有足够的闲置生产资源使出口商品的供给具有完全弹性的前提下，汇率变动对国际收支状况的影响就取决于进出口商品的需求弹性。随着全球经济的一体化，竞争日趋激烈，上述假定人们一般认为是成立的，尤其是在发生经济和金融危机，商品供过于求的时期。

货币贬值可以提高外国商品相对国内商品的价格，但贬值能否改善贸易收支取决于国际贸易中进出口商品的供求弹性。如果用 E_x 表示他国对贬值国的出口商品的需求弹性，E_m 表示进口需求弹性。当 $E_m + E_x > 1$ 时，即出口需求弹性与进口需求弹性的总和大于 1 时，本币贬值才可以改善贸易收支，即马歇尔—勒纳条件。

举例来说，假定中国为本国，美国为外国，人民币汇价从 1\$ ＝7¥ 贬值到 1\$ ＝8¥，由此引起出口商品美元单价和出口数量变化如表8-9所示。

表8-9　不同弹性下贬值对出口收入的影响

	出口商品的国内单价	汇率	出口商品的美元单价	出口数量	出口的外汇收入	价格变动率	出口数量变动率
贬值前	7¥	1\$ ＝7¥	1\$	10 000	10 000 \$	—	—
情况 1	7¥	1\$ ＝8¥	0.875 \$	11 000	9 625 \$	14.29%	10%
情况 2	7¥	1\$ ＝8¥	0.875 \$	12 000	10 500 \$	14.29%	20%

在第 1 种情况下,人民币从 1\$ = 7¥贬值到 1\$ = 8¥,折算成美元的出口商品单价相应地从 1 美元下降到 0.875 美元。由于价格的下降,假定出口数量从 10 000 增加到 11 000,但是,出口的美元收入不但没有增加,反而从 10 000 美元下降到 9 625 美元。只有在第 2 种情况下,出口数量从 10 000 增加到 12 000 时,出口的美元收入才从 10 000 美元增加到 10 500 美元。这个例子说明,当出口数量的变动率小于贬值引起的价格变动率时(出口需求弹性小于 1,第 1 种情况),出口的美元收入不能增加;而当出口数量的变动率大于贬值引起的价格变动率时(出口需求弹性大于 1,第 2 种情况),出口的美元收入才能增加。

工业发达国家的进出口多是高弹性的工业制成品。所以在一般情况下,货币贬值的作用较大。相反,发展中国家的进出口多是低弹性的商品,所以货币贬值的作用不大。这就是说,发展中国家只有改变进出口的商品结构,由出口低弹性的初级产品转为出口高弹性的制成品,才能通过汇率的变化来改善国际收支的状况。

2.马歇尔—勒纳条件的推导过程

假设出口商品的外币价格为 P_x,出口数量为 Q_x;进口商品的外币价格为 P_m,进口数量为 Q_m,因此出口的外汇收入为:

$$V_x = P_x Q_x$$

进口的外汇支出为:

$$V_m = P_m Q_m$$

以外币计价的贸易差额为:

$$B = V_x - V_m = P_x Q_x - P_m Q_m$$

设间接计价的汇率为 e,即一单位本币兑换 e 单位外币,因此 e 变大表示本币升值,e 变小表示本币贬值。再设出口商品的本币价格为 p_x,进口商品的本币价格为 p_m。于是:

$$P_x = e p_x$$

$$P_m = e p_m$$

为了研究价格与数量的关系,我们还需要构造进出口需求函数。假定外国对我国出口商品的需求量是我国出口商品外币价格的减函数,即价格越高,出口需求量越小;而我国对进口商品的需求量则是进口商品本币价格的减函数。因此,出口需求函数为:

$$Q_x = Q_x(P_x)$$

进口需求函数为

$$Q_m = Q_m(p_m) = Q_m(P_m/e)$$

显然,为使贬值能够改善国际收支状况(或者为使升值降低国际收支顺差数额),即 e 越小,B 越大,则贸易差额 B 必须是个减函数,其导数小于 0,就必须有:

$$\mathrm{d}\beta/\mathrm{d}e = \mathrm{d}V_x/\mathrm{d}e - \mathrm{d}V_m/\mathrm{d}e < 0 \tag{8.3}$$

对 $V_x = P_x Q_x$ 取全微分,得:

$$
\begin{aligned}
\mathrm{d}V_x/\mathrm{d}e &= Q_x \mathrm{d}P_x/\mathrm{d}e + P_x \mathrm{d}Q_x/\mathrm{d}e \\
&= Q_x p_x + P_x(\mathrm{d}Q_x/\mathrm{d}p_x)(\mathrm{d}p_x/\mathrm{d}e) \\
&= Q_x p_x + \mathrm{d}Q_x/Q_x(P_x/\mathrm{d}p_x)(Q_x \mathrm{d}p_x/\mathrm{d}e) \\
&= Q_x p_x [1 + (\mathrm{d}Q_x/Q_x)/(\mathrm{d}p_x/P_x)] \\
&= V_x [1 + (\mathrm{d}Q_x/Q_x)/(\mathrm{d}P_x/P_x)]/e \\
&= V_x(1 - E_x)/e \tag{8.4}
\end{aligned}
$$

这里,$E_x = -(\mathrm{d}Q_x/Q_x)/(\mathrm{d}P_x/P_x)$ 是出口需求弹性。

假定出口商品的本币价格不随汇率而变动,所以 P_m 为常数,$\mathrm{d}P_m = 0$。

对 $V_m = P_m Q_m$ 取全微分,得:

$$
\begin{aligned}
\mathrm{d}V_m/\mathrm{d}e &= Q_m \mathrm{d}P_m/\mathrm{d}e + P_m \mathrm{d}Q_m/\mathrm{d}e \\
&= 0 + P_m(\mathrm{d}Q_m/\mathrm{d}p_m)(\mathrm{d}p_m/\mathrm{d}e) \\
&= P_m(\mathrm{d}Q_m/\mathrm{d}p_m)(-P_m/e^2) \\
&= -(V_m/e)(\mathrm{d}Q_m/Q_m)/(\mathrm{d}P_m/P_m) \\
&= (V_m/e)E_m \tag{8.5}
\end{aligned}
$$

将(8.4)和(8.5)代入(8.3),得:

$$V_x(1 - E_x)/e - (V_m/e)E_m < 0$$

因为 e、V_m 均大于零,则不等式两边同时乘以 e/V_m,不等式方向不变,得:

$$(V_x/V_m)(1 - E_x) - E_m < 0$$

根据其国际收支平衡的前提假设,$V_x/V_m = 1$,所以 $1 - E_x < E_m$,即:$E_m + E_x > 1$。

当 $E_m + E_x > 1$ 时,即出口需求弹性与进口需求弹性的总和大于 1 时,本币贬值才可以改善贸易收支(本币升值才能使国际收支顺差变小),即马歇尔—勒纳条件。

（二）J曲线效应

货币贬值后，最初发生的情况往往正好相反，经常项目收支状况反而会比原先恶化这一变化被称为"J曲线效应"。

在本国贬值初期，一国的贸易收支状况不但很难立刻改善，而且可能会趋于恶化，进口增加而出口减少。只有经过一段时间以后，贬值国的贸易收支才会慢慢好转，这种现象表达在图形中很像英文字母大写的"J"（如图8-5所示），因此把这种时间滞后现象称为"J曲线效应"。

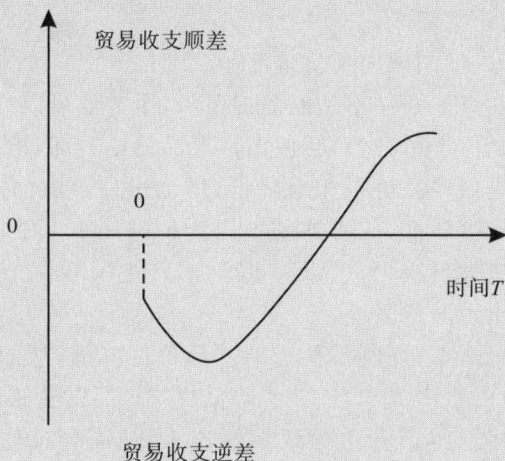

图8-5　J曲线效应

本币汇率变动的J曲线效应的原因有4个方面：第一，认识时滞，就是新价格的信息不能立即为买卖双方所认识，即一国货币贬值使该国出口商品在国际市场上相对便宜，其他国家出口商品相对昂贵，但是对这种新价格体系的认识和接受需要一定的时间；第二，决策时间滞后，进出口商需要时间判断价格变化格局的重要性，然后才能做出订购新的货物和劳务的决策；第三，取代时滞，由于某些部门在订购新货物之前，要处理存货、生产过程中的机器设备与材料以及已签订的合同，这也需要一段时间；第四，生产时滞，国外对本国商品和劳务的需求增加了，为了满足这种新的订购，国内生产厂家要调整生产计划，扩大生产规模，也存在一定生产时间问题。另外，货币汇率贬值后，贸易收支改善时滞的长短主要取决于国内传导机制完善的程度及国内市场完善的程度，因而各国差异很大。据统计，发达资本主义国家的时滞一般在9个月左右，而发展中国家的时滞超过一年，甚至达到一年半左右的时间。

（二）本币升值对一国国内经济的影响

本币升值会对一国国际收支、国际经济关系等涉外经济活动产生重大影响，对其国内经济比如对国内就业、物价和产业结构升级也会产生影响。尽管国内大部分居民不从事对外贸易，不购买外国货，也不出国旅游，不会直接受到本币汇率变动的影响。但是本币汇率上升还是会通过抑制国内物价上涨、导致国内经济增长放缓而间接影响国内所有居民的生产生活。

1.本币升值减缓经济增长，降低就业

本币升值不利于出口依赖型企业。在短期内会导致一国出口减少，进口增加，经济减缓，就业率下降，失业率上升。

2.本币升值可以抑制国内物价上涨

从理论上讲，在其他条件不变的前提下，本币升值可以抑制国内物价。

从外贸角度来看，本币升值，会使出口产品价格升高，出口商品数量减少，出口转内销，同时进口产品价格相对降低，增加进口。国内商品供给增加，外汇收入减少，国内物价降低，从而抑制国内物价进一步上涨；如果货币升值幅度过快和过大，出口大量减少，进口大量增加，产生国际收支逆差，可能导致国内物价大幅下降，出现通货紧缩。

从成本角度来看，本币升值，使进口产品价格降低，从而降低以进口品为原材料的加工企业的生产成本，进一步降低终端产品的价格，从而降低国内价格。从资本流动来看，本币升值导致热钱流入，从而导致物价更高。但现实中，在各国严格监管下，热钱流入数量不会非常大。而且冲击是短期的，热钱流入换成本币导致流动性变大，但热钱获利后会快速离开，立刻导致国内流动性变小。如图 8-6 所示。

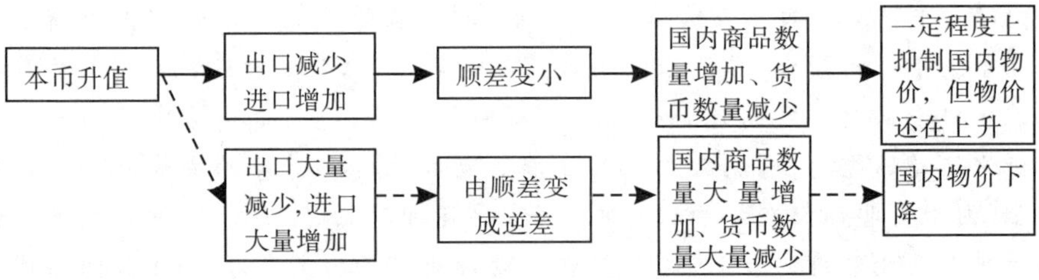

图 8-6　汇率升值对国内物价的影响

相反，本币贬值，会使出口产品价格降低，出口商品数量增加，内销转出口，同时进口产品价格相对升高，进口减少。国内商品供给减少，外汇收入增加，国内物价上升，会缓解国内物价下降的压力，甚至可能产生通货膨胀。

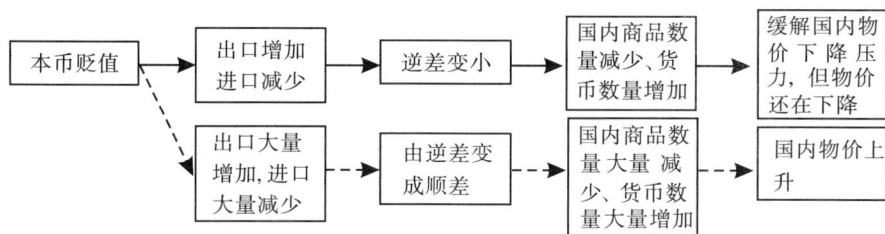

图 8-7 汇率贬值对国内物价的影响

总之,一国本币升值(该国货币对外购买力上升),其国际收支顺差变成逆差时,国内物价下降(该国货币对内购买力上升)。同样,一国本币贬值(该国货币对外购买力下降),其国际收支逆差变成顺差时,国内物价上升(该国货币对内购买力下降)。所以,在一定条件下,本币对外购买力和对内购买力变动方向是一致的。如图 8-7 所示。

3.本币升值导致国内资产价格上涨

本币升值后,进出口企业遭遇汇率风险,外贸公司转而将生产用的资金投向国内股市和房地产市场,增加了股市和房地产的需求,导致国内资产价格上涨。

如果本币缓慢升值,不是一次到位,热钱就会流入。热钱流入后换成本币,购买股票和房地产,也推高国内资产价格。

4.本币升值可以优化产业结构

在长期内,本币升值可以提高劳动生产率,优化产业结构。发展中国家出口商品大多是劳动密集型产品,如纺织品;而西方国家出口的是知识技术密集型产品,这无形中使发展中国家在对外贸易中处于弱势地位,承受不平等待遇。由于"马太效应"及循环累积效应的作用,会给发展中国家带来不利的影响。本币升值后,因为订单减少和外汇风险,发展中国家利润低的劳动密集型企业破产倒闭,给利润高的企业让出市场,也会导致该国顺差一定程度上变小;在利润率下降的情况下,一些劳动密集型企业被迫放弃利润低的产品,转而主动增加研发投入、引进技术、生产高附加值的产品。通过优胜劣汰机制,优化该国产业结构。

同时,本币升值后,外国资产变相贬值,进口价格下跌,从外国大量进口商品的公司特别是原材料进口依赖型厂商成本会减少,增加对国外先进技术和设备的需求,从而加快发展中国家企业进行产品结构调整,实现产业结构升级。

小知识：本币快速升值和本币缓慢升值对经济的不同影响

本币快速升值和本币缓慢升值对经济的影响有相同点也有不同点。

相比缓慢升值，本币短期内快速升值对经济的冲击更大，但快速升值可以避免国际热钱的大规模流入。一般情况下，本币快速升值后，就会趋于稳定，不再波动或者波动幅度不大。本币快速升值后，尽管本国商品的本币价格不变，但外币价格会迅速上升。因此，本币快速升值的最主要的影响是本国产品价格优势迅速削弱，外贸订单大幅减少，而且这种影响是长期的、持续的，并不会因为本币汇率趋于稳定而结束。至于外贸公司面临的汇率风险，则分两种情况：本币快速升值过程中外贸公司面临的汇率风险高；快速升值后汇率趋于稳定则企业就没有汇率风险。所以，外汇快速升值会导致外贸公司订单大量减少，外贸公司因此承受的汇率风险则主要集中在本币快速升值的过程当中。另外，本币快速升值后趋于稳定，留给国际热钱流入的时间短，流进的热钱数量就比较少。

反之，本币缓慢升值对经济的冲击较平缓，一国经济应对这些冲击有缓冲的时间，但国际热钱有充分的时间大量流入。本币缓慢升值，该国产品的价格优势是缓慢而不是迅速变弱，订单数量是缓慢减少而不是迅速减少，外贸公司可以采取转产或者技术升级的方法应对订单减少；本币缓慢升值的过程中，外贸公司要面临汇率风险，而且汇率风险会一直存在；本币缓慢升值国际热钱可以从容流入，对一国经济产生更大的破坏作用。

随着一国经济实力越来越强大，本币需要升值。本币究竟应该缓慢升值还是快速升值，则需要权衡利弊。本币缓慢升值和快速升值各有利弊。本币缓慢升值对经济的冲击较平缓，一国应对这些冲击有缓冲的时间，但国际热钱会大量流入；本币短期内快速升值对经济的冲击更大，特别是订单会快速减少，但快速升值可以避免国际热钱的大规模流入。

学习资料8-1　广场协议

20世纪80年代，美国经济面临着贸易赤字和财政赤字的双重困扰。面对双赤字，里根政府的政策选择是维持高利率，通过逐利性的外资流入既解决赤字国债的购买者问题，又得以减轻国际收支失衡。然而，高利率进一步加剧了美元强势，使得本已脆弱的美国制造业更加举步维艰。1982年和1983年，美国出口额连续出现负增长，1984年贸易逆差已高达1 090亿美元，其中对日

本的贸易逆差约占 50%。为此,美国许多制造业大企业、国会议员等相关
利益集团强烈要求政府干预外汇市场,促使日元升值,以挽救日益萧条的美
国制造业。

(一)广场协议

1985 年 9 月,美国财政部长詹姆斯·贝克、日本财长竹下登、前联邦德
国财长杰哈特·斯托登伯(Gerhard Stoltenberg)、法国财长皮埃尔·贝格
伯(Pierre Beregovoy)、英国财长尼格尔·劳森(Nigel Lawson)等五个发达
工业国家财政部长及五国中央银行行长在纽约广场饭店(Plaza Hotel)举
行会议,五国政府联合干预外汇市场,使美元对主要货币有秩序地下调,以
解决美国巨额的贸易赤字。这就是有名的"广场协议"(Plaza Accord)。
"广场协议"签订后,五国联合干预外汇市场,各国开始抛售美元,继而形成
市场投资者的抛售狂潮,美元持续大幅度贬值,日、德等国家货币对美元升
值 10%～12%。

"广场协议"揭开了日元急速升值的序幕。① 从日元对美元名义汇率
看,1985 年 2 月至 1988 年 11 月,不到四年,日元升值 111%,是 1971 年实
行浮动汇率制以后的最大幅度升值;1990 年 4 月至 1995 年 4 月,日元升值
89%;1998 年 8 月至 1999 年 12 月,升值 41%;从 1985 年到 1995 年,10 年
间日元升值超过 200%。

(二)日元升值对日本经济的影响

"广场协议"后的 10 年间,日元汇率平均每年上升 5.2%。日元升值后
日本经济全面下滑,这一变化被称为"日元升值冲击"、"日元升值萧条"。
1986 年,日本出口下降了 4.8%,企业平均利润下降了 3.1%,GDP 增速从
上年的 4.1%下降至 3.1%。经济的短暂回落,使日本政府对宏观经济形势
的判断出现差错,并由此导致其经济决策上的重大失误。日元大幅升值不

① 战后直至 1970 年,日本一直实行 360 日元/1 美元的低汇率。1971 年 12 月,十国
集团在华盛顿特区达成"史密斯协议",根据此协议,日本结束了实行了长达 22 年之久的
固定汇率制,于 1973 年 2 月 14 日起正式实行浮动汇率制,日元开始升值。1971 年到 1990
年的 20 年期间,日元出现三次较大幅度升值。第一次,1971 年至 1973 年,日元对美元汇
率从 360 日元/1 美元升值到 272 日元/1 美元,三年间升值 32.4%。第二次,1977 年至
1978 年,从 296 日元/1 美元升值到 210 日元/1 美元,两年间升值 41%。第三次,1986 年
至 1988 年,从 168 日元升值到 128 日元,三年间升值 31.25%。1971 年到 1988 年期间日
元总共升值 181.25%。贸易顺差额大幅度增加,是日元大幅度升值的主要原因。

但没有消除日本的贸易顺差，反而给衰退中的日本经济增加了通货紧缩压力，迫使其名义利率趋于零。日本央行也由此掉入"货币流动性陷阱"，货币政策趋于无效，日本经济逐渐丧失活力。

日元的持续大幅度升值严重打击了日本出口。日元的持续升值导致食品、纺织品、金属制品等传统出口产品的国际竞争力下降，出口规模出现萎缩。1985年日本出口总额为419 557亿日元，1986年下降到352 898亿日元，1987年进一步下降到333 153亿日元，这种下滑势头直到1988年才有所扭转。劳动密集型产品的出口受到最大的影响。1985年日本纺织品和服装出口额为14 960亿日元，1990年下降到10 420亿日元。资本和技术密集型产品的出口则有了显著增长。1985—1990年，化学品出口从18 430亿日元增长到22 950亿日元，机械和电子设备从141 420亿日元增长到187 030亿日元。汽车出口有所下降，从117 320亿日元降至103 670亿日元，但日本汽车厂商的海外投资和生产国际化更为显著。同时，由于进口下降比出口下降更快，在日元强劲升值的最初两年，日本的贸易顺差有增无减。1985年为108 706亿日元，1986年和1987年分别为137 389亿日元和115 784亿日元。1988年后在内需的刺激下进口有了显著扩大，日本贸易顺差连续三年走低，1990年降至76 018亿日元。由于出口有所下降及非制造业的强势增长，"广场协议"后，日本经济的对外依存度开始降低，1985—1990年贸易顺差占GDP的比重持续下降，由4.3%左右下滑至1.3%左右。

为了防止日元升值打击经济成长和造成通货紧缩、抵消日元升值所带来的负面效应，日本央行实行了扩张性的货币政策，官方贴现率不断调低，仅1986年就下调4次，由1985年底的5%下调至1986年11月的3%。然而，这样的低利率政策仍无法满足美国等国对日本参与国际汇率协调的政策要求。出于制止美元大幅贬值的考虑，1987年2月，在美国财长的倡导下，西方七国集团在法国巴黎达成"卢浮宫协议"，同意采取联合措施稳定美元币值。会后，日本独自降息。从1987年2月到1989年5月，2.5%的超低利率实行了两年零三个月。这直接为"泡沫经济"埋下了伏笔。而在此期间美国连续三次上调利率，美日之间的长期利率差一直保持在3%以上。超低利率政策以及为防止日元过快升值而投入的干预性货币投放，日本银行大量买进美元卖出日元，造成日元供应量膨胀，1987年，日元的货币供应量增长率达到10%以上。银行和企业都苦于难以找到有高比例回报的投资项目，转而纷纷把资金投入房地产和股票市场，索尼、三洋电器这样的国际型大企业从金融投机中获取的收益也远大于本业的税前利润，导致资产价格泡沫越吹越大。

　　日元持续升值吸引大量国际热钱进入日本,这批资金大部分流入股市和房市,与本国制造业资金一起推动股市和房市的高速增长。在日元升值早期,只有少量国际资本进入日本购买股票。随着日元升值(缓慢升值,每年升值5%),股票上涨,更多的国际资本在预期日元升值不到位、还会接着升值的情况下加速流入日本,获取资产价格溢价和套汇。① 1979年国外净购入日本股票1.92亿美元,1980年猛增到61.5亿美元。1987年4月,东京证券交易所股票市值猛增至26 600亿美元,超过纽约证券交易所的26 520亿美元市值,GDP为美国的1/6,股价总额首次超过美国为世界第一;1988年底,东京和大阪证券交易所股票市值分别为38 400亿美元、32 700亿美元,高居全球股市前两位。日经平均股价从1985年12月的13 113日元,一路攀升至1987年9月的26 000日元,在1989年12月29日创下最高点38 915日元,是1985年签订"广场协议"时股价的三倍。

　　国内外资本的不断流入,推高了房价地价。日本城市地价从上世纪70年代中期就开始持续不断地上涨,自1981年起上涨速度加快,1985年开始上涨速度进一步加快。从1975年地价开始上涨起到1990年达到高峰的15年间地价上涨了16倍,从1981年到1990年的10年间地价上涨了8倍,从1985年到1990年5年间地价在已经很高的水平上又上涨了4倍。1990年年末土地资产总额达2 389万亿日元,比1985年年末增大1.4倍,所增大的1 385万亿日元相当于当时GDP的三倍。如东京中央区商业楼及土地价格,1982年为每平方米350万日元,1990年上涨到3 200万日元,按当年汇率折算相当于每平方米22万美元。如果把日本的土地资产额与美国相比较,日本地价之高令人瞠目结舌。以1990年为例,日本土地资产总额为2 400万亿日元,而美国全国的土地资产额约为600万亿日元,日本是美国的4倍,也就是说,如果把日本卖掉,可以买4个美国。而日本的土地面积只相当于美国的一个州,排在阿拉斯加、得克萨斯、加利福尼亚和蒙大拿四州之后。此外,在80年代末,日本的土地财富已经占到国家财富总额的约70%,而同期美国仅占25%。

---

　　① 在1985年9月,日元与美元汇率是1美元＝250日元,假如1亿美元热钱流入日本,兑换成250亿日元,买日本的商品房或者股票,两年后的1987年,这些房地产或者股票增长到700亿日元。1987年日元和美元汇率为1美元兑125日元。这时出售这些房地产或者股票等日元资产,然后再按照当时汇率将日元换成美元,700亿日元能兑换5.83亿美元。与投入相比,盈利4.83亿美元,利润率483%,其中一部分来自日元资产溢价,另一部分来自日元升值。

地价和股价相互推动,循环上涨。地价上涨,企业和家庭资产价值上涨,企业股价随之上升,土地担保价值升高,从银行获得贷款增多。企业利润和经济增长预期上升,实际利率与风险折扣下降,居民消费、房地产投资、企业设备投资热情高涨,资产价格和实体经济互推上涨,形成巨大泡沫。

"泡沫经济"在1989年底达到顶峰。日本政府认识到土地价格严重偏离实际价值,便开始实行紧缩货币政策来阻止银行向投机者贷款。日本于1989年开始改变超低利率政策,连续五次大幅度调高利率。1989年11月25日,日本银行将贴现率提高到4.25%,1990年8月再次提高到6%,宣告了泡沫时代的终结。1989年12月日经指数达到38 957点的高位,到1990年12月即跌去40%,降到2.2万点左右。日经平均股价从1989年12月至1990年1月的3.8万日元暴跌为1990年2月至4月的2.9万日元。1990年4月,大藏省颁布《土地融资限令》,对房地产市场进行干预,股市和房地产市场的泡沫开始破裂,并在1991年后形成土崩瓦解之势。价格只涨不跌的"土地神话"破灭,房地产价格在80年代后期的大涨之后迅速下跌了78%。自1991年到2000年初期十年间,年均增长率仅为1%,1997年及1998年还连续出现负增长。日本经济骤然减速,经济几乎长期停滞不前,被经济学家们称为"失去的十年"。

综合以上分析,"广场协议"对日本经济发展产生如下影响:贸易顺差和美国政府压力——"广场协议"——日元被动大幅升值——日本出口受阻——经济增长速度放缓——政府宏观调控政策失误——本国大量资金和国际热钱推动房股两市产生泡沫——日本政府加息——泡沫破裂——经济大衰退。"广场协议"是日本经济衰退的导火索。"广场协议"加速了日元升值进程,日元升值后加速流入的热钱对日本"泡沫经济"起到推波助澜作用。但是,日本泡沫经济形成的根源在日本内部,包括日本产业结构和政府宏观调控措施都存在很多问题。

我们在看到日元升值给日本经济带来危害时,也不能因此否定日元升值给日本带来的福利。在日元大幅升值过程中,日本政府支持日本企业进行了不断的技术创新,日本企业通过全面质量管理、对外直接投资和并购、外包和通过外汇市场规避汇率风险等方式,基本上化解了日元大幅升值带来的影响,其贸易顺差始终处于较为稳定的水平。另外,日元升值、日元的国际化和日本大量的对外贷款和直接投资,为资源短缺、缺乏经济纵深的日本获得了广泛的战略资源和经济纵深。

日本和德国在当年货币快速升值过程当中,两国货币当局奉行了完全不同策略 。德国接受历史上通货膨胀惨痛教训的经验,旗帜鲜明地将维护通货膨胀放在首位,允许汇率自由浮动,官方尽量减少对于汇率市场干预。日本货币当局在财政部、企业界的多重压力下,想尽办法减少货币升值浮动,不仅在外汇市场上干预,甚至不惜降低利率以缓解日元升值压力。两种截然不同的政策取向下,德国同期产出和通货膨胀都保持在相对稳定的水平,日本同期的产出和通货膨胀波动都要大很多,而且经历了严重的资产价格泡沫。

(三)中国是否会重蹈日本覆辙

图 8-8 回顾日本 1985—1991 年房地产市场走势,发现与中国 2005—2010 年房地产市场走势颇为相似,最后预言中国房地产会在 2011 年崩盘。然而,多位专家却表示,中日两国银行体系、人口结构、城市化程度不同,"崩盘"可能只是"预言"而已。

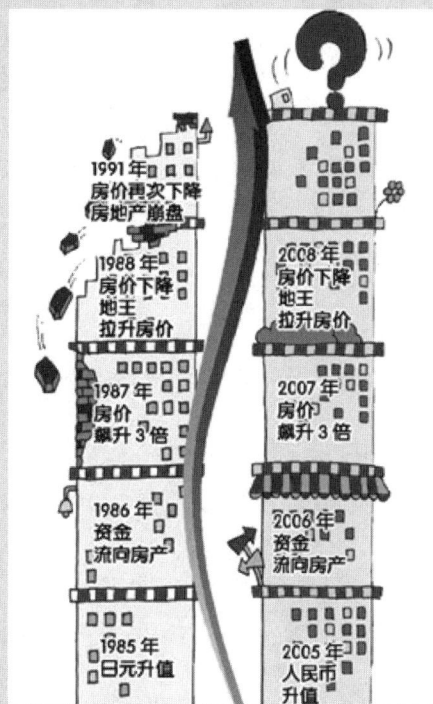

图 8-8　中日房地产走势对比

出处:http://www.land163.com,第一房地产投资融资网,2010 年 3 月 28 日

1.中日两国相似的地方

中日两国相似的地方包括房价飞涨、货币面临升值压力、低消费率、高储蓄率、宽松货币政策、稳健财政政策。经济起飞晚了近30年的中国,金融危机过后房地产市场依然火热。中国国家统计局公布的数据显示,2010年2月份,全国70个大中城市房屋销售价格同比上涨10.7%,新建住宅销售价格同比上涨13%。中金公司香港研究部副总经理沈建光指出,近期确实有部分投资者认为中国房地产泡沫严重、经济过于依赖出口、货币面临升值压力等等,都与上世纪80年代经济泡沫破裂前的日本类似。此外,中国也与当年日本有相似的低消费率、高储蓄率。在宽松的货币政策和稳健的财政政策方面,中国也和以前的日本雷同。

2.中日两国的差异

政府对银行和企业的控制力、市场广度、银行体系和人口结构等中日两国都不相同。中国内地金融体系与美国、日本甚至中国香港地区不一样,央行对房地产信贷的控制力更强。泡沫前,日本政府并没有对商业银行采取有效措施引导监管。中国政府对银行和企业有很强的控制力,可以引导资金流向,出台政策打压房地产泡沫。1985年日本城市化率达76.7%高点,城市化接近尾声;中国城市化进程还处于加速阶段。只要吸取日本经验教训,采取有效及有前瞻性的政策,历史就不会重演。

参考文献:

1.蔡林海、翟锋.前车之鉴:日本的经济泡沫与失去的十年.经济科学出版社,2007年10月

2.李众敏.日本泡沫经济崩溃及其启示.国际经济评论,2008年1—2月

3.王人辉.广场协议前后日元升值的影响及其对中国的借鉴意义.经济论坛,2008(12)

4.方明.日元升值的福利和日本的战略.中国证券报,4月27日

5.崔巍.日元升值的经济影响及其启示.中国证券报,2005年3月26日,A09版

6.张舒英.广场协议后的日元升值及其对日本经济的影响.学习时报,2003年11月3日

四、人民币升值对中国经济的影响

过去 5 年多人民币一直对美元升值。2005 年至 2010 年底,人民币对美元的升值幅度分别为 2.49%、3.35%、6.80%、6.88%、0.09% 和 3.01%。[①] 人民币升值对中国经济的影响主要有:

(一)人民币升值对中国涉外经济的影响

1. 人民币升值恶化中国贸易收支

人民币升值会对一国国际收支、国际经济关系等涉外经济活动产生重大影响。人民币升值,导致中国国际收支顺差增速越来越慢。但人民币升值可以缓和我国和主要贸易伙伴的关系,减少经贸纠纷。中国外汇交易中心研究部针对 2005 年 7 月到 2010 年 4 月间的人民币汇率进行研究,发现人民币实际有效汇率每升 1%,将会导致 5 个月之后的贸易顺差增长率降低 1.4%。

由于人民币升值,2008 年开始中国贸易顺差达到最高值。此后受全球经济衰退影响,国际贸易活动迅速萎缩,进而导致中国 2009 年贸易顺差出现大幅下滑。从增速看,中国贸易顺差增速一直在下降。如表 8-10 所示。

表 8-10　2005 年后人民币汇率、中国贸易总顺差及其变化

时间		2005	2006	2007	2008	2009	2010
人民币汇率	期末汇率值	8.0707	7.8087	7.3046	6.8346	6.8282	6.6227
	变化(%)	2.49	3.35	6.80	6.88	0.09	3.01
中国贸易总顺差	数额(亿 $)	1 019	1 775	2 622	2 955	1 961	1 831
	变化(%)	217.4	74	47.7	12.7	−43.8	−6.63
中美贸易顺差(中方统计)	数额(亿 $)	1 142	1 443	1 633	1 665	1 434	—
	变化(%)	42.3	26.2	13.3	1.96	−16.1	—

资料来源:中国人民银行、商务部网站数据,并整理计算。

2. 人民币升值使出口企业面临外汇风险

人民币升值不利于低附加值低利润的劳动密集型出口企业。人民币升值,再加上劳动力、原材料等价格上涨,出口导向型行业产品出口价格被迫提

---

① 本年最后一个交易日和上一年最后一个交易日相比较,人民币对美元汇率变动的幅度。

高。这意味着国内出口企业价格优势减弱,中国产品在国外价格竞争力的下降,而价格优势正是中国制造的真正生命力。出口订单减少的同时还面临汇率风险,遭受出口收入转化成人民币时的汇兑损失,再加上原材料价格上涨和劳动力成本提高等不利因素,出口企业利润下降,生存越来越困难。2007年以来,长三角、珠三角等地区的不少中小企业纷纷停产甚至倒闭。

我国的出口型行业主要有纺织、服装、化工、电子机械制造业、家电行业、通信设备、计算机及其他电子设备制造业等,其中纺织服装业是受影响最大的行业。中国纺织服装业出口依存度达50％左右,且附加值低、主要以价格为竞争手段,出口价格弹性较低,降价空间很小。因此,人民币升值后,将大大削弱我国纺织服装产品在国际市场的价格竞争力。根据有关研究,人民币每升值1％,棉纺织、毛纺织、服装行业的利润率将下降3.19％、2.27％和6.18％。如果人民币升值3％,国内纺织服装业的平均利润都降为零。

此外,我国玩具、木材、家具以及制造业中的文教体育用品制造业、仪器仪表、文化办公用品、机械制造业、皮鞋、毛皮、羽毛(绒)及其制品业、自行车制造、家具制造业、集装箱、金属包装容器制造业等也将因人民币升值受到不同程度的影响,这些产品主要是劳动密集型产品,短期内这些行业的出口增长速度将有所放缓,盈利水平将有所下降。如果人民币持续升值或升值幅度过大,那么升值所导致的负面效应还会扩大。

3. 人民币升值有利于资源性公司

资源性上市公司将会从普遍性的本币资产价格提升中获益。对于房地产上市公司,资产重估有助于改善上市公司业绩,提升公司投资价值,推高上市公司股票价格。除此之外,对于航空、煤电、钢铁和造纸等高外债公司,其本身财务杠杆较高,债务多以外币结算,但是在资产负债表中,则需要以本币计值。本币升值引起的外债的本币价值下降,能在较大程度上减少外债还本付息的压力和财务成本,将明显改善这类公司的财务状况,直接带来会计账面上的汇兑收益,有利于提高经营业绩,增加这类公司的投资价值。

人民币升值有利于中国企业海外投资。由于人民币升值,使得以相同人民币表示的投资量可以兑换成更多外币,相对减少了对外投资成本,有利于我国国内企业到海外投资,发展跨国经营。

4. 人民币升值可以提高人民币国际地位

人民币升值,使得其他国家持有人民币的收益率更高,在国际金融市场将会受到普遍重视和欢迎,有利于增强国内外投资者的信心以及改变他们对中国政府行动和经济运行的预期,有利于人民币的国际化,提高人民币国际地位。

5. 人民币缓慢升值引发热钱流入，对经济造成冲击

受人民币升值预期的驱动，一些境外"逐利"资金便想方设法来购买人民币或人民币资产。由于我国金融市场发展特别是监管相对滞后，国际热钱流入对国内股价和房价的大幅上涨起到了推波助澜的作用。境外资金获利后通过各种渠道流出中国，造成股市和房地产市场动荡，甚至引发货币和金融危机。这对我国经济持续健康发展极为不利。

1994—2002 年，中国热钱在流出，流出最严重的一年是在 1998 年。热钱的净流入发生在 2003—2010 年。过去 10 年，"热钱"年均流入中国近 250 亿美元，占同期外储增量的 9%。2003 年至 2010 年，人民币单边升值预期强化，"热钱"合计净流入近 3 000 亿美元。2010 年"热钱"净流入 355 亿美元，占外汇储备增量的 7.6%，占当年 GDP 的 0.6%。

(二)人民币升值对中国国内经济的影响

1. 人民币升值可以抑制国内物价上涨

人民币升值可以在一定程度上抑制国内物价上涨。但为什么人民币升值后国内还会产生通货膨胀？原因之一就是尽管人民币在升值，但人民币每年都是缓慢小幅升值，国内劳动密集型商品出口在减少，但是由于国内进口关税仍然较高，进口只有少量增加，导致中国还是顺差(只是顺差数额在变小)。只要是顺差，国内物价还要上涨，只是上涨的幅度和速度没有以前多或者快。另外原因就是理论分析汇率变动对国内物价的影响时，都是假设其他条件不变。但是现实生活中所有因素都在变化，影响国内物价的因素除了汇率以外，还有居民收入水平、政府开支和货币发行量、企业生产成本等等因素变化。近年来，居民收入水平、政府货币发行量、企业生产成本都在提高，这些因素都导致国内物价上升。所以，由于人民币升值(对外购买力提高)幅度不大，中国还是顺差，再加上影响物价的其他因素的共同作用，国内还是产生了通货膨胀，人民币对内购买力下降。

2. 人民币升值长期内有利于优化产业结构

在人民币升值的过程中，附加值和技术含量较低、盈利较少的产品和企业被逐步淘汰，优胜劣汰的结果使整个经济的产业结构得到优化，经济实力也因此真正变强。

(三)人民币升值的利弊分析

人民币升值对国际收支、国内就业、物价和产业结构升级都会产生影响。人民币升值，有利于进口，不利于出口。人民币升值有利于进口国外大型机器

设备、有利于国内居民出国旅游和留学。对于去美国、香港、澳大利亚等地的求学者和旅游者来讲,人民币对美元升值后,等额人民币可以兑换更多的美元,在国外消费和购物比以前会更便宜。大量劳动密集型企业破产倒闭,打击民族工业的发展,就业率下降。罗纳德·麦金农(2010)指出,本国货币升值和涨工资二者只能取其一,如果既让货币升值又涨工资,就是经济衰退。因为一国产品难以承受双层成本突然上升。所以,麦金农提出,本国货币和涨工资可以交替进行,分摊成本,尽量降低对经济运行的负面影响。[①]

同时,随着人民币升值的继续,不少居民担心手中的美元会进一步贬值,选择将自己手中的外汇兑换成人民币。尽管有些长期生活在国内的百姓不从事对外贸易,不购买外国货,也不出国旅游,不会直接受到本币汇率变动的影响。但是本币汇率上升还是会通过抑制国内物价上涨、导致国内经济增长放缓而间接影响国内所有居民的生产生活。

总体来讲,人民币升值短期内弊大,长期内利大。人民币升值会造成劳动密集型产品出口下降,外贸公司破产倒闭,失业率上升;长期内有利于抑制物价、升级产业结构和促进人民币国际化。

学习资料8-2 美强推新法疯狂贬值美元 世界站在汇率大战边缘

汇率已经成为各国经济的焦点问题。2005年汇改至2010年9月,人民币对美元升值23%。美国希望人民币继续升值的幅度大约在7%到20%之间。2010年9月29日,美国会众议院以348比79的投票结果通过《汇率改革促进公平贸易法案》,旨在对所谓低估本币汇率的国家征收特别关税,使备受瞩目的中美人民币汇率之争再度升级。该法案试图修改美国贸易法,以赋予美国商务部更大权限,使之能够在特定条件下把所谓"货币低估"行为视为出口补贴,进而对相关国家输美商品征收反补贴税。美方议员称,中国人民币对美元严重低估,造成美国对华贸易逆差,影响了美国就业和经济复苏。根据美国的立法程序,众议院通过的法案将提交参议院审议。如在参议院也获通过,将提交给总统签署,尔后成为法律。鉴于国会中期选举在即,该法案于11月份在参议院获得通过的可能性不大。美国会近期之所以频频舞动汇率大棒,最重要的现实原因是实现奥巴马的出口战略,创造就业,为11月2日的国会中期选举做准备。另外,美国压人民币升值,

---

① 罗纳德·麦金农.人民币升值不利于中国工资增长.华尔街日报,2010年7月30日

使美元相对贬值,减轻美国偿还其外债的压力。目前美国经济最大的挑战在于失业率居高不下,而扩大出口,可以增加美国国内就业。[①]

美国这种通过施压其他货币升值以实现本币贬值的做法,也使得各国间的汇率战争一触即发。最近一段时间以来,日本、韩国和台湾央行为了让本币变得更廉价,实施了一系列干预行动。出口大国中国尽管面临美国压力,要求其允许人民币升值,但仍在继续阻止人民币走强。与此同时,从新加坡到哥伦比亚等多个国家的官员,都已对本币目前的强势发出了警告。

世界正处在一场国际汇率战争当中,各国货币正普遍走软,"汇率战争"即将到来。[②] 越来越多的国家正把本币贬值当作提振本国经济的手段。本币贬值会让一国的出口商品变得更便宜。对那些正走出全球经济衰退、努力寻求增长的经济体来说,这有可能成为提振它们经济增长的一个主要来源。试图压低本币汇率的国家正在增多,这也使得在全球经济论坛上协调这一问题变得更加困难。

美国借口人民币汇率问题搞保护主义,只会严重损害中美经贸关系,并给两国经济乃至世界经济的复苏造成消极影响。造成美方对华贸易逆差的主要原因不在于人民币汇率,而在两国投资和贸易的结构。中方坚决反对美国国会通过有关议案。

2010 年 11 月 2 日,美国中期选举结束,共和党不出所料夺回国会众议院控制权,不过止步于参议院争夺战,民主党维持了参议院的控制权。2011年 2 月 4 日,美国财政部公布《国际经济和汇率政策报告》,指出包括中国在内的美国主要贸易伙伴都没有操纵货币汇率,以获取不公平贸易优势。这是美国政府发表的第四份《国际经济和汇率政策报告》,在前三份报告中,美国财政部都称没有发现有贸易伙伴操纵货币汇率以获取不公平贸易优势。

---

① 搜狐财经,http://business.sohu.com/20101001/n275384540.shtml
② 货币贬值引发的汇率战争类似中国国内彩电行业价格战,1988 年、1996 年、1997年、1998 年、1999 年和 2000 年共发生六次彩电价格战。其中一次发生在 1996 年 3 月 26日,长虹宣布降价,为了不使自己市场份额减少,康佳、TCL 随后跟进。加之其他品牌相继跟进,扭转了洋品牌主导国内市场的局面,外资品牌基本上被挤出十强。同时也使彩电生产的集中度得到明显提高。

第四节　汇率决定理论

一、不同货币制度下的汇率决定

货币制度是指一个国家用法律规定该国货币的币材、面值、货币发行、流通和组织形式。从历史上看,货币制度经历银本位制、金银复本位制,到金本位制,再到不兑现信用货币制度。

(一)金本位制度下汇率的决定

第一次世界大战前,盛行典型的金币本位制。金本位制度是以黄金为本位币的货币制度,包括金币、金块和金汇兑本位制。其中,金币本位制是其典型形态,是货币本位制度发展中维持时间最长的一种货币制度。其特点是金币为本位币;自由铸造和熔化;金币与银行券自由兑换;金币作为世界货币自由输出入。

金本位制度下,各国规定了每一金铸币单位包含的黄金重量与成色,即含金量(Gold Content),货币间的比价以含金量来折算,两国本位币的含金量之比即为铸币平价(Mint Par)。铸币平价是决定汇率的基础。

英国在1914年以前以及1925年至1931年间都实施金本位制。其中,在1925年至1931年间,1个英镑金币的重量为123.27447格令,成色为11/12,即含113.0016格令纯金;1个美元金币的重量为25.8格令,成色为9/10,即含23.22格令纯金。那么,铸币平价为113.0016÷23.22＝4.8665。英镑和美元的汇率为1英镑兑换4.8665美元。

在1925年至1931年间,英镑和美元的含金量不变,所以在这段时期内英镑和美元的汇率是固定的。

当然,外汇的市场价格也会因外汇供求的变化而出现波动,但其波动总是会围绕铸币平价上下波动,并以黄金输送点(Gold Transport Points)为界限。因而各国汇率波动的幅度很小,成为自发的固定汇率。

在金本位制度下,两国货币的汇率以铸币平价为中心,围绕铸币平价上下波动,波动的上限是黄金输出点,波动的下限是黄金输入点。黄金输入点＝铸币平价－运费;黄金输出点＝铸币平价＋运费。这里的运费是指在两国之间输出入黄金所要支付的包装费、运费、保险费和检验费等费用和利息。黄金输入点和黄金输出点组成黄金输送点。

其原因是：金本位制下，黄金可以自由输出入，因此，一国的对外债务，既可以用外汇来结算，也可以用黄金来结算，当市场汇率对它有利时，就用外汇结算；当市场汇率对它不利时，就改用运送黄金来结算。

例如，美元对英镑的汇率采用直接标价法，金本位制下，美元对英镑的铸币平价是：1 英镑＝4.8665 美元，在英国和美国之间运送黄金的费用 1 英镑黄金约为 0.03 美元。那么，4.8665±0.03 美元就是黄金输送点，当美国对英国国际收支为顺差时，英镑汇率会下跌，如果下跌到 4.8365 美元，使用美元与使用黄金结算是一样的。如果外汇市场汇率下跌超过 4.8365 美元，1 英镑的黄金可以清偿 4.8365 美元的债务，而 1 英镑在外汇市场上却兑换不到4.8365 美元。显然，此时英国债务人宁愿用英镑兑换黄金运往美国清偿债务，从而导致黄金输入美国。这样，外汇市场美元需求减少，供求关系发生变化，英镑汇率会回升，直到大于或等于 4.8365 美元为止。当美国对英国国际收支逆差时，英镑汇率会上涨。美国债务人清偿对英国的债务既可以用英镑，也可以用黄金。如果外汇市场上的汇率上涨到 4.8965 美元，使用英镑与使用黄金结算是一样的。如果外汇市场上的汇率上涨超过 4.8965 美元，用黄金结算，清偿 1 英镑的债务，只需花费 4.8965 美元；用外汇结算，清偿 1 英镑的债务，需要超过 4.8965 美元。显然，美国债务人宁愿以美元兑换黄金运往英国结算，从而导致美国黄金的输出。这样，外汇市场英镑的需求会减少，英镑汇率会逐渐下跌，直到低于或等于 4.8965 美元为止。

（二）纸币流通制度下汇率的决定

在纸币制度下，各国发行纸币作为金属货币的代表，并且参照过去的做法，以法令规定纸币的含金量，称为金平价，金平价的对比是两国汇率的决定基础。但是纸币不能兑换成黄金，因此，纸币的法定含金量往往形同虚设。纸币流通制度下汇率变动的决定因素包括国际收支、国内外物价水平、利率、经济增长速度和国际储备等等，其中最主要的是国内外物价水平差异。在实行官方汇率的国家，由国家货币当局（中央银行或外汇管理当局、财政部）规定汇率，一切外汇交易都必须按照这一汇率进行；在实行市场汇率的国家，汇率随外汇市场上货币的供求关系变化而变化。

二、汇率决定的过程

（一）汇率决定的基础

从汇率变动的时间来看，只有货币兑换的交易发生，才会影响该货币供求，该货币汇率才会变动。例如，只有发生人民币和美元之间的兑换交易，人民币和美元的汇率才会变动。例如，如果中国出口企业因出口而得到大量美元并调回国内，在国内将美元兑换成人民币，就增加了美元的供给和人民币的需求。在这种情况下，美元对人民币的汇率就会下降，人民币对美元的汇率就要上升。但是，如果出口企业只是把外汇调回国内，没有将外汇兑换成人民币，就不会影响人民币和美元的汇率。也就是说，单单就国际贸易（此外还有国际投资以及热钱流动、政府外汇储备干预等等会影响人民币汇率）对人民币汇率的影响来看，人民币对美元的汇率是否波动要看企业是否具有持有外汇收入、不兑换成人民币的意愿。

从汇率变动的地点来看，如果一国货币不是国际货币（即一国货币未国际化），其汇率主要受本国国内外汇市场上本币和外汇供求的影响。因为只有这种货币（不是国际货币的货币）发行国的居民才愿意持有这种货币，持有该国货币的外国居民要到该国才能将该国货币兑换成其他货币。则该国货币的兑换主要发生在这个国家内部及周边少数国家或地区。该货币的汇率主要由该货币发行国国内货币供求决定。比如人民币不是国际货币，人民币和其他货币如美元的汇率主要是在中国决定。因为其他国家居民持有的人民币很少，人民币和美元的兑换主要发生在中国。中国的出口企业拿到货款后，到外汇指定银行将外汇兑换为人民币；中国进口企业拿人民币到商业银行购买外汇。这些发生在人民币和美元之间的外汇即期交易和衍生品交易都影响人民币和美元的汇率。中国以外的其他国家或者地区比如美国很少发生人民币与美元之间的兑换，因为人民币不是国际货币，在美国流通数量很少，美国居民持有的人民币数量很少。在 2010 年 7 月之前，受资本管制影响，人民币兑换业务在很大程度上仅限于在中国境内进行。2011 年 1 月 12 日，中国银行在美国的纽约分行启动对美国客户的人民币买卖，允许美国的公司和个人通过在该行的账户买卖人民币。在此之前，美国的公司和个人只能通过汇丰控股（HSBC Holdings PLC）等西方银行交易手中数量很少的人民币。

如果某种货币为国际货币，则全球各个国家和地区的外汇市场都在交易该货币，都在兑换该种货币。不仅国际货币的发行国国内有关该国货币的兑换影响该国际货币的汇率水平高低,国际货币发行国以外的其他国家(即离岸市场)有关该货币的外汇交易也会影响其汇率。比如美元和欧元的汇率,不仅受美国国内的美元和欧元之间的兑换活动的影响,也受欧元区国家等美国以外使用美元的任何国家内的美元和欧元之间兑换活动的影响。

(二)汇率决定的过程

汇率是一个国家特殊商品——货币的价格,其变动的基本特点与一般商品的价格变动一样,以两国货币之间的价值比率为基础,随着供求波动而相应升降,因此,认识汇率变动原因关键在于把握影响供求关系背后的因素,这些因素通过影响外汇市场的供求关系来影响一国的货币汇率。

市场汇率是外汇需求等于供给时的均衡水平。外汇供给是指出口商、套期保值者、投机者等各类外汇交易者在一定时期内在各种可能的价格条件下愿意并能够出售的该种外汇的数量;外汇需求则是指进口商、套期保值者、投机者等各类外汇交易者在一定时期内在各种可能的价格下愿意并能够购买的该种外汇的数量。外汇市场上的外汇供给量等于外汇需求量时,整个外汇市场处于均衡状态,均衡状态下的汇率称为均衡汇率,与均衡汇率相对应的外汇供求数量为均衡数量。当外汇的需求增加而供给不变时,外汇汇率上升;当外汇需求不变而供给增加时,则外汇汇率下跌。

现在假定,外汇市场上只有一种外币美元。外汇的需求主要取决于进口商品和对外投资者对美元的需求。外汇的供给则取决于出口商和在本国投资的外国人对美元的供应。这种供求关系对汇率的影响过程可由图 8-9 来表示。

图 8-9 中纵轴 P 表示在直接标价法下外汇(美元)的汇率,横轴 Q 表示一国所有国际经济交易的外汇收入总额和外汇支出总额,即外币美元的数量。曲线 S 是外汇美元的供给曲线,表示在外汇市场上,每一时期外汇持有人在各种可能的汇价上要用外汇购买本币的数量,外汇供给曲线斜率为正,反映了外汇汇率越高,本国商品的国际竞争力越强,外国资本在本国的竞争力也越强,从而在外汇市场上的外汇供应就越多;曲线 D 是外汇美元的需求曲线,表示在外汇市场上,每一时期本币持有人在各种可能的汇价上要用本币购买外币的数量,外汇需求曲线斜率为负,反映了外汇汇率越高,外汇需求就越少。

现设均衡汇率为 P_0,均衡数量为 Q_0,均衡点为 A 点。若现在汇价偏离 P_0,而在 P_1 点,超过 P_0,于是外汇市场外汇需求量就下降为 Q_1,外汇供给量将增加到 Q_2,这样就形成外汇供过于求,于是就出现数量为 (Q_2-Q_1) 的顺差,但这只是暂时的现象,需求少,供给多,必然导致汇率下降,一直降到均衡点

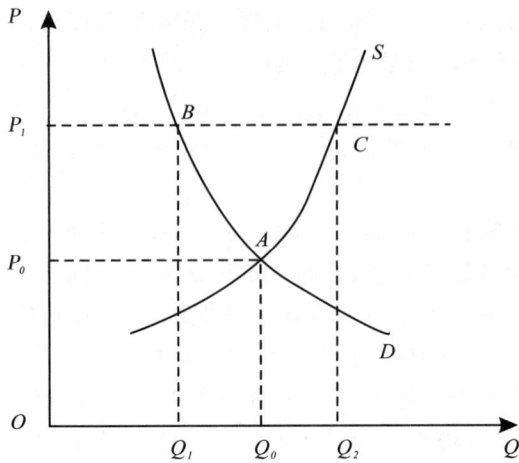

图 8-9 外汇供求关系对汇率的影响过程

A,汇价为 P_0 时,供给量和需求量相等,从而达到了市场均衡。同样当汇价偏离 P_0 而较低时,也会因市场的作用回到均衡水平。

假若在某个时期某个因素发生变化使得外汇供给曲线和外汇需求曲线发生了偏移,如图 8-10 所示。

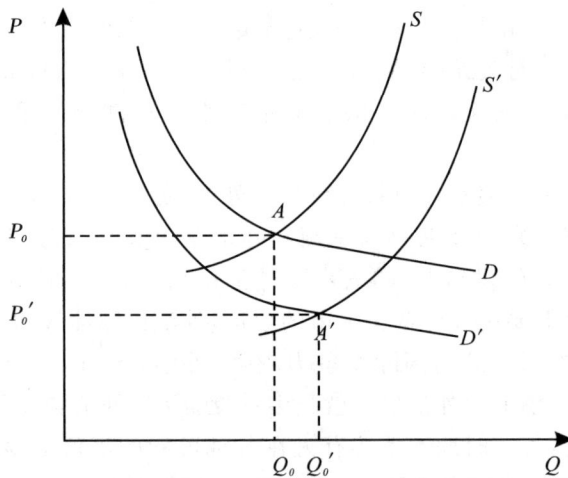

图 8-10 外汇供求变动对汇率的影响

供给曲线往右下方移动,需求曲线往左下方移动,这样原来均衡的汇率水平在新的外汇供求关系中已不适用,于是均衡汇率也会重新产生,如图 8-10 中的 P_0'。可见,影响汇率变动的因素就是通过影响外汇供给曲线和外汇需求曲线来体现的。

三、汇率决定理论

现在的汇率决定理论是纸币制度下的汇率决定理论。在纸币制度下,纸币不再代表或代替黄金流通,纸币与黄金彻底脱钩。因此铸币平价和黄金平价也不再成为汇率决定的基础。那么,纸币制度下汇率决定的基础是什么呢?围绕着此问题,西方经济学家提出了各种观点,在众多的外汇汇率决定的学说中,几乎各派理论都认为:外汇汇率的决定与变动主要取决于外汇供给与需求,但他们对于影响外汇供求的因素以及什么是均衡汇率等问题,都有各种不同的见解。纸币本位制度下的最具代表性的理论有国际收支说、购买力平价说、利率平价说和资产市场说等。

(一)国际收支说

国际收支作为一个重要的宏观经济变量,与其他宏观经济变量相互影响,相互制约。国际收支说正是从分析影响国际收支进而影响汇率变动的因素入手,分析汇率决定的一种理论。这一理论是建立在宏观经济学的基础之上,而它的理论渊源则可追溯到国际借贷说(Theory of International Indebtedness)。

国际借贷说是英国学者戈森(G. L. Goschen)于 1861 年在《外汇理论》一书中首先提出的,它是一战前解释汇率的主要学说。该理论以金本位制度为背景,较完善地阐述了汇率与国际收支的关系。该学说的基本思想是:汇率决定于外汇的供给与需求,当外汇的供给大于需求时,外汇汇率下降;当需求大于供给时,外汇汇率上升。而外汇的供求主要源于国际借贷。因此,国际借贷是影响汇率变动的最主要因素。戈森认为,国际借贷具体可分为固定借贷与流动借贷两类。其中,前者是指尚未进入支付阶段的借贷;后者是指已经进入支付阶段的借贷。只有流动借贷才会影响外汇的供求。在一国进入实际支付阶段的流动借贷中,如果债权大于债务,外汇的供给就会大于外汇的需求,引起本币升值、外币贬值;相反,如果一定时期内进入实际支付阶段的债务大于债权,外汇的需求就会大于外汇的供给,最终导致本币贬值、外币升值;假如一国的流动借贷相等,那么外汇的供求也相等,因而汇率不发生变动。

国际借贷说之所以能够成为"一战"以前外汇学说的主流,主要有两个原因:第一,在"一战"以前,古典学派的经济理论风靡全球,因此,利用价格理论的供求法则来解释汇率决定的学说比较容易为人们所接受;第二,在"一战"以前的数十年间,西方各国普遍实行金本位制。在这种货币制度下,汇率只是在黄金输出入点之间变动,这与国际借贷说的理论相一致。

事实上,戈森的国际借贷说是以国际金本位制度为前提提出的理论。当金本位制度崩溃以后,这一学说就很难说清楚汇率变动的原因了。因为在纸币流通的条件下,通货数量的增减对汇率变动的影响显著,而这种现象是国际借贷说所无法解释的。因此,瑞典经济学家卡塞尔批评国际借贷说是纸币流通条件下无能为力的学说。

不过,在国际借贷理论基础上发展起来的国际收支说,较好地弥补了这一理论的缺陷,使其更具实际意义,被称为是国际借贷说的现代形式。1944 年到 1973 年布雷顿森林体系实行期间,各国实行固定汇率制度。这一期间的汇率决定理论主要是从国际收支均衡的角度来阐述汇率的调节,即确定适当的汇率水平。这些理论统称为国际收支学说。这一期间,有影响的汇率理论主要有局部均衡分析的弹性论、一般均衡分析的吸收论、内外均衡分析的蒙代尔—弗莱明模型(Mundell-Fleming Model)以及注重货币因素在汇率决定中重要作用的货币论。

国际收支说在运用供求分析的基础上,进而分析了国民收入、物价水平、利率和投资者预期等因素如何通过国际收支作用于汇率。基本内容是:汇率决定于外汇的供给与需求,当外汇的供给大于需求时(在外汇和本币兑换活动发生的情况下),外汇汇率下降;当需求大于供给时,外汇汇率上升。本国国民收入增加、国内价格水平上升或外国物价下降、本国利率下降或外国利率上升、预期未来外汇汇率上涨,外汇汇率上浮(本币贬值)。

具体来讲,国际收支说的结论是:①本国国民收入增加,进口会随之增加,导致外汇需求增加,外汇汇率上浮(本币贬值);外国国民收入的增加,本国出口增加,导致外汇供给增加,外汇汇率下浮(本币升值)。②国内价格水平上升或外国物价下降,本国出口减少,进口增加,国际收支出现赤字,外汇的需求大于供给,本币贬值;反之亦然。③本国利率上升或外国利率下降,将通过资本流入的增加,导致本国资本账户的改善,从而导致外汇的供给大于需求,或本币的需求大于供给,使外汇汇率下浮(本币升值)。④如果对未来外汇汇率看涨,人们就会大量买进外汇,外汇就会升值。

国际收支说开拓了研究汇率决定问题的新视角,即从宏观经济角度分析汇率问题,且较全面地分析了汇率的决定因素。国际收支说是其他汇率决定理论的基础。然而,这一理论却没有考虑决定汇率的各变量之间的相互影响对汇率决定产生的复杂性和不确定性。例如,当本国国民收入增加时,会导致进口增加,但同时又会因货币需求的增加,而导致利率水平上升,因而决定汇率的因素就不是单一因素,而是在各变量的相互作用下产生的多重效应,这种多重效应使汇率的决定变得更加复杂和不确定。而国际收支理论却没有对此进行深入的分析,得出具有明确因果关系的结论。

(二)购买力平价说

购买力平价说(Theory of Purchasing Power Parity)是由瑞典经济学家卡塞尔(Gustav Cassel,1866.10.20—1945.1.14)于1922年在他的题为《1914年以后的货币与外汇》一书中提出来的。卡塞尔以"如何决定正常的汇率"作为本书研究的中心课题。为此,他对"人们为什么需要外国货币"与"外国货币对内价值的变动如何影响对这种货币的需求"这两个主要问题进行了研究。其理论的基本思想是:人们需要外币是因为外币在其发行国国内具有购买力,相应地人们需要本币也是因为本币在本国国内具有购买力。因此,两国货币汇率的决定基础应是两国货币所代表的购买力之比。卡塞尔认为,购买力平价是决定两国货币间汇率的"第一且最基本的根据"。

购买力平价有两种形式:绝对购买力平价和相对购买力平价。

1. 绝对购买力平价理论

绝对购买力平价说明的是某一时点上汇率的决定,即在某一时点,两国货币之间的兑换比率取决于两国货币的购买力之比。由于购买力事实上是一般物价水平(所有产品和劳务的平均物价水平)的倒数,所以,绝对购买力平价可表示为:

$$S = \frac{P_a}{P_b}$$

式中 S 代表汇率,指一单位的 B 国货币以 A 国货币表示的价格。对 A 国来讲,该汇率标价方法是直接标价法。P_a 为 A 国的一般物价水平,P_b 为 B 国的一般物价水平。绝对购买力平价学说实际上就是"一价定律",即同一种商品在世界各地以同一种货币表示的价格是一样的。例如,同一种商品在美国卖 20 美元,在英国卖 10 英镑,则绝对购买力平价就是 20/10=2,即 1 英镑兑 2 美元。

有必要指出的是,物价水平和货币制度有很大关系。货币制度特别是货币的面值会影响物价,从而也会影响货币汇率水平。货币面值是货币实际代表的价值量,各国货币的面值是不同的。尽管日本和韩国经济发达,但是韩元和日元的汇率水平较低,很大程度上是因为其纸币面值较大。韩元最高面值50 000韩元,日元最高面值10 000日元。但是人民币和美元最高面值只有

100。货币面值取决于：商品经济的发展水平、商品生产的范围和档次、币值的稳定情况、人民的生活水平、购买力情况、以前惯例和政府法律法规等等。一般情况下，一国货币的面值越大，国内物价水平就越高，该国货币的对内购买力就比较低，那么其货币对外购买力就低，汇率水平低。如果一国用面值低的新货币替换面值高的旧货币，肯定会伴随该国货币汇率水平的提高。①

（二）相对购买力平价理论

相对购买力平价说明的是两个时点间的汇率的变动。这一学说认为，汇率在两个时点间的变化的主要原因是两个国家在这段时期内的物价水平或货币购买力的变化。即，一定时期内，汇率的变化与同一时期内两国物价水平的相对变动成正比。其公式如下：

$$\frac{S_1}{S_0} = \frac{P_{a1}/P_{a0}}{P_{b1}/P_{b0}} \tag{8.6}$$

式中，S_1、S_0 分别代表当期和基期汇率，P_{a1} 和 P_{a0} 分别代表 A 国当期和基期的物价水平，P_{b1} 和 P_{b0} 分别代表 B 国当期和基期的物价水平。仍以上例说明，假如该种商品的售价在美国上升为 40 美元，在英国上升为 15 英镑，那么英镑兑美元的汇率如下：

$$S_1 = \frac{40/20}{15/10} \times 2 = 2.7 (\text{GBP}/\text{USD})$$

---

① 2001 年 11 月 11 日土耳其中央银行宣布，市场上面额 1 000 万的土耳其里拉钞票流通率已超过 80%，央行决定在 11 月底之前发行面额 2 000 万土耳其里拉的钞票，它成为全球面额最大的钞票。以汇率 1 美元兑 160 万土耳其里拉计算，2 000 万土耳其里拉，约合 12.5 美元。领取最低工资的土耳其工人，每月可领到 7 张 2 000 万土耳其里拉的纸币。土耳其里拉是全世界"最不值钱的货币"。2000 年 5 月，1 美元等于 61.5 万土耳其里拉，1 新台币约等于 2 万土耳其里拉。2004 年 10 月 25 日，土耳其中央银行首次公开了于 2004 年 12 月正式发行的新货币——"新土耳其里拉（New Turkish Lira）"纸币，新的纸币面值包括 1、2、5、10、20、50 和 100。还将发行 1、2、5、10、25、50 小货币单位的"库鲁什（Kurus）"硬币。1 新里拉等于 100 库鲁什。1"新土耳其里拉"等于旧的 100 万土耳其里拉。新币正面均印有土耳其国父穆斯塔法·凯末尔·阿塔图尔克的肖像，背面画像各不相同，颜色也不一样。"新土耳其里拉"于 2005 年 1 月 1 日开始使用。新旧土耳其里拉过渡到 2005 年 12 月 31 日为止，到期将停止使用旧土耳其里拉。2005 年 1 月 3 日，1 美元兑换 1.3460 新土耳其里拉。2009 年 1 月 1 日，土耳其央行又在全国范围内发行新货币"土耳其里拉（Turkish Lira）"，以取代流通中的"新里拉"。2009 年作为过渡年，土耳其里拉和"新里拉"同时在市场上流通。从 2010 年 1 月 1 日起，土耳其货币"新里拉"将退出市场流通，由"土耳其里拉"纸币和"库鲁什"硬币取代。纸币面值有 5、10、20、50、100、200 六种。2011 年 2 月 10 日，1 美元兑换 1.5947 土耳其里拉。

公式(8.6)中 P_{a1}/P_{a0}、P_{b1}/P_{b0} 分别表示从 t_0 到 t_1 时刻 A 国和 B 国的物价指数，π_a 和 π_b 分别表示从 t_0 到 t_1 时间内 A 国和 B 国的通货膨胀率。即：

$$\pi_a = (P_{a1} - P_{a0})/P_{a0}$$

$$\pi_b = (P_{b1} - P_{b0})/P_{b0}$$

移项，得：

$$P_{a1}/P_{a0} = 1 + \pi_a$$

$$P_{b1}/P_{b0} = 1 + \pi_b$$

将以上两公式带入公式(8.6)得：

$$\frac{S_1}{S_0} = \frac{1 + \pi_a}{1 + \pi_b}$$

将上式两边同时减去 1 得：

$$\frac{S_1 - S_0}{S_0} = \frac{\pi_a - \pi_b}{1 + \pi_b} \tag{8.7}$$

假定 π_b 很小，则上式变为相对购买力平价理论的简化表达式：

$$\frac{S_1 - S_0}{S_0} = \pi_a - \pi_b \tag{8.8}$$

上述数学表达式的经济学含义是：即期汇率在两个时点间的变动率等于这段时间的两国通货膨胀率的差异。

公式(8.8)等式左面是汇率变动率，等式右面是两国通货膨胀率的差。如果本国通胀率超过外国，则外币升值、本币贬值；如果外国通胀率超过本国，则外币贬值、本币升值。

例如：美国的通胀率 $\pi_\$ = 8\%$，英国 $\pi_£ = 12\%$，那么，根据相对购买力平价理论，预计英镑兑美元的汇率下跌：

$$(8\% - 12\%)/(1 + 12\%) = 3.6\%$$

这一计算是精确计算，而它的近似值为 4%（运用公式(8.8)计算）。

因此，我们也常常可以借助这一理论来预测长期汇率变动趋势。

购买力平价理论指出，汇率水平的高低主要取决于货币对内购买力的高低。购买力平价说的理论意义在于：开辟了研究汇率决定问题的全新角度，即从货币数量角度分析汇率，这一角度代表了汇率理论的主流。同时，该理论中所涉及的一系列问题都是汇率决定中的基本问题，并被普遍作为汇率的长期均衡标准而被广泛应用于汇率理论中，成为更为复杂的汇率理论的基础理论。因而，购买力平价说是最具影响力的汇率理论之一。

然而，当人们采取计算实际有效汇率的方法对这一理论进行实证检验时，得出的结论却较为复杂，由此引起了对购买力平价理论的广泛争议。引起众多争议的重要原因是,建立这一理论的前提假设过于苛刻,导致购买力平价理论自身和检验技术方面都存在较大的缺陷。第一,该理论假设在不考虑交易成本(没有运费、没有关税)的前提下,同一种贸易商品在全世界的售价相同,即所谓的一价定律。然而在实践中往往由于关税、运费等因素,使一价定律很难成立,从而也使得购买力平价很难保持。另外,我们在分析中只假定了经常账户的存在而忽略了资本账户的存在。然而,在通过国际贸易消除贸易商品在世界各市场中的价格差异的同时,必然会引起货币的交易而导致资本的流动,特别是在资本流动日益频繁且规模庞大的今天,由资本账户的交易而引发的资本流动已经成为影响汇率变动的重要因素之一,由此导致汇率偏离购买力平价。第二,该理论假定各国的价格体系是相同的,也就是说,两国物价指数编制统计的方法和口径以及各贸易商品所占的权数是相同的。而在实践中,购买力平价在计量检验中存在着技术上的困难。首先是物价指数的选择,国际货币基金组织共有六种指数,它们分别是消费物价指数、社会批发物价指数、附加价值缩减指数、工资指数、标准化工资指数以及出口商品价格指数。不同物价指数的选择将导致不同的购买力平价。而究竟采用何种指数,目前还存在较大争议。其中争议最多的是究竟是选择综合物价指数还是选择贸易商品物价指数。从理论上讲,选择贸易商品的物价指数较为合理,然而贸易商品并非固定不变,有时贸易商品和非贸易商品之间是可以相互转化的。其次是物价指数的统计方法和口径,由于各国在物价指数的统计方法、口径和权数的确定上存在一定差异,因而即使编制出来的是同一物价指数,也存在着差异,而使其缺乏可比性。再次,是基期的选择。因为不同的基期可能会得出不同的结论,基期的选择是计算结果正确的前提。然而基期选择的正确与否又是很难验证的。第三,该理论认为,汇率的变动完全是一种货币现象,也就是说汇率变动完全取决于两国货币的购买力。这就意味着名义汇率的变动完全是由两国通货膨胀率的差异引起的。而反映一国产品的国际竞争力的实际汇率是不会发生变动的。然而,在现实中,决定汇率的因素是多因素的,且这些因素不仅会引起名义汇率变动,而且还会引起实际汇率的变动。这就导致了名义汇率与购买力平价产生了长期的偏离。

(三)利率平价说

利率平价学说(Theory of Interest Rate Parity)的理论渊源可追溯到19世纪下半叶,1923年由约翰·梅纳德·凯恩斯(John Maynard Keynes,1883—1946)系统阐述。利率平价理论认为,两国之间的即期汇率与远期汇率的关系与两国的利率有密切的联系。该理论的主要出发点,就是投资者投资于国内所得到的短期利率收益应该与按即期汇率折成外汇在国外投资并按远期汇率买回本国货币所得到的短期投资收益相等。一旦出现由于两国利率之差引起的投资收益的差异,投资者就会进行套利活动,其结果是使远期汇率固定在某一特定的均衡水平。

利率平价说的结论是:提高本国利率使得本币升值;反之,降低本国利率使得本币贬值。同即期汇率相比,利率低的国家的货币的远期汇率会下跌,而利率高的国家的货币的远期汇率会上升。远期汇率同即期汇率的差价约等于两国间的利率差。

利率平价学说分为非抵补的利率平价(Uncovered Interest Rate Parity)和抵补的利率平价(Covered Interest Rate Parity)。两者的不同之处在于对投资者的风险偏好所做的假定上:前者假定投资者未进行远期外汇交易;后者假定投资者进行了远期外汇交易以控制风险。

1.非抵补的利率平价

在资本具有充分国际流动性的条件下,投资者的套利行为使得国际金融市场上以不同货币计价的相似资产的收益率趋于一致。假定 i_A、i_B 分别是 A、B 两国货币的利率,E_p 表示预期的汇率远期变动率,则 $E_p = i_A - i_B$。本国货币的预期贬值(升值)幅度等于本国利率高于(低于)外国利率的数值。如果 A 国利率高于 B 国利率,则意味着市场预期 A 国货币在远期将贬值。

2.抵补的利率平价

投资者采取持有远期合约的抵补方式交易时,假定 p 是即期与远期汇率之间的升(贴)水率,市场最终会使利率与汇率间形成下列关系:$p = i_A - i_B$。其经济含义是:汇率的远期升贴水率等于两国货币利率之差。如果 A 国利率高于 B 国利率,则 A 国远期汇率将下降。反之亦然。汇率的变动会抵消两国间的利率差异,从而使金融市场处于平衡状态。

利率平价学说的理论意义:利率平价学说从资金流动的角度指出了汇率与利率之间的密切关系,有助于正确认识现实外汇市场上汇率的形成机制,有特别的实践价值,它主要应用在短期汇率的决定。大型商业银行都根据各国利率差来确定远期汇率的升贴水率。利率平价学说不是一个独立的汇率决定理论,与其他汇率决定理论之间是相互补充而不是相互对立的。

利率平价学说的缺陷:忽略了外汇交易成本;假定不存在资本流动障碍,实际上,资本在国际流动会受到资本流动管制和外汇市场不发达等因素的阻碍;假定套利资本规模是无限的,现实世界中很难成立;人为地提前假定投资者追求在两国的短期投资收益相等,现实世界中有大批热钱追求汇率短期波动带来的超额收益。

学习资料 8-3　人民币升值幅度与中美物价差别、利率差别之间的关系

2006 年 8 月 29 日,《华尔街日报》刊登罗纳德·麦金农(Ronald I. Mckinnon,1935—　)教授的一篇文章。罗纳德·麦金农发现人民币升值幅度与中美两国之间的物价差别或者利率差别几乎相等。[①]

中国 2006 年 7 月份的 CPI 仅比上年同期增长了 1‰,而美国 7 月份的总体消费者价格较上年同期增长了 4.1‰。中美两国 7 月份的物价涨幅之差是 3.1 个百分点,与人民币一年来 3.3‰的升幅大体相当。

2006 年 5 月,伦敦市场上 1 年期美元债券的收益率报 5.7‰,而中国央行所发行 1 年期债券的收益率仅为 2.6‰,二者之间的差额恰恰是 3.1‰。值得注意的是,截至 2006 年 7 月,人民币兑美元汇率在过去 1 年的升值幅度为 3.28‰,与上述收益率差大体相同。投资人民币资产的人之所以愿意接受比较低的回报率,那是因为他们预计人民币的升值幅度将略超过 3‰。

在人民币货币政策—汇率联动法则中,重要的是要维持人民币的温和升值并使升值幅度与美中两国的利率差或者通货膨胀率之差相一致。麦金农教授进而提出了近期人民币汇率变动的两个可能的法则:

法则一:人民币汇率变动(‰)＝美国物价上涨幅度(‰)－中国物价上涨幅度(‰)

法则二:人民币汇率变动(‰)＝美国的利率(‰)－中国的利率(‰)

麦金农教授建议,要避免重蹈日本的覆辙,中国央行要密切关注美国的通货膨胀水平和利率水平,并据此制定其以汇率为基础的货币政策。人民币兑美元汇率有必要在严格控制的前提下逐步实现升值。

(四)资产市场说

1973 年,布雷顿森林体系解体,固定汇率制度崩溃,实行浮动汇率制度,汇率决定理论有了更进一步的发展。资产市场说在 20 世纪 70 年代中后期成

① Ronald I. Mckinnon. A Monetary Rule for China. *Wall Street Journal*, August 29,2006. 罗纳德·麦金农 1935 年生于加拿大的埃德蒙特,1956 年获埃尔伯塔大学文学士学位,1961 年获明尼苏达大学博士学位,美国斯坦福大学的经济学教授,当代金融发展和金融压抑理论的奠基人。

为汇率理论的主流。与传统的理论相比,汇率的资产市场说更强调了资本流动在汇率决定理论中的作用,汇率被看作为资产的价格,由资产的供求决定。一国居民可持有三种资产,即本国货币、本国债券和外国债券,其总额应等于本国所拥有的资产总量。当各种资产供给量发生变动,或者居民对各种资产的需求量发生变动时,原有的资产组合平衡就被打破,这时居民就会对现有资产组合进行调整,使其符合自己的意愿持有量,达到新的资产市场均衡。在对国内外资产持有量进行调整的过程中,本国资产与外国资产之间的替换就会引起外汇供求量的变化,从而带来外汇汇率的变化。

依据对本币资产与外币资产可替代性的不同假定,资产市场说分为货币分析法与资产组合分析法。货币分析法假定本币资产与外币资产两者可完全替代,而资产组合分析法假定两者不可完全替代。

1. 货币分析法

在货币分析法内部,依对价格弹性的假定不同,又可分为弹性价格货币分析法与黏性价格货币分析法。

弹性价格货币分析法假定所有商品的价格是完全弹性的,这样,只需考虑货币市场的均衡问题。其基本模型是:

$$\ln e = (\ln MS - \ln MS') + a(\ln y' - \ln y) + b(\ln i' - \ln i) \qquad a、b > 0$$

其中,e 为本国汇率,MS 和 MS' 为本国与外国货币供给量,y 和 y' 为本国与外国国民收入,i 和 i' 为本国与外国利率。该模型由 Cagan 的货币需求函数及货币市场均衡条件 $MD/P = L(y,i) = kyi$,$MD = MS$ 及购买力平价理论三者导出。它表明,本国与外国之间国民收入水平、利率水平及货币供给水平通过对各自物价水平的影响而决定了汇率水平。

1977 年,Dornbuseh 提出黏性价格货币分析法,也即所谓超调模型(Overshooting Model)。他认为商品市场与资本市场的调整速度是不同的,商品市场上的价格水平具有黏性的特点,这使得购买力平价在短期内不能成立,经济存在着由短期平衡向长期平衡的过渡过程。在超调模型中,由于商品市场价格黏性的存在,当货币供给一次性增加以后,本币的瞬时贬值程度大于其长期贬值程度,这一现象被称为汇率的超调。

2. 资产组合分析法

1977 年,Branson 提出了汇率的资产组合分析方法。与货币分析方法相比,这一理论的特点一是假定本币资产与外币资产是不完全的替代物,风险等因素使非抵补的利率平价不成立,从而需要对本币资产与外汇资产的供求平衡在两个独立的市场上进行考察。二是将本国资产总量直接引入了模型。本国资产总量直接制约着对各种资产的持有量,而经常账户的变动会对这一资产总量造成影响。这样,这一模型将流量因素与存量因素结合了起来。

假定本国居民持有三种资产,本国货币 M,本国政府发行的以本币为面值的债券 B,外国发行的以外币为面值的债券 F,一国资产总量为 $W=M+B+e'F$。一国资产总量是分布在本国货币、本国债券、外国债券之中的。从货币市场来看,货币供给是由政府控制的,货币需求是本国利率、外国利率的减函数,是资产总量的增函数。从本国债券市场来看,本国债券供给同样是由政府控制的,本国债券的需求是本国利率的增函数,外国利率的减函数,是资产总量的增函数。从外国债券市场来看,外国债券的供给是通过经常账户的盈余获得的,在短期内也是固定的。对外国债券的需求是本国利率的减函数,外国利率的增函数,是资产总量的增函数。

在以上三个市场中,不同资产供求的不平衡都会带来相应的变量(主要是本国利率与汇率)的调整。只有当三个市场都处于平衡状态时,该国的资产市场整体上才处于平衡状态。这样,在短期内,由于各种资产的供给量是既定的,资产市场的平衡会确定本国的利率与汇率水平。在长期内,对于既定的货币供给与本国债券供给,经常账户的失衡会带来本国持有的外国债券总量变动,这一变动又会引起资产市场的调整。因此,在长期内,本国资产市场的平衡还要求经常账户处于平衡状态。

【本章小结】

外汇是指外国货币或以外国货币表示的可用于对外支付的资产。汇率的标价法即汇率的表示方法,有三种:直接标价法、间接标价法和美元标价法。货币汇率上升即货币升值,货币升值是指同样数量的该种货币能够兑换更多数量的其他货币。相反,汇率下降即货币贬值,货币贬值是指同样数量的该种货币只能兑换更少数量的其他货币。本币升值不是指这个国家发生通货膨胀,也不是指这个国家央行加息,而是指这个国家本币汇率上升。影响汇率变动的因素主要是通过影响外汇市场上外汇的供求关系起作用的。这些因素主要包括国际收支状况、通货膨胀率的差异、经济增长率的差异、利率差异、财政收支状况、外汇储备的高低、心理预期因素和政府干预因素等。汇率变动对一国经济的影响体现在对该国涉外经济活动和该国国内经济的影响两个方面。市场汇率的变动主要取决于外汇市场上该货币的供求关系。当外汇需求大于对该外汇的供给时,外汇汇率上升;反之,则下跌。汇率决定的基础是两国货币所具有或所代表的价值,但是在不同的货币制度下,各国货币价值的具体表现形式也各不相同。金本位制度下,各国规定了每一金铸币单位包含的黄金重量与成色,即含金量(Gold Content),货币间的比价以含金量来折算,两国本位币的含金量之比即为铸币平价(Mint Par)。铸币平价是决定汇率的基础。当然,外汇的市场价格也会因外汇供求的变化而出现波动,但其波动总是会围绕铸币平价上下波动,并以黄金输送点(Gold Transport Points)为界限。在纸币制度下,纸币不再代表或代替黄金流通,纸币与黄金彻底脱钩。因此铸币平价和黄金平价也不再成为汇率决定的基础。纸币本位制度下的最具代表性的理论有国际收支说、购买力平价说、利率平价说和资产市场说等,其中最重要的理论是购买力平价说。

【思考与练习】

1.判断对错

①外汇就是外国货币。(　　　)

②直接标价法下,本币数额越大,外汇汇率越上涨。(　　　)

③间接标价法是指以外国货币来表示本国货币的价格。(　　　)

④国际金融市场上,英国对所有国家的汇率都使用间接标价法。(　　　)

⑤英镑和美元对所有国家货币汇率,全部采用间接标价法。(　　　)

⑥金本位货币制度下决定汇率的基础是外汇市场供求状况。(　　　)

⑦进口商向银行购买其进口所需外汇时,按银行买入价支付本币。(　　　)

⑧如果在美国一双鞋的价格是80美元,在另一国为120个当地货币,市场汇率为1美元等于0.5个当地货币,根据购买力平价理论另一国的货币被高估。(　　　)

⑨在较长时期里,A国物价水平高于B国物价水平,根据购买力平价理论,A国汇率可能会出现升值。(　　　)

⑩通货膨胀是影响汇率变动的政策因素。(　　　)

2.试分析在不同的货币制度下汇率决定的基础。

3.简述影响汇率变动的经济因素有哪些? 并具体分析各自的影响机制。简述汇率变动对一国经济的影响。

4.为什么美日等国要求人民币升值? 人民币升值对中国利大还是弊大? 人民币是否应该继续升值?

5.为什么本币升值可以抑制国内物价上升? 为什么国内物价上升可以抑制本币升值?

6.为什么人民币升值国内还有通货膨胀？为什么国内有通货膨胀人民币还在升值？

7.阐述货币对内购买力和对外购买力的相互关系。

8.简述日元升值和日本经济泡沫之间的关系。但上世纪80年代后期德国马克升值并没有对德国经济造成很大的伤害,查阅资料解释原因。

9.人民币和美元之间的外汇交易(以某日中国银行外汇牌价为例),是美元现汇买卖的点差大还是现钞买卖的点差大?为什么?

10.2010年10月和11月,中国的CPI分别是4.4%和5.1%。经济学家张礼卿认为,中国治通胀须升值人民币;北京大学法律经济学研究中心联席主任薛兆丰也认为,人民币币值被低估,人民币"被超发"是通胀之源。他们说的有道理吗? 你是否赞同人民币更快速的升值以抑制通货膨胀?

11.郎咸平教授反对人民币升值,认为"人民币升值是某些国际金融机构伙同政府想搞垮中国经济并从中牟利的行为。汇率是政治问题更甚于经济问题。我国的金融体系承受不起利率与汇率的不稳定。"他说的有道理吗?

12.一国经济增长较快,可能伴随着国内百姓更加富裕、国内流动性增加,产生通货膨胀,从而本币对内贬值。根据购买力平价理论,货币对内购买力和对外购买力是一致的。但为什么经济增长较快的国家货币会升值而不是贬值?

13.2010年10月12日,纽约外汇市场报出 GBP1＝＄1.7210/70,＄1＝JPY111.52/250。计算纽约商业银行的买入和卖出汇率。若某一美国出口商持有100万英镑,可兑换多少日元?

14.下列为中美两国消费者物价指数:

表1　中美两国消费者物价指数

	2000	2001	2002	2003
中国	100.4	100.7	99.2	101.2
美国	100.0	102.8	104.5	106.8

如果以2000年为基期,2000年人民币名义汇率为1美元＝8.2784元人民币,根据相对购买力平价理论,试分别计算2001年、2002年和2003年各年美元与人民币的汇率。

15.从网络上查找同一时间三家商业银行的外汇牌价,回答以下问题:

①假设你用100万人民币现钞购买英镑,你将到哪个银行购买? 能购买

多少英镑？

②假设你有100万欧元现钞要兑换成人民币,你将到哪个银行兑换？能兑换成多少人民币？

③假如公司总经理要求你购买100万欧元的现汇,你将到哪个银行购买？要支付多少人民币？

④假如公司总经理要求你用美元现钞购买100万人民币,你将到哪个银行购买？要支付多少美元？

⑤某日中国银行外汇牌价:1美元＝6.544/50人民币,一订单1 000万人民币,外贸公司向外方应报价多少美元？

16.比较下表中2010年9月25日和2008年10月6日中国银行人民币汇率中间价,对美元、欧元和日元,人民币分别在升值还是贬值？幅度多大？外币分别在升值还是贬值？幅度多大？

表2　中国银行外汇牌价

中间价	2008年10月6日	2010年9月25日
USD	683.21	669.97
EUR	933.03	875.22
JPY	6.5473	7.8204

第9章 国际储备

学习内容与要求：

　　一国国际收支顺差会增加该国国际储备。本章主要介绍国际储备的定义、来源和用途；国际储备的数量管理和结构管理。要求掌握中国国际储备的来源和用途，能够根据相关理论分析中国外汇储备的出路。

第一节　国际储备概述

一、国际储备的定义

　　国际储备(International Reserve)，也称官方储备或者黄金外汇储备，是指一国货币当局持有的、能随时用来支付国际收支逆差、维持本币汇率稳定的国际流动资产。

二、国际储备的构成

　　国际储备的资产构成，随着历史的发展有所变动。第二次世界大战前，黄金和可兑换黄金的外汇构成了各国的储备资产；第二次世界大战后，国际货币基金组织先后给成员国提供储备头寸和特别提款权这两类资产，用于弥补会员国的国际储备。目前，国际货币基金组织会员国的国际储备，一般分为黄金储备、外汇储备、特别提款权和在 IMF 的储备头寸。其组成见表9-1所示。

表 9-1 世界国际储备资产结构

金额单位：亿特别提款权

年份	1970		1980		1990		2000		2005	
资产结构	金额	比重	金额	比重	金额	比重	金额	比重	金额	比重
黄金储备	370.90	39.7	334.46	9.4	328.72	4.78	2 006	11.42	2 530	8.84
外汇储备	453.33	48.6	2 928.5	82.5	6 110.5	88.81	14 902	84.83	25 384	88.68
SDR	31.24	3.4	118.08	3.3	203.54	2.96	185	1.05	202	0.71
在 IMF 的储备头寸	76.97	8.3	168.36	4.8	237.49	3.45	474	2.70	507	1.77
总额	932.44	100	3 549.39	100	6 880.2	100	17 566	100	28 638	100

注：1 盎司黄金＝35SDR，1 盎司＝31.1035 克。

参考资料：国际货币基金组织，历年《国际货币基金组织报告》

（一）黄金储备

黄金储备，指一国货币当局持有的，用以平衡国际收支，维持或影响汇率水平，作为金融资产持有的黄金。即货币性黄金，而非货币用途的黄金（如私人窖藏、工业与艺术用途的黄金）不包括在内。20 世纪 70 年代国际货币基金组织实行黄金非货币化改革以后，黄金储备在国际储备体系中确立的中心地位被极大削弱。但由于黄金是具有价值的实体，世界上没有一个国家完全放弃和废除其黄金储备，目前主要作为外汇储备的补充，发挥紧急和最终国际支付功能。

学习资料 9-1　1950—2009 年世界主要国家黄金储备

七国集团成员是美国、日本、德国、法国、英国、意大利、加拿大，金砖五国是指巴西、俄罗斯、印度、南非和中国。由于前苏联自 1940 年之后直到解体时从不公布其黄金储备数据，而俄罗斯虽然自 1994 年开始公布黄金储备，但由于期间断档太多，故不将俄罗斯列入。

表 9-2　1948—2009 年世界主要国家黄金储备

单位：吨

国家	1948	1960	1970	1980	1990	2000	2002	2004	2006	2009
美国	22 682	15 822	9 839	8 221	8 146	8 137	8 149	8 136	8 134	8 134
德国	0.0	2 640	3 537	2 960	2 960	3 467	3 446	3 433	3 423	3 407
意大利	85	1 958	2 565	2 074	2 074	2 452	2 452	2 452	2 452	2 452
法国	487	1 458	3 139	2 546	2 546	3 025	3 025	2 895	2 720	2 435
中国	——	124	218	398	395	395	600	600	600	1 054
瑞士	1 233	1 942	2 427	2 590	2 590	2 419	1 917	1 354	1 290	1 040
日本	3	220	473	753	753	764	765	765	765	765
印度	228	220	216	267	333	358	358	358	358	358
英国	1 432	2 489	1 198	586	589	486	314	312	310	310
南非	163	158	592	378	127	184	174	124	124	125
巴西	282	255	40	58	142	66	34	34	34	34
韩国	0.7	2	3	9	10	14	14	14	13	14
加拿大	356	787	703	653	459	37	19	3	3	3
世界总和	30 183	35 893	36 606	35 836	35 582	33 060	32 413	31 342	30 379	30 190

参考资料：全球黄金集团（Global Gold Group）

美国的黄金储备从 1948 年的 22 682 吨减少到 2009 年的 8 134 吨，其占世界黄金储备的比重从 71.8% 降至 2009 年的 26.9%，期间最低值为 1988 年的 22.8%。

德国的黄金储备从 1951 年的 25 吨增加到 2009 年的 3 407 吨，期间最高值为 1968 年的 4 034 吨，最低值为 1948—1950 年的 0 吨。目前，德国为世界第二大黄金储备国（国际组织除外）。

英国在二战前尚有 12 000 吨以上的黄金储备，但是到战后的 1948 年就减少到了 1 432 吨。1966 年之后，英国的黄金储备逐年减少，到 2009 年仅有 310 吨，期间最高值为 1950 年的 2 543 吨，最低值为 2006 年的 310 吨。

法国在 1948 年有 487 吨黄金储备,2009 年增加到 2 435 吨。期间最高值为 1966 年的 4 655 吨,最低值为 1949 年的 482 吨。

意大利的黄金储备从战后初期的不足 100 吨增加到 2009 年的 2 452 吨,期间最高值为 1969 年的 2 627 吨,最低值为 1948 年的 85 吨。

日本作为七国集团中仅次于美国的世界第二大经济体,黄金储备却只高于英国和加拿大,排在七国集团第 5 位。其官方黄金储备从 1948 年的 2.7 吨增加到 2009 年的 765 吨。

加拿大作为七国集团经济规模最小的成员,其黄金储备至 2009 年减少到仅有 3.4 吨。在 1948 年,加拿大黄金储备有 356 吨,并且在 1955 年和 1965 年曾经增加到 1 000 吨以上。

瑞士的黄金储备一直维持在 1 000 吨以上,1948 年有 1 233 吨,2009 年减少到 1 040 吨。期间最高值为 1967 年的 2 745 吨,最低值为 2008 年和 2009 年的 1 040 吨。

印度在 1948 年拥有 228 吨黄金储备,此后直到 2008 年,一直维持在 200~400 吨之间。2009 年印度从 IMF 购进 200 吨黄金,使其黄金储备增加到 558 吨。

巴西作为南美地区最大的经济体,其黄金储备在 1948 年维持在 282 吨的规模,1959 年增加到历史最高值 290 吨。此后基本呈不断减少的趋势,1964 年减少至百吨以下,虽然在 1990 年、1994 年、1995 年、1996 年、1998 年和 1999 年再次增加到 100 吨以上,但进入 21 世纪后再次减少到百吨以下。期间最低值为 1982 年的 4.7 吨。

南非曾经长期是世界第一大产金国,其黄金储备曾在 1968 年突破 1 100 吨,但长期以来基本上是维持在 100~300 吨左右的规模。

韩国虽然外汇储备居世界前十之列,但其黄金储备却一直很贫乏。1948 年,韩国黄金储备为 0.7 吨,发展至 2009 年,才 14.4 吨。

21 世纪以来,中国调整过两次黄金储备,即 2001 年和 2003 年,分别从 394 吨调整到 500 吨和 600 吨。自 2003 年以来,逐步通过国内杂金提纯以及国内市场交易等方式,增加了 454 吨。目前中国黄金储备已达到 1 054 吨,在各国公布的黄金储备中,只有六个国家超过 1 000 吨,中国排名第五。

(二)外汇储备

外汇储备(Foreign Exchange Reserve),又称为外汇存底,指一国政府所持有的国际储备资产中的外汇部分,即一国政府保有的以外币表示的债权。

2005 年年底外汇在全部国际储备中的比重达 88.68%。外汇储备是国际储备的主体,主要币种是美元。外汇储备的具体形式是:政府在国外的短期存款或其他可以在国外兑现的支付手段,如外国有价证券,外国银行的支票、期票、外币汇票等。

2011 年一季度末,中国大陆外汇储备排名世界经济体第一,在全球外汇储备总额中约占 30%左右。其他金砖国家外汇储备余额,巴西为 3 071.26 亿美元,俄罗斯为 4 474.72 亿美元,南非为 404.75 亿美元,印度为 2 750.19 亿美元。

第二次世界大战后很长一段时期,西方国家外汇储备的主要货币是美元,其次是英镑。2004 年,世界各国外汇储备的主要币种是美元、欧元、日元、英镑、瑞士法郎。[①] 如表 9-3 所示。

表 9-3　各国货币在全球官方外汇储备总额中的比例(%)

年份	1973	1980	1985	1990	1995	2000	2004
美元	84.6	68.6	56.4	50.1	56.6	70.5	65.9
欧洲货币单位	0	3.1	10.9	10.7	7.0	18.8	24.9
日元	0	4.4	7.0	8.1	6.5	6.3	3.9
英镑	7.0	2.9	2.9	3.1	3.2	2.8	3.3
瑞士法郎	1.2	3.2	2.2	1.0	0.4	0.3	0.2
法国法郎	1.0	1.7	1.1	2.3	2.0	——	——
德国马克	5.8	14.9	14.2	17.3	13.7	——	——
荷兰盾	0.3	1.3	1.0	1.3	0.8	——	——
其他货币	0.1	0	4.3	5.1	9.8	1.4	1.8

注:1999 年以后,欧洲货币单位被欧元替代,2000 年和 2004 数据为欧元。

资料来源于国际货币基金组织历年《国际货币基金组织报告》。

(三)特别提款权

特别提款权(Special Drawing Right,缩写为 SDR)创设于 1969 年,是一种国际储备资产,亦称"纸黄金",它是国际货币基金组织分配给会员国的一种使用资金的权利。按会员国所摊付的基金份额的比例进行分配,份额越大,分

---

① 在国际贸易活动中,商品和劳务的价格用国际货币来计价。目前,黄金、石油等国际大宗商品都是用美元计价。

配得越多。国际货币基金组织的份额由特别提款权（SDR）表示，份额的多少同时决定了各会员国在 IMF 的投票权。特别提款权在全球国际储备总额中，1971 年年底占 4.5%，1976 年年底下降到 2.8%，1982 年年底重新增加到 4.8%，2005 年年底占 0.71%。

特别提款权作为使用资金的权利，与其他储备资产相比，特别提款权是 IMF 人为创造的无物质基础的一种记账单位，不具有内在价值，不是真正意义上的货币。特别提款权价值比较稳定，不受任何一国政府的影响而贬值。只能在 IMF 及会员国政府之间发挥作用，任何私人企业不得持有和运用，不能直接用于贸易或非贸易的支付，有严格限定的用途。

特别提款权可以弥补成员国官方储备不足。在成员国之间，还可自愿用特别提款权交换货币。会员国政府分得特别提款权以后，即列为本国储备资产，如果发生国际收支逆差即可动用。使用特别提款权时需通过国际货币基金组织，由它指定一个成员国接受特别提款权，并提供可自由使用的货币，主要是美元、欧元、日元和英镑。还可以直接用特别提款权偿付国际货币基金组织的贷款和支付利息费用；参加国之间只要双方同意，也可直接使用特别提款权提供和偿还贷款，进行赠予，以及用于远期交易和借款担保等各项金融业务。特别提款权的利息开始时较低，1970 年间仅为 1.5%，1974 年 6 月起提高到 5%。以后，特别提款权利率的计算方法，大致是根据美、德、日、英、法 5 国金融市场短期利率加权平均计算而得，每季度调整一次。

2009 年 8 月，国际货币基金组织宣布了 2 500 亿美元特别提款权（1 161.84 亿份 SDR，将 SDR 总量增加 74.13%）分配草案，其中美国新增特别提款权 427 亿美元，中国凭 3.72% 的份额将新分得 59.97 亿份 SDR，相当于 92.96 亿美元，居"金砖五国"之首，但仍落后于美、日、德、法四国。美国将兑换 427 亿美元，日本为 153 亿美元，德国为 150 亿美元，英国和法国各为 123 亿美元。美国仍然拥有在 IMF 重要提案上的一票否决权。美国的特别提款权为中国的 4.8 倍。这是 1981 年以来国际货币基金组织首次推出特别提款权配置计划，也是该组织迄今为止推出的规模最大的特别提款权配置计划，旨在通过补充 IMF 186 个成员国的外汇储备，向全球金融系统注入流动性。此外，IMF 还在 2009 年 9 月 9 日通过"特殊分配"一次性发放约合 330 亿美元的 SDR。这一分配不按份额比例发放，主要着眼于增加 1981 年后加入 IMF 的 42 个国家所持有的 SDR，但其他成员国也将分别获得额外的 SDR。2009 年 8 月和 9 月的两次分配使特别提款权总计存量增加到约 2 040 亿特别提款权（3 130 亿美元），为原来水平的近 10 倍。

小知识:特别提款权的定值

特别提款权的创立经过了一个长时间的酝酿过程。20世纪60年代初爆发的第一次美元危机,暴露出以美元为中心的布雷顿森林体系的重大缺陷,使越来越多的人认识到,以一国货币为支柱的国际货币体系是不可能保持长期稳定的。从60年代中期起,改革第二次世界大战后建立的国际货币体系被提上了议事日程。

以美英为一方,为了挽救美元、英镑日益衰落的地位,防止黄金进一步流失,补偿美元、英镑和黄金的不足,适应世界贸易发展的需要,提出创设新的储备货币的建议。以法国为首的西欧六国则认为,不是国际流通手段不足,而是"美元泛滥"、通货过剩。因此,强调美国应消除它的国际收支逆差,并极力反对创设新的储备货币,主张建立一种以黄金为基础的储备货币单位,以代替美元与英镑。1964年4月,比利时提出了一种折中方案:增加各国向基金组织的自动提款权,而不是另创新储备货币来解决可能出现的国际流通手段不足的问题。基金组织中的"十国集团"采纳了这一接近于美、英的比利时方案,并在1967年9月基金组织年会上获得通过。

1968年3月,由"十国集团"提出了特别提款权的正式方案。但由于法国拒绝签字而被搁置起来。美元危机迫使美国政府宣布美元停止兑换黄金后,美元再也不能独立作为国际储备货币,而此时其他国家的货币又都不具备作为国际储备货币的条件。这样就出现了一种危机,若不能增加国际储备货币或国际流通手段,就会影响世界贸易的发展。于是,提供补充的储备货币或流通手段就成了基金组织最紧迫的任务。因此,基金组织在1969年的年会上正式通过了"十国集团"提出的特别提款权方案。

在创设之初,SDR是以黄金定值的,1SDR等于0.888671克纯金,和美元含金量相等,也就是1SDR=USD1。布雷顿森林体系崩溃以后,全球进入浮动汇率时代,IMF于1974年7月1日决定SDR与黄金脱钩,选取世界出口中份额最大的16个国家的货币构成货币篮子。16种货币可以充分反映世界整体经济发展的变化,同时使SDR的价值非常稳定,但每天IMF都需根据外汇市场15种货币对美元的汇率变化重新计算SDR对美元的比价,计算程序非常复杂,并且计算出的SDR对美元汇率每日的变化幅度非常小。为了简化手续,降低定值计算成本,IMF从1981年1月1日起选用世界上商品和服务出口额最大的5国货币定值SDR,包括美元、德国马克、法国法郎、英镑和日元。为了适应欧洲货币统一进程,2000年10月IMF同意将欧元纳入SDR的货币篮子,取代原有的德国马克和法国法郎。同时,SDR 货币篮子的标准也改为在 IMF 修订篮子构成生效日前 5 年内对外商品和服务平均出口额最大的 4 个国家货币。SDR 货币篮子最近一次修订生效日是 2006 年 1 月 1 日,下面简单介绍这次调整的过程。

一般情况下,构成 SDR 的各种货币所占权重每 5 年修订一次。确定权重的依据是:(1)在货币篮子修订生效日前 5 年,平均每年年末世界各国以官方储备形式持有的该货币的价值大小(对于货币联盟则指货币联盟成员之外的国家持有的官方储备价值);(2)该货币发行国在货币篮子修订生效日前 5 年的平均对外出口商品和服务价值的大小(对于货币联盟则指对货币联盟成员国之外国家出口商品和服务的价值)。以出口价值和官方储备价值为基础决定的权重反映了过去 5 年中篮子货币在国际贸易和金融体系中的相对重要性。按照这两个要求,2005 年修订的货币篮子中各种货币的权重是在 2000—2004 年上述两个经济指标基础上计算出来的。其中,美元、欧元、日元和英镑的权重分别为 44%、34%、11% 和 11%(见下表)。

表 9-4　SDR 篮子货币权重的决定(2000—2004 年均值)

单位:10 亿 SDR

货币	出口(1)	官方储备(2)	(1)+(2)	权重	调整后权重
美元	1 009.2	934.9	1 944.1	42.92%	44%
欧元	1 234.3	312.0	1 546.3	34.14%	34%
日元	457.1	63.0	520.1	11.48%	11%
英镑	480.2	39.0	519.2	11.46%	11%
总价值	3 180.9	1 348.8	4 529.7	100.00%	100%
占比	70.22%	29.78%	100.00%		

数据来源:www.imf.org

根据规定,选取在 SDR 修订生效日前 3 个月的平均市场汇率为基期汇率。SDR 所含货币的数量是在新篮子生效前一个交易日通过权重和基期汇率计算得出(见表 9-5)。篮子中各货币的数量一旦被确定下来,在新篮子有效的未来 5 年内都保持不变,直到 5 年后重新修订货币篮子时才根据新的经济指标进行调整,而权重则随每日市场汇率的变化而变化。

表 9-5   SDR 篮子货币数量的确定(2005 年 12 月 31 日)

	新权重	折合的美元数	3 个月平均汇率	所含该货币数量
美元	0.44	0.632	1USD/USD	0.632
欧元	0.34	0.488364	1.191131USD/EUR	0.41
日元	0.11	0.158	0.008587USD/JPY	18.4
英镑	0.11	0.158	1.749723USD/GBP	0.0903

三个月平均汇率 1SDR＝USD1.436364

数据来源:www.imf.org

新的货币篮子于 2006 年 1 月 1 日生效后,IMF 依照每天外汇行市的变化,计算并公布 SDR 对各种货币的汇率牌价。表 9-6 显示的是 2007 年 1 月 31 日 SDR 对美元汇率的计算过程。

表 9-6   2007 年 1 月 31 日 SDR 对美元汇率的确定

	所含数量	市场汇率	折合的美元数
美元	0.632USD	1USD/USD	0.632000
欧元	0.41EUR	1.29370USD/EUR	0.530417
日元	18.4JPY	121.52000JPY/USD	0.151415
英镑	0.0903GBP	1.95260USD/GBP	0.176320

SDR1＝1.49015 USD

2009 年 4 月 30 日,特别提款权/美元汇率是 1 美元＝0.667632 特别提款权,1 特别提款权＝1.49783 美元。2010 年 4 月 30 日,特别提款权/美元汇率是 1 美元＝0.661762 特别提款权,美元/特别提款权汇率是 1 特别提款权＝1.51112 美元。

在目前的 SDR 一篮子货币组成中,只有美元、欧元、日元和英镑。而人民币将成为第五种"候选"货币。2010 年 6 月 28 日,国际货币基金组织(IMF)总裁多米尼克·施特劳斯—卡恩在批评人民币仍存在被低估的同时,也承认人民币的影响力在扩大,IMF 将在未来 5 年要考虑人民币纳入该组织的"特别提款权"(SDR)一篮子货币中。这或许也是人民币成为国际储备货币的一条道路。

（四）在国际货币基金组织的储备头寸

在国际货币基金组织的储备头寸亦称普通提款权（General Drawing Right，缩写为 GDR），储备头寸是一国在国际货币基金组织的自动提款权，再加上向基金组织提供的可兑换货币贷款余额。普通提款权是会员国在国际货币基金组织的普通账户中可自由提取和使用的资产。其数额的大小主要取决于该会员国在国际货币基金组织认缴的份额，期限一般为 3 至 5 年，会员国可使用的最高限额为份额的 125％，最低为 0。IMF 成员国需要根据成员份额向 IMF 缴纳资金，但同时也可以获得相同比例的投票权、IMF 资金使用权以及 IMF 发行的国际货币特别提款权（SDR）。

一国在国际货币基金组织的储备头寸包括：

（1）会员国向 IMF 认缴份额中 25％的黄金或可兑换货币部分。会员国可以自由提用这部分资金，无需经特殊审批。

（2）IMF 为满足会员国借款需要而使用掉的本国货币。会员国认缴份额的 75％可用本国货币缴纳。IMF 向其他会员国提供本国货币的贷款时，会产生该会员国对 IMF 的债权。一国对 IMF 的债权，该国可无条件地提取并用于支付国际收支逆差。

（3）IMF 向该国借款的净额，也构成为该会员国对 IMF 的债权。

普通提款权在 IMF 会员国国际储备资产总额中所占比重较小。到 2005 年年底，会员国的普通提款权总额为 507 亿特别提款权，占会员国国际储备资产总额的 1.77％。

普通提款权与特别提款权不同的是，普通提款权是信贷，而特别提款权可以作为成员国现有的黄金和美元储备以外的外币储备。普通提款权是基金组织用成员国所缴纳的份额向国际收支困难的成员国提供的资金。特别提款权无须另外缴纳。普通提款权由借款成员国用本币购买外汇，但须在规定期限内换回本币，属信用性质。特别提款权与普通提款权有以下三点重要区别：

第一，特别提款权是国际货币基金组织根据份额分配给会员国的一种资产，会员国可自由支配和使用；普通提款权是基金组织根据会员国交纳份额给予提款的权利，最大额度不超过所交份额的 125％，其信用部分不能自由提取。

第二，使用特别提款权等于在行使使用资金的权利，是种支出，是资产的减少。使用普通提款权等于在使用取得信贷的权利，是种借入，是负债的增加。

第三，使用特别提款权后不用偿还，普通提款权通常 3～5 年后需要偿还。

小知识：国际清偿力

国际清偿力（International Liquidity），又称国际流动性，简言之，是指一国的对外支付能力，具体说，是指一国直接掌握或在必要时可以动用作为调节国际收支、清偿国际债务及支持本币汇率稳定的一切国际流动资金和资产。

国际清偿力包括两部分：自有储备、借入储备和诱导储备。自有储备即国际储备，如图9-1所示。相比较来讲，自有储备更加重要。原因就是，一国突然遭遇债务危机，如果自有储备不足，就需要向别的国家或者国际经济机构借储备资产。但借款时对方可能会附带很苛刻的贷款条件，受援国的经济主权遭受很大的侵扰。

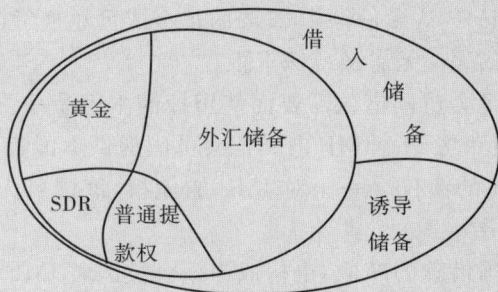

图9-1　国际清偿力的组成

（一）自有储备

自有储备并不单单包括外汇储备。自有储备也就是国际储备，除了外汇储备外，还包括黄金储备等其他一些资产。其主要来源是对他国居民提供商品与劳务赚得的经常项目顺差，同时也包括通过单方面转移和特别提款权分配获得的外汇储备。自有储备的最终所有权属于本国货币当局，因而可以自由支配。

（二）借入储备

借入储备是指储备的积累主要来源于非本国居民在国内投资所带来的金融资本项目的顺差，这些投资最终需要通过利润或者红利的形式进行偿还，是一种"借入"的储备。借入储备资产包括备用信贷、互惠信贷和支付协议、本国商业银行的对外短期可兑换货币资产等三项内容。借入储备的主要来源是国际信贷，最终所有权属于非本国居民。由于借入储备是以负债的方式获得，因而具有最终返还的特点，在信贷期限满时必须按期重新融资，并且还须支付利息。在国际金融市场利率、汇率剧烈波动时，重新融资不仅是一种沉重的负担，而且也充满着风险与不确定性。

1.备用信贷

备用信贷是一成员国在国际收支发生困难或预计要发生困难时,同基金组织签订的一种备用借款协议。在协议中通常包括可借用款项的额度、使用期限、利率、分阶段使用的规定、币种等等。协议签订后,成员国在需要时便可按协议规定的方法提用,无需办新手续。对于未使用部分的款项,只需缴纳1‰的年管理费。

2.互惠信贷

互惠信贷是指两个国家签订的使用对方货币的协议。当其中一国国际收支困难时,便可按协议规定的条件自动地使用对方的货币,然后在规定的期限内偿还。互惠信贷与备用信贷相同的是:一国获得的储备资产是借入的,可以随时使用的。不同的是:前者是多边的,后者是双边的,只能用来解决协议国之间的收支差额,而不能用作清算同第三国的收支差额。

(三)诱导储备

诱导储备是指本国商业银行的对外短期可兑换货币资产。本国商业银行在离岸金融市场或欧洲货币市场上的资产,流动性强,对政策的反应灵敏,政府虽然对其没有所有权,也没被政府借入,但政府可以通过政策的、新闻的、道义的手段来诱导其流动方向,间接调节国际收支。

三、国际储备的来源和用途

(一)国际储备的来源

1.国际收支顺差

国际收支顺差是一国增加国际储备的主要来源。国际收支顺差包括两方面:经常项目的顺差和资本与金融项目的顺差。前者比如经常项目中的贸易收支顺差、服务顺差;后者如该国得到的 FDI、证券投资和该国海外投资撤资回流以及热钱的流入等等。①、②经常项目中的贸易收支的顺差是最可靠的增加国际储备的途径,它反映了该国的国际竞争力;资本与金融项目的顺差是国际储备的重要补充来源。这类储备的特点就是由负债所构成,到期必须偿还;但在偿还之前,可作储备资产使用。长期资本项目顺差具有偶然性,因为它不能保证新资本的继续流入,外资还可能撤走;短期资本项目顺差不稳定,比如热钱短期频繁进出,会导致外汇储备数量波动。如图9-2所示。

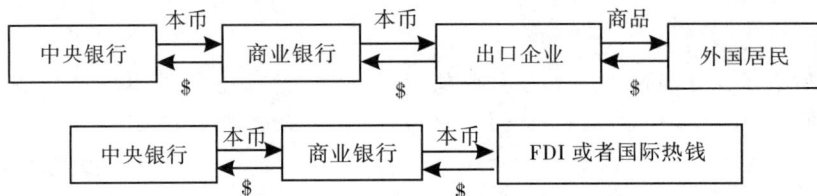

图 9-2　国际收支顺差与国际储备的来源

2.中央银行买入黄金

一国黄金储备的增加,是通过黄金的国内外交易实现的。就黄金的国际交易而言,储备货币发行国用本国货币在国际市场上购买黄金,该国的国际储备可随之扩大;非储备货币发行国只能用其外汇储备在国际市场上购买黄金,其结果只能改变该国国际储备的构成,而不能扩大其国际储备。但是,若从黄金的国内交易来说,不论是储备货币发行国,还是非储备货币发行国,中央银行以本国货币在国内收购黄金,即通过所谓"黄金货币化"都可增大它们的黄金储备量。当然,靠这种办法来增加黄金储备量要受到国内黄金产量的制约。

3.中央银行用本币买入外汇

中央银行在外汇市场上进行公开市场业务,抛售本币,购进外汇,从而增加本国的国际储备,但同时会增加本币贬值的压力。

---

①　FDI,全称为 Foreign Direct Investment,即外商直接投资,指的是外国企业和经济组织或个人(包括华侨、港澳台胞以及我国在境外注册的企业)按我国有关政策、法规,用现汇、实物、技术等在我国境内开办外商独资企业、与我国境内的企业或经济组织共同举办中外合资经营企业、合作经营企业或合作开发资源的投资(包括外商投资收益的再投资)以及企业投资总额内直接投资者对企业的贷款,即外方股东贷款。

②　热钱(Hot Money),又称游资(Refugee Capital)或叫投机性短期资本,指为追求最高报酬以最低风险在国际金融市场上迅速流动的短期投机性资金。国际热钱为追求汇率变动利益的投机性行为。

4.国际货币基金组织增加分配给该国的特别提款权

特别提款权的创造是按照成员国份额分配的,包括两种分配:一是特别提款权一般分配;二是特别一次性分配。按 IMF 协定的规定,基金组织的会员国都可以自愿参加特别提款权的分配,成为特别提款账户参加国。会员国也可自由退出。发展中国家一直要求改变不公正的按照份额的分配方法,要求把特别提款权与援助联系起来,并要求增加它们在 IMF 中的份额,以分得更多的特别提款权。

(二)国际储备的用途

1.支付国际收支逆差

国际储备用来支付进口需要。当一国发生国际收支困难时,政府需采取措施加以纠正。如果国际收支困难是暂时性的,则可通过使用国际储备予以解决,而不必采取影响整个宏观经济的财政货币政策来调节。如果国际收支困难是长期的、巨额的,或根本性的,则国际储备可以起到一种缓冲作用,它使政府有时间渐进地推进其财政货币调节政策,避免因猛烈的调节措施可能带来的社会震荡。

2.干预外汇市场、捍卫本币汇率的稳定

充足的国际储备有助于提高一国的债信和货币稳定性的信心。当本国货币汇率在外汇市场上发生变动或波动时,尤其是因非稳定性投机因素引起本国货币汇率波动(即贬值)时,政府可动用储备来缓和汇率的波动,甚至改变其波动的方向。具体做法就是用外汇储备购买本币,防止本币继续贬值。

当发生战争、灾害或国际经济形势突然变化、外国投资者大量撤资和国际热钱卖空攻击(1992 年英镑危机、1997 年亚洲金融危机中,国际热钱都是大量出售事先借来的货币,让这些国家的本币贬值)时,政府通过出售储备购入本币,可使本国货币汇率上升;反之,通过购入储备抛出本币,可增加市场上本币的供应,从而使本国货币汇率下浮。政府对外汇市场干预能对稳定汇率乃至稳定整个宏观金融和经济秩序,起到积极作用。1997 年亚洲金融危机,众多亚洲国家就是因为外汇储备过少,没能力购买本币和捍卫本币汇率稳定,不得不接受本币贬值。

1978 年美元汇率暴跌,美国就曾抛售西德马克(约合 100 亿美元)购买美元以遏止美元汇价下降。1988 年为力守 1 美元兑 120 日元的防线,避免美元兑日元的汇率接着下跌,西方各国中央银行联合干预外汇市场,仅在 1988 年1 月 4 日这一天之内,美国、日本、前联邦德国、法国、英国、意大利、加拿大以及瑞士、奥地利等中央银行就购进 20 亿～30 亿美元,其结果使美元汇率得以回升。

3. 信用保证

国际储备可以作为政府向外借款的保证。发展中国家在发展过程中会积累短期和长期的外债,需要外汇储备还本付息。

4. 赢得竞争利益

一国持有比较充分的国际储备,政府就有力量使其货币高估或低估,争取国际竞争的优势。如果是储备中心国家,这对于支持其货币的国际地位是至关重要的。

小知识:外汇储备不能用于国内经济建设

外汇储备只能用于从国外进口或者投资国外,不能用于国内经济建设。用外汇储备去解决国内农村地区的贫困问题,或者把这些资金用来改善生态环境、修建高速公路、进行基础设施建设都是不可行的。如果解决这些问题所需要的物资、设备、技术的采购来自国内,扶贫资金发放和购买物资的货币是人民币,首先就要把外汇储备出售给商业银行,换成人民币,拿着这些人民币去发放扶贫资金和购买物资,这时外汇就进入商业银行。而商业银行会把持有的过多的外汇卖给中央银行。这样,不过是外汇储备在国内转了一圈,最后又回到了中央银行,外汇储备的数量并没有减少。这样的外汇储备使用,结果是双倍的基础货币投放(外汇储备第一次集中到央行时,央行就曾经用人民币购买这些外汇,即所谓的首次基础货币投放;如果把这些集中到央行的外汇储备再用于国内扶贫或者基础设施建设,在国内首先要兑换成本币,即所谓的二次基础货币投放),产生通货膨胀。而用于国内经济建设的外汇储备只是在国内转了一圈,最后全部或者部分又回到中央银行。与其这样,还不如让中央银行直接发钞票进行扶贫。

尽管外汇储备是国家可以支配和动用的战略资源,但凡是在国内使用的外汇储备,只要得到外汇的居民要求结汇成为人民币,这样的使用都是不可行的。只有纯粹使用外汇的项目,才能动用外汇储备。比如用外汇储备在国外购买石油、战略物资、设备等。

同样,政府用外汇储备向国有商业银行或者证券公司注入资本金,这些资金都不能结汇使用。如果结汇成人民币,会导致通货膨胀。因为给商业银行的资金是中央银行的资产,这些资产本身已经投放了相应的人民币现金,如果再次结汇,这笔外汇就是两次结汇,投放了双倍的人民币现金,最后,外汇又回到了中央银行作为外汇储备。

四、中国外汇储备的组成和来源

(一)中国强制结售汇制度

为了解决改革开放之初政府外汇短缺问题,自 1994 年 4 月 1 日起,我国开始施行强制结售汇制度。在强制性结汇制度下,出口企业不再有外汇账户。卖给银行外汇所得的人民币进入该企业的人民币基本账户。

强制结汇是指除国家规定的外汇账户可以保留以外,企业和个人手中的外汇都必须将外汇按照当日的银行买入汇率卖给外汇指定银行、外汇指定银行付给本币,外汇指定银行必须把高于国家外汇管理局批准头寸额度之外的外汇卖给中央银行。[①] 在这套制度里,央行是银行间市场最大的接盘者,从而形成国家的外汇储备。

售汇是指外汇指定银行将外汇卖给因对外支付需用外汇的境内企事业单位、机关、社会团体和个人,并根据交易行为发生之日的人民币汇率收取等值人民币的行为。从用汇单位和个人角度来讲,售汇又称购汇。境内机构的经常项目项下对外支付用汇,持与支付手段相应的有效商业单据和凭证到外汇指定银行办理购汇手续。

创设这套制度的初衷是解决改革开放之初中国外汇短缺问题。强制结售汇的实施在改革开放初期为我国积累了大量的外汇储备,为我国经济增长作出了一定的贡献。中国的外汇储备从 1993 年底的 211.99 亿美元,增至 2007 年 8 月末的 1.4086 万亿美元。1997 年 10 月,为便利中资企业生产经营,允许符合一定条件的中资企业开立外汇结算账户,在限额内保留经常项目外汇收入。由于条件较高,绝大多数中资企业都不具备开户资格。到 2001 年 11 月底,全国只开立了几百个外汇结算账户。为改变这种状况,适应经济形势发展,2001 年 12 月 1 日进一步降低了经常项目外汇账户开立标准,允许年度出口收汇额在 200 万美元以上且年度外汇支出额为 20 万美元以上的中资企业开立外汇结算账户,更多的企业特别是一些中等规模的企业获得了开户资格。此后,国家外汇管理局又多次放宽外汇账户条件和额度。对于个人的外汇管

---

① 结汇分为强制结汇、意愿结汇和限额结汇等形式。强制结汇是指所有外汇收入必须卖给外汇指定银行,不允许保留外汇;意愿结汇是指外汇收入可以卖给外汇指定银行,也可以开立外汇账户保留,结汇与否由外汇收入所有者自己决定;限额结汇是指外汇收入在国家核定的限额内可不结汇,超过限额的必须卖给外汇指定银行。

理也是逐步放松。

但是,政府维系这项制度的成本越来越高。首先,强制结售汇制度导致外汇占款越来越多,产生通货膨胀。2001年中国加入WTO以后,企业出口剧增,同时吸引大量的FDI,中国连年双顺差。顺差得到的外汇统一由央行购买,基础货币投放规模亦相应扩大。中央银行等额卖出基础货币,从而形成和加剧了中国的流动性过剩,并成为通货膨胀的主要诱因。其次,为维持货币供应量的稳定,央行不得不大力进行公开市场干预,回笼基础货币。2007年上半年,央行共发行票据2.6万亿元,同比多发行4 000万元,截至2007年6月末,央行票据余额已达到3.8万亿元。如按一年期央行票据利率1.9%的水平计算,央行每年为"对冲"操作要支付很高的成本。同时,"对冲"规模激增会导致市场利率上升,在人民币存在很强的升值预期下,外汇会大量流入,从而又抵消了"对冲"的政策效果。2007年7月份,中国的CPI创10年最高,达到5.6%。为平抑流动性压力,央行自2007年以来9次上调存款准备金,5次加息,货币政策频度达到了有史以来的最高峰。但依然无力改变流动性过剩的现实。再次,导致外汇储备激增。在这套制度里,央行是银行间市场最大的接盘者,从而形成国家巨额的外汇储备,国家管理外汇储备的难度加大。最后,强制结售汇制度使得企业必须将手中外汇按要求的比例到银行进行结汇,导致外汇市场形成无条件的外汇供给和有条件的外汇需求,夸大了人民币升值的压力,却隐瞒了人民币贬值的压力,造成了市场上供大于求的虚假局面。

2007年8月13日,国家外汇管理局网站发布《国家外汇管理局关于境内机构自行保留经常项目外汇收入的通知》,境内企业等即日起可自行保留经常项目下的外汇收入,也可以选择将外汇卖给银行。这意味着,企业第一次拥有了外汇持有的自主权,实行了13年的企业强制结汇制度正式退出历史舞台。中国开始了"藏汇于民"时代!但是,目前,百姓和企业的外汇投资渠道很少,在人民币升值的背景下,即使政府不强制结售汇,企业和普通百姓收到美元之后,也不具有持有外汇收入的意愿,在短时间内不需要美元的情况下会主动结汇换成人民币。

(二)中国国际储备的组成

1980年4月17日,我国恢复了在IMF的合法席位以后,按照规定缴纳了应缴的份额,享有在基金组织外汇储备头寸的提取权和接受基金组织分配的特别提款权,纳入了世界储备体系。作为国际货币基金组织的会员国,中国的国际储备亦由黄金储备、外汇储备、特别提款权和在IMF的储备头寸这四个部分构成。

1.黄金储备

中国在 1952 年拥有的黄金储备为 155 吨,此后因大跃进造成的国民经济困难而减少至 124.4 吨,并进而在 1962—1964 年减少至百吨以下(93.3 吨)。从 1965 年之后,又重新恢复至 155.5 吨,并于 1968 年和 1974 年分别增加到 200 吨和 300 吨以上。2001 年进一步增加到 500 吨左右,2002 年增加至 600 吨。2009 年,首次将黄金储备增加到 1 000 吨以上,达到 1 054.1 吨。按照国际货币基金组织的相关规定,中国就黄金储备变动情况向其进行了通报,并得到认可。这一变化在 2009 年的国际收支平衡表和人民银行有关统计报告中记录并反映。

2.外汇储备

外汇储备是我国国际储备的主要组成部分。我国的外汇储备占我国整个国际储备额的 90% 以上。改革开放以前,我国对外经济交往很少,在外汇方面实行"量入为出,以收定支,收支平衡,略有节余"的方针,外汇收支基本保持平衡,外汇储备量很小,年平均约为 5 亿美元以下。此时的外汇储备量反映为中央银行的外汇结存账户余额,管理则是由中国人民银行实行集中管理、统一经营,通过银行结存制度将所有外汇买卖集中在国家银行办理(1979 年以后,中国银行从中国人民银行分设出来,独立行使职能,办理各项国际金融业务)。中共十一届三中全会以后,我国经济体制开始转轨,市场经济带来的是外汇收支规模的不断扩大,国家外汇储备不断增加。其中 1981 年底外汇储备总额仅为 47.6 亿美元,1984 年底就达到了 144.2 亿美元(包括国家外汇库存和中国银行的外汇结存两部分)。这主要是因为在这一阶段国家实行了一系列经济调整政策,大量削减进口,努力增加出口,出口量的增加带来了源源不断的外汇收入。1984—1986 年我国的国际储备有所下降,原因是这一时期国家储备管理失控,外汇资金投向有偏差。但随后,国家采取了一系列措施扭转局面,自 1987 年开始外汇储备额又有所上升。随着改革开放的不断深入,为更好地适应国际金融市场的发展,尽快地与国际通用的惯例接轨,中国从 1992 年起启用新的外汇储备统计口径。按照新的外汇储备口径,外汇储备的增减仅包括国家外汇库存部分,中国银行外汇结存部分在资本项目中反映。表 9-7 反映了中国外汇储备的变动情况及外汇储备规模。

表 9-7　中国历年外汇储备总表(1950—2010 年)

单位:10亿美元

年末	外汇储备	年末	外汇储备	年末	外汇储备	年末	外汇储备
1950	0.157	1966	0.211	1982	6.986	1998	144.959
1951	0.045	1967	0.215	1983	8.901	1999	154.675
1952	0.108	1968	0.246	1984	8.22	2000	165.574
1953	0.09	1969	0.483	1985	2.644	2001	212.165
1954	0.088	1970	0.088	1986	2.072	2002	286.407
1955	0.18	1971	0.037	1987	2.923	2003	403.251
1956	0.117	1972	0.236	1988	3.372	2004	609.932
1957	0.123	1973	−0.081	1989	5.55	2005	818.872
1958	0.07	1974	0	1990	11.093	2006	1 066.3
1959	0.105	1975	0.183	1991	21.712	2007	1 528.25
1960	0.046	1976	0.581	1992	19.443	2008	1 946.03
1961	0.089	1977	0.952	1993	21.199	2009	2 399.16
1962	0.081	1978	0.167	1994	51.62	2010	2 847.34
1963	0.119	1979	0.84	1995	73.597	2011	3 181.148
1964	0.166	1980	−1.296	1996	105.05	2 012.6	3 240.0
1965	0.105	1981	2.708	1997	139.89		

参考资料:中国人民银行外汇管理局网站,www.safe.gov.cn

　　1981 年我国外汇储备仅为 47.73 亿美元,1991 年底为 331.6 亿美元,1996 年底中国外汇储备首次突破 1 000 亿美元大关;2001 年底跨过 2 000 亿美元的门槛;2003 年底已超过 4 000 亿美元;2004 年底已超过 6 000 亿美元;2006 年 2 月底,中国的外汇储备总额为 8 537 亿美元(不包括港澳的外汇储备),首次超过日本,位居全球第一。截至 2008 年 4 月末,中国的外汇储备增加到 1.76 万亿美元,比东北亚其他国家和地区外汇储备的总和还多,这个数字已经超过了世界主要七大工业国(包括美国、日本、英国、德国、法国、加拿大、意大利,简称 G7)的总和。随后,中国的外汇储备持续上升,截至 2008 年 9 月末,达到创纪录的 19 056 亿美元。受全球金融危机的影响,加之美元、欧元、人民币汇率的波动,2008 年 10 月末,中国的外汇储备降至 1.89 万亿美元以下,为自 2003 年年底以来首次下降。2008 年 12 月,中国外汇储备已达 19 460.30 亿美元。2009 年 6 月,中国的外汇储备超过 2 万亿美元,中国成为全世界第一个外汇储备超过 2 万亿美元的国家。2010 年年底,中国的外汇储备规模达到 28 473.4 亿美元。2011 年 3 月底,中国外汇储备突破 3 万亿美元。

3.特别提款权

1980 年 4 月 17 日,国际货币基金组织正式恢复中国的代表权。中国在该组织中的份额为 80.901 亿特别提款权,占总份额的 3.72%。此后,该比例一直没有变化。

2009 年 8 月 28 日,国际货币基金组织最新配置的相当于 2 500 亿美元的特别提款权(SDR)正式生效。在新配置的额度中,有约 1 100 亿美元将配置给新兴市场和发展中国家,而其中 200 亿美元将流向低收入国家。中国获得等值于约 93 亿美元的特别提款权,居"金砖五国"之首,全球第六。"总分配"按照各成员国现有份额比例发放。中国凭 3.72% 的份额获得了 59.97 亿SDR,合 92.96 亿美元。

此外,IMF 在 2009 年 9 月 9 日通过"特殊分配"一次性发放约合 330 亿美元的 SDR。这一分配不按份额比例发放,主要着眼于增加 1981 年后加入IMF 的 42 个国家所持有的 SDR,但其他成员国也分别获得额外的 SDR。其中,中国获得约合 11.71 亿美元的"特殊分配"SDR,占该次新增总额的3.52%,小于中国在 IMF 份额比例。作为本次特殊分配的"目标"国家,俄罗斯获得的 SDR 占新发总数的 5.89%,显著高于其 2.73% 的份额比例。在份额大于中国的国家中,美国、德国、英国获得少于各自份额比例的 SDR,但日本与法国获得大于本国份额比例的新增 SDR。中国从两次增发中获得67.53亿 SDR,折合 104.67 亿美元。增发后,中国总计持有 148.43 亿特别提款权,折合 230.07 亿美元。

4.在 IMF 的储备头寸

我国在 IMF 的储备头寸,随着份额的增加而增加。我国于 1980 年 5 月恢复在国际货币基金组织的席位时份额只有 8 亿美元。按规定缴存储备头寸8 亿美元,最高借款能力为 30 亿美元。

2009 年 9 月,中国的 IMF 份额增加到 3.977%,投票权增加到 3.807%,依然低于美国和日本等发达国家。美国投票权为 17.67%,日本 6.01%,德国5.87%,英国 4.85%,法国 4.85%。IMF 重大议题都需要 85% 的通过率,美国仍享有一票否决权。

2010 年 10 月 23 日,二十国集团(G20)财长和央行行长会议在韩国庆州闭幕。国际货币基金组织将向新兴经济体和发展中国家以及代表权过低的国家转移超过 6% 的投票权。份额改革完成后,中国、印度、俄罗斯和巴西"金砖四国"进入成员国份额"前十名",分别位居第三、第八、第九和第十。中国的份额升至 6.39%,投票权升至 6.07%。超越德法英升至第三,位列美国和日本之后。

(三)中国外汇储备的来源

中国外汇储备大致主要有三个来源。第一个来源主要是通过贸易顺差,中国持续十余年保持了外贸顺差,出口收入大于进口收入。第二个来源,长期以来中国实施针对 FDI 流入的优惠政策,所以导致 FDI 大量流入,FDI 流入之后转换成人民币过程中也会形成外汇储备。第三个来源是由贸易顺差 FDI 之外的资本流动,包括 QFII 和国际热钱等等。中国现在还没有开放资本与金融账户。所以外资投资中国资本市场,现在只能够通过 QFII,而 QFII 目前额度只有 300 亿美元。绝大部分国际热钱是通过各种地下钱庄或者虚假的贸易顺差或者虚假的外商投资流入进来的。

2011 年一季度我国累计出现 10.2 亿美元的贸易逆差,这是我国时隔 6 年再次出现季度贸易逆差。① 尽管 2011 年一季度中国贸易账户为逆差,但经常账户和资本与金融账户是顺差,中国外汇储备数量增加了 2 000 亿美元。这是因为在国际主要经济体保持宽松的流动性的背景之下,有大量的国际资本流入中国,中国综合差额为是顺差。

国际收支顺差仅仅是外汇储备增加的充分条件,而不是必要条件。不论国际收支顺差产生于贸易顺差、外商直接投资增加,还是国际投机资本流入,都会直接形成国内居民的外汇存款,并不能直接形成政府持有的外汇储备。如果政府不通过购买持有这些外汇,中国外汇储备就不会增加。因此,从国际收支顺差到外汇储备增加,必须经历一系列环节。中国外汇储备增加流程由三个层次组成:国际收支顺差,中国居民外汇净收入增加(主要有出口收入和引资收入);强制结售汇下(2005 年后再加上人民币升值预期),外汇收入由居民和企业转入商业银行,商业银行外汇头寸增加;头寸限额管理下,商业银行卖出净买入的外汇,银行间外汇市场供大于求,央行在维持人民币汇率稳定的

---

① 在 2011 年 1 季度中国进口商品中,主要大宗商品呈现量价齐升态势,且价格升幅较大,其中,铁矿砂进口 1.8 亿吨,同比增加 14.4%,进口均价同比大涨 59.5%,至每吨 156.5 美元;大豆进口 1 096 万吨,同比减少 0.7%,但进口均价同比上涨 25.7%,至每吨 573.9 美元。在出口商品中,一季度,我国机电产品出口 2 320.3 亿美元,增长 22.8%。其中电器及电子产品出口 969.6 亿美元,增长 27.8%;机械设备出口 746.9 亿美元,增长 15.5%。服装出口 284.6 亿美元,增长 18.4%;纺织品出口 201.7 亿美元,增长 32.7%。一件价值 100 元的衣服将因石油涨价最少增加 5~8 元成本,出口"量"增"利"减,产业结构调整任务仍然艰巨。

动机下,买入商业银行外汇,央行外汇储备增加。

五、全球国际储备的发展变化

(一)国际储备多元化,但美元仍居主导地位

美元在 20 世纪 70 年代的两次贬值,引起美元信誉下降,形成多元化的国际储备体系。多元化储备体系的发展变化也基本上由美元地位与信誉的沉浮而引起。美元信誉下降,多元化储备体系发展进程快;美元信誉提高,多元化储备体系的发展进程就缓慢。

70 年代末,日本、西欧等国虽表示愿意把本国货币作为储备货币,但这是被动性的甚至是被迫的。因为它们都不愿看到"特里芬难题"在本国出现,既影响国内的货币政策,也对本国经济造成影响。因此在 80 年代初,日本、前联邦德国均想法阻止本国货币成为国际储备货币。1985 年 9 月,西方五国财长会议决定联合干预外汇市场,迫使日本开放日元市场,促使日元升值和美元贬值,目的之一就是增强日元和马克的国际地位,增强这些货币作为国际储备货币的吸引力。

由于日本、前联邦德国等国家在推进本国货币国际化方面呈被动性,因此美元在多元化国际储备体系发展进程中仍居主导地位,不同的只是日元、马克及其他硬货币在国际储备中的比重有所增加而已。如 1975 年初,日元和马克在世界国际储备中的比重分别为 0.5% 和 6.3%,到 1990 年分别升至 6.7% 和 11.1%,美元虽减少,但仍占 57.8%。90 年代以来美国经济保持持续增长,其间(1993—1995 年)美元发生了新的危机,美元兑日元曾跌至 1 美元兑 80 日元以下,美元的关键货币地位受到了新的挑战,但美元并未如某些经济学家所言的"江河日下"。2005 年,美元在世界储备货币中的比重为 65.9%。可见,美元迄今为止仍是世界最主要的储备资产,美元在多元化国际储备体系中仍处于主导地位。

(二)国际储备总额迅速增长

二次大战后,尤其 70 年代以来,世界国际储备总额迅速增长。据国际货币基金组织统计,1950 年世界国际储备总额(不包括中国、前苏联和东欧国家)仅为 183.25 亿美元,但至 1970 年增长为 932.43 亿美元,1983 年底(包括中国)更增为 4 154.6 亿美元(合 3 968.29 亿特别提款权,黄金储备按每盎司 35 个特别提款权计算),约增长了 23 倍,平均每年增长 68% 还多。1985 年国际储备总额升至 4 368.66 亿特别提款权。1994 年国际储备总额更高达

8 445.52亿特别提款权,又比 1985 年增长了 93.32%。2005 年国际储备总额更高达 28 638.0 亿特别提款权,是 1985 年的 6.55 倍。

(三)国际储备中黄金仍占相当比重,但非黄金储备显著增长

在国际储备中,外汇占绝大比重,但黄金亦占相当比重。由于自布雷顿森林货币体系解体后,黄金逐渐非货币化,1978 年基金组织还宣布取消黄金条款,切断黄金与货币的直接联系,90 年代以来不少国家出现了抛售黄金的现象或计划抛售黄金,所以黄金储备在国际储备总资产中的比重呈快速下降趋势,但由于黄金仍是财富的象征或价值实体,所以仍在各国国际储备中占重要地位。当要动用黄金来清偿债务或弥补国际收支逆差时,得先把黄金出售,换回外汇。

(四)国际储备分布不均衡

国际储备的数量及其分布始终是不均衡的,即发达国家拥有了绝大部分的黄金储备和大部分的非黄金储备,经济实力雄厚,国际清偿力充足。相反,发展中国家黄金储备极少,非黄金储备也不及发达国家,反映了发展中国家经济实力薄弱,国际清偿力不足。如何解决这个矛盾,需要国际社会作长期的努力。

第二节　国际储备的管理

国际储备管理是一国政府或货币当局根据一定时期内本国的国际收支状况和经济发展的要求,对国际储备的规模、结构和储备资产的使用进行调整、控制,从而实现储备资产的规模适度化、结构最优化和使用高效化的整个过程。通过国际储备管理,一方面可以维持一国国际收支的正常进行,另一方面可以提高一国国际储备的使用效率。

国际储备的管理包括两个方面:国际储备的数量管理和国际储备的结构管理。

一、国际储备的数量管理

一个国家持有国际储备过多或者过少都不合理。国际储备的数量管理,又称水平管理,是指一国持有多少国际储备才比较合适。

（一）影响国际储备需求的因素

影响一国国际储备需求的因素很多且很复杂，这里概括成以下几个方面：

第一，国际储备需求同国际收支调节密切相关。一方面国际储备需求受国际收支自动调节机制的影响，如收入机制、货币—价格机制、利率机制等，在调节机制不能得到充分运用时，国际储备的需求量就大。所以，调节机制越能顺利运行，国际收支失衡情况越轻缓，所需要提供的国际储备就越少。另一方面，国际收支逆差的规模与国际收支调节政策的效力和速度也是影响国际储备需求量的重要因素。一般情况下，国际储备需求同国际收支调节的规模和影响呈正相关，这决定于国际收支逆差的规模和逆差产生的频繁性。当一国国际收支不易失衡，且逆差数目较小，在不需调节经济的情况下，持有少量国际储备进行缓冲即可；而当一国国际收支长期处于较大规模的逆差状态时，采用融资政策进行调节（即动用储备和使用国际信贷），与采用支出政策调节总需求间具有一定的互补性和替代性。在逆差额既定的情况下，较多使用资金融通，便可较少使用需求调节，从而对国际储备的需求就会多些，反之，若政策调节力度大，见效快，可较少动用储备，储备持有量可少些。

第二，持有国际储备的成本。持有外汇储备必须投放基础货币。由于基础货币投放会导致货币供应量的多倍扩张，造成通货膨胀。因而央行为了有效控制货币供应量，缓解基础货币大量投放形成的通货膨胀压力，要采取经常性的"对冲"操作措施，从商业银行回笼资金以减少商业银行的流动性。央行采取"对冲"措施要支付利息，这就是央行持有外汇储备的成本。

第三，汇率制度。储备需求同汇率制度有密切的关系。如前所述，国际储备的一大作用就是干预汇率。如果一国采取的是固定汇率制，并且政府不愿意经常性地改变汇率水平，就需要持有较多的储备以应付国际收支可能产生的突发性巨额逆差或外汇市场上突然爆发的大规模投机。反之，实行浮动汇率制的国家其储备的持有量就可相对较低。

第四，金融市场的发育程度。发达的金融市场能提供较多的诱导性储备，这些储备对利率和汇率等调节政策的反应比较灵敏。因此，一国金融市场越发达，政府保有的国际储备便可相应越少；反之，金融市场越落后，调节国际收支对政府自有储备的依赖就越大。

第五，货币的国际地位。一国货币如果处于储备货币地位，它可以通过增加本国货币的对外负债来弥补国际收支逆差，而不需要较多的储备；相反，则需要较多的储备。

第六，国际资金流动情况。传统的衡量国际储备数量的主要分析手段是针对经常账户制定的,它们将国际储备的功能主要视为弥补进出口之间的差额。而在国际资金流动非常突出的今天,国际储备对国际收支平衡的维持作用更主要地体现在抵消国际资金流动的冲击上。一国对外开放程度越高,外汇管制越松,用于抵消国际资金流动冲击所需的储备就越多,特别是在不能有效、及时利用国际金融市场借入储备的情况下,自有储备的数量需求就大大增加;相反,一国所需的储备就可少些。

第七,国际货币合作状况。如果一国政府同外国货币当局和国际货币金融机构有良好的合作关系,签订有较多的互惠信贷、备用信贷协议,或当国际收支发生逆差时,其他货币当局能协同干预外汇市场,则该国政府对自有储备的需求就少。反之,该国政府对自有储备的需求就大。

最后,一国承受国际收支政策调节的能力以及与之相关的政府采用政策调节的意愿,也会影响对储备需求的估计。如前所述,国际收支逆差的政策调节,往往会改变货币供应量、收入水平、就业水平等,带来调节负担。猛烈的调节还可能导致经济萎缩、失业猛增。因此,承受调节负担的能力,有时会严重影响一国对储备需求的判断。

(二)国际储备的适度规模和测算方法

最适的国际储备水平与一个国家的经济规模、外债数量和进口规模等因素有关。在衡量储备水平是否适量时,可以根据以上因素以及经验进行量化,主要的量化指标有:

1.国际储备量和国民生产总值之比

国际储备量占国民生产总值的10%左右为宜。

2.国际储备与月平均进口额之比

国际储备与月平均进口额的比例是衡量一国储备是否合理的最重要指标。上世纪70年代后,该指标得到了广泛重视和应用。不同类型的国家,由于经济发展水平和经济结构不同,该指标的差别也较明显。对发达国家来说,由于经济发展水平高、经济实力及出口能力强,因此可保持较低的国际储备水平。经验数据表明发达国家平均国际储备水平相当于3个月左右的进口额。发展中国家的经济发展水平较低,出口能力也相对较差,因此国际储备水平应高一些,国际储备水平保持4~5个月的进口量。

3.国际储备量与外债总额比例

一般认为,一国国际储备占外债总额的50%为宜。

总之,最适国际储备量是一个很难确定的变量,最好将其视为这样一个区域值:即以保证该国最低限度进出口贸易总量所必需的储备资产量(经常储备量)为下限,以该国经济发展最快时可能出现的外贸量与其他金融支付所需要的储备资产量(亦称保险储备量)为上限。国际储备数量的上限与下限构成一国适量国际储备区间。

小知识:为什么外汇储备不是越多越好

外汇储备多,可以防止本币贬值,捍卫本币汇率稳定,也可以作为信用凭证。但是外汇储备过多也有一定的弊端,主要有以下几点:

(一)持有外汇储备是有成本的,同时会削弱宏观调控效果

持有外汇储备是有成本的。持有外汇储备必须投放基础货币。由于基础货币投放会导致货币供应量的多倍扩张,造成通货膨胀。因而央行为了有效控制货币供应量,缓解基础货币大量投放形成的通货膨胀压力,要采取经常性的"对冲"操作措施,从商业银行回笼资金以减少商业银行的流动性。央行采取"对冲"措施要支付利息,这就是央行吸纳外汇储备的成本。近年来,由于外汇储备迅速增加,基于外汇占款的基础货币投放已经成为央行基础货币投放的主要渠道。2005 年,基于外汇占款投放的基础货币大致占基础货币总量的90%左右,央行用于"对冲"操作发行的票据总量也高达 27 700 亿元之巨。如按一年期央行票据利率 1.9%的水平计算,央行每年为"对冲"操作要支付巨额成本。

削弱宏观调控效果。随着外汇储备的增长,央行要用本币去购买外汇,外汇占款投放量不断加大。外汇占款的快速增长不仅从总量上制约了宏观调控的效力,还从结构上削弱了宏观调控的效果,并进一步加大一国本币升值的压力,使央行调控货币政策的空间越来越小。如果央行调高利率,扩大本外币利差,会形成更大的资本流入,结汇后形成更大的基础货币投放,中央银行陷入政策操作的两难境地。

(二)国民财富变相流失

国际储备实际是对国外实际资源的购买力。如果货币当局不持有储备,就可以把这些储备资产用来进口商品和劳务、资源,就可以提高国内消费水平,引进国外先进的技术和管理来发展本国经济。而持有储备则放弃了这种利益。近年来我国在向国外大量提供具有相对优势的劳动密集型产品的同时,却没有(或因国外的限制而不能)大量进口我国所急需的高新技术产品。

我国输出的物美价廉的产品在满足了美国等国家民众的消费需要、提高其国民生活水平的同时,得到的却是国际贸易摩擦加剧、外汇储备急剧增长、

人民币升值压力加大以及国内环境恶化、国内资源压力加大等。我国大量的外汇储备被用于购买美国国债,投资美国政府支持的房地产基金公司(如美国房利美和房地美(两房)公司债券)或存在美国银行,而这些钱又转给美国的企业重新到我国来投资。

外商直接投资可以采用输入外汇资金、进口设备或者技术投资等方式。在正常情况下(进口设备或者技术投资等方式),FDI不会导致外汇储备增加。但中国外汇储备增长的很大部分是外商直接投资采用输入外汇资金的方式引起的。这说明我国引进外资只是单纯的资金流入,真实资源(机器设备或者技术)的引进很少。外商们在中国各种优惠政策的鼓励下,将他们的外币换成人民币,然后再用人民币购买中国廉价的劳动力和因受到中国政府控制远远低于市场价格的稀缺资源(如土地和电力等)。在这种情况下,外资进入实际上加剧了中国资源短缺。这显然与中国利用外资的初衷背道而驰。而事实上,中国并不缺少资金,国内居民商业银行储蓄存款屡创新高。2008年底城乡居民人民币储蓄存款余额达21.8万亿元。这也反映了中国金融体系的不健全。外商直接投资引起的外汇储备增加,意味着中国将许多的良好投资机会拱手让给了外国人。在国内储蓄大于投资的背景下,过分鼓励外资和外资崇拜的结果是进一步抑制国内金融市场的发展。外资在我国的投资回报率一直在15%左右,还不考虑它对环境污染而造成的损失,而外汇储备购买美国国债也就只有5%的收益率,二者的差价实际上是国民财富的变相流失。

(三)高额外汇储备加大了本币升值预期,导致大量投机资本流入

高额外汇储备加大了本币升值预期,导致大量投机资本流入。流入一国的海外投机资本大都投资于国内房地产和流动性强的股票市场,成为推动房价、股价节节走高的一个重要动因。容易引发资产价格泡沫,一旦资产泡沫破裂,或本币升值达到其预期的水平,达成目的的海外资金抽逃出境,会导致房地产、股票需求的萎缩,价格暴跌,极易引发经济金融危机。

(四)政府管理外汇储备资产对外投资实现保值增值的难度增大

政府管理越来越多的外汇储备,压力倍增。在外汇储备主要币种贬值的情况下,外汇储备的价值将出现缩水。政府被迫寻找投资渠道,通过获取投资收益来弥补因外汇储备主要币种贬值带来的损失。但只要投资就有风险,这样会增加政府管理外汇储备资产的难度。中国巨额外汇储备投资美国资产,如果美国陷入危机,中国巨额外汇储备投资经营和保值增值难度大增。

如果央行通过进一步提高存款准备金率等手段回笼外储增加带来的流动

性,可能对本国银行业不利。目前中国银行业存于央行的准备金产生的利息是 1.62%,低于商业银行向其他客户贷款收取的贷款利息。2011 年 4 月,Bernstein 高级银行分析师沃纳(Mike Werner)在报告中指出,如果中国外汇储备继续以当前速度增加,那么央行或许就不得不在 2011 年剩余时间内将银行存款准备金率每个月上调一次。中国存款准备金率每上调 50 个基点,中国银行业利润就会减少 35 个到 50 个基点。

二、国际储备的结构管理

国际储备的结构管理有两层含义:一是国际储备四个组成部分的比例;二是外汇储备中不同币种的比例。合理的国际储备结构,是指国际储备资产最佳的分布格局,即黄金储备、外汇储备、特别提款权和在 IMF 的储备头寸之间以及外汇储备的各种币种储备货币之间保持适当的比例关系。

(一)国际储备结构管理的原则

第一,储备资产的流动性,即储备资产能随时转化为直接用于国际支付的支付手段,要容易变现,可以灵活调用和稳定地供给使用。

第二,储备资产的安全性,即储备资产本身价值稳定、存放可靠。管理一国所有的外汇储备,应避免储备货币贬值或者储备货币发行国发生通货膨胀而带来的风险,主要包括国家外汇库存风险和国家外汇储备投资风险。

自 1973 年国际社会实行浮动汇率制以来,世界各国外汇储备都面临同样的一种运营环境,即储备货币多元化,储备货币以美元为主。但包括美元在内的储备货币汇率波动很大。这样,就使各国的外汇储备面临极大的风险。由于外汇储备是国际清偿力的最主要构成,是一国国力大小的一个重要象征,因此外汇储备面临的风险一旦变为现实,其造成的后果是十分严重的。

第三,储备资产的盈利性,即储备资产在保值的基础上有较高的收益。

储备资产的安全性、流动性与盈利性往往互相排斥,具有负相关关系。储备资产的安全性与流动性越高,其盈利性往往越低,例如外币票据(支票、本票、汇票);相反,亦然,例如外国政府债券。一国货币当局持有国际储备资产,要在安全性与流动性得到充分保证的前提下,求得更高的盈利性。

(二)黄金储备、外汇储备、储备头寸和特别提款权的结构管理

黄金储备、外汇储备、储备头寸和特别提款权的结构管理即如何安排和处置各种形式的国际储备资产在国际储备总额中的不同比例。在国际储备的四

种形式中,由于特别提款权和会员国在 IMF 的储备头寸是由 IMF 会员国认缴份额的多少决定的。除了少数国际金融机构以外只有会员国才拥有,而且只有当会员国认缴份额改变时,其拥有的特别提款权和会员国在 IMF 的储备头寸才会发生变化。所以,一定时期内,它们被看作是一个既定的量。因此,所谓合理配置储备资产的结构比例,实际上是在黄金和外汇储备之间,如何合理配置其比例关系。

各项储备资产结构管理的目标,是确保流动性和收益性的恰当结合。然而在实际的经济生活中,流动性和收益性互相排斥。这就需要在流动性与收益性之间进行权衡,兼顾二者。由于国际储备的主要作用是弥补国际收支逆差,因而各国货币当局更重视流动性。按照流动性的高低,西方经济学家和货币当局把储备资产划分为三级:

一级储备资产,富于流动性,但收益性较低,它包括活期存款、短期存款和短期政府债券。该档次储备流动性最高,但收益性较低。

二级储备资产,收益性高于一级储备,但流动性低于一级储备,如 2～5 年期的中期政府债券。

三级储备资产,收益性高于二级储备,但流动性低于二级储备,如长期债券。其投资收益率一般较高,但流动性和风险性相对较大。

一级储备充作为货币当局随时、直接用于弥补国际收支逆差和干预外汇市场的储备资产,即作为交易性储备。二级储备用作为补充性的流动资产。三级储备主要用于扩大储备资产的收益性。一国应当合理安排这三级储备资产的结构,以做到在保持一定流动性的前提条件下,获取尽可能多的收益。

在 IMF 的储备头寸,由于会员国能随时从 IMF 提取和使用,所以类似一级储备。特别提款权,由于它只能用于其他方面的支付,须向 IMF 提出申请,并由 IMF 指定参与特别提款权账户的国家提供申请国所需货币。显然,这个过程需要一定时日才能完成。因此,特别提款权可视为二级储备。而黄金储备,由于各国货币当局一般只在黄金市价对其有利时,才会转为储备货币,可视为三级储备。

(三)外汇储备的币种结构管理

对外汇储备的结构管理主要是储备货币的币种选择,即合理地确定各种储备货币在一国外汇储备中所占的比重。各国重视储备货币结构管理的目的除为满足外汇支付的需要外,主要是为防止外汇储备因汇率波动而带来的贬值风险。自施行浮动汇率制度以来,一方面由于汇率经常波动而使外汇储备的贬值风险增加,另一方面国际储备多元化的发展,又为防止外汇储备风险提供了可能。在外汇储备由多种货币构成的条件下，如果国际金融市场汇率发生变动，就会引起某些储备货币的币值上升，另一些储备货币的币值下跌，上升与下跌相抵便可保证外汇储备总价值保持不变或变动很小。确定外汇储备币种结构的基本原则是：

1. 储备货币的币种和数量要与对外支付的币种和数量保持大体一致

外汇储备币种结构应当与该国对外汇的需求结构保持一致，或者说取决于该国对外贸易支付所使用的货币、当前还本付息总额的币种结构和干预外汇市场所需要的外汇，这样可以降低外汇风险。

2. 排除单一货币结构，实行以坚挺的货币为主的多元化货币结构

在储备货币的品种选择上，应尽可能地增加有升值趋势的"硬"货币的储备量，减少有下跌趋势的"软"货币的储备量。并要根据软硬货币的走势，及时调整和重新安排币种结构。外汇储备中多元化货币结构，可以保护外汇储备购买力相对稳定，以求在这些货币汇率有升有跌的情况下，大体保持平衡，做到在一些货币贬值时遭受的损失，能从另一些货币升值带来的好处中得到补偿，提高外汇资产的保值和增值能力。

3. 采取积极的外汇风险管理策略，安排预防性储备货币

如果一国货币当局有很强的汇率预测能力，那么它可以根据无抛补利率平价（预期汇率变动率等于两国利率差）来安排预防性储备的币种结构。例如，若利率差大于高利率货币的预期贬值率，则持有高利率货币可增强储备资产的盈利性；若利率差小于高利率货币的预期贬值率，则持有低利率货币有利于增强储备资产的盈利性。

学习资料9-2　国际储备货币——超主权国际储备货币

2009年3月23日，央行行长周小川在央行网站发表署名文章，首次公开提出创建超主权国际储备货币的新主张。随后，副总理王岐山、财政部长谢旭人相继呼吁要改革现有国际货币体系。中国央行在其《二OO九年中国金融稳定报告》中表示，央行将努力改革国际货币体系，推动国际储备货币向着币值稳定、供应有序、总量可调的方向完善，从根本上维护全球经济金融稳定。要避免主权信用货币作为储备货币的内在缺陷，需要创造一种与主权国家脱钩，并能保持币值长期稳定的国际储备货币。报告建议，充分发挥特别提款权（SDR）的作用，由IMF（国际货币基金组织）集中管理成员国的部分储备，增强国际社会应对危机、维护国际货币金融体系稳定的能力。改善国际金融组织体系，增加新兴市场和发展中国家的代表性和发言权。国际金融组织应改

善监督、保证对所有成员公平、公正。IMF 应特别加强对主要储备货币发行国的经济金融政策以及主要国际金融市场的监管。充分发挥区域金融组织、区域性合作组织以及双边合作在危机救助中的作用,进一步提高危机预警和处置能力。报告表示,央行要进一步提升系统性金融风险管理能力,完善金融监管协调机制,有效发挥机构监管与功能监管的作用,加强跨行业、跨市场监管。同时,健全对系统性金融风险的评估,提高检测、分析和预警能力。增强金融体系的逆周期性,提高应对经济周期波动的能力。加强金融突发事件应急管理能力建设,完善系统性风险的事前预防和事后应对机制。适时推出存款保险制度,完善金融安全网,切实维护金融体系安全稳定。

在 2009 年 G20 峰会召开之前,"超主权国际储备货币"成为国际社会热议的话题。巴西、俄罗斯、亚洲其他新兴经济体及拉丁美洲纷纷赞同周小川观点,联合国和国际货币基金组织也认为这一建议是合理的。不过,美国、欧盟等西方发达国家投了"反对"票。他们的理由是,现在还没有到建立新货币体系的时机。伴随着美国次贷危机的发展,很多国家都提出了相关改革建议。货币体系改革在经济和金融方面都是可行的,目前的主要障碍是发达国家的政治意愿。

资料出处:
1. MBA 智库百科:国际储备货币
2. 程婕.央行力主超主权国际储备货币.金融界,2009 年 6 月 28 日

三、中国国际储备的管理

(一)中国国际储备资产的管理体制

在 1979 年之前,国家的外汇储备由中国人民银行实行集中管理,统一经营。当时,中国银行作为中国人民银行的下属机构及外汇专业银行,具体执行国家外汇储备的管理和经营。自 1979 年起,中国银行从中国人民银行分设出来,独立履行国家外汇专业银行的职能。自此,我国的外汇储备一项由中国银行管理。1982 年,中国人民银行的中央银行地位确立,我国逐渐形成以中国人民银行为领导、各专业银行为主体以及众多地方性银行和非银行金融机构相结合的金融体系。随着金融体系改革的进一步深化,各专业银行的业务开始相互交叉。自 1985 年起,各专业银行也相继开始经营外汇业务,于是,中国人民银行作为我国中央银行统一管理外汇储备的职能被提到议事日程上来。

然而,早在 1979 年,隶属于中国人民银行的国家外汇管理局正式成立,但我国外汇储备实际上仍由中国银行掌握和管理,于是造成外汇管理的混乱。为改变这一现状,自 1990 年 6 月起,外汇管理局储备处在上海进行试点,设立外汇移存项目,通过移存渠道把国家外汇集中到中央银行手中。自国家外汇管理局从中国人民银行独立出来、行政级别升格以后,它受该行的委托代管国家外汇储备和外汇移存事宜。

目前,国家外汇管理局储备管理司掌握国家每年出售黄金所得款项及各专业银行移存过来的外汇款;外汇管理局中央外汇业务中心是国家外汇储备的经营管理机构,从长期、战略角度进行储备资产的多元化配置,确保国家外汇储备资产的安全、流动和保值增值;中国银行掌握外汇储备的主要部分和部分实际业务操作;我国的特别提款权和储备头寸始终由中国人民银行外事局基金组织处管理,黄金管理由中国人民银行黄金管理司负责。因此,我国目前没有统一的国际储备管理机构。

(二)中国国际储备的数量管理

新中国成立后的 30 多年时间里,实行的是计划经济体制,由于种种原因,对外经济交往很少,在对外贸易方面实行"量入为出、以收定支、收支平衡、略有节余"的方针。因此,国际储备问题在中国经济生活中并不重要。

1979 年党的十一届三中全会以后,中国实行了对外开放、对内搞活的经济改革,对外经济贸易往来和吸收利用国外资金不断扩大,国内的外贸体制和外汇管理体制改革也不断推进,国际储备在国民经济中的重要性日益增强。

1989 年,中国恢复了在国际货币基金组织的合法席位后,按照规定缴纳了应缴的份额,享有在基金组织外汇储备头寸的提取权和接受基金组织分配的特别提款权,纳入了世界储备体系。

我国的黄金储备是国家备用于紧急需要,一般不随意动用。黄金储备除了随着市场黄金价格涨价而自动升值外,没有任何收益。1981 年中国正式对外公布国家黄金外汇储备,其中在国家黄金库存划出 400 吨(约合 1 267 万盎司)黄金作为国际储备中黄金储备部分,以历年中贸易和非贸易外汇收支的结存以及中国银行可动用的外汇头寸作为国家外汇储备。近年来,尽管黄金储备、在国际货币基金组织的储备头寸以及特别提款权亦有所增加,但增加的幅度不大,外汇储备的增减是影响储备资产总额变动的主要内容。因此,中国国际储备管理的主要内容是外汇储备管理。

我国外汇储备 2006 年突破 1 万亿美元,达到 10 663 亿美元;2009 年突破 2 万亿美元,达到 23 992 亿美元。2010 年末,我国外汇储备已达到 28 473 亿美元,比 2005 年增长 2.5 倍,年均增长 28.3%;2011 年 3 月底,中国外汇储备突破 3 万亿美元。中国连续五年全球外汇储备最多。

像世界上大多数国家一样,我国的国际储备管理也遵循安全性、流动性和盈利性原则,只是在不同的经济发展阶段,管理的侧重点有所不同,但储备规模问题始终是我国国际储备管理工作的中心内容。由于一国的国际储备直接体现了一国的经济实力,一些意见认为,储备资产越多越好。尤其是像我们这样的发展中大国,理应保持较多的国际储备。另一些意见认为,储备资产过多,必然影响到国内的经济发展,而且要承担较高的机会成本以及由于汇率变动带来的贬值压力等,所以,储备资产应考虑经济规模。

按照外汇储备适度性标准,我国过度持有的外汇储备至少高达 1 万多亿美元。如何控制外汇储备的超常增长,开拓有效使用外汇储备的渠道,就成为中国经济运行急待解决的问题。

(四)中国外汇储备的结构管理

中国外汇储备的结构没有对外明确公布过,目前属于国家机密。外汇储备中的主要货币构成,包括美元、欧元、日元等主要货币,也有新兴市场国家货币,是一个分散的货币结构组合。依据来自国际清算银行的报告、路透社的报道,在中国的外汇储备中,美元资产占 70% 左右,日元约为 10%,欧元和英镑约为 20%。中国外汇储备规模很大,在国际金融市场上举足轻重,披露具体投资情况,可能引发市场动荡,也可能影响我国投资活动的有效开展。

中国的外汇储备结构以美元资产为主,有以下几方面历史和理论原因:国际贸易中 2/3 以美元结算;国际金融市场上的批发交易绝大多数以美元交易,各国央行的金融操作也是主要采用美元;储备货币发行国的经济活动要以国内经济为主,虽然美国占国际贸易的比例很大,但是与美国庞大的国内生产总值相比比例仍然很低,远远低于日本、德国、瑞士的相应指标,后者三国的主要经济活动是外向型的,其货币价值容易受到国际资本流动的干扰而大幅波动,不利于保值;除美国外,日本、德国、瑞士的央行拒绝其货币在国际金融市场上扮演更重要的作用;美元是历史形成的国际支付手段、交易中介、价值储藏手段;各大国的外汇储备主要是美元资产;国际银团贷款和国际债券市场的绝大多数交易都是美元或美元债券。

在坚持储备货币的安排和管理,遵循安全保值、兑现灵活、获取收益三条原则和处理好三者关系的前提下,合理安排我国的外汇储备结构还要坚持做到以下几点:

1.坚持储备货币构成与进口付汇和偿付外债的要求相一致。要根据我国进出口贸易对象及我国外债的货币结构,安排好各种储备货币的比重。要尽量做到与外汇资金的借入、使用、偿还货币币种相一致,保持储备构成合理,防范外汇风险。

2.外汇储备货币的构成要多样化。要根据主要国际储备货币购买力不断变化的情况,及时调整我国储备货币的币别构成及数量比例,合理组合,始终保持优化状态。

3.外汇储备资产的投向结构要合理。要既能满足国家日常及急需时对外支付,又能满足获取最大的收益。要计算好一定时期内的对外支付需要量,根据对外支付的时间安排好资金投向。根据对外支付的时间和比重,留足周转金存放于实力强信誉好的国外银行或购买短期的政府国库券,把超过周转数额的资金作为较长期的投资,购买外国政府公债、国库券或可靠、稳定、收益高的有价证券,始终保持外汇储备的合理投向。

(五)我国国际储备资产的收益

外汇储备的实际购买力取决于外汇储备的储备货币的汇率、投资收益率和投资所在国的通货膨胀率。目前,我国外汇储备形成以美元、欧元等国际主要货币为主体,适度分散化、较为稳定的多元化货币结构。由于美国次贷危机,美元对欧元或者日元等贬值,导致中国外汇储备从账面上看在缩水:当美元对日元(或者欧元)的汇率下降,从账面上看美元兑换的日元(或者欧元)的数量减少。尽管外汇储备中的欧元和日元兑换的美元数量在增加,但因为欧元和日元占的比重小,外汇储备中的欧元和日元兑换的美元数量增加的少;外汇储备中美元占比重最大,外汇储备中的美元兑换欧元和日元减少的数量多,总体上看外汇储备缩水。

中国外汇储备从账面上来看缩水,并不是因为美元对人民币贬值。因为中国外汇储备不会兑换成人民币。人民币升值和中国外汇储备资产价值变动无关。

我国外汇储备资产投资于各主要发达经济体和新兴经济体的政府类、机构类、公司类等多种金融产品。我国外汇储备经营多年保持稳定收益,经营收益率远高于美国、欧洲、日本等主要投资所在国(地区)的通货膨胀水平,保障了外汇储备的实际购买力。2000—2010年,美国、欧洲和日本消费者价格指数(CPI)年均分别增长2.4%、2.1%和−0.2%,我国外汇储备的年均经营收益率高于这些水平。

随着中国外汇储备数量越来越多,管理难度越来越大。在这种情况下,应增加百姓外币投资渠道,鼓励企业和老百姓持有和投资外汇,实现财富币种的多元化,实现"藏汇于民";尽可能借助私人金融机构力量、加速投资主体和投资品种多元化。

学习资料9-3 中国投资有限责任公司

2007年6月27日,国务院提请十届全国人大常委会,拟由财政部发行1.55万亿元特别国债,用于购买约2 000亿美元外汇,作为外汇投资公司的资本金。中投每年的资金成本为5%,如果按每月20个工作日计算,中投平均每天要赚2.82亿元人民币,用来归还2 000亿美元资本金的利息。

2007年9月30日,中国投资有限责任公司(China Investment Corporation,简称中投公司,筹备期间被称为"国家外汇投资公司")在北京新保利大厦成立。作为专门从事外汇资金投资业务的国有投资公司,中投公司的成立被视为中国外汇管理体制改革的标志性事件,是中国深化外汇经营管理体制改革,探索外汇投资渠道,提高外汇资产的投资收益,减轻外汇储备增长对人民币供应的压力,缓解流动性过剩问题的重要举措。成立近五年的中央汇金投资有限责任公司作为全资子公司整体并入中投公司。

中国投资公司是全球最大主权财富基金之一,负责管理我国2 000亿美元的外汇储备。[1] 根据摩根斯坦利截至2007年一季度的统计,注册资本

---

[1] 所谓主权财富(Sovereign Wealth),与私人财富相对应,是指一国政府通过特定税收与预算分配、可再生自然资源收入和国际收支盈余等方式积累形成的,由政府控制与支配的,通常以外币形式持有的公共财富。传统上,主权财富管理方式非常被动保守,对本国与国际金融市场影响也非常有限。随着近年来主权财富得益于国际油价飙升和国际贸易扩张而急剧增加,其管理成为一个日趋重要的议题。国际上最新的发展趋势是成立主权财富基金(Sovereign Wealth Funds,SWFs),并设立通常独立于央行和财政部的专业投资机构管理这些基金。主权财富基金,主要是指中央政府所拥有的、控制的有特殊用途的投资基金或安排,主要是通过持有和管理资产来实现财务目标。按照Truman(2007)的标准,中投公司被界定为透明度低、实施战略性投资的主权基金。目前,人们认为最为成功的SWFs是成立于1974年的新加坡淡马锡。2007年8月发布的《淡马锡2007年度回顾》显示,该公司管理的投资组合净值,已经从成立之初的3.54亿新加坡元增加到1 640亿新加坡元,公司净值增加460多倍。其中,有38%的资产组合为金融类股权。而投资项目的地域范围也从新加坡延伸到整个全球。总之,当前的SWFs已经成长为全球金融市场上重要的机构投资者,投资管理风格日趋主动活跃,其资产分布不再集中于G7定息债券类工具,而是着眼于包括股票和其他风险性资产在内的全球性多元化资产组合,甚至扩展到了外国房地产、私人股权投资、商品期货、对冲基金等非传统类投资类别。

金为 2 000 亿美元的中投公司的规模列全球各种主权财富基金第五位。阿联酋的 ADIA、新加坡的 GIC、沙特阿拉伯的各种主权财富基金和挪威的公营养老基金分别以 8 750 亿美元、3 300 亿美元、3 000 亿美元、3 000 亿美元的规模列全球前四位。新加坡的淡马锡以 1 000 亿美元的规模列全球第六位。

截至 2007 年 7 月底，我国外汇储备已接近 1.4 万亿美元。中投公司成立之前，我国外汇储备主要用于购买低风险、低收益的主权债券。[①] 中投公司成立后，从事的外汇投资业务以境外金融组合产品为主，开展多元投资，实现外汇资产保值增值。中投公司实行政企分开、自主经营、商业化运作。宗旨是积极稳健经营，在可接受的风险范围内，实现长期投资收益最大化。中投公司的基准投资组合包括的资产类型有：全球公开市场股票、全球公开市场固定收益产品、集中持股投资以及另类资产。投资范围不受行业、地域和资产类别的限制，投资对象包括股权、固定收益产品和另类资产等，包括对冲基金、私募股权、大宗商品和房地产等。

中投公司董事会成员共 11 人，包括 3 名执行董事、5 名非执行董事、1 名职工董事以及 2 名独立董事。3 名执行董事分别为楼继伟、高西庆和张弘力。5 名非执行董事分别来自国家发改委、财政部、商务部、中国人民银行和国家外汇管理局 5 个部委，包括国家发改委副主任张晓强、财政部副部长李勇、商务部副部长傅自应、中国人民银行副行长刘士余和国家外汇管理局局长胡晓炼。2 名独立董事分别为原财政部部长刘仲藜、国家发改委副主任王春正。职工董事为公司人力资源部总监李炘。高西庆任总经理。

中国投资公司投资项目如表 9-8 所示。2007 年 5 月底，正在筹备中的中投公司下了第一单，斥资 30 亿美元以每股 29.605 美元收购美国黑石集团 1.01 亿股无投票权的股份，相当于黑石总股本的约 10%，不参与企业管理决策，承诺四年内不予出售。黑石集团于 2007 年 6 月 22 日在纽约证交所挂牌交易，每股 IPO 价格为 31 美元。之后由于美国次贷危机爆发，美国股市连续下跌，到 2010 年 8 月 5 日收盘，黑石集团股价为 11.51 美元，在 3 年多的时间里，这笔 30 亿美元的投资浮亏仍超过 60%，约 18 亿美元。相反，在中投公司帮助下，借助政府背景，黑石集团在中国国内的投资盈利颇丰。从 2007 年开

---

① 主权债券（Sovereign Bond）的发行主体是政府，它是指政府财政部门或其他代理机构为筹集资金，以政府名义发行的债券，主要包括国库券和公债两大类。一般国库券是由财政部发行，用以弥补财政收支不平衡；公债是指为筹集建设资金而发行的一种债券。有时也将两者统称为公债。中央政府发行的称中央主权债券（国家公债），地方政府发行的称地方主权债券（地方公债）。

始,黑石集团入股蓝星集团、买入上海商务楼、打造寿光物流园,甚至设立中国大陆基金,吸引包括中国社保基金的关注。①

表9-8　中国投资公司投资项目一览表

日期	投资项目	金额
2007-5	美国黑石私募基金	30 亿美元
2007-11	中国中铁 H 股	1 亿美元
2007-12	摩根斯坦利	56 亿美元
2008-03	VISA	2 亿美元
2009-06	Goodman Group	2 亿美元
2009-06	摩根斯坦利	12 亿美元
2009-07	泰科资源	15 亿美元
2009-07	北京金隅	0.25 亿美元
2009-07	中信资本	20 亿港元
2009-08	SongBird Estates	未有透露
2009-09	保利香港	4.09 亿港元
2009-09	来宝集团	8.5 亿美元
2009-09	PT Bumi Resources Tbk	19 亿美元
2009-09	哈萨克石油天然气勘探开发公司	9.39 亿美元
2009-10	俄罗斯诺贝尔石油公司(Nobel Oil Group)	3 亿美元
2009-11	印度尼西亚布密公司(PT. Bumi Resources Tbk)	19 亿美元
2009-11	保利协鑫能源控股有限公司	55 亿港币
2010-05	加拿大畔西能源信托公司	12.52 亿加元

参考资料:中国投资有限责任公司网站,www.china-inv.cn

———————

①　2007 年开始,黑石集团在中国市场上进行大规模的募资和投资运动。2007 年 9 月,黑石集团出资 6 亿美元购入蓝星 20％的股权。2008 年 6 月,以 11 亿元的价格买下上海长寿商业广场,这是黑石集团在中国房地产业的首笔买卖。2009 年 10 月 31 日,黑石集团在上海宣布成立百仕通(中国)股权投资管理公司,负责在浦东设立的首只地区性人民币基金——"中华发展投资基金"的管理工作,并引入上海陆家嘴金融开发公司成为该基金的首个投资人。这个计划规模为 50 亿元人民币的基金,将重点投资上海及其周边的长三角地区。有消息人士指出,全国社会保障基金可能是黑石该基金的一个主要投资方。2010 年 4 月,黑石集团更是牵头与中国最大的农产品市场运营商之一的寿光物流园达成协议,将在寿光物流园赴香港上市之前,对其进行大约 6 亿美元的投资,占寿光物流园 30％的股权。黑石集团在中国 3 年获利颇丰。以黑石集团 2008 年买入的商业地产为例,易居与佑威两家统计机构的数据显示,2009 年上海房价平均涨幅高达 50％,其中个别楼盘上涨幅度最高达到了 120％。这就意味着这笔 11 亿元的投入,黑石最少获利 5.5 亿元,而最高收益则达到 13.2 亿元,是当年出售该项目获利方纯利的两倍还多。同时,黑石联合其他基金投资的寿光物流园,预计 2010 年交易额可以达到 100 亿元人民币,并将在今后数年保持 20％的年增长率。这就意味着,享有该公司 30％股份的黑石等投资机构,至少可以每年从中获利 20％。

2007 年 11 月 20 日,在中国中铁香港公开上市前,中国投资公司认购价值 7.8 亿港元的 H 股股份。2007 年 12 月 20 日,购买世界顶级投行之一摩根斯坦利公司价值 56 亿美元总共 1.16 亿股可转换股权单位,占摩根斯坦利当时股本的约 9.86%。该公司遭受美国次级抵押贷款危机的冲击,股价连续下跌。到 2008 年 12 月 5 日,摩根斯坦利股价为 15 美元,中投账面损失 2/3。2009 年 6 月,中投公司再次购入摩根斯坦利 12 亿美元普通股,保持摩根士丹利股本扩大后的持股比例约 9.86% 不变。中投不进入摩根斯坦利董事会。

2008 年,因投资黑石集团、摩根斯坦利等公司出现巨大的账面亏损,遭受社会舆论的广泛质疑,中投公司放缓投资速度,将全年新增投资压缩在 48 亿美元的规模。

2009 年,中投一改此前过于偏重北美与欧洲金融市场的投资策略,主抓境外与境内新兴市场,主要投向资源、地产等更具抵抗通胀能力的非金融资产。2009 年 7 月,中投公司耗资 2.11 亿英镑(约 25 亿元人民币),收购世界最大酒商英国帝亚吉欧约 1.1% 的股权,为该公司的第九大投资者。9 月,中投投资 19 亿美元,购买印尼最大煤炭生产商 PT Bumi Resources 公司发行的债券型工具;认购在港上市的上海恒盛地产 2 000 万～3 000 万美元的新股,用以支持这家公司在内地开发上海、合肥及其他地区的新地产项目;以 8.5 亿美元、占股 12.91% 注资亚洲最大的农产品、大宗工业原料供应商之一——香港来宝集团;协议收购保利集团的控股地产公司保利香港 2.3% 的股权,价值 4.09 亿港元。

从 2010 年 7 月 21 日开始,中投三周内十次减持摩根斯坦利股票,共减持摩根斯坦利 2 545 万股股票,套现约 6.92 亿美元。中投还持有摩根斯坦利 1.508 亿股普通股股票。按照摩根斯坦利第二季度末总股本数约为 14 亿股计算,再加上中投公司所持的 1.1606 亿股可转换股权单位,如果中投要达到原先与摩根斯坦利约定的不超过 9.9% 的持股比例,2010 年 8 月 17 日之前还应再抛售约 70 万股股份。按照中投对摩根斯坦利的整体投资成本每股约 32 美元计算,此次减持后中投的账面亏损额将继续扩大至约 1.22 亿美元。2010 年 8 月 17 日,这部分股票将转为摩根斯坦利上市交易的股票,转换后中投公司持有摩根斯坦利的股份将不超过 9.9%。根据美国新颁布的金融监管改革法案规定,持有美国上市公司股份 10% 以上的控股公司将被要求披露更多信息并受到更为严格的监管。

2010 年 7 月,中投公司发布《2009 年年度报告》。2009 年中投公司公司净利润为 416.6 亿美元,较 2008 年的 231.3 亿美元大幅增长 80.1%;总资产也从 2008 年的 2 975.4 亿美元增加至 3 323.94 亿美元；境外全球投资组合回报率达到 11.7%，高于 2008 年的 -2.1%；境外投资回报与中投公司的全资子公司中央汇金公司的收益合并后，中投公司实现 12.9% 的总资本回报率，高于 2008 年年底的 6.8%。

参考文献：
1. 中国投资有限责任公司，http://www.china-inv.cn
2. 中投公司投资黑石 3 年浮亏超 60% 黑石投资中国 3 年赚 100%，2010 年 8 月 6 日，http://finance.ifeng.com/news/corporate/20100806/2487465.shtml
3. 2008 年中投公司年报：http://www.china-inv.cn/include/resources/CIC2008annualreport.pdf
4. 2009 年中投公司年报：http://www.china-inv.cn/include/resources/CIC2009annualreport.pdf

【本章小结】

国际储备由四部分组成：黄金储备、外汇储备、特别提款权和在国际货币基金组织的储备头寸。国际收支顺差增加一国国际储备。国际储备用于进口、FDI 撤资、归还外债和捍卫本币汇率稳定。国际储备的数量管理，又称水平管理，是指一国保持多少数量的国际储备才比较合适。最适的国际储备水平与一个国家的经济规模、外债数量和进口规模等因素有关。国际储备的结构管理有两层含义：一是国际储备四个组成要素的比例；二是外汇储备中不同币种的比例。合理的国际储备结构，是指国际储备资产最佳的分布格局，即黄金储备、外汇储备、特别提款权和在 IMF 的储备头寸之间以及外汇储备的各种币种储备货币之间保持适当的比例关系。国际储备结构管理的原则是兼顾流动性、安全性和收益性。

【思考与练习】

1. 国际储备与国际清偿能力有何不同？
2. 试述影响一国国际储备最适持有量的因素。
3. 为什么外汇储备不是越多越好？
4. 怎么进行国际储备的结构管理？

5. 为什么外汇储备不能用于国内？

6. 黄金和货币对企业和个人来讲是财富，但对国家来讲是否是财富？对国家来讲什么是财富和经济增长的源泉？我国外汇储备的出路有哪些？

7. 强制结售汇制度的利弊有哪些？

8. "藏汇于国"好还是"藏汇于民"好？

9. 有人认为："人民币对美元升值了，所以中国外汇储备缩水了"。你做如何评价？

10. 2011 年 2 月底，在北京大学举行的第 24 次 CMRC 朗润预测报告会上，中国人民银行副行长、国家外汇管理局局长易纲表示，到 2010 年底中国外汇储备累计为 2.85 万亿美元，中国央行抛出了近 20 万亿元人民币进行对冲。贸易顺差过大系通胀之源，应该用多种手段渐进式治理通胀。怎么理解"贸易顺差过大系通胀之源"？

11. 中国将一部分外汇储备用于购买美国国债，分析其利弊以及对美国经济的影响。

12. 请将中国外汇储备的出路（成立主权财富基金海外投资、购买石油和矿藏贮藏在国内，以及购买国外技术和专利等）排序。

第10章 汇率制度

学习内容与要求:

　　本章主要介绍汇率制度的种类、各国汇率制度的安排;不同汇率制度优劣比较等内容。要求掌握中国近年来先后实行的两种不同汇率制度:钉住单一货币汇率制度和钉住一篮子货币汇率制度。

第一节　汇率制度概述

一、汇率制度的定义和内容

　　(一)汇率制度的定义

　　汇率制度(Exchange Rate Regime 或者 Exchange Rate System),又称汇率安排(Exchange Rate Arrangement),是指一国政府对本国汇率水平的决定和变动所作的一系列安排或规定。

　　(二)汇率制度的内容

　　1.确定汇率水平的原则和依据。例如,以货币本身的价值为依据,还是以法定代表的价值为依据等。

　　2.调整汇率的办法。例如是采用公开法定升值或贬值的办法,还是采取任其浮动或官方有限度干预的办法。

　　3.管理汇率的法令、体制和政策等。例如各国外汇管制中有关汇率及其适用范围的规定。

　　4.制定、维持与管理汇率的机构,如外汇管理局、外汇平准基金委员会等。

二、汇率制度的分类

传统上,按照汇率变动的幅度,汇率制度被分为两大类型:固定汇率制(Fixed Exchange Rate System)和浮动汇率制(Floating Exchange Rate System)。在固定与浮动汇率制之间又有许多折中的汇率制度。

固定汇率制是指货币当局把本国货币对其他货币的兑换比率基本固定,波动幅度限制在一定的、很小的范围之内。在这种汇率制度下,各国货币间保持固定比价,允许市场汇率围绕中心汇率(固定比价)上下自由波动,波动被限制在一定的幅度之内,而且政府有义务采取措施吸收所有的超额供需、维持所规定的波幅。固定汇率并非一成不变,而是一般不做大的变动,其变动被限制在一定幅度内。

浮动汇率制是指让外汇市场自身的供需决定均衡汇率,中央银行不加干预的汇率制度。在这种汇率制度下,各国货币间不再规定固定比价,汇率决定于外汇市场的供求,同样也不再规定市场汇率的波动幅度,因此,也就没有政府维持汇率波幅的义务。

三、国家维持固定汇率的措施

(一)运用货币政策

运用货币政策主要是通过调整贴现率使利率发生变动,引起本国币值发生变动和刺激国际资本流动,以引起外汇供求状况改变,进而引起汇率变动。当汇率上升,有超过汇率波动上限趋势时,该国货币当局常常提高贴现率,带动利率总体水平的上升。这一方面使通货收缩,本币实际币值提高;另一方面吸引外国资本流入,增加本国的外汇收入,从而减少国际收支逆差,使本币汇率上升、外币汇率下降,使汇率维持在规定的波动范围之内。当汇率下跌、低于规定下限时,则降低贴现率、带动利率总体水平的下降,使国内货币供给增加、本币对内价值降低、资本外流,本国外汇需求增加,最终使汇率在规定的幅度内变化。

(二)调整外汇黄金储备

一国为了满足其对外政治、经济往来需要,都必须保有一定数量黄金和外汇储备,黄金和外汇储备不仅是国际交往的周转金,也是维持汇率稳定的后备力量,还是弥补国际收支逆差的手段之一。管理当局经常利用所掌握的黄金和外汇储备,通过参与外汇市场上的交易(买卖外汇)平抑外汇供求关系,以维持汇率在规定的上下限内波动。

(三)实行外汇管制

一国国际收支状况异常严峻和国际收支长期恶化,黄金外汇储备不足,无力在外汇市场上大量买卖外汇以进行干预,则借助于外汇管制手段,如直接限制外汇支出,甚至直接控制汇率的变动。

(四)向国际货币基金组织借款

一国出现暂时国际收支逆差而且有可能导致汇率波动超过规定幅度、同时动用外汇黄金储备不足以干预外汇市场时,就可以向国际货币基金组织申请借款。这将减轻或避免为纠正国际收支不平衡而匆忙对本国货币宣布贬值或采取紧缩性宏观政策或诉诸管制等非常措施给经济发展带来消极影响。

(五)实行货币法定升值或贬值

当国际收支长期存在巨额顺差时,一般会导致该国货币币值大幅度上浮,超过规定上限,货币管理当局应对本国货币进行法定升值,但是尽管顺差国外汇储备大幅度增加,容易引起通货膨胀,可政府能够采用冲抵政策减少顺差对货币供应量的影响,其结果是顺差国货币法定升值的内在压力被严重削弱。而当国际收支长期存在巨额逆差、通过上述1~4种手段不能使汇率稳定时,货币当局就常常实行货币法定贬值(以法令明文宣布降低本国货币的含金量),当货币贬值后与其他货币之间就形成了新的黄金平价,表现为外汇汇率上升。这样可以减少由于维持原来汇率而使本国外汇黄金储备流失,还可以提高本国商品出口竞争力,增加出口收入,改善国际收支状况,也有利于维持新的汇率稳定。例如在20世纪60年代以后,日本、联邦德国等国家经常存在巨额贸易盈余,往往不愿及时使其货币升值以减少或消除国际收支顺差,实际上被迫采取汇率干预措施的绝大多数国家都是逆差国。据统计在1947—1970年间,共发生过200多次货币法定贬值,而货币升值仅有5次。

第二节　各国汇率制度安排

从历史发展上看,自19世纪末金本位制在西方主要各国确定以来,一直到1973年布雷顿森林体系崩溃前,世界各国的汇率制度基本上属于固定汇率制。而1973年以后,世界主要工业国实行的是浮动汇率制,多数发展中国家则采取钉住汇率制。

自 20 世纪 80 年代以来,国际汇率制度打破了以往固定、浮动汇率制的两分法,出现了多样化的国际汇率制度的局面。从 1999 年 1 月 1 日开始,IMF 重新依据实际汇率制度而不是官方宣布的汇率安排对各成员国汇率制度进行了新的分类。将各成员国的汇率制度分为 8 种,如表 10-1 所示。这 8 种汇率制度分属于 3 种类型:固定汇率制、中间汇率制和浮动汇率制。沿着这个顺序,汇率波动幅度越来越大。国际社会习惯地称固定汇率制、浮动汇率制为两极汇率制(Bipolar Exchange Rate Regimes)或角点汇率制。

表 10-1 1999—2001 年各国汇率制度安排数量统计

汇率制度	1999.1	2000.12	2001.12
1.放弃独立法定货币的汇率制度	37	38	40
2.货币局制度	8	8	8
3.其他传统的钉住汇率制 （包括管理浮动制下的实际钉住制）	39	44	40
4.水平调整的钉住汇率制	12	7	5
5.爬行钉住	6	5	4
6.爬行带内浮动（爬行区间浮动）	10	6	6
7.不事先公布干预方式的管理浮动汇率制 （无区间的有管理浮动）	26	32	42
8.单独浮动（自由浮动）	47	46	40
国家数量	185	186	186

资料来源:IMF,International Fiancial Statistics

一、固定汇率制度

固定汇率制度包括国际货币基金组织分类法中的放弃独立法定货币的汇率制度和货币局制度两种。这两种汇率制度的共同特点是:汇率相对固定,但在放弃独立法定货币的汇率制度中,汇率对内绝对固定,对外浮动。在货币局制度下,汇率是完全固定的。

（一）放弃独立法定货币的汇率制度

放弃独立法定货币的汇率制度(Exchange Arrangements with No Separate Legal Tender)是指一国不发行自己的货币,而是使用他国货币作为本国唯一法定货币;或者一个货币联盟中,各成员国使用共同的法定货币。主要是指美元化制度,即国家完全放弃了自己的货币,直接使用美元,如拉美的巴拿马。

(二)货币局制度

货币局制度(Currency Board Arrangements)是指货币当局作出明确的、法律上的承诺,以一固定的汇率在本国(地区)货币与一指定外币间进行兑换,并且对货币发行当局确保其法定义务的履行施加限制。

货币局制通常要求货币发行必须以一定的(通常是百分之百)该外国货币作为准备金,并且要求在货币流通中始终满足这一准备金的要求。这一制度中的货币当局被称为货币局,而不是中央银行。因为在这种制度下,货币发行量的多少不再完全听任货币当局的主观愿望或者经济运行状况,而是取决于可用作准备的外币数量的多少。货币当局失去了货币发行的主动权和最后贷款人的功能,严格限制财政赤字货币化。货币局制度中,除了有政府承诺外,还有一个机制来维持固定汇率。2001 年 12 月,实行货币局制的有中国香港特区、阿根廷、波黑、文莱、保加利亚、爱沙尼亚、立陶宛和吉布提等八个国家和地区。

二、中间汇率制度

中间汇率制(Intermediate Exchange Rate Regimes)介于固定汇率和自由浮动汇率之间,被统称为"中间汇率制"。它们包括新分类法中的"其他传统的固定钉住制"、"水平调整的钉住"、"爬行钉住"、"爬行区间浮动"和"不事先公布干预方式的管理浮动"等。这些汇率制度的共性是:在政府控制下汇率在一个或大或小的范围之内变化,它们并没有质的区别。

(一)传统的固定钉住汇率制度

传统的固定钉住汇率制度(Conventional Fixed Peg Arrangements)是指一国将其货币以一固定的汇率钉住某一种外国货币或一篮子外国货币,汇率在 1‰ 的狭窄区间内波动。被钉住的一般是主要工业国家的货币或 IMF 的特别提款权。目前,大部分发展中国家实行的是钉住汇率制。

1.钉住单一货币汇率制度

钉住单一货币是指一国货币与其他某一国家货币(通常为美元)之间保持稳定比价,而对其他货币则随着所钉住货币的浮动而浮动。将本国货币与某一货币如美元的汇率固定,政府有责任通过外汇市场干预维持该中心平价。

2.钉住一篮子货币汇率制度

钉住一篮子货币是指一国货币同一篮子外国货币保持固定比价的汇率制度。在钉住一篮子货币的汇率制度下,给篮子中的各种货币赋予一定的权重,让本国货币的汇率根据篮子中各货币的汇率变动而加权变动,可以实现本国货币加权平均的稳定汇率。

假如一国货币钉住一个货币篮子,这个篮子由两种货币构成:美元和日元,这两种货币在该篮子中的权重分别为 a_1 和 a_2。计算本币汇率的公式:

$$A_t = [a_1 + a_2(B_t/B_0)] \times A_0 \tag{10.1}$$

公式(10.1)中,A_t 为第 t 期美元与本币的汇率,1 美元 $= A_t$ 本币;B_0 为第 0 期美元与日元的汇率,1 美元 $= B_0$ 日元;B_t 为第 t 期美元与日元的汇率,1 美元 $= B_t$ 日元;A_0 为第 0 期美元与本币的汇率,1 美元 $= A_0$ 本币。

$$A_t' = A_0'/[a_1(B_0/B_t) + a_2] \tag{10.2}$$

公式(10.2)中,A_t' 为第 t 期本币与日元的汇率,1 本币 $= A_t'$ 日元;B_0 为第 0 期美元与日元的汇率,1 美元 $= B_0$ 日元;B_t 为第 t 期美元与日元的汇率,1 美元 $= B_t$ 日元;A_0' 为第 0 期本币与日元的汇率,1 本币 $= A_0'$ 日元。

实际上,只需要使用公式(10.1)计算出来的第 t 期美元与本币的汇率,再结合已知条件中的第 t 期美元和日元的汇率,两个数值相除,就可以套算出第 t 期本币与日元的汇率。

例:假如一篮子货币只有美元和日元,该国国际结算时,美元和日元比例各占 70% 和 30%,21 日上午 9 时,1 美元 $=5$ 人民币,1 美元 $=100$ 日元,上午 10 点,1 美元 $=150$ 日元。计算上午 10 点时,单一钉住美元和钉住一篮子货币下,美元对人民币和人民币对日元的汇率各是多少?

解:根据已知条件,可得:

21 日上午 9 时,1\$ $=5$¥,1\$ $=100$ 日元,则 1¥ $=20$ 日元

(1)如果是钉住一篮子货币制度,上午 10 点:

1 美元 $=(0.7+0.3 \times 150/100) \times 5 = 5.75$ 人民币

所以,钉住一篮子货币制度下,与 9 点相比,美元对人民币升值 15%。

1 人民币 $=150/5.75$ 日元 $=26$ 日元

所以,钉住一篮子货币制度下,与 9 点相比,人民币对日元升值 30%。

(2)如果是单一钉住美元制度:

美元对人民币汇率时刻都不变,上午 10 点,1 美元 $=5$ 人民币,所以,单一钉住美元汇率制度下,美元对人民币汇率波动幅度为零。

297

上午 10 点,1 人民币＝150/5＝30 日元

所以,单一钉住美元汇率制度下,与 9 点相比,人民币对日元升值 50%。

1997 年东南亚金融危机中,东南亚国家普遍实行单一钉住美元的汇率制度。因为美元对日元升值,导致东南亚国家货币跟着美元对日元同等幅度地升值,东南亚国家出口到日本的产品大量减少,产生大量贸易赤字,外汇储备越来越少。随后,东南亚国家纷纷采取钉住一篮子货币汇率制度。在钉住一篮子货币汇率制度下,东南亚国家货币对日元升值的幅度比单一钉住美元时少。此时东南亚国家出口到日本的产品尽管在减少,但减少的没有那么多,避免单一钉住美元时东南亚国家出口到日本的产品大幅减少。

小知识:参考一篮子货币的汇率制度

参考一篮子货币是指某一个国家根据贸易与投资密切程度,选择数种主要货币,不同货币设定不同权重后组成一篮子货币,设定浮动范围,该国货币就根据这一篮子货币并在一定范围内浮动。

"钉住一篮子"实际上还是固定汇率制度,而"参考一篮子"则是联系多种货币、同时依据市场供求关系形成的有管理的浮动汇率。"钉住一篮子"用一个明确的规则代替央行对汇率的任意干预,从而能迅速稳定汇率预期,但同时丧失了货币当局调节汇率的主动权;而"参考一篮子"保留了货币当局对调节汇率的主动权和控制力。

(二)水平波幅内的钉住汇率制度

水平波幅内的钉住汇率制度(Pegged Exchange Rates within Horizontal Bands)与传统的固定钉住汇率制度的区别在于,波动的幅度宽于 1% 的区间。比如,丹麦的波幅为 2.5%,塞浦路斯为 2.25%,埃及为 3%,匈牙利则达到 15%。

(三)爬行钉住汇率制度

爬行钉住汇率制度(Crawling Pegs)是指一国货币当局以固定的、事先宣布的值,对汇率不时进行小幅调整(上下 3%),或根据多指标对汇率进行小幅调整。

爬行钉住制在 20 世纪 60 年代以后引起了国际社会的广泛重视,自那时起,一些国家相继采用了这一制度,例如,智利(1965—1970 年,1973—1979 年)、韩国(1968—1972 年)、秘鲁(1976—1977 年,1978 年至今)等等。2000 年 12 月,实行爬行钉住制的有哥斯达黎加、尼加拉瓜、玻利维亚、津巴布韦和土耳其等五个国家。

（四）爬行波幅汇率制度

爬行波幅汇率制度（Exchange Rates within Crawling Bands），又称汇率目标区汇率制度，是指一国货币汇率保持在围绕中心汇率的波动区间（上下10%）内，但该中心汇率以固定的、事先宣布的值，或根据多指标，不时地进行调整。如以色列的爬行波幅为22%，白俄罗斯的爬行波幅为5%，乌拉圭则为3%。

（五）不事先宣布汇率轨迹的管理浮动汇率制度

不事先宣布汇率轨迹的管理浮动汇率制度（Managed Floating with No Preannounced Path for Exchange Rate）是指一国货币当局在外汇市场进行积极干预以影响汇率，但不事先承诺或宣布汇率的轨迹。

三、自由浮动汇率制

自由浮动汇率制是指新分类法中的单独浮动。单独浮动汇率制度（Independent Floating）是指本国货币汇率由市场决定。货币当局对汇率只是偶尔进行干预，这种干预旨在缓和汇率的波动、防止不适当的波动（Undue Fluctuations），而不是设定汇率的水平。

学习资料 10-1　货币局制度——香港的联系汇率制度

联系汇率是与港币的发行机制高度一致的。[①] 香港没有中央银行，是世界上由商业银行发行钞票的少数国家或者地区之一。而港币则是以外汇基金为发行机制的。外汇基金是香港外汇储备的唯一场所，因此是港币发行的准备金。发钞银行在发行钞票时，必须以百分之百的外汇资产向外汇基金交纳保证，换取无息的"负债证明书"，以作为发行钞票的依据。换取负债证明书的资产，先后是白银、银元、英镑、美元和港币，实行联系汇率制度后，则再次规定必须以美元换取。在香港历史上，无论以何种资产换取负债证明书，都必须是十足的，这是港币发行机制的一大特点，实行联系汇率制则依然沿袭。

联系汇率制度规定，汇丰、渣打和中国银行三家发钞银行增发港币时，须按7.8港元等于1美元的汇价以百分之百的美元向外汇基金换取发钞负债证明书，而回笼港币时，发钞银行可将港币的负债证明书交回外汇基金换取等值

①　厦门大学《国际金融》精品课程，http://xmujpkc.xmu.edu.cn/gjjrx/index.asp?type=lx

的美元。这一机制又被引入了同业现钞市场,即当其他持牌银行向发钞银行取得港币现钞时,也要以百分之百的美元向发钞银行进行兑换,而其他持牌银行把港元现钞存入发钞银行时,发钞银行也要以等值的美元付给它们。这两个联系方式对港币的币值和汇率起到了重要的稳定作用,这是联系汇率制的另一特点。

但是,在香港的公开外汇市场上,港币的汇率却是自由浮动的,即无论在银行同业之间的港币存款交易(批发市场),还是在银行与公众间的现钞或存款往来(零售市场),港币汇率都是由市场的供求状况来决定的,实行市场汇率。联系汇率与市场汇率、固定汇率与浮动汇率并存,是香港联系汇率制度最重要的机理。一方面,政府通过对发钞银行的汇率控制,维持着整个港币体系对美元汇率的稳定联系;另一方面,通过银行与公众的市场行为和套利活动,使市场汇率一定程度地反映现实资金供求状况。联系汇率令市场汇率在1:7.8的水平上做上下窄幅波动,并自动趋近之,不需要人为去直接干预;市场汇率则充分利用市场套利活动,通过短期利率的波动,反映同业市场情况,为港币供应量的收缩与放大提供真实依据。

联系汇率真正成为香港金融管理制度的基础,是在一些金融危机和1987年股灾之后。主要是香港金融管理当局为完善这一汇率机制,采取了一系列措施来创造有效的管理环境,如与汇丰银行的新会计安排,发展香港式的贴现窗,建立流动资金调节机制,开辟政府债券市场,推出即时结算措施等;此外,还通过货币政策工具的创新,使短期利率受控于美息的变动范围,以保障港元对美元的稳定。而对于联系汇率制最有力的一种调节机制,还在于由历史形成的、约束范围广泛的和具有垄断性质的"利率协议",其中还包括了举世罕见的"负利率"规则,它通过调整银行的存贷利率,达到收紧或放松银根,控制货币供应量的目的,因此至今仍然是维护联系汇率制度的一项政策手段。

第三节　不同汇率制度优劣比较

二战后至20世纪70年代初期,世界各国的货币间采取固定汇率的方式。随着布雷顿森林体系瓦解,牙买加体系诞生,固定汇率制与浮动汇率制的选择问题就成了理论界争论的焦点。

一、浮动汇率制度的优缺点

(一)浮动汇率制的优点

1.能够自动实现国际收支平衡,无须以牺牲国内经济为代价

在固定汇率制度下,汇率不能发挥调节国际收支的经济杠杆作用。因此,当一国国际收支失衡时,需要采取紧缩性或扩张性的财政和货币政策,从而使国内经济运行出现失业的增加或物价水平的上涨,国内经济发展目标与国际收支平衡目标之间容易产生矛盾和冲突。而在浮动汇率制度下,汇率是调节一国国际收支失衡的经济杠杆,国际收支失衡可以通过汇率的自由浮动予以消除,则财政和货币政策就可以专注于国内经济目标的实现。

2.能够提高一国货币政策的自主性

在固定汇率制度下,主要贸易伙伴国采取扩张性的货币政策引起该国国际收支逆差时,也就意味着本国的国际收支顺差,则本国外汇储备增加,从而货币供给增加。在布雷顿森林体系下,世界各国的货币政策都是由美国来制定的,当美国实行扩张性或紧缩性的货币政策时,美国的国际收支就会出现逆差或顺差,则世界其他国家货币对美元的汇率就会上升或下降。而为了维持固定汇率,世界各国就必须买进或卖出美元,由此导致货币供给的增加或减少。而在浮动汇率制度下,一国可以听任外汇汇率由外汇市场的供求关系决定,而不必通过外汇储备的增减来适应主要贸易伙伴的货币政策。

3.避免国际性的通货膨胀传播

在固定汇率制度下,国外的通货膨胀通过两个渠道传递到国内:一是通过"一价定律"促使本国商品和服务价格直接上涨;二是通过外汇储备的增加使国内货币供给增加,间接引起国内物价上涨。而在浮动汇率制度下,国外通货膨胀只能促使本国货币的汇率上升,从而抵消国外通货膨胀对国内物价的直接影响,将外国的通货膨胀隔绝在外。

4.无需太多外汇储备,使更多的外汇资金用于经济发展

在浮动汇率制度下,一国没有义务维持汇率的稳定,不需要像在固定汇率制度下保持那么多的外汇储备,则节约的外汇资金可以用于进口更多的资本品,增加投资,促进经济增长。

5.可以促进自由贸易,提高资源配置的效率

由于浮动汇率制度下汇率的上下浮动能使国际收支自动恢复平衡,则一国就可以避免在固定汇率制度下为维持国际收支平衡而采取的直接管制措

施,从而避免了资源配置的扭曲,提高经济效率。

(二)浮动汇率制度的缺点

1.助长投机,加剧金融动荡,给国际贸易和国际投资带来汇率风险

在浮动汇率制度下,汇率频繁和剧烈的波动为国际游资创造了投机的机会,加剧了国际金融市场的风险;也使从事国际贸易、国际信贷和国际投资等的涉外经济主体难以核算其成本和收益,使他们遭受汇率风险,从这个意义上说,浮动汇率制度妨碍国际贸易和国际投资的顺利进行,对世界经济产生不利影响。

2.使一国具有通货膨胀偏向

在浮动汇率制度下,当本币贬值时,进口成本上升,物价上涨,并有可能陷入"物价上涨—本币汇率下降"的恶性循环;当本币升值时,进口成本因价格刚性而不容易下降或下降不足,则物价上涨。因此,浮动汇率制度更容易招致通货膨胀。

3.国际协调困难,对发展中国家不利

浮动汇率制度助长世界各国在汇率制度上的利己主义和各自为政,削弱金融领域的国际合作,加剧国际货币体系的矛盾。而且,汇率的频繁波动对经常有巨额外债的发展中国家来说,制造了汇率风险,加重外债负担,加大外债管理难度。

二、固定汇率制的优缺点

(一)固定汇率制的优点

1.避免汇率风险

避免了汇率波动风险,有利于国际贸易、国际信贷和国际投资的经济主体进行成本计算和控制。

2.有利于经济稳定发展

对本国的货币政策加以限制,使得本币的利率及通胀与国际主要货币的利率与通胀不会相差太多,汇率波动的不确定性将降低。固定汇率制度对世界经济发展起到一定促进作用。

(二)固定汇率制的缺点

1.汇率基本不能发挥调节国际收支的经济杠杆作用

实行固定汇率制度,使一国在出现国际收支逆差时,不能通过汇率的变动使国际收支自动达到平衡,而往往会引起该国大量外汇黄金外流,使国际储备

大幅下降。若进行市场干预仍不能平抑汇价时,该国最后有可能采取法定贬值的措施。另外,由于固定汇率制度确定法定平价和上下限,汇率并不能总是正确反映两国货币的实际购买力,容易导致本币币值高估,削弱本地出口商品竞争力,引起难以维系的长期经常项目收支失衡。

2.为维护固定汇率制将破坏内部经济平衡

一国国际收支逆差时,本币汇率将下跌,成为软币,为不使本币贬值,就需要采取紧缩性货币政策或财政政策,但这会使国内经济增长受到抑制、失业增加。

3.引起国际汇率制度的动荡和混乱

在固定汇率制度下,一国必须要么牺牲本国货币政策的独立性,要么限制资本的自由流动。这会导致该国抗冲击力不强,容易遭到投机的打击,引发货币和金融危机。如1992—1993年的欧洲汇率机制危机、1994年的墨西哥比索危机、1997年的亚洲金融危机和1998年的俄罗斯卢布危机。这些发生危机的国家都是采用了固定汇率制度,同时又不同程度地放宽了对资本项目的管制。

综上所述,固定汇率制度和浮动汇率制度各有特点。汇率制度的选择应该结合各国的不同经济情况具体进行分析。

三、影响汇率制度选择的因素

汇率制度的选择是一个非常复杂的问题,是一国政府的政策行为。它首先建立在一国所具有的特殊的经济特征的基础之上;并且在不同的时期,由于政府所追求的政策目的不同,政府所选择的汇率制度也不同。同时,在世界经济一体化的趋势下,一国汇率制度的选择还受其对外经济贸易关系的影响,受国际经济和金融大环境的制约。

(一)经济规模和经济实力

经济规模较大和经济实力较强的国家往往选择弹性较大的浮动汇率制。大国经济较为独立,而货币政策独立性、资本流动和固定汇率三个目标不可能同时实现,大国多为发达国家,资本管制较少,如果实行固定汇率,必须放弃货币政策独立性,而大国一般是不愿意为了维持与外国货币的固定汇率而使国内政策受到约束的。经济规模小和经济实力较弱的发展中国家倾向于选择钉住汇率制,这主要是由于它们承受外汇风险的能力较差。

（二）开放性

经济的开放度可以用贸易依存度来判断。一国贸易依存度越高，经济开放度越高，汇率变化对于该国经济的影响也就越大，加上经济开放度较高的国家经济规模往往较小，抵御冲击的能力较弱，因此为了防止由汇率变动对经济带来的冲击，简单而又有效的办法就是采用固定汇率。

（三）对外贸易的地理分布

若一国进出口贸易集中于与某一个贸易伙伴国之间，则钉住该国货币将可以得到经济稳定性收益，且贸易量越大，这种收益也越大。反之，有多样化贸易格局的国家更不容易受到外部冲击的影响，因此越可能倾向于采用浮动汇率制。

（四）政治军事

若一国外汇严重不足，外汇市场机制很不健全，出口产品单一，而且主要是初级产品，贸易地区集中，则应采取固定汇率制度。而钉住哪一种货币则主要取决于该国的经济政治军事的依附关系。

（五）相对通货膨胀率

若一国通货膨胀率相对高于他国，那么它更需要利用浮动汇率制自发调节国际收支的功能，以摆脱固定汇率制下的货币纪律对宏观经济政策的约束。

（六）金融发展水平

经济发展水平高的国家，特别是已经完成工业化的国家，金融发展程度高，金融机构和金融制度较为完善，较少实行资本管制，因此会倾向于选择浮动汇率制度，以保持国内货币政策的独立性。

四、中国汇率制度改革

人民币自诞生以后，一直属于非自由兑换的货币，其汇率由中国人民银行决定，仅作为调控进出口贸易和改善国际收支平衡的政策手段。

（一）1994 年以前的人民币汇率形成机制

新中国成立以来至改革开放前，在传统的计划经济体制下，人民币汇率由国家实行严格的管理和控制。人民币从 1949 年到 1952 年用浮动汇率制度。从 1953 年到 1973 年，因为实行计划经济制度，人民币与美元有正式的挂钩，汇率保持在 1 美元兑换 2.46 元人民币的水平上。但是此时中国的对外贸易很少，所以人民币汇率意义不是很大。1973 年，由于石油危机，世界物价水平上涨，西方国家普遍实行浮动汇率制，汇率波动频繁。为了适应国际汇率制度的这种转变与现实中国际主要货币汇率变动带来的不利影响,根据有利于推行人民币计价结算,便于贸易,为国外贸易所接受的原则,人民币汇率参照西方国家货币汇率浮动状况,采用"一篮子货币"加权平均计算方法进行调整。为此,人民币对美元汇率从 1973 年的 1 美元兑换 2.46 元逐步调至 1980 年的 1.50 元,美元对人民币贬值了 39.2%,同期英镑汇率从 1 英镑兑换 5.91 元调至 3.44 元,英镑对人民币贬值 41.6%。

从 1980 年到 1994 年,中国大陆有双重汇率制度。1981 年至 1984 年,初步实行双重汇率制度,即除官方汇率外,另行规定一种适用进出口贸易结算和外贸单位经济效益核算的贸易外汇内部结算价格,该价格根据当时的出口换汇成本确定,固定在 2.80 元的水平。人民币官方汇率因内外两个因素的影响,其对美元由 1981 年 7 月的 1.50 元向下调整至 1984 年 7 月的 2.30 元,人民币对美元贬值了 53.3%。1985 至 1991 年 4 月复归单一汇率制度。汇率继续向下调整,美元对人民币从 1984 年 7 月的 2.30 下调到 1985 年 1 月的 2.80,之后又多次下调。这阶段虽然恢复了单一的汇率制度,但在具体的实践中随着留成外汇的增加,调剂外汇的交易量越来越大,价格也越来越高,因此名义上是单一汇率,实际上又形成了新的双重汇率。

1991 年 4 月至 1993 年年底。这一阶段对人民币汇率实行微调。在两年多的时间里,官方汇率数十次小幅度调低,但仍赶不上出口换汇成本和外汇调剂价的变化。到 1993 年底,人民币对美元官方汇率与调剂汇率分别为 5.7 和 8.7。这时期人民币汇率制度演化与改革的特点是:官方汇率和调剂市场汇率并存、官方汇率逐渐向下调整。

以外汇留成制为基础的外汇调剂市场的发展,对促进企业出口创汇、外商投资企业的外汇收支平衡和中央银行调节货币流通均起到了积极的作用。但随着我国改革开放的不断深入,官方汇率与外汇调剂价格并存的人民币双轨制的弊端逐渐显现出来。一方面多种汇率的并存,造成了外汇市场秩序混乱,助长了投机;另一方面,长期外汇黑市的存在不利于人民币汇率的稳定和人民币的信誉。外汇体制改革的迫切性日益突出。

(二)1994—2005 年的人民币汇率形成机制

1993 年 11 月,党的十四届三中全会通过的《中共中央关于建立社会主义市场经济体制若干问题的决定》要求,"改革外汇体制,建立以市场供求为基础的、有管理的浮动汇率制度和统一规范的外汇市场,逐步使人民币成为可兑换货币。"1993 年 12 月,国务院正式颁布了《关于进一步改革外汇管理体制的通知》,采取了一系列重要措施,具体包括,实现人民币官方汇率和外汇调剂价格并轨;建立以市场供求为基础的、单一的、有管理的浮动汇率制;取消外汇留成,实行结售汇制度;建立全国统一的外汇交易市场等。

1994年1月1日,人民币官方汇率与外汇调剂价格正式并轨,我国开始实行以市场供求为基础的、单一的、有管理的浮动汇率制。实际上,中国的汇率制度是人民币单一钉住美元。企业和个人按规定向银行买卖外汇,银行进入银行间外汇市场进行交易,形成市场汇率。中央银行设定一定的汇率浮动范围,并通过调控市场保持人民币汇率稳定。实践证明,这一汇率制度符合中国国情,为中国经济的持续、快速发展,为维护地区乃至世界经济金融的稳定作出了积极贡献。

1997年以前,人民币汇率稳中有升,海内外对人民币的信心不断增强。但此后由于亚洲金融危机爆发,为防止亚洲周边国家和地区货币轮番贬值使危机深化,中国作为一个负责任的大国,主动收窄了人民币汇率浮动区间。随着亚洲金融危机的影响逐步减弱,近年来我国经济持续、平稳较快发展,经济体制改革不断深化,金融领域改革取得了新的进展,外汇管制进一步放宽,外汇市场建设的深度和广度不断拓展,为完善人民币汇率形成机制创造了条件。

1999年以后,我国经常项目和资本项目双顺差持续扩大,加剧了国际收支失衡。2005年6月末,我国外汇储备达到7 110亿美元。2005年以来对外贸易顺差迅速扩大,贸易摩擦进一步加剧。适当调整人民币汇率水平,改革汇率形成机制,有利于贯彻以内需为主的经济可持续发展战略,优化资源配置;有利于增强货币政策的独立性,提高金融调控的主动性和有效性;有利于保持进出口基本平衡,改善贸易条件;有利于保持物价稳定,降低企业成本;有利于促使企业转变经营机制,增强自主创新能力,加快转变外贸增长方式,提高国际竞争力和抗风险能力;有利于优化利用外资结构,提高利用外资质量;有利于充分利用"两种资源"和"两个市场",提高对外开放的水平。

(三)2005年以来的人民币汇率形成机制

2005年7月21日,中国人民银行启动人民币汇率形成机制改革。实行以市场供求为基础、参考一篮子货币进行调节、有管理的浮动汇率制度。人民币汇率不再钉住单一美元,而是按照我国对外经济发展的实际情况,选择若干种主要货币,赋予相应的权重,组成一个货币篮子,形成更富弹性的人民币汇率机制。7月21日19时,人民币对美元汇率中间价一次性调高2%,为1美元兑8.11元人民币,作为次日银行间外汇市场上外汇指定银行之间交易的中间价。

这里的"一篮子货币",是指按照我国对外经济发展的实际情况,选择若干种主要货币,赋予相应的权重,组成一个货币篮子。同时,根据国内外经济金融形势,以市场供求为基础,参考一篮子货币计算人民币多边汇率指数的变化,对人民币汇率进行管理和调节,维护人民币汇率在合理均衡水平上的基本稳定。人民币汇率一篮子机制就是综合考虑在中国对外贸易、外债(付息)、外商直接投资(分红)等外经贸活动占较大比重的主要国家、地区及其货币,组成一个货币篮子,并分别赋予其在篮子中相应的权重。具体来说,美元、欧元、日元、韩元等自然成为主要的篮子货币。此外,由于新加坡、英国、马来西亚、俄罗斯、澳大利亚、泰国、加拿大等国与中国的贸易比重也较大,它们的货币对人民币汇率也很重要。参考一篮子表明外币之间的汇率变化会影响人民币汇率,但参考一篮子货币不等于钉住一篮子货币,它还需要将市场供求关系作为另一重要依据,据此形成有管理的浮动汇率。这将有利于增加汇率弹性,抑制单边投机,维护多边汇率。

人民币汇率形成机制。2005年7月21日人民币汇率形成机制改革后,交易中心根据中国人民银行授权,每个工作日闭市后公布当日银行间外汇市场美元等交易货币对人民币汇率的收盘价,作为下一个工作日该货币对人民币交易的中间价格。每个工作日上午9时15分发布人民币对美元等主要外汇币种汇率中间价。人民币兑美元汇率中间价的形成方式为:交易中心于每日银行间外汇市场开盘前向外汇市场做市商询价,并将全部做市商报价作为人民币兑美元汇率中间价的计算样本,去掉最高和最低报价后,将剩余做市商报价加权平均,得到当日人民币兑美元汇率中间价,权重由交易中心根据报价方在银行间外汇市场的交易量及报价情况等指标综合确定。人民币兑欧元、日元、英镑和港币汇率中间价由交易中心分别根据当日人民币兑美元汇率中间价与上午9时国际外汇市场欧元、日元、英镑和港币兑美元汇率套算确定。

日浮动区间。中国人民银行于每日银行间外汇市场美元对人民币的交易价仍在人民银行公布的美元交易中间价上下0.3%的幅度内浮动,非美元货币对人民币的交易价在人民银行公布的该货币交易中间价3%的幅度内浮动。2007年5月21日起,银行间即期外汇市场人民币兑美元交易价浮动幅度由千分之三扩大至千分之五。

2005年12月29日,外管局批准13家银行开展做市商服务,包括工、农、中、建4家国有商业银行,交行、中信、招商、兴业4家股份制银行以及花旗、渣打、汇丰、荷银以及蒙特利尔5家外资行在内的总共13家银行获得了首批人民币做市商牌照。2006年1月4日,13家人民币做市商开始在银行间即期外汇市场引入询价交易方式,同时保留撮合方式。

2006年1月3日,《中国人民银行关于进一步完善银行间即期外汇市场的公告》规定,自2006年1月4日起,在银行间即期外汇市场上引入询价交易方式(以下简称OTC方式),同时保留撮合方式;中国外汇交易中心于每个工作日上午9时15分对外公布当日**人民币对**美元、欧元、日元和港币汇率中间价,作为当日银行间即期外汇市场(含OTC方式和撮合方式)以及银行柜台交易汇率的中间价。中国外汇交易中心于每日银行间外汇市场开盘前向所有银行间外汇市场做市商询价,并将全部做市商报价作为人民币对美元汇率中间价的计算样本,去掉最高和最低报价后,将剩余做市商报价加权平均,得到当日人民币对美元汇率中间价,权重由中国外汇交易中心根据报价方在银行间外汇市场的交易量及报价情况等指标综合确定。

在汇改初始阶段,人民币汇率探索性地小幅波动,到2006年5月才首次破8。2005年至2008年间,人民币升值速度越来越快。2005至2010年,人民币对美元历年升值幅度分别为2.49%、3.349%、6.804%、6.882%、0.09%和3.01%。[1]下面概述了人民币升值过程:

2005年7月21日人民币对美元一次性升值2%。

2005年8月2日外管局对经常项目外汇管理开闸。

2005年9月23日非美元对人民币交易浮动幅度扩至3%。

2006年1月4日银行间外汇市场推出做市商制度。

2006年5月15日人民币对美元汇率中间价突破8∶1的心理关口。

2007年1月11日人民币对美元突破7.8关口,13年来首超港币。

2007年5月21日央行扩大人民币兑美元日波动区间上限至0.5%。

2007年7月23日人民币汇改两周年,中国商品出口不减。

2008年4月7日港元对人民币首破0.9元,美元对人民币报7.002。

2008年4月10日美元对人民币汇率中间价突破1∶7的关口。

2008年6月起,人民币兑换美元的汇率比价一直维持在6.83∶1的水平上保持不变,一直到2010年6月19日。

2008年12月1—2日人民币对美元汇率盘中两度跌停,释放贬值信号。

2009年7月2日跨境贸易人民币结算试点启动,人民币迈出国际化重要一步。

2010年6月19日中国人民银行宣布进一步推进人民币汇率形成机制改革,增强人民币汇率弹性,人民币继续升值。

---

[1] 本年最后一个交易日和上一年最后一个交易日美元与人民币汇率变动幅度。

2011 年 5 月 3 日人民币对美元的汇率首次突破 6.5 关口。

【本章小结】

汇率制度又称汇率安排,是指一国政府对本国汇率水平的决定和变动所作的一系列安排或规定。汇率制度被分为两大类型:固定汇率制和浮动汇率制。在固定与浮动汇率制之间又有许多折中的汇率制度。固定汇率制是指货币当局把本国货币对其他货币的兑换比率基本固定,波动幅度限制在一定的、很小的范围之内。浮动汇率制是指让外汇市场自身的供需决定均衡汇率,中央银行不加干预的汇率制度。固定汇率制度和浮动汇率制度各有特点。汇率制度的选择应该结合各国的不同经济情况具体进行分析。首先建立在一国所具有的特殊的经济特征的基础之上;并且在不同的时期,由于政府所追求的政策目的不同,政府所选择的汇率制度也不同。同时,在世界经济一体化的趋势下,一国汇率制度的选择还受其对外经济贸易关系的影响,受国际经济和金融大环境的制约。

【思考与练习】

1. 一国采用哪些措施维持固定汇率制度?

2. 固定汇率制度和浮动汇率制度各有哪些优缺点?

3. 影响汇率制度选择的因素有哪些?

4. 对于目前各成员国的汇率制度,IMF 是如何进行分类的? 分为哪几类?

5. "渐进小幅度持续升值"、"一次性升值后重新钉住美元"、"自由浮动"三种方案当中,你认为未来人民币汇率制度应该选择哪一种?

6. 假如一篮子货币只有美元和日元,该国国际结算时,美元和日元比例各占 70％和 30％,12 日晚上 9 点:1 美元＝5 人民币,1 美元＝100 日元。13 日早上 9 点,1 美元＝50 日元。请计算 13 日早上 9 点,单一钉住美元和钉住一篮子货币汇率制度下美元对人民币和人民币对日元的汇率各是多少? 汇率变动幅度是多少?

第11章 外汇管制

学习内容与要求：

　　本章介绍外汇管制的定义、内容和目的；经常账户可兑换的定义和特点；资本和金融账户可兑换的定义，开放资本与金融账户的顺序和条件等内容。要求掌握开放资本与金融账户的收益和成本、顺序等。

第一节　外汇管制概述

　　国际收支平衡表记录国家与国家之间的所有经济交易。伴随这些交易，都涉及本币和外币、外币和外币之间的兑换。如果没有外汇管制特别是资本与金融账户的管制，容易发生资本外逃和热钱流入，导致国内股市和房地产市场暴涨暴跌，冲击国内正常的经济秩序。亚洲金融危机爆发也说明资本与金融账户管制的重要性。世界银行在其 1999 年年报中指出："考虑到发展中国家出现金融危机的高风险，尤其是国际资本市场的缺陷日益严重，所以资本账户自由化必须谨慎、循序渐进地进行，必须权衡相关的收益和成本。"

　　外汇管制始于第一次世界大战期间。当时国际货币体系陷入崩溃，美、法、德、意等参战国都发生了巨额的国际收支逆差，本币对外汇率剧烈波动，大量资本外逃。为集中外汇资财进行战争，减缓汇率波动及防止本国资本外流，各参战国在战时都取消了外汇的自由买卖，禁止黄金输出，实行了外汇管制。1929—1933 年世界经济危机时期，很多在战后取消外汇管制的国家又重新实行外汇管制，一些实行金块和金汇兑本位制的国家也纷纷实行外汇管制。1930 年土耳其首先实行外汇管制，1932 年，德国、意大利、奥地利、丹麦、阿根廷等 20 多个国家也相继实行了外汇管制。第二次世界大战爆发后，参战国立即实行全面严格的外汇管制。1940 年,在 100 个国家和地区中,只有 11 个国家没有正式实行外汇管制,外汇管制范围也比以前更为广泛。战后初期,西欧各国基于普遍存在的"美元荒"等原因,继续实行外汇管制。50 年代后期,西欧各国经济有所恢复,国际收支状况有所改善,从 1958 年开始,各国不同程度地恢复了货币自由兑换,并对国际贸易收支解除外汇管制,但对其他项目的外汇管制仍维持不变。1961 年,大部分国际货币基金组织的会员国表示承担《国际货币基金组织协定》第 8 条所规定的义务,即避免外汇限制而实行货币自由兑换。但时至 90 年代,绝大多数国家仍在不同程度上实行外汇管制,即使名义上完全取消了外汇管制的国家,仍时常对居民的非贸易收支或非居民的资本项目收支实行间接的限制。

一、外汇管制的定义

外汇管制是指一国政府为平衡国际收支和维持本国货币汇率而对外汇进出实行的限制性措施。[①] 在中国又称外汇管理。

一般情况下,国际收支平衡表记录的交易都伴随着货币兑换。外汇管制即对本币和外币、外币和外币兑换的限制。如果一国存在外汇管制,就意味着该国国际收支平衡表中的某些交易是不被政府许可的。

二、外汇管制的内容

外汇管制包括对本外币兑换、外汇收支、黄金和现钞输出入、汇率等的管制。其实质内容是对本外币兑换的管制。外汇管制的内容是以货币兑换管理为前提的。如果一国货币可以自由兑换成外币,那么,外汇管制很难进行。

---

① 外汇管制和外贸管制既有区别又有联系。外贸管制即对外贸易管制,简称贸易管制,是指一国政府为了国家的宏观经济利益、国内外政策需要以及履行所缔结或加入国际条约的义务,确立实行各种管制制度、设立相应管制机构和规范对外贸易活动的总称。对外贸易管制制度是国家的一项强制性措施。它主要是针对进出口的货物和技术的管理。简单说来,这个政策就是不让国外的某些货物进口,以免影响到一国经济或者卫生安全;也要限制一国稀有资源出口。按管理目的,外贸管制分为进口贸易管制和出口贸易管制;按其管制手段分为关税措施和非关税措施。我国则是按管制对象分为货物进出口贸易管制、技术进出口管制和国际服务贸易管制。

（一）本外币兑换管制

货币兑换管制是外汇管制最基本、最主要的内容。货币兑换管制的内容包括限制本国居民或者非居民本币和外币之间的兑换、外币和外币之间的兑换。实施货币兑换管制的原因主要有：外汇短缺、金融秩序混乱、国内外经济体制不同、国内外价格体系存在差异等。

1. 货币兑换性

货币按其兑换性分为不可兑换货币、可兑换货币和自由兑换货币。实行严格外汇管制的国家不管是在经常账户下还是资本账户下都严格限制本币兑换成外币和外币兑换成本币，该国货币就称为不可兑换货币；按照国际货币基金组织的定义，一国若能实现贸易账户和非贸易账户下的货币自由兑换，即经常项目下的自由兑换，则该国的货币被列为可兑换货币；在外汇市场上能自由地用本国货币兑换成某种外国货币或用某种外国货币兑换成本国货币，即实现了经常账户以及资本和金融账户的自由兑换，该货币才称为自由兑换货币。

货币可兑换性和国际收支平衡表各类账户的开放程度是对应的。一国开放经常账户，则该国货币就成为可兑换货币；一国开放经常账户、资本与金融账户，该国货币就成为自由兑换货币。

一国货币要成为自由兑换货币，一般要经过不可兑换货币、经常账户的有条件兑换、经常账户自由兑换（可兑换货币）、经常账户自由兑换加上资本与金融账户的有条件兑换、经常账户自由兑换加资本与金融账户自由兑换（自由兑换货币）五个阶段。

1996 年 12 月 1 日，中国开始接受《国际货币基金组织协定》第八条款，实行人民币经常项目下的可兑换。人民币只是可兑换货币，不是自由兑换货币。

2. 自由兑换货币

自由兑换货币指一种货币的持有人能把该种货币兑换为任何其他国家货币而不受任何限制，这种货币被称为自由兑换货币。自由兑换的货币，其汇率一般是自由浮动的。

货币自由兑换的主体是任何一个货币持有者，包括居民和非居民，自然人和法人。一国货币如能自由兑换，实际上意味着该国居民可以自由地将本国货币兑换成外国货币，购买别国的商品和劳务。也意味着别国居民能通过兑换，购买该国商品和劳务。其次，它强调兑换是自由的，即货币当局原则上不对外汇交易和对外支付进行限制。此外，它要求货币兑换按市场汇率进行；若一国只允许人们按官方汇率进行货币兑换且官方汇率显著偏离市场汇率，则这种允许并不属于货币自由兑换。

目前,世界上已有 67 个国家和地区接受了《国际货币基金协定》中关于货币自由兑换的规定,这些国家和地区的货币被认为是自由兑换货币。主要有美元、欧元、日元、英镑、港元、加拿大元、澳大利亚元、新西兰元、新加坡元、瑞士法郎、丹麦克朗、瑞典克朗、挪威克朗等。

(二)外汇资金收入与运用的管制

1. 对贸易外汇的管制

(1)对出口外汇收入的管制

在出口外汇管制中,最严格的规定是实行强制结汇制度,出口商必须把全部外汇收入结售给指定银行。出口商在申请出口许可证时,要填明出口商品的价格、数量、结算货币、支付方式和支付期限,并交验信用证。

此外,为了鼓励出口,一些国家实行出口退税、出口信贷等措施,而对一些国内急需的、供应不足的或对国计民生有重大影响的商品、技术及战略物资则要限制出口,通常实行出口许可制度。

(2)对进口付汇的管制

实行严格外汇管制的国家,为了限制某些商品进口,减少外汇支出,一般采取的措施有:

其一,进口存款预交制。它是指进口商在进口某种商品时,应向指定银行预存一定数额的进口货款,银行不付利息,数额根据进口商品类别或所属国别按一定比例确定。

其二,进口许可证制。只有得到管汇当局的批准,才能在指定银行购买一定数量的外汇。进口许可证的签发通常要考虑进口数量、进口商品的结构、进口商品的生产国别、进口支付条件等。有些国家将进口批汇手续与进口许可证的颁发同时办理。

2. 对非贸易外汇的管制

非贸易外汇涉及除贸易收支与资本输出入以外的各种外汇收支。对非贸易外汇的管理一般采取的方式有:直接限制、最高限额、登记制度、特别批准。对非贸易外汇收入的管制类似于对出口外汇收入的管制,即规定有关单位或个人必须把全部或部分外汇收支按官方汇率结售给指定银行。为了鼓励人们获取非贸易外汇收入,各国政府可能实行一些其他措施,如实行外汇留成制度,允许居民将个人劳务收入和携入款项在外汇指定银行开设外汇账户,并免征利息所得税。

(三)对资本输出输入的管制

资本项目是国际收支的一个重要内容,所以无论是发达国家还是发展中国家都非常重视资本的输出入,并根据不同的需要对资本输出输入实行不同程度的管理。发展中国家由于外汇资金短缺,一般对资本输入都实行各种优惠政策,以吸引有利于本国经济发展的外资。例如对外商投资企业给予税收减免的优惠并允许其汇出利润等。为保证资本输入的效果,有些发展中国家采取了如下措施:规定资本输入的额度、期限和投资部门;从国外借款的一定比例要在一定期限内存放在外汇银行;银行从国外借款不能超过其资本与准备金的一定比例;规定接受外国投资的最低限额等。以前发展中国家都严格限制资本输出,一般不允许个人和企业自由输出(或汇出)外汇资金。但是近年来,随着区域经济一体化和贸易集团化趋势的出现,不少发展中国家开始积极向海外投资,以期通过直接投资来打破地区封锁,带动本国出口贸易的增长,例如拉美国家、东盟各国、韩国和中国近年来的海外投资十分活跃,放松了资本输出的外汇管制。

与发展中国家相比,发达国家对资本输出输入采取的限制性措施较少,即使采取一些措施,也是为了稳定金融市场和稳定汇率,避免资本流入造成国际储备过多和通货膨胀。例如日本、德国、瑞士等国在 20 世纪 60 年代中后期,由于国际收支连年顺差,货币汇率经常处于上升的状况,成为国际投机资本的主要冲击对象;长期的国际收支顺差也导致这些国家国际储备大幅度增长,又加剧了这些国家的通货膨胀风险,因此这些国家便采取了一些限制外国资本输入的措施。如规定银行吸收非居民存款缴纳较高的存款准备金、规定银行对非居民存款不付利息或倒收利息、禁止非居民购买本国有价证券等以缓和本国货币汇率上升的局面。发达国家一般采取鼓励资本输出的政策,但是它们在特定时期,如面临国际收支严重逆差之时,也采取一些限制资本输出的政策,其中主要措施包括:规定银行对外贷款的最高额度;限制企业对外投资的国别和部门;对居民境外投资征收利息平衡税等。例如日本从 1972 年起对于居民购买外国有价证券和投资于外国的不动产取消限制。应特别说明:虽然限制资本输入、鼓励资本输出是发达国家的一个总趋势,但根据当时国际收支和汇率变动情况,外汇管制有时宽松、有时严格,不断进行调整。

(四)对黄金、现钞输出输入的管制

实行外汇管制的国家一般禁止个人和企业携带、托带或邮寄黄金、白金或白银出境,或限制其出境的数量。由中央银行独家办理黄金的买卖和输出输入。对于本国现钞的输入,实行外汇管制的国家往往实行登记制度,规定输入的限额并要求用于指定用途。对于本国现钞的输出则由外汇管制机构进行审批,规定相应的限额。不允许货币自由兑换的国家禁止本国现钞输出。

（五）汇率的管理

汇率管理有直接管理和间接管理两种方法。

1.直接管理

直接管理汇率是指一国政府指定某一部门制定、调整和公布汇率,这一官方汇率对整个外汇交易起着决定性的作用,即各项外汇收支都须以此汇率为基础。实行复汇率制度也是直接管理的方法之一。在经济欠发达、市场机制发育不健全、缺乏有效市场调控机制的国家,常常采用复汇率制度等直接带有行政色彩的方式来管理汇率。复汇率制指一国规章制度和政府行为导致该国货币与其他国家的货币存在两种或两种以上的汇率。复汇率的形式有多种,按复汇率使用对象可分为经常账户汇率和资本账户汇率,前者称为贸易汇率,后者称为金融汇率,为稳定进出口和货物价格,政府对贸易和非贸易汇率分别实施干预,使其稳定在目标汇率水平上。复汇率还可按行业或进出口商品不同进行划分,比如传统出口商品用一种汇率,高新技术产品出口采用另一种汇率等。复汇率按其表现形式不同又有公开和隐蔽的两种,例如对出口企业创汇实行不同的外汇留成比例,并允许企业按高于指定的结汇价售出,这就形成了事实上的多种汇率。复汇率一般起着"奖出限入"的作用,是经济欠发达的国家或出口创汇能力低的国家调节国际收支逆差的重要手段。但实行复汇率制度,造成管理成本较高、外汇管理比较复杂,还造成价格扭曲不利于公平竞争。

1981年起,人民币实行复汇率,人民币官方牌价按一篮子货币加权平均的方法计算。在官方公布的汇率之外,还实行了贸易内部结算价格。官方汇率为1美元兑换1.5人民币,贸易内部结算汇率为1美元兑换2.8人民币。1985年1月1日起,取消贸易内部结算价。同时,中国政府允许企业创汇可以按比例留成,多余外汇可以到官办的外汇调剂市场交易,因而在官方公布的汇率之外,又产生了人民币调剂汇率,实际上也是复汇率制度。随后,人民币公布汇率和调剂汇率都不断地下调。从1994年1月1日起,实现汇率并轨,取消人民币官方汇率,实行以市场供求为基础、单一的、有管理的浮动汇率制。

2.间接管理

间接管理汇率是指政府有关部门利用外汇市场买卖外汇、以影响外汇供求关系、控制汇率变动的方法。采用间接管理方式,需要建立外汇平准基金,运用外汇平准基金买卖外汇干预供求关系,或者直接利用外汇储备干预外汇市场。①

三、外汇管制的目的

(一)促进国际收支平衡或改善国际收支状况

长期的国际收支逆差会给一国经济带来显著的消极影响,维持国际收支平衡是政府的基本目标之一。政府可以用多种方法来调节国际收支,但是对于发展中国家来说,其他调节措施可能意味着较大代价。例如,政府实行紧缩性财政政策或货币政策可能改善国际收支,但它会影响经济发展速度,并使失业状况恶化。

(二)稳定本币汇率,减少涉外经济活动中的外汇风险

汇率频繁地大幅度波动所造成的外汇风险会严重阻碍一国对外贸易和国际借贷活动的进行。拥有大量外汇储备的国家或有很强的借款能力的国家可以通过动用或借入储备来稳定汇率。对于缺乏外汇储备的发展中国家来说,外汇管制是稳定本币对外币的汇率的重要手段。

(三)防止资本外逃或大规模的投机性资本流动,增强本国的金融安全

经济实力较弱的国家存在着非常多的可供投机资本利用的缺陷。例如,在经济高速发展时商品价格、股票价格、房地产价格往往上升得高于其内在价值。在没有外汇管制的情况下,这会吸引投机性资本流入,后者会显著加剧价格信号的扭曲。一旦泡沫破灭,投机性资本外逃,又会引发一系列连锁反应,造成经济局势迅速恶化。外汇管制是这些国家维护本国金融市场稳定运行的有效手段。

金融安全指一国在金融国际化条件下具有抗拒内外金融风险和外部冲击的能力。开放程度越高,一国维护金融安全的责任和压力越大。影响金融安全的因素包括国内不良贷款、金融体制改革和监管等内部因素,也涉及外债规模和使用效益、国际游资冲击等涉外因素。发展中国家经济发展水平较低,经

---

① 外汇平准基金是指各国用来干预外汇市场的储备基金,由黄金、外汇和本国货币构成。当外汇汇率上升,超出政府限额的目标区间时,就可通过在市场上抛出储备购入本币缓和外币升值;反之,当本币升值过快时,就可通过在市场上购入储备放出本币方式增加本币供给,抑制本币升值。美国、英国、日本等国家专设外汇平准基金,主要资产为外汇资产,负债主要是特别债券、外汇资产债,以充分协调内部与外部经济活动,彻底根除汇率政策和利率政策相互掣肘、相互制约的制度障碍。

济结构有种种缺陷,特别需要把外汇管制作为增强本国金融安全的手段。

（四）增加本国的国际储备

任何国家都需要持有一定数量的国际储备资产。国际储备不足的国家可以通过多种途径来增加国际储备,但是其中多数措施需要长期施行才能取得明显成效。外汇管制有助于政府较快实现增加国际储备的目的。

（五）有效利用外汇资金,推动重点产业优先发展

外汇管制使政府拥有更大的对外汇运用的支配权。政府可以利用它限制某些商品进口,来保护本国的相应幼稚产业;或者向某些产业提供外汇,以扶植重点产业优先发展。

（六）增强本国产品国际竞争能力

在本国企业不足以保证产品的国际竞争能力的条件下,政府可以借助于外汇管制为企业开拓国外市场。例如,规定官方汇率是外汇管制的重要手段之一,政府直接调低本币汇率,或限制短期资本流入,都有助于本国增加出口。

四、外汇管制的机构

一般由政府授权财政部、中央银行或另外成立专门的外汇管理机构作为执行外汇管制的机构。如1939年英国实施外汇管制后指定英国财政部为决定外汇政策的权力机构,英格兰银行代表财政部执行外汇管制的具体措施,日本由大藏省负责外汇管制工作;意大利、中国和法国设立了外汇管制的专门机构——外汇管制局。除官方机构外,有些国家还由其中央银行指定一些大商业银行作为经营外汇业务的指定银行,并按外汇管制法令集中办理一切外汇业务。

国务院于1979年3月正式批准设立中国外汇管理主管机构——国家外汇管理局,1980年12月颁布了《中华人民共和国外汇管理暂行条例》,以后又陆续制定并颁布了诸如对外国驻华机构及其人员的外汇管理细则;对个人外汇管理施行细则;对外汇、贵金属和外汇票证等进出国境的管理施行细则;对华侨企业、外资企业、中外合资企业的外汇管理施行细则等等。

我国外汇管理局的职能包括:设计、推行符合国际惯例的国际收支统计体系,拟定并组织实施国际收支统计申报制度,负责国际收支统计数据的采集,编制国际收支平衡表;分析研究外汇收支和国际收支状况,提出维护国际收支平衡的政策建议,研究人民币在资本项目下的可兑换;拟定外汇市场的管理办法,监督管理外汇市场的运作秩序,培育和发展外汇市场;分析和预测外汇市

场的供需形势,向中国人民银行提供制定汇率政策的建议和依据;制定经常项目汇兑管理办法,依法监督经常项目的汇兑行为;规范境内外外汇账户管理;依法监督管理资本项目下的交易和外汇的汇入、汇出及兑付;按规定经营管理国家外汇储备;起草外汇行政管理规章,依法检查境内机构执行外汇管理法规的情况、处罚违法违规行为;参与有关国际金融活动;承办国务院和中国人民银行交办的其他事项。

五、外汇管制的类型

根据外汇管制内容和严格程度的不同一般分为三种类型:

(1)实行严格外汇管制的国家和地区

这类国家的典型特征是外汇极端缺乏,经济不发达或对外贸易落后,如大多数发展中国家和少数几个实行中央计划经济的国家。

(2)实行部分外汇管制的国家和地区

这类国家对非居民办理经常项目外汇支付不加管制,但对资本项目却加以限制。如一些发达国家或开放度较高的发展中国家。

(3)名义上取消但仍在不同程度上实行外汇管制的国家

主要是工业发达国家和石油输出国,这类国家名义上取消但仍在不同程度上实行外汇管制。

第二节 经常账户可兑换

一、经常项目可兑换的定义

经常项目下的国际收支实施自由兑换,即政府不对私人部门因商品和服务贸易等的交易需要而进行的本外币兑换进行限制,仅仅对私人部门的交易真实性进行检验。

根据国际货币基金组织的规定,一旦成员国外汇管理制度符合《国际货币基金组织协定》第8条第2、第3、第4款的义务,也就是实现了经常账户的开

放,实现经常项目下可自由兑换,该国货币成为可兑换货币。《国际货币基金组织协定》第8条第2、第3、第4款的主要内容为:

1.对经常项目下支付转移不加限制

一国对居民从国外购买经常项目下的商品或劳务所需外汇要予以提供,允许其对外支付,不以各种形式或手段加以限制、阻碍或推迟。

2.不施行歧视性货币措施或多种货币汇率

一国政府或其财政部门所采取的导致该国货币对其他国的即期外汇的买入、卖出汇率的差价和该国的各种汇率之间的买入、卖出汇率的差价超过2%,国际货币基金组织均视为复汇率。

3.在另一成员国要求下,随时有义务换回对方在经常往来中所结存的本国货币

任何一个成员国均有义务购回其他成员国所持有的本国货币结存,只需兑换的国家能证明这种结存是由最近的经常性交易所获得的,或者这种兑换是为了支付经常性交易所需要的。

二、经常账户可兑换的特点

根据上述规定,经常项目下可兑换具有下列特点:

1.这种可兑换仅限于对外支付,并没有规定对内可兑换

成员国接受第8条义务后,仍可以对居民(包括法人和自然人)实行强制的结汇制度,或不允许居民持有任何形式的外汇资产,只要对居民的对外支付不加限制即可。

2.这种可兑换仅限于经常项目的对外支付,而没有包括资本项目

经常项目的对外支出,主要包括:贸易支出,即进口贸易费用的支出;非贸易支出,包括劳务支出和投资收益支出;转移支出。

3.这种可兑换的实现,就是逐步解除经常项下汇兑限制的过程

在国际交往中,哪些措施将构成对经常性支付的汇兑限制或歧视性货币政策?根据 IMF 的判断标准,主要是看该项措施是否涉及政府对经常项下外汇的获取与使用实行直接的限制,是否导致不同情况下本币与某一外币即期外汇交易的汇率差额超过 20%。

由此,以下一些外汇管制措施均会产生汇兑限制:(1)外汇预算分配。即进口用汇、非贸易项下用汇等都被限制在分配的限额内,外汇的获取和使用需得到政府部门的批准。(2)对非居民投资收益,如利润、红利、利息等的汇出进

行限制。（3）政府对不同的交易如官方交易、商品交易、旅游交易等制定不同的汇率，或建立多个外汇市场，从而导致多重汇率。此外，进口预存款制度、汇兑课税、汇兑担保、外汇拍卖、留成额度、限制进口贷款、对外支付拖欠、双边支付安排等，也往往会导致汇兑限制或多重汇率的产生。

4.这种可兑换仅就汇兑或对外支付行为本身，没有排除成员国使用关税或非关税等贸易措施来调节国际贸易的发展

贸易限制不等同于汇兑限制，也不构成汇兑限制。突出的例子是，一国政府在进口管理中往往采用进口许可证和进口配额制度，甚至禁止进口等措施，但这并不构成汇兑限制；除非进口许可证或配额需要在国家予以批汇的保证条件下予以发放，这才会涉及汇兑限制。

第三节　资本和金融账户可兑换

一、资本和金融账户可兑换的定义

资本与金融账户可兑换简称资本账户可兑换，是指政府不对私人部门因投资和金融交易等的需要而进行的本外币兑换进行限制。如果资本项目可兑换，则实现资本与金融账户的开放，简称资本项目开放。

相对于经常项目可兑换而言，IMF对资本与金融账户下可兑换以及在管辖范围内的处理方式并未作严格定义。由于没有一个国际组织对世界各国资本项目可兑换拥有管辖权，对资本项目可兑换还没有一个统一的标准。对于资本项目可兑换的界定，有两种观点：

1.资本项目可兑换就是取消有关资本项目下交易的汇兑限制。

2.资本项目可兑换不仅包括取消有关资本项目下交易的兑换限制，还包括取消对有关资本交易本身的限制。

二、开放资本与金融账户的收益和成本

（一）开放资本与金融账户的收益

1.促进全球资源的合理配置，提高劳动生产率

各国取消资本管制，开放资本账户，可以为资本在国际的自由流动提供一个宽松的制度环境。在各国的资源禀赋存在较大差异的情况下，资本账户开放必然促进资本从投资回报率低的国家向投资回报率高的国家流动，从而实现资源在全球范围内的合理配置，提高资源的使用效率。对发展中国家来说，资本流入可以弥补储蓄和外汇不足的双缺口；对投资者而言，在资本自由流动条件下可以获得更高的预期收益，从而增加资本积累和提高劳动生产率。1997 年世界银行在其研究报告《私人资本流向发展中国家》中指出：20 世纪90 年代，发展中国家外国直接投资占其总投资的 5％～6％，外国直接投资每增长 1 个百分点就伴随着人均国内生产总值增长近 0.4 个百分点。因此，资本流动在国民经济增长中的作用不可小视。

2.有利于吸引外资，提高国内企业的技术和管理水平

资本账户开放带动的资本流动可以通过多种投资形式促进发达国家先进技术和管理经验的传播。对于发展中国家而言，引进资本时所获得的先进技术和管理经验可以改进本国的管理理念和方法，加快产业升级，缩短与发达国家的差距，快速提升本国的竞争力。[①]

3.可以分散风险，实现资产多样化

资本账户开放可以使一国的居民有机会在全球范围内对其资产的风险和收益进行权衡，从而确定风险不变的情况下收益最大化或者收益一定的情况下风险最小化的多样化投资组合，分享全球市场高成长带来的财富效应。

4.有助于一国的金融发展

资本账户开放会增强投资者信心，使得一国的资本流动规模不断扩大，利用国际性金融中介和支付手段进行的经济活动也随之增加。来自国外同行的竞争会迫使国内的金融服务业想方设法降低成本，减少不良贷款，提高经营效率，提升服务质量，从而最终促进一国金融深化程度的提高。另外，可以提高本国货币的国际地位。

---

① 高洁.权衡资本账户开放的收益与成本.中国金融，2006 年 06 期

（二）开放资本与金融账户的成本

1.金融动荡和汇率波动增加

如果一国的金融市场缺乏一定的深度和广度，金融机制不健全，资本账户开放，则会发生货币替代、资本外逃和国际热钱流入。^① 大规模短期资本流出就会导致国内股市、房地产市场暴跌，加剧银行系统的脆弱性，增加整个金融体系的风险，造成经济和金融的不稳定，引发金融、经济危机。

2.宏观经济政策的独立性受到制约

在资本账户开放的环境下，发展中国家的货币政策、财政和税收政策的独立性都会受到挑战。根据蒙代尔开放经济的"三元悖论"，在资本项目可兑换的情况下，一国货币政策的独立性与汇率稳定之间将发生明显冲突，若要坚持固定汇率制，势必影响货币政策的独立性。在资本账户开放后，当国际利率相对不变时，财政支出的增加将带动国内利率上升，引发大量短期资本流入，造成汇率的不稳定。此外，税收政策的变化也会影响短期资本流动。

3.实际汇率升值将削弱产品的国际竞争力

资本与金融账户开放后会产生大规模资本流入。在固定汇率制下，将导致货币供应量上升，物价上升，由于名义汇率不变，因此出现汇率高估。在浮动汇率制下，大规模资本流入增加了对本币的需求，从而导致本币升值。实际汇率升值将削弱该国出口产品的国际竞争力，出口减少，进口增加，恶化该国国际收支。

三、资本与金融账户开放的顺序

（一）资本与金融账户开放顺序的理论分析

货币自由兑换改革必须循序渐进、分段实施。这是因为本国货币的完全自由兑换将加大外部冲击对国内经济影响的程度，不利于本国经济稳定，尤其在初始时期，出现震荡的可能性更大。即便是市场经济成熟、发达的国家，实现货币的完全可兑换往往也要经历较长时间的过程。而盲目追求自由兑换进

---

① 货币替代，就是指在货币可自由兑换条件下，一国居民因对本币的币值稳定失去信心，或本币资产收益率相对较低时发生的大规模货币兑换，从而外币在价值贮藏、交易媒介和计价标准等货币职能方面全部或部分地替代本币的现象。货币替代加剧国内一般物价和汇率的波动；货币替代减少政府的通货膨胀税收入；货币替代削弱了货币政策的效力。

程的速度,忽视经济发达程度的制约,必然会加剧金融风险、诱发金融危机,进而导致整个国家的经济金融付出高昂代价。

资本与金融账户主要内容是金融账户,金融账户的主要内容是直接投资、证券投资和其他投资。尽管一国资本与金融账户不开放,但是为发展地方经济,一般鼓励外商在国内的直接投资,但会严格限制本国在国外的直接投资和证券投资。如果未开放金融账户中的其他投资账户,国际对冲基金能够使用的做空渠道不存在。因为国际对冲基金卖空一国国家货币,首先要向当地商业银行借本币。如果其他投资这个账户不开放,这个账户中记录的居民与非居民之间的本币贷款就不允许发生。国际对冲基金借不到本币卖空交易无法进行。

所以,资本和金融账户开放的顺序一般为:先放开对直接投资的限制;放开对长期间接投资的限制;放开对短期资本流动的限制;放开短期资本流入应该先于放开短期资本流出。一般情况下都要严控资本流出。

(二)主要工业国家资本与金融账户开放的顺序

战后初期,除了美国、加拿大和瑞士采取相对自由的资本项目体制之外,其他工业国资本项目自由化的进程是相当缓慢的。20世纪60年代前半期,发达国家开始逐步出现资本管制松动的迹象。德国于1958年取消了对资本流出的管制,但由于国际收支盈余的存在对德国马克产生升值压力,所以对资本流入的管制依然存在。日本在1960年废除对经常项目交易的管制,也逐渐放松对进出口有关的资本项目交易的管制。但英国例外,它加强了对资本流出的限制。

1973年布雷顿森林体系瓦解之后,主要工业国家开始了资本账户可兑换的过程。但直到20世纪70年代末,主要工业化国家才出现了较显著的资本项目自由化倾向。1979年,英国取消了全部汇兑限制;日本在1980年彻底完成了其资本项目自由化过程,德国在1981年取消了尚存的对资本流入的管制;澳大利亚和新西兰分别在1983年和1985年取消了大多数资本管制;1986年,荷兰取消了剩余的管制措施;到1989年,通过取消为居民到海外购买证券所设计的市场,法国和丹麦实现了全面的自由化;与此同时,意大利取消了强制性存款的规定;1989年和1990年,奥地利和爱尔兰取消了绝大多数的管制,瑞典和挪威也对资本管制实行了自由化;1990年3月,比利时和卢森堡废除了自1951年以来实行的汇率双轨制;1991年到1994年间,奥地利、芬兰、希腊、冰岛、爱尔兰、挪威、葡萄牙、西班牙和瑞典相继取消了所有的汇兑管制;1993年3月,希腊取消了各种资本管制措施,只剩下对期限不到一年的存贷款账户实行管制,1994 年 5 月,希腊完全废除了这些管制;1994 年,爱尔兰取消了对长期资本流动所施加的所有汇兑限制,并且在 1994 年底之前取消类似的对短期资本流动实行的所有限制。

大多数发展中国家一直严格限制着资本外流。20 世纪 80 年代初期以后,在国内金融体系逐步自由化的同时,发展中国家在资本账户可兑换方面开始取得进展。1991 年到 1993 年,阿根廷、哥斯达黎加、圣萨尔瓦多、冈比亚、格林纳达、洪都拉斯、牙买加、秘鲁、菲律宾、特立尼达和多巴哥、土耳其、印度尼西亚、马来西亚、泰国、格林纳达、圭亚那、巴拉圭等相继实现了完全的货币可兑换,而更多发展中国家正在逐步放松对长期和短期证券投资流入的限制,并对商业银行和居民的外汇业务管制实行自由化。

而一些发展中国家的惨痛经历,证明资本项目自由兑换必须有其他金融自由化政策相配套,必须与一国金融监管能力相适应,决不能盲目地开放资本项目。在 20 世纪 80 年代的债务危机之后,墨西哥对金融部门进行严格控制。直到 1989 年,对资本项目逐步放松管制,以吸引外资。在此之后,墨西哥外债迅猛增长,贸易逆差和经常项目赤字不仅没有得到缓解,反而愈来愈严重。1994 年 12 月 20 日,墨西哥政府宣布比索实行自由浮动,导致外汇市场危机,外汇市场危机进一步波及股票市场,最终酿成一场具有国际影响的金融危机。到 20 世纪 90 年代,亚洲国家普遍出现了资本项目自由兑换明显加速的趋势。1997 年 7 月由泰铢贬值引发的东南亚金融危机,使亚洲乃至全球的经济金融受到严重的破坏与冲击。1998 年,东南亚国家经济普遍出现负增长、货币贬值、外汇市场动荡、股市暴跌、失业严重、资金大量外逃、外汇储备急剧流失、企业及银行纷纷倒闭,损失高达 5 000 亿美元。这次金融危机之所以发生,都是因为这些国家在不具备条件的情况下贸然推行资本项目自由兑换造成的。[①]

[①] 1998 年东南亚金融危机时,自由经济的坚定信奉者任志刚先生认为:"无论人们怎样指责印度尼西亚那种裙带关系式的资本主义、用人唯亲、贪污腐败、种族主义、宏观经济管理不善、忽视金融发展等,但即使这一切指控都成立,也不致令他们的货币和金融制度崩溃至此,国家陷入这样悲惨的困境。然而,残酷的现实是,他们正身处这样的困境……如果我们不谨慎应付,我们的处境也很可能会一样。罪魁祸首是那少数的对冲基金,它们毫不关心香港,更遑论港人的福祉。它们对香港的兴趣只在于香港是一个自由市场,可以任由它们操控,就如其他人所说,好像提款机一样,随时可以提款。"

学习资料 11-1　日本资本账户开放的顺序

日本从 1970 年开始逐步放松对资本账户的管理,但其在放松资本账户管理的过程中,根据需要,随时又出台一些限制性措施,加强对资本账户的管理。所以,日本的资本项目自由化过程是放松管理与加强管理交互作用、互为弥补的过程。

日本资本账户开放的顺序为:

开放方向顺序:先资本流出,后资本流入。

开放产品顺序:资金流出先证券投资,后银行贷款。

开放主体顺序:先投资公司、证券公司和保险公司,后外汇银行。

企业和个人直接对外投资的开放顺序:先经过中介机构,后直接对外投资。

非居民资金流入的开放顺序:先股票,后债券,再银行贷款。

四、资本与金融账户开放的条件

世界银行在《全球经济展望与发展中国家 1998—1999:经济危机之后》报告中阐述了资本账户开放需要具备的条件,包括健康的宏观经济条件、较高的国力水平、充足的外汇储备、有效的金融运作体系、健全的公司治理结构及金融监管体系等。

(一)宏观经济稳定,市场主体具备较强竞争力

资本项目开放后,资本流动速度和规模都将大幅提高,对信息反应快,很容易受到心理等因素的影响,流动方向上具有极大的不确定性,容易形成和放大对国内经济的冲击。一个稳定的宏观经济环境则可以降低这种不确定性。宏观经济稳定的主要标志是低通货膨胀率和持续适度的经济增长。低通胀率意味着利率较为稳定,利率稳定是汇率稳定的一个重要因素,在保持利率和汇率稳定的情况下,金融投机活动将受到抑制,可以降低国际投机资本对国内经济的冲击。持续适度的经济增长则表明国内具备良好的投资机会,国际资本和国内居民均会对投资收益抱有良好的预期,这样可以吸引国外资本的流入,抑制国内资本流出。因而可以说,宏观经济稳定是资本项目开放的首要条件所在。

市场主体具备较强的国际竞争力是资本项目开放的微观基础。在经济发

展水平很低,国内企业普遍缺乏竞争力的情况下,开放资本项目,将国内市场与国际市场相联结,其风险是相当大的。一国在实现经常项目开放后,国内企业与国际竞争对手之间已有了较多的接触,但资本项目开放后,情况将会有很大的不同。国外企业届时将可以很方便地通过直接投资、在证券市场兼并收购等渠道在一国建立它们自己的企业,打进国内市场,与国内企业展开竞争。如果国内企业普遍缺乏竞争力,在正反馈机制作用下,资本项目的开放带来的激烈竞争将会扼杀一国的一些弱势产业,甚至影响到经济的独立性。对一个发展中国家而言,要特别注意在市场主体形成相当竞争力后才开放资本项目,加速民营企业的规模扩大和聚集。

（二）金融体系规范高效

资本项目开放的主要好处就是能利用国外剩余资本来弥补国内投资—储蓄缺口,但这一好处的真正实现需要以国内金融体系不存在金融抑制为前提,否则就不能实现储蓄在投资项目间的有效配置,引入的国外资本就不能得到恰当的运用,不能为一国带来切实的经济增长。同时,对资本项目开放带来的金融风险的预防也需要确保国内金融体系的健康高效。因为资本项目带来的风险首要的是通过金融体系传播和放大,如果金融体系比较健康,对外部竞争和冲击反应快速灵敏,宏观调控手段灵活有效,就可以吸收冲击,将资本项目开放带来的负面影响降到最小。

金融体系的规范高效主要指以下几个方面:一是金融机构类型多样,数量适中,是真正的市场主体,追求利润扩大,并能有效规避风险;二是金融市场结构完善,存在有效竞争,货币市场、资本市场、外汇市场发育良好;三是金融工具丰富多样,能为金融市场各方主体提供合适的投筹资和风险规避手段;四是监管有力,手段多样,技术先进,货币政策实施和宏观调控灵活有效。一国金融体系要实现规范高效还需要大力加强国有商业银行改革,金融监管和调控经验的积累,金融市场尤其是货币市场的培育,业务处理技术的提升等。

（三）利率和汇率水平适中,形成机制市场化

汇率是联结国内外经济的一个重要变量,利率与汇率之间有显著的相关性,因而利率、汇率水平及它们的形成机制是否恰当是影响到资本项目开放成败的一个重要条件。适中的利率汇率水平是一国宏观经济稳定的表现,它有利于增强国内外投资者的信心。而市场化的利率汇率形成机制对于资本项目可兑换尤为重要。因为只有当利率和汇率由市场的供求力量决定时,金融市场才能实现均衡。

（四）国际收支结构具有可维持性

可维持的国际收支结构是资本项目开放的又一基本条件，这一条件是指一国的国际收支结构合理，能保证外汇收支在趋势上的大体平衡，消除外汇短缺，从而降低资本项目开放带来的债务风险等不利影响。可维持的国际收支结构就是要保证一国拥有数量充足的外汇储备，能够满足用于国际支付和捍卫本币汇率的需要。

可维持性的国际收支结构主要有两个方面的要求：一是经常项目在长期中保持平衡。因为经常项目赤字必然要由资本项目的资本流入来弥补，长期的赤字就会造成旧债必须靠不停地借债来维持，一旦资本流入减少其至净流出，就会爆发债务危机。另一个要求是资本项目中短期资本的比例要控制在适度的范围内。因为短期资本流动性和投机性很强，一旦基本因素或预期因素发生大的变化，就会大量流出，如果短期资本比例过高，就会使一国的国际收支不可维持，放大基本因素中的不利影响。

学习资料 11-2　资本与金融账户管制下的国际资本流动

国际资本流动（International Capital Movements）是指资本在不同国家之间的流动。按照资本跨国流动时间的长短期限，国际资本流动可以分为长期资本流动（包括国际直接投资、国际证券投资和国际贷款）与短期资本流动（包括贸易资本流动、银行资金调拨、保值性资本流动和投机性资本流动）。在资本管制的国家，有些类别的国际资本流动是被禁止的，比如投机性资本的流动。投机性资本流动又称"国际热钱"，是指投机者利用国际金融市场上利率差别或汇率差别来谋取利润所引起的资本国际流动。由于金融开放与金融创新，国际投机资本的规模越来越庞大，投机活动也越来越盛行。具体形式主要有：对暂时性汇率变动的投机；对永久性汇率变动的投机；与贸易有关的投机性资本流动；对各国利率差别做出反应的资本流动。国际热钱流入有资本管制的国家相比流入没有资本管制的国家要困难。

（一）国际热钱流入的方式

国际热钱进入一国的方式可以概括为三大类：经常项目、资本与金融项目和地下钱庄。国际热钱流入和资本外逃的方向和方式都是相反的。从流入方式上看，很难区分国际热钱和正常的贸易收支或者直接投资等等。

1. 通过贸易渠道进入

（1）境内的外贸企业高报出口，低报进口，假出口、真融资，国货复进口，买单出口；①（2）通过编制无贸易背景的假合同，预收账款和延迟付汇；（3）经常账户中国外汇款、转移支付等；（4）外币贷款和外债；（5）无真实贸易背景的情况下直接通过外汇结算账户以货款形式多收外汇；（6）向内地员工支付虚假薪酬、海外捐款等等。②

2. 通过资本和金融项目进入

通过投资渠道、设立空壳公司从资本和金融项目下进入。通过 QFII 渠道投资一国资本市场，是外资进入一国股票市场的合法渠道。热钱也可通过购买具有 QFII 资格的海外金融机构未使用的投资额度流入。

热钱也可以通过外商投资企业的外债形式进入。外商投资企业的外债主要有三个来源：国外银行提供的贷款、国外出口商以及国外企业和私人的贷款、在华外资银行的贷款，其中第二项是最重要的外债来源。

3. 通过地下钱庄

地下钱庄也是热钱流入的重要渠道。例如替代性汇款机制。持有热钱的境外投资者先将外汇打入地下钱庄的境外账户，地下钱庄再将等值本币扣除费用后，打入境外投资者的境内银行账户。

（二）资本外逃的方式

1. 通过贸易渠道

通过贸易渠道实现资本外逃，包括"价格转移"（高报进口、低报出口、进口不到货、出口不收汇）、高报外方实物投资价值、假贸易结算等等。

高报进口实现资本外逃。外逃资本的所有者勾结国内进口商以及国外供货商，国外供货商开出高于实际价值的发票，国内进口商根据发票的金额向银行申请售汇，并电汇给国外供货商，国外供货商将多收部分存入国内进口商在国外账户上，国内进口商再转账到外逃资本所有者在国外的银行账户上。

---

① 国货复进口是指在我国生产制造，并已运出关境（包括进入保税区、出口加工区等）的货物，因某些原因需要转运回国。"买单出口"已经成为目前热钱通过贸易渠道流入中国的重要方式，即由中介机构注册多家虚假外贸企业，获得外管局提供的出口收汇与进口付汇的核销单，然后出售给没有进出口权的企业与个人。外汇核销单的申领失控与倒卖，造成了大量的虚假贸易以及相应的热钱流入。

② 张明. 热钱是怎样流入中国的——"我看热钱与资本管制". 上海证券报，2008 年 4 月 23 日

低报出口实现资本外逃。由国内出口商开出低于出口货物实际价值的发票,国外进口商只需要将低于实际价值的外汇电汇国内,将剩余外汇存于国内进口商在国外账户上,国内进口商再转账到外逃资本所有者在国外的账户上。

2.通过资本与金融账户流出

设空壳公司境外投资、假投资。即先在国外设空壳公司,然后利用手中职权将非法所得以对外投资的形式汇到境外。

3.通过地下钱庄

通过地下钱庄借助替代性汇款机制实现资本外逃。外逃资本的所有者把本币打到钱庄所控制的、公示的本币账户上,钱庄在境外的转换行把外币打到外逃资本的所有者指定的境外账户上。如厦门远华走私收入中的120亿元人民币,就是由其财务主管与晋江、石狮的地下钱庄联系后,派人开车押运到晋江化名"东石丽"家中的地下钱庄,再由"东石丽"通知香港合伙人支付外汇给香港的远华公司。

第四节 中国外汇管制

一、中国经常项目的开放

在1996年年底,我国实现人民币经常项目可兑换的条件已经成熟,具体表现:经过多年努力,人民币汇率已经调整到基本反映外汇市场供求关系的水平;自20世纪90年代以来,我国国际收支连年顺差,国家外汇储备大幅度增加;从总体上看,改革开放以来我国的经济形势较好;经过多年的价格放开和企业制度改革,我国的市场机制在经济运行中已经发挥了重大调节作用;1994年的外汇管理体制改革已经实现了人民币经常项目下有条件可兑换。

1996年12月1日,中国实现人民币经常项目下可兑换,成为国际货币基金组织第8条款国。

二、中国资本项目管理改革

中国的资本与金融账户并未完全开放。资本与金融账户主要是金融账户,其主要内容是直接投资、证券投资和其他投资。为发展地方经济,中国鼓励外商在国内的直接投资,但严格限制中国在国外的直接投资和证券投资。金融账户中的"其他投资"这个账户未开放,国际对冲基金无法向中国国内商业银行拆借大量的人民币,做空渠道不存在,所以国际热钱无法借助卖空机制攻击人民币。

开放资本和金融账户是我国金融改革开放的一个目标。近年来,中国国际储备越来越多,具备了开放资本项目的部分条件,国内进一步开放资本项目的呼声也越来越高。近年来该账户改革的主要内容包括:跨境贸易人民币结算试点、深化境外直接投资外汇管理改革;推出 QFII、QDII 和小 QFII 等制度。

(一)跨境贸易人民币结算

国际金融危机爆发后,为促进贸易和投资便利化,推进人民币国际化进程,2009 年 4 月,国务院决定在上海市和广东省广州、深圳、珠海、东莞 4 城市先行开展跨境贸易人民币结算试点工作,境外地域范围定为港澳地区和东盟国家。2009 年 7 月 2 日,中国人民银行正式下发《跨境贸易人民币结算试点管理办法》(下称《办法》),中国正式启动跨境贸易人民币结算试点,允许银行和个人在中国境外交易人民币。①

试点地区的省级人民政府将负责协调当地有关部门推荐试点企业,由央行会同财政部、商务部、海关总署、税务总局、银监会等有关部门进行审核,最终确定试点企业名单。据报道,上海五矿和上海丝绸等 18 家企业有望成为首批人民币国际结算试点单位。此外,境内具有国际结算能力、为试点企业开户或为境外商业银行开立同业往来账户的境内商业银行,将为试点企业提供跨境贸易人民币结算服务。这些境内结算银行可以在境外企业人民币资金短缺时,按照有关规定逐步提供人民币贸易融资服务。

人民币跨境清算可自由选择两条路径:一是通过香港、澳门地区人民币业务清算行进行人民币资金的跨境结算和清算;二是通过境内商业银行代理境外商业银行进行人民币资金的跨境结算和清算。经人民银行和香港、澳门金

---

① 中国人民银行,跨境贸易人民币结算试点管理办法实施细则,2009 年 7 月 2 日

融管理局认可,已加入人民银行大额支付系统并办理港澳人民币清算业务的商业银行为港澳人民币清算行。目前,香港地区的人民币清算行是中国银行(香港)有限公司,澳门地区人民币清算行是中国银行(澳门)有限公司。

受国际金融危机影响,美元、欧元等主要国际结算货币汇率大幅波动,中国及周边国家的企业在使用第三国货币进行贸易结算时面临较大风险,同时,随着中国与东盟国家及内地与港澳地区的贸易往来迅速发展,以人民币作为支付手段的呼声越来越高。《办法》的出台正是为顺应国内外市场和企业的要求,保持与周边国家贸易正常发展、为企业提供更多便利。[①]

2010年6月,中国人民银行、财政部、商务部、海关总署、税务总局和银监会联合发布《关于扩大跨境贸易人民币结算试点有关问题的通知》,扩大跨境贸易人民币结算试点范围。跨境贸易人民币结算试点地区由上海市和广东省的4个城市扩大到北京、天津、内蒙古、辽宁、上海、江苏、浙江、福建、山东、湖北、广东、广西、海南、重庆、四川、云南、吉林、黑龙江、西藏、新疆等20个省(自治区、直辖市);试点业务范围包括跨境货物贸易、服务贸易和其他经常项目人民币结算;不再限制境外地域,跨境贸易人民币结算的境外地域由港澳、东盟地区扩展到所有国家和地区,企业可按市场原则选择使用人民币结算。

截至2010年12月,共计67 359家企业参加出口货物贸易人民币结算试点。实施人民币国际结算,涉及国际上人民币的可得性、出口退税、反洗钱、国际收支统计、国内外清算安排、货币互换等诸多方面,对现有外汇管理政策提出了重大挑战。进行人民币国际结算,首先海外要有人民币。

(二)深化境外直接投资外汇管理改革

1.《境内机构境外直接投资外汇管理规定》

2009年7月,国家外汇管理局发布了《境内机构境外直接投资外汇管理规定》(以下简称《规定》)。《规定》在整合近年来境外直接投资外汇管理政策措施的基础上,结合国家外汇管理局直接投资外汇管理信息系统的上线运行,对境外直接投资外汇管理方式和程序进行了简化和规范,主要体现在以下几个方面:一是简化审核程序,改革境外直接投资外汇资金来源事前审查为事后登记,并取消了境外直接投资资金汇出核准。二是扩大境内机构境外直接投资的外汇资金来源。境内机构可使用自有外汇资金、符合规定的国内外汇贷款、人民币购汇或实物、无形资产、留存境外利润等多种资产来源进行境外直

---

① 网易财经,中国启动跨境贸易人民币结算试点,2009年7月2日,http://money.163.com/09/0702/15/5D7OO2TI00252G50_2.html

接投资。三是允许境内机构在其境外项目正式成立前的筹建阶段,经外汇局核准汇出投资总额一定比例的前期费用。四是建立全口径境外直接投资外汇管理体系,明确并规范境内金融机构境外直接投资的外汇管理。五是完善与健全了境外直接投资项下跨境资金流出入统计监测机制。在《规定》起草过程中,国家外汇管理局广泛征求了各方意见,并在外汇局政府网站公开向社会征求意见,有关意见和建议已经充分吸纳。《规定》将使境外直接投资外汇管理更加规范化、系统化,有利于境内机构及时把握投资时机,提高境外直接投资的效率。同时,也有利于进一步完善境外直接投资的统计监测,促进我国国际收支基本平衡。

2.《关于境内银行境外直接投资外汇管理有关问题的通知》

2010年7月5日,国家外汇管理局为规范境内银行境外直接投资外汇管理,进一步完善我国对外直接投资统计制度,加强跨境资金流动监测和分析工作,外汇局发布《关于境内银行境外直接投资外汇管理有关问题的通知》(简称《通知》),自2010年9月1日起实施。主要内容是:一是明确将具有法人资格的境内政策性银行、国有商业银行、股份制商业银行、中国邮政储蓄银行、外资法人银行、城市商业银行、农村商业银行、农村合作银行等境内银行纳入管理范畴;二是取消境内银行境外直接投资项下购汇核准手续;三是明确境内银行境外直接投资外汇登记、变更、注销及结汇核准等业务的办理程序;四是规范境内银行境外直接投资前期费用汇出、利润汇回、减资、清算及转股等事项;五是明确境内银行在《通知》发布前已从事的境外直接投资活动应履行的登记备案手续。

《通知》与2009年发布的《境内机构境外直接投资外汇管理规定》在管理原则、管理框架及要求上基本一致,以登记备案为基本原则,有利于进一步规范金融机构对外直接投资的外汇管理,同时有助于完善境外直接投资的统计监测,切实维护国家经济金融安全。

3.《境外直接投资人民币结算试点管理办法》

2011年1月14日,为配合跨境贸易人民币结算试点,便利境内机构以人民币开展境外直接投资,规范银行办理境外直接投资人民币结算业务,中国人民银行发布〔2011〕第1号文件《境外直接投资人民币结算试点管理办法》。《境外直接投资人民币结算试点管理办法》明确,凡获准开展境外直接投资的境内企业均可以人民币进行境外直接投资,银行可依据境外直接投资主管部门的核准证书或文件直接为企业办理人民币结算业务,相关金融服务手续更加便利。中国人民银行、国家外汇管理局和境外直接投资主管部门建立信息共享和监管合作机制,加强事后监管,强化银行的真实性审核责任。该措施将进一步扩大人民币在跨境贸易和投资中的作用,更好地支持企业"走出去",加快人民币国际化进程。

4.温州市《个人境外直接投资试点方案》

2011 年 1 月 4 日,温州市对外贸易经济合作局下发《个人境外直接投资试点方案》。浙江省温州市率先获批个人境外直接投资试点。温州此次试点的依据是 2008 年 8 月 5 日施行的《中华人民共和国外汇管理条例》第 17 条:"境内机构、境内个人向境外直接投资或者从事境外有价证券、衍生产品发行、交易,应当按照国务院外汇管理部门的规定办理登记。国家规定需要事先经有关主管部门批准或者备案的,应当在外汇登记前办理批准或者备案手续。"①2011 年 1 月 18 日,国家外管局致电浙江及温州外汇管理部门,表示《方案》未经国家外管局审批程序,应立刻停止温州个人境外直接投资试点。

2012 年 3 月 28 日召开的国务院常务会议决定设立温州市金融综合改革试验区,并列出"十二项任务"作为温州金融综合改革的重要任务。其中位列第四的要求是,"研究开展个人境外直接投资试点,探索建立规范便捷的直接投资渠道"。个人境外直接投资将重启。年满 18 岁的温州户籍居民,只要说明资金来源、投资项目合法证明等,就可向温州市商务局申请,每人每年不超过 2 亿美元。经审查后,由国家外管局温州市中心支局放行境外投资。《试点方案》规定,温州个人境外直接投资可通过新设、并购、参股等方式,在境外设立非金融企业,或取得既有非金融企业所有权、控制权、经营管理权等权益。

5.外商直接投资人民币结算

2011 年 6 月 21 日,央行公布《关于明确跨境人民币业务相关问题的通知》,正式明确了外商直接投资人民币结算业务的试点办法,成为推进人民币跨境流动的又一重大举措。外商直接投资人民币结算业务目前处于个案试点阶段。为了防范热钱流入,目前人民币外商直接投资业务试点对国家限制类和重点调控类项目暂不受理。

用于新设立企业出资、并购境内企业(不含返程并购)、股权转让以及对现有企业进行增资、提供股东贷款的非金融类的人民币 FDI 项目在试点期间都需要按照一定的流程展开。具体规定包括:

首先,外国投资者或境内外商投资企业的境内结算银行,应向当地央行副省级城市中心支行以上分支机构,提交个案试点书面申请以及商务主管部门

---

① 《中华人民共和国外汇管理条例》(2008 年 8 月)

的批准文件或批准证书;上述机构受理境内结算银行的业务申请后,经审核同意的,上报央行总行。

接着,央行总行将召开人民币跨境投融资业务个案试点审议会议,对个案试点项目进行集中审议。对予以同意的个案申请,央行总行将批复央行副省级城市中心支行以上分支机构,然后由这些分支机构向境内结算银行出具人民币跨境投融资业务备案通知书。

最后,境内结算银行凭备案通知书为外国投资者或境内外商投资企业开立人民币银行结算账户,并办理有关人民币资金的跨境结算。同时,境内结算银行必须严格按照央行总行的批复,监督并记录人民币资金在经批准的经营范围内使用。

2011 年 8 月 23 日,商务部起草的《商务部关于跨境人民币直接投资有关问题的通知(征求意见稿)》开始正式公开征集意见。外国投资者在境外通过合法渠道获取的人民币,包括但不限于通过跨境贸易人民币结算、境外发行人民币债券或股票等方式取得的人民币在中国大陆进行投资,外国投资者也可以利用中国境内所投资外商投资企业获取并汇出境外的人民币利润以及转股减资所得人民币在中国大陆进行投资。跨境人民币直接投资在中国境内不得直接或间接用于投资有价证券和金融衍生品,以及用于委托贷款或偿还国内外贷款。另外投资方属于外商投资性公司、外商投资创业投资或股权投资企业,还须报商务部审核。而且这些跨境直接投资依旧需要逐一审批。

(三)资本和金融账户管制下的过渡措施

QFII、QDII 和小 QFII 是一国在货币没有实现完全可自由兑换、资本项目尚未开放的情况下,有限度地引进外资、开放资本市场和有限度地允许境内机构投资者投资境外证券市场的一项过渡性的制度安排。

1. QFII

Qualified Foreign Institutional Investor,简称 QFII,即合格境外机构投资者,是指经一国金融管理当局审批通过、获准直接投资该国股票的外国机构投资者(保险公司、基金管理机构、养老基金、慈善基金会、捐赠基金、信托公司、政府投资管理公司等)在一定的规定和限制下汇入一定额度的外汇资金,并转换为当地货币,通过严格监管的专门账户投资当地证券市场,其资本利得、股息红利等经审核后可转为外汇汇出的一种市场开放机制。简言之,就是部分允许外国人输入外汇,兑换成当地货币到国内炒股。韩国、印度、巴西等国家和中国台湾在引入外资进入证券市场方面就设立和实施了这种制度。

2002 年 11 月(当时中国股市正处于熊市),QFII 制度在我国开始实施。

截至 2010 年 12 月底,中国外汇管理局共批准 97 家 QFII 机构投资额度,共计 197.2 亿美元。[①]

2011 年 5 月 6 日,中国证监会发布《合格境外机构投资者参与股指期货交易指引》,从即日起允许 QFII 参与股指期货交易。规定 QFII 只能从事套期保值交易,不得利用股指期货在境外发行衍生产品,持有的股指期货合约价值不得超过其投资额度。

2. QDII

Qualified Domestic Institutional Investor,简称 QDII,即合格境内机构投资者,是指经一国金融管理当局审批通过、获准直接投资境外股票或者债券市场的国内机构投资者(银行、基金、证券公司和保险公司)在一定的规定下通过基金形式募集一定额度的内地居民的人民币资金(并兑换为外国货币,有时直接在国内募集外汇资金),通过严格监管的专门账户投资国外证券市场,其汇回的资本利得、股息红利等经审核后可转为本币的一种市场开放机制。

2006 年 4 月 13 日,QDII 制度开始运行,政府管理部门开始审批金融机构(银行、基金、证券公司和保险公司)境外理财。截至 2010 年 12 月底,共批准 88 家 QDII 机构,境外投资额度共计 683.61 亿美元。

黄金投资一直被全球主流资本市场看好。过去十年的大多数时间里,金价一直趋升,从最初的每盎司约 250 美元升至 1 300 美元。黄金作为资产配置主流品种之一,能很好地起到抵御通货膨胀、应对经济波动以及分散组合风险的作用。2010 年 12 月,诺安基金管理有限公司发行了第一只黄金 QDII 基金,而且在当时股票型基金发行普遍不足 20 亿元的情况下,诺安全球黄金基金首募规模达到 31.96 亿元,用足了 5 亿美元的外汇额度。2010 年 2 月,易方达基金管理有限公司旗下首只黄金主题 QDII 基金获批发行,成为中国第二只黄金 QDII 基金产品。对国内投资者讲,除了纸黄金、实物黄金、黄金期货等品种之外,黄金类基金的推出又增加了一种可有效分散风险的黄金类金融工具和间接参与国际黄金市场的投资机会,将进一步实现中国黄金市场与国际黄金市场的接轨。

3. RQFII

RQFII 是指境外的人民币通过在港中资证券公司和基金公司投资 A 股或人民币债券的制度。RQFII 为境外人民币资金回流内地的一个途径,将提

---

① 中国外汇管理局,合格境外机构投资者(QFII)投资额度审批情况表,http://www.safe.gov.cn/model_safe/glxx/glxx_detail.jsp? ID=120700000000000000

高境外居民持有人民币的意愿,加快人民币国际化进程。

RQFII 和 QFII 的区别。QFII 机制为外资而设,目的是充分利用外资发展中国的资本市场,而 RQFII 为海外人民币而设,为海外人民币回流内地的一个途径,目的是增加海外人民币投资渠道,提高境外投资者持有人民币意愿,从而加速人民币国际化进程,且 RQFII 不分流现有 QFII 额度。

中国人民银行在 2011 年 3 月底发布的《2010 年国际金融市场报告》中指出,要深入推进证券公司、基金公司香港子公司在境外募集资金进行境内证券投资业务试点。证监会、央行、外管局 2011 年 12 月 16 日联合发布《基金管理公司、证券公司人民币合格境外机构投资者境内证券投资试点办法》,允许符合条件的基金公司、证券公司香港子公司作为试点机构开展 RQFII 业务。该业务初期试点额度约人民币 200 亿元,试点机构投资于股票及股票类基金的资金不超过募集规模的 20%。2012 年 4 月,人民币合格的境外机构投资者(RQFII)新获批 500 亿元额度。试点机构应具备如下资格条件:在香港证券监管部门取得资产管理业务资格并已经开展资产管理业务,财务稳健,资信良好;公司治理和内部控制有效,从业人员符合香港地区的有关从业资格要求;申请人及其境内母公司经营行为规范,最近三年未受到所在地监管部门的重大处罚;申请人境内母公司具有证券资产管理业务资格。在资产托管方面,试点机构开展境内证券投资业务应当委托具有 QFII 托管人资格的境内商业银行负责资产托管业务;在投资运作方面,试点机构可以在经批准的投资额度内投资于人民币金融工具,为控制风险,试点初期不少于募集规模 80% 的资金投资于固定收益证券,包括各类债券及固定收益类基金,不超过募集规模 20% 的资金投资于股票及股票类基金;在监督管理方面,证监会依法对试点机构的境内证券投资实施监督管理,央行依法对试点机构在境内开立人民币银行账户进行管理,外管局依法对香港子公司的投资额度实施管理,央行会同外管局依法对资金汇出入进行监测和管理。

4.港股直通车

港股直通车是指中国外汇管理局及中国证监会允许境内投资者通过在中国银行等试点商业银行开立境外证券投资外汇账户,并委托这些商业银行在香港的证券公司开立代理证券账户,境内投资者可以用自有外汇或者用人民币购买外汇,将外汇存入证券投资外汇账户,并通过商业银行的代理证券账户投资在香港证券市场交易的证券。

2007 年 8 月 20 日,中国外汇管理局(SAFE)发布《开展境内个人直接投资境外证券市场试点方案》,宣布"港股直通车"计划(Through-train),中国银行天津分行拟推出个人投资港股业务。立刻引发香港股市大涨,恒指由 2007 年 5 月 23 日的 20 798.97 点,暴涨至 2007 年 11 月 2 日的 30 468.34 点。自 1964 年初恒指有纪录,到冲破 10 000 点,花了 29 年;再花 13 年,才冲破 20 000点。但由 20 000 点到冲破 30 000 点,只用了几个月。

2007 年 11 月 3 日(周六),温家宝总理出访欧亚四国时指出港股直通车还需时间落实,中国政府无限期推迟"港股直通车"。11 月 5 日(周一),恒生指数大跌 1 526 点,失守 3 万点关口,报收 28 942 点,单日跌幅超越 1997 年 10 月股灾纪录。

当前及未来一段时期,中国外汇管理部门将根据总体形势变化,在有效防范风险的前提下,有选择、分步骤放宽对跨境资本交易活动的限制,有序拓宽对外投资渠道。同时,高度重视防范跨境资本流动冲击,加大对异常跨境资金流入的监测分析,维护国家经济金融安全。

学习资料 11-3 人民币离岸金融业务

离岸金融市场(Offshore Finance Market),是指主要为非居民提供境外货币借贷或投资、贸易结算;外汇黄金买卖、保险服务及证券交易等金融业务和服务的一种国际金融市场,亦称境外金融市场,其特点可简单概括为市场交易以非居民为主,基本不受所在国法规和税制限制。离岸金融市场在 20 世纪 60 年代的兴起,使国际金融市场的发展进入了一个全新的发展阶段。

(一)人民币离岸金融业务

人民币离岸业务是指在中国境外经营人民币的存放款业务。离岸市场提供离岸金融业务,交易双方均为非居民的业务称为离岸金融业务。

当前的人民币跨境贸易结算是在资本项下、人民币没有完全可兑换的情况下开展的,通过贸易流到境外的人民币不能够进入国内的资本市场。在这种情况下,发展人民币贸易结算,就需要解决流出境外的人民币的流通和交易问题,使拥有人民币的企业可以融出人民币,需要人民币的企业可以融入人民币,持有人民币的企业可以获得相应收益,这就需要发展离岸人民币市场,使流到境外的人民币可以在境外的人民币离岸市场上进行交易;使持有人民币的境外企业可以在这个市场上融通资金、进行交易、获得收益。中国人民银行支持在香港建立人民币离岸市场。人民银行也在研究,能不能在上海建立人民币离岸市场。在人民币没有完全可兑换之前,流出境外的人民币有一个交易的市场,这样才能够促进、保证人民币贸易结算的发展。

（二）人民币离岸市场发展的三个阶段

1. 形成阶段

2004年2月，香港银行开始试办个人人民币业务，包括存款、汇款、兑换及信用卡业务。每人每天不超过等值2万元人民币的兑换。到2011年2月底，香港的人民币存款已增至4 000亿。

2010年7月19日，中国人民银行与香港金管局签署修订《香港银行人民币业务的清算协议》，成为香港发展离岸人民币业务新的里程碑。中国迅速启动了人民币的回流机制，使境外的人民币能够接通境内的收益，进而可使境外发展规模更大、更多的产品。允许境外金融机构将境外人民币存量投资于国内银行间债券市场，以及盼望已久即将出台的小QFII都会迅速带动较存款产品更高收益的保险产品和基金产品的发展。而有了更高收益来源的银行也能以更大规模和更优惠价格吸引更多的人民币储蓄产品，进而提高人民币兑换出境与贸易伙伴使用人民币的积极性。

总体来看，目前香港市场已有一千多亿人民币的存量，主要由个人持有，初始驱动力是人民币的升值预期，投资产品则是存款、国债、保险和基金等为数不多的定息产品。随着香港人民币回流内地的渠道逐渐打通，收益开始成为持有人民币的主要驱动力。至此，可以说香港离岸人民币市场已经初步形成。

2010年是离岸人民币市场的形成阶段。这个阶段的主要特点是：人民币以细水长流出境，以个人小额纳入；产品以储蓄定息为主，基本是市场驱动；收益动力以人民币升值预期为主，开始向固定收益转变。与此同时，市场建设全面展开，从境外自由流通起步，开始进入整个市场人民币化的初期准备。

2. 成长阶段

与上一阶段不同，人民币离岸市场成长阶段的主要功能与目标是发展足够多、足够规模、享有更高收益，并且交投更活跃的产品来激活、启动及加大贸易项下两大主渠的水流，吸引更大范围的贸易结算伙伴使用人民币，使人民币离岸市场早日进入成熟阶段。

发展更大规模的人民币产品是为吸引更多机构投资者参与人民币投资，进而吸引具规模的贸易伙伴以更大的规模使用人民币。发展更具交易活力的人民币产品就要增加境外人民币流动性杠杆。境外市场人民币存量本来就有限，离岸市场人民币产品要有活跃的二级交易市场才能有足够的拉动力增加人民币的流动性。一元钱的存量若能带来七八元的交易量，相当于七八元的人民币流出量，其杠杆效果就显而易见了。而人民币产品能否有更高交易量，很大程度上也取决于产品收益的高低，收益越高的产品越有可能推动更大规模的二级市场交易。

而要想发展足够规模、足够多、足够交投活跃的产品，还须研究两个重要课题：一是必须有足够的初始人民币流动性，保障发行与交易成功；二是必须有更畅通的人民币回流境内渠道，以创造产品的收益源泉，鼓励产品发行。

3. 成熟阶段

一旦离岸人民币市场具有足够的规模和流动性，产品也逐步多样化，大量进出口企业就有可能开始选择以人民币结算，此时，香港离岸人民币市场就进入了成熟阶段。前文所述的人民币贸易项下流出与流入的两个主渠道就会有大量人民币进出。其中的水量与水压均与以前不可同日而语，因为与前两个阶段的人为放水、注水与回流设计不同，此时的水是贸易项下自然流入与流出的大水。与此同时，也会有大量人民币会长期自然存在于境外流通之中，进而更加促进境外人民币与产品增长的良性循环。

此时市场的规模会远远超过前两个阶段，驱动力主要来自人民币的贸易结算。这些资金可能来自周边国家、地区的贸易人民币结算，以及这些国家和地区的央行与人民银行达成的人民币互换协议的安排。而人民币的交易市场的功能开始从人民币贸易结算的激活器与推动器向服务器转变。

【本章小结】

外汇管制是指一国政府为平衡国际收支和维持本国货币汇率而对外汇进出实行的限制性措施。外汇管制包括对本外币兑换、外汇收支、黄金和现钞输出入、汇率等的管制。其实质内容是对本外币兑换的管制。货币按其兑换性分为不可兑换货币、可兑换货币和自由兑换货币。实行严格外汇管制的国家不管是在经常账户下还是资本账户下都严格限制本币兑换成外币和外币兑换成本币，该国货币就称为不可兑换货币；按照国际货币基金组织的定义，一国若能实现贸易账户和非贸易账户下的货币自由兑换，即经常项目下的自由兑换则该国的货币被列为可兑换货币；在外汇市场上能自由地用本国货币兑换成某种外国货币或用某种外国货币兑换成本国货币，即实现了经常账户以及资本和金融账户的自由兑换，该货币才称为自由兑换货币。资本和金融账户开放的顺序一般为：先放开对直接投资的限制；放开对长期间接投资的限制；放开对短期资本流动的限制；放开短期资本流入应该先于放开短期资本流出。

一般情况下都要严控资本流出。资本账户开放需要具备的条件:健康的宏观经济条件、相当的国力水平、充足的外汇储备、有效的金融运作体系、健全的公司治理结构及金融监管体系等。

【思考与练习】

1. 举例说明资本与金融账户管制的必要性。

2. 简答资本与金融账户开放的收益和成本。

3. 简答资本与金融账户开放的顺序。

4. 开放资本与金融账户要具备哪些条件?

5. 简述最近几年中国资本与金融账户的改革。

6. 目前中国是否可以开放资本与金融账户?

7. QFII 给中国带来哪些影响?

8. 可兑换货币可以自由出入国境,没有外汇管制。这个说法对吗?

9. 外汇管制是政府管理汇率与外汇流动的一种有效手段,其适用条件如何? 有何不利影响?

10. 如果目前中国开放资本与金融账户,将产生哪些不良后果?

第12章 开放经济下的宏观经济政策

学习内容与要求：

　　本章介绍开放经济下的政策目标和工具；蒙代尔—弗莱明模型；国际经济政策协调。要求掌握不同汇率制下宏观经济政策的有效性。

第一节　开放经济下宏观经济政策概述

一、开放经济下的政策目标和工具

　　开放经济下的宏观经济政策有四大目标：充分就业、物价稳定、经济增长和国际收支平衡。

　　（一）内部均衡与外部均衡

　　1.内部均衡

　　内部均衡是指一国国内经济运行所达到的理想状况，因此其本身包含着价值判断。对内部均衡与否的判断标准与人们对经济运行的理解有密切的联系。随着人们对经济运行看法的改变，对内部均衡的界定和理解也经历一个演变的过程。

　　最早提出内部均衡概念的是英国经济学家詹姆斯·米德(James Meade)。[①] 米德认为,在开放经济条件下,如果一国经济划分为生产贸易品的贸易部门与生产非贸易品的非贸易部门,那么,内部均衡是指对国内商品和劳务的需求足以保证非通货膨胀下的充分就业,即非贸易品市场处于供求均衡状态。或者简单地说,内部均衡是指国内经济处于无通货膨胀的充分就业状态。

　　在 20 世纪 50 年代末,随着菲利普斯曲线的出现,由于菲利普斯曲线给出了失业率和通货膨胀率的各种不同的组合,那么内部均衡概念就进一步解释为菲利普斯曲线上的某一个最优点,即失业率与通货膨胀的最优组合点。

　　60 年代以后,又出现了埃德蒙·费尔普斯(Edmund Phelps)与米尔顿·弗里德曼的自然失业率假说,自然失业率假说背景下的内部均衡就是指国内的失业率水平处于自然失业率水平的状况。一般将封闭经济条件下政府的宏观经济政策目标——充分就业、物价稳定和经济增长归为内部均衡目标。

　　斯旺第一次将内部均衡从外部均衡中分离出来,分别用两条曲线代表内部均衡和外部平衡,从而使内部均衡获得了相对独立的地位。斯旺出于需求管理政策的需要定义内部均衡,将总需求等于总供给的状态定义为内部均衡。在斯旺看来,总需求是可变的,而总供给对应于充分就业时的供给水平,在短期内是不变的。

　　2.外部均衡

　　(1)外部均衡的定义

　　由于没有类似于充分就业、物价稳定和经济增长等具有社会福利意义的参考指标来衡量,外部均衡比内部均衡更难定义。许多国内外学者(最早是米德)和宏观决策者将国际收支平衡当作外部均衡的目标,但实际上,国际收支平衡不一定意味着外部均衡,国际收支平衡和外部均衡二者之间既有联系又有差异。国际收支平衡是指在某一段时期内,一国对外货币收支的正好相抵,不存在差额。国际收支平衡是一静态概念,它是动态性质的外部均衡的必要

---

① 詹姆斯·米德(James Edward Meade,1907 年 6 月 23 日—1995 年 12 月 22 日),英国经济学家。对国际经济学的最有创造性的贡献是在国际收支平衡分析领域,他指出一个国家在什么情况下可以在国内经济和它的国际收支两方面同时达到平衡。在这个问题上,米德指出在充分就业和国际收支平衡的目标之间常常趋向于产生矛盾,但是几种政策工具的适当组合,可以解决这个矛盾,同时完成两个目标。两卷本的《国际经济政策理论:国际收支平衡》(1951)为其赢得 1977 年诺贝尔经济学奖(与瑞典经济学家贝蒂尔·俄林分享)。

条件,而不是充分条件。外部均衡应该是一个国家理想的国际收支平衡或理想的国际收支状态,它不但表现为高水平的(国际贸易和国际资本流动的最佳规模状态)国际收支基本平衡,而且表现为内部均衡基础上或以较小的调节成本为代价的国际收支基本平衡。外部均衡或国际收支均衡总目标又被分解成若干子目标,于是,经常账户差额、贸易账户差额、外汇储备账户差额以及资本与金融账户差额等均被列入外部均衡目标的范畴,所以,外部均衡可以理解为与一国宏观经济发展相适应的合理的国际收支结构,合理的国际收支结构不是短期的各项目收支平衡的概念,而是长期的、动态的各项目收支差额之间的协调与平衡。

外部均衡和外部平衡在内涵上是不同的。外部平衡就是国际收支平衡,国际收支平衡是指国际收支账户在一定口径上的数量平衡,而外部均衡则是在国内经济处于充分就业和物价稳定下的自主性国际收支平衡。

由于实体经济的发展是我们关注的重点,所以经常账户的收支平衡是研究的重点。同时,对资本与金融账户的分析也主要侧重于与实体经济有密切关系的长期资本流动,短期投机性资本流动不在分析范围之内,因此,外部平衡是经常账户与剔除了短期流动性资本后的资本与金融账户之和的国际收支平衡。更简单地说,就是经常账户加上了长期资本账户的平衡,即基本账户的平衡。而外部均衡,就是内部均衡基础上的基本账户平衡。

(2)外部均衡的标准

对于一国来说,确定合理的经常账户余额的标准最主要的有两条:第一,这一余额应符合经济理性;第二,这一余额应具有可维持性。

①经济理性

经常账户可以表示为一国国内储蓄与投资之间的差额,实际上是投资与储蓄在全球范围内配置的优化。可见,确定一国经常账户余额的基础是其国内的储蓄、投资与其他国家之间存在的差异,而各国储蓄与投资之间的差异是由各国不同的时间偏好与资本生产率决定的。

图 12-1 中的左图,储蓄是利率的增函数,投资是利率的减函数。对不同的世界利率水平,投资与储蓄之间会出现不同的缺口,一国应该确定相应的经常账户余额,如图 12-1 中的右图。

A.时间偏好的差异。当各国的时间偏好存在差异时,偏好即期消费的国家在当期应追求经常账户的余额为赤字,而偏好将来消费的国家在当期应追求的经常账户余额为盈余。

B.资本边际生产率的差异。当各国的资本边际生产率存在差异时,资本

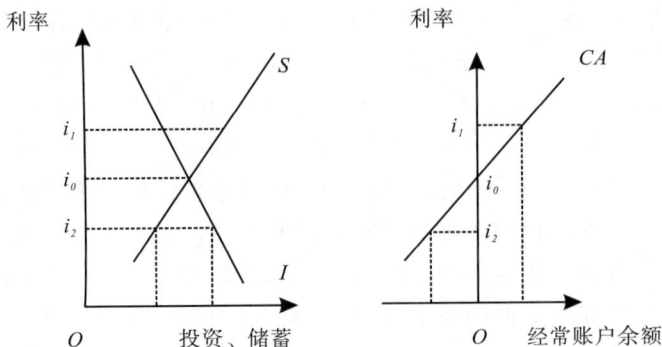

图 12-1　储蓄、投资和经常账户

边际生产率较高的国家应追求的经常账户余额为赤字,而资本边际生产率较低的国家应追求的经常账户额为盈余。

分析了资本偏好与资本边际生产率后,需注意以下问题:上述分析均以资本自由流动为前提,而这在现实生活中是很难满足的;上述分析存在一个假定,即投资收益率高于利率时就可以借入资金。

②可维持性

可维持性一般存在于经常账户余额为赤字的情况。因为资金流入形成的债务必须在将来某一时期偿还,也就是经济面临着跨时期的预算约束。即:

$$CA_1 + CA_2 + \cdots + CA_T = 0$$

CA 是经常账户余额。第一期的经常账户赤字必须以第二期的盈余来弥补。如图 12-2 所示。

在实际分析中,有助于判断可维持性的方法有两种。第一种方法,分析资金流入的具体情况。比如要分析资金流入的性质,判断吸引资金流入的本国比较高的投资收益率是实际存在的还是人为造成的。再例如,要分析资金流入的结构,短长期资金的比率。一般而言,长期资金比较稳定,短期资金则反复性较大。第二种方法,分析债务比率指标。根据国际上通行的标准,负债率(外债余额与国内生产总值之比)最好小于 20%;债务率(外债余额与当年外汇收入之比)最好小于 100%;偿债率(年偿债本息额与当年外汇收入之比)最好小于 25%。

3.内部均衡与外部均衡的关系

作为开放经济的主要政策目标,内部均衡与外部均衡是相互影响的,当我们采取措施努力实现某一均衡目标时,这一措施可能会同时造成开放经济另一均衡问题的改善,也有可能对另一均衡问题造成干扰和破坏,就出现了内外

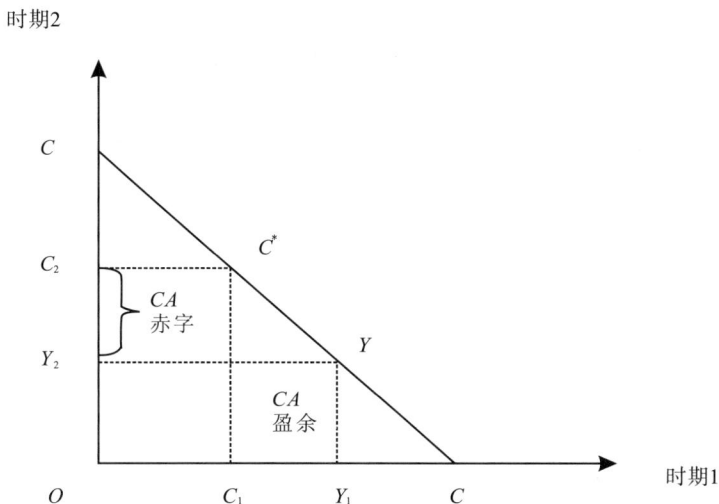

图 12-2　一国的跨期预算约束和经常账户

均衡的一致和冲突。

（1）米德冲突

针对布雷顿森林货币体系下固定汇率制的现实，英国经济学家詹姆斯·米德于 1951 年在其名著《国际收支》中最早提出固定汇率制度下的内外冲突问题，被称为米德"二元冲突"或"米德难题"，即"米德冲突"。固定汇率制度与资本自由流动是矛盾的。实行固定汇率制就必须实施资本管制，控制资本尤其是短期资本的自由流动。

米德冲突是指内外均衡的冲突，即在汇率固定不变时，政府只能主要运用影响社会总需求的政策来调节内外均衡。固定汇率制度下，汇率工具无法使用。在政策取向上，要运用财政政策和货币政策来达到内外部同时均衡，常常存在冲突。但国际收支逆差与国内经济疲软并存，或是国际收支顺差与国内通货膨胀并存时，财政、货币政策都会左右为难，经济学上称之为米德冲突，如表 12-1 第一和第四种情况。第二和第三种情况意味着内外均衡的一致。

表 12-1　固定汇率制度下内外部均衡的矛盾

	内部经济状况	外部状况
1	经济衰退/失业增加	国际收支逆差
2	经济衰退/失业增加	国际收支顺差
3	通货膨胀	国际收支逆差
4	通货膨胀	国际收支顺差

2007年、2009年以及2010年中国经济陷入通胀与贸易顺差"两难"境界。如果中国为了抑制通货膨胀而实行紧缩政策,其后果将是国内需求减少,会促使更多的企业在目前的全球经济中到国际市场寻找出路,接踵而至的又是贸易顺差居高不下,高额外汇储备难以避免。相反,如果中国要减少正在高位运行的国际贸易顺差,就需要在国内实行扩张性的财政政策和货币政策,就会继续面临国内房地产、A股资本市场高温不退,流动性过剩、银行贷款难以控制,而加大目前国内的消费和投资需求,这种经济政策的后果加重中国通货膨胀,而其他一些针对改变贸易顺差的宏观控制政策,在内需不足时期,都是难以实际奏效的。

(2)内外均衡冲突产生的原因:

第一,国内经济条件的变化。在一国经济处于内部均衡的时候,该国消费者偏好发生变化,更加倾向于购买本国产品。这一转变增加了国内产品的需求,造成通货膨胀的压力。

第二,国际经济波动的传递。这种波动分为实物性和金融性两类。实物性波动的传递,比如两个国家互为贸易伙伴,一国陷入经济衰退时,对另一国的产品需求就会减少,导致另一国贸易赤字和经济衰退。从金融波动来看,如果国际金融市场上的利率上升,则本国为了维持资金流动和汇率的稳定,势必要求提高国内利率,而这一维护外部均衡的努力会对国内经济产生紧缩作用,从而产生内外均衡相互冲突的问题。

第三,与基本经济因素无关的国际资金的投机性冲击。国际资金流动中的投机性资金流动对一国经济的内外均衡产生越来越大的影响,尤其是上个世纪80年代以来。这种投机性冲击往往与经济基本面无关,具有自我实现的特点。

(二)开放经济下的政策工具

1.调节社会总需求的工具

包括需求增减型政策和需求转换型政策。需求增减型政策是指改变社会中需求或国民经济中支出水平的政策,这类政策旨在通过改变社会总需求或者支出总水平来改变对国外商品、服务和金融资产的需要,达到调节国际收支的目的,主要包括财政政策和货币政策。财政政策主要是利用财政收入、公共支出和公债对经济进行调节,而货币政策则是通过公开市场业务、再贴现率和准备金率进行调节。

需求转换型政策是不改变社会总需求和总支出而改变需求和支出方向的

政策,主要包括汇率政策、直接管制、补贴和关税。通过改变支出方向,将国际支出从外国商品和服务转移到本国产品和服务上来,通过汇率下浮或者贬值,对进口商品和劳务课税较高等,都会导致国外商品的价格上升,从而使居民的支出转移到对国外产品起替代作用的国内产品中来。

2.调节社会总供给的工具

调节社会总供给的工具包括科技政策、产业政策、制度创新政策等等。旨在改善一国的经济结构和产业结构,提高产品质量,降低生产成本,增强社会产品的供给能力。供给政策的特点是长期性,在短期内难以取得显著的效果,但可以从根本上提高一国的经济实力和科技水平,从而为实现内外均衡创造条件。

3.提供融资的政策工具

在短期内利用资金融通的形式,弥补国际收支出现的赤字。融资政策包括国际储备政策和国际融资政策。如果国际收支失衡是短期的,则可以用融资方式弥补;如果是国内经济原因等中长期因素造成的,就势必要利用其他政策进行调整。

二、开放经济下的政策调控和政策搭配

前面分析已经指出,开放经济的政策目标包括内部均衡和外部平衡两部分。如果仍像封闭条件下一样单纯运用控制社会需求总量的政策进行调控,会在很多情况下造成内外均衡之间的冲突。所以,开放经济条件下的政策调控需要有新的规则。

20世纪50年代以来,关于政策配合的"丁伯根原则"与政策指派的"有效市场分类原则"等理论的出现发展了开放经济的政策调控理论,并且也对经济学中的经济政策研究起了很大的推动作用。

(一)开放经济下的政策调控

1."丁伯根原则"

荷兰经济学家丁伯根(J. Tinbergen)是第一个经济学诺贝尔奖的得主,他最早提出了将政策目标和工具联系在一起的正式模型,指出要实现几种独立

的政策目标,至少需要相互独立的几种有效的政策工具。[1]

丁伯根认为一国政府要实现一个经济目标需要至少一个有效的政策工具,要实现 N 个独立的经济目标,至少需要使用 N 个独立有效的政策工具。显然,在丁伯根原则(Tinhergen's Principle)下,固定汇率制度中单一的财政政策无法协调内部平衡与外部平衡两个独立的目标。

假定只存在两个目标 T_1、T_2 与两种工具 I_1、I_2,令目标是工具的线性函数,即

$$T_1 = a_1 I_1 + a_1 I_2$$
$$T_2 = b_1 I_1 + b_2 I_2$$

在这一情况下,只要决策者能够控制两种工具,每种工具对目标的影响是独立的,决策者能通过政策工具的配合达到理想的目标水平 T_1^*、T_2^*。

从数学上看,只要 $a_1/b_1 \neq a_2/b_2$(即两个政策工具线性无关),就可以求解出达到最佳的目标水平 T_1^*、T_2^* 时所需要的 I_1 和 I_2 的水平,即:

$$I_1 = (b_2 T_1^* - a_2 T_2^*)/(a_1 b_2 - b_1 a_2)$$
$$I_2 = (a_1 T_2^* - b_1 T_1^*)/(a_1 b_2 - b_1 a_2)$$

当 $a_1/b_1 = a_2/b_2$ 时,这意味着两种工具对这两个政策目标有着相同的影响,也就是说,决策者只有一个独立的工具而试图实现两个目标,是不可能成功的。

这一结论可以进行推广。如果一个经济具有线性结构,决策者有 N 个目标,只要有至少 N 个线性无关的政策工具,就可以实现这 N 个目标。对于开放经济而言,这一结论具有鲜明的政策含义:只运用支出增减政策(我们假定财政政策、货币政策影响产出的效果一致)通过调节支出总量的途径同时实现内外均衡目标是不够的,必须寻找新的政策工具并进行合理配合。

通过对国际收支调节政策有效性的研究,丁伯根提出了"丁伯根原则",认为"要实现 N 个独立的经济目标,至少要使用 N 种独立且有效的政策工具"。这一结论对于经济政策理论具有深远意义。丁伯根原则对目标的实现过程具有如下特点:一是假定各种政策工具可以供决策当局集中控制,从而通过各种工具的紧密配合实现政策目标;二是没有明确指出每种工具有无必要在调控中侧重于某一目标的实现。这两个特点是不尽与实际情况符合的或者不能满

---

[1] 简·丁伯根(Jan Tinbergen,1903 年 4 月 12 日—1994 年 6 月 9 日),荷兰经济学家。1969 年,由于发展了动态模型,并将其应用到经济进程分析中,丁伯根与朗纳·弗里施分享首届诺贝尔经济学奖。

足实际调控的需要。

从形式上看,"丁伯根原则"具有直观、简洁和易于掌握的特点,类似于多元方程组有一个确定解的必要条件是方程的个数不能少于未知变量的数目。从经济分析的角度来看,就是为了实现经济的内外均衡,政府所拥有的政策工具至少应有两类。政府的基本调控工具恰恰有两类:财政政策和货币政策,完全符合"丁伯根原则",这是否意味着经济内外均衡的实现就获得了完全的保证呢?情况显然并非如此。

经济的内部均衡为充分就业下的实际经济均衡(Real Equilibrium with Full Employment),外部均衡是国际收支平衡,政府拥有财政政策和货币政策两类调控工具。当经济发生失衡时,在内部失衡与外部失衡的组合中,典型的有这样几种状态:"不充分就业与国际收支顺差"、"超额需求(相对于充分就业的产出)与国际收支逆差"、"不充分就业与国际收支逆差"以及"超额需求与国际收支顺差"。当出现前两种失衡状态时,政府可以相应的采用扩张性或紧缩性的调节政策,使失衡状态得到纠正,但是,当后两种失衡状态出现时,政府的调控就会遇到困难。以"不充分就业与国际收支逆差"的情形为例,内部均衡的实现要求政府实施扩张性的调控政策,而外部均衡的实现要求政府施以紧缩性的调控措施。此时,政府虽然仍然拥有两类调控工具,政策目标也同样是两个,符合"丁伯根原则"的要求,但是,政府在运用政策工具调控经济以实现内、外均衡,显然遇到了逻辑和指导思想上的困难,显示理论的研究与实际运用的需要还存在很大差距。

2."有效市场分类原则"

蒙代尔(R. Mundell)于 20 世纪 60 年代提出的关于政策指派的"有效市场分类原则"弥补了丁伯根原则存在的缺陷。

蒙代尔对于政策调控的研究基于这样一个出发点:在许多情况下,不同的政策工具实际上掌握在不同的决策者手中,例如,货币政策由中央银行制定,财政政策则由财政部门掌管,如果决策者不能紧密协调这些政策,而是独立地进行决策的话,就不能实现最佳的目标。蒙代尔得出的结论是:如果每一工具被合理地指派给一个目标,并且在该目标偏离其最佳水平时按规则进行调控,那么在分散决策的情况下仍有可能实现最佳调控目标。

关于每一工具应如何指派给相应目标,蒙代尔提出了"有效市场分类原则"。这一原则的含义是:每一目标应当指派给对这一目标有相对最大影响力因而在影响政策目标上有相对优势的工具。如果在指派问题上出现错误,则经济会产生不稳定并且距均衡点越来越远。根据这一原则,蒙代尔区分了财政政策、货币政策在影响内外均衡上的不同效应,提出了以货币政策实现外部均衡目标、财政政策实现内部均衡目标的指派方案。

蒙代尔指出了特定的工具实现特定的目标这一指派问题,丰富了开放经济的政策调控理论,它与丁伯根原则一起确定了开放经济下政策调控的基本思想,即针对内外均衡目标,确定不同政策工具的指派对象,并尽可能地进行协调以同时实现内外均衡,并将这一政策间的指派与协调称为"政策搭配"。

(二)开放经济下的政策搭配原则

在运用政策搭配实现内外均衡的方案中,蒙代尔提出的财政政策与货币政策的搭配以及斯旺提出的支出政策与汇率政策的搭配最有影响。

1.财政政策与货币政策的搭配

蒙代尔在论述政策搭配时,用预算作为财政政策的代表(用横轴表示),用货币供应量作为货币政策的代表(以纵轴表示),如图 12-3 所示。

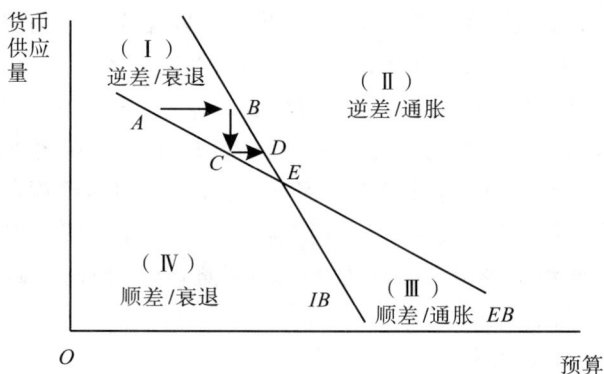

图 12-3　财政政策与货币政策的搭配

在财政政策与货币政策的搭配中,IB 曲线表示一国内部均衡。在这条线的左边,预算过小,国内经济处于衰退和失业;在这条线的右边,预算过大,国内经济处于膨胀状态。EB 曲线表示外部平衡,在这条线上国际收支达到平衡。在这条线的上边,国际收支逆差;在这条线的下边,国际收支顺差。沿预算线向右移动,表示财政政策的扩张、预算增加;向左移动,表示财政政策的紧缩、预算削减。沿货币供给轴线向上移动,表示货币政策扩张,银根放松(对应的是利率下降);向下移动,表示货币政策紧缩,银根收紧(利率上升)。两条曲线的斜率都为负,表示当一种政策扩张时,为达到内部均衡或外部平衡,另一种政策必须紧缩;或一种政策紧缩时,另一种政策必须扩张。蒙代尔假定,预算对国民收入、就业等国内经济变量影响较大,利率对国际收支影响较大。

譬如在收缩货币的同时，只需要较少的预算扩大即可使国内经济均衡；而在预算扩大时，只需要较少的货币收缩就可使国际收支平衡。所以，IB 曲线比 EB 曲线更加陡峭。

基于这样的假定，蒙代尔认为，当国内宏观经济和国际收支都处于失衡状态时(比如在区间Ⅰ的点 A 时)，就采用财政政策来解决经济衰退问题，扩大预算，使点 A 向点 B 移动。同时，应采用紧缩性货币政策来解决国际收支问题，使点 B 向点 C 移动。对扩张性财政政策与紧缩性货币政策的如此反复搭配使用，最终会使点 A 接近点 E。点 E 表示国内经济均衡和国际收支平衡，即内外同时均衡。

需要指出的是，财政政策和货币政策的效果都不是单一的，并不是说财政政策只会影响内部均衡，而货币政策只影响外部平衡。譬如，当政府扩大预算时，国民收入增加，一方面，收入增加会带来进口需求增加，形成经常账户的逆差；另一方面，在货币政策不变的情况下，利率会上升，进而形成资本账户的顺差，这都会对外部平衡带来影响。之所以用财政政策来调节内部均衡，用货币政策调节外部平衡，完全是基于预算和利率对国内经济变量影响各有强弱这一假设之上的。只有选择影响力最强的政策对相应变量进行调节，才可能以较小代价使经济重新回到内外均衡的位置上，这就是蒙代尔提出的最优指派原则在政策搭配中的运用。

上述政策搭配的原理可同样推广到其他三个区间，由此得到如表 12-2 所示几种政策搭配。

表 12-2 财政政策与货币政策的搭配

国际收支的初始状态	国内经济的初始状态	
	高失业率	高通货膨胀率
顺差	扩张性的财政政策 扩张性的货币政策	紧缩性的财政政策 扩张性的货币政策
逆差	扩张性的财政政策 紧缩性的货币政策	紧缩性的财政政策 紧缩性的货币政策

可将支出增减政策工具中的财政政策和货币政策视为两个独立的政策工具，在汇率固定不变的情况下，将财政政策工具指派给实现内部均衡目标，将货币政策工具指派给实现外部均衡目标，在不同经济状况下，通过财政政策与

货币政策的搭配运用,就可以同时实现内外均衡目标。

2.支出转换政策与支出增减政策的搭配

1955 年,澳大利亚经济学家斯旺(T. Swan)提出用支出转换型政策与支出增减型政策搭配来解决内外均衡的冲突问题,其主张被称作斯旺模型。如图 12-4 所示。

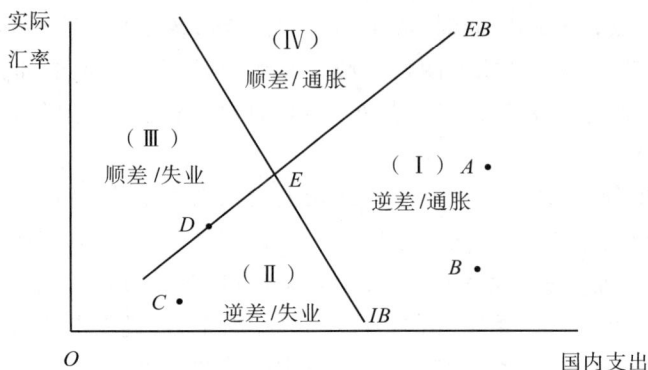

图 12-4　支出转换政策与支出增减政策的搭配

图 12-4 中,横轴表示国内支出(消费、投资、政府支出),政府的支出增减型政策可以明显影响国内支出总水平。竖轴表示本国货币的实际汇率(直接标价法),单位外币折合的本币数上升,表示本币贬值。

IB 线(内部均衡)代表实际汇率与国内吸收的结合,以实现内部均衡(充分就业与价格稳定)。该线从左到右向下倾斜,因为汇率下降将减少出口,增加进口,所以要维护内部均衡就必须增加国内支出。在 IB 线的右边,有通货膨胀压力,因为在一定的汇率下,国内支出大于维持内部均衡所需要的国内支出;在 IB 线的左边,有通货膨胀紧缩压力,因为国内支出比维护内部均衡所需要的国内支出要少。

EB 线(外部均衡)表示实际汇率与国内支出的结合以实现外部均衡,即经常项目的收支平衡。该线从左到右向上倾斜,这是因为货币贬值会增加出口,减少进口,所以要防止经常项目收支出现顺差,就需要扩大国内支出,抵消进口的增长。EB 线的右边,国内支出大于维持经常项目平衡所需要的国内支出,结果出现经常项目收支逆差,EB 线的左边,就会出现经常项目收支顺差。

当开放宏观经济处于失衡时,比如在区间 I 的点 A 时,削减国内支出,压缩总需求,通货膨胀和国际收支逆差的压力同时下降,点 A 遂向点 E 方向切近。但若开放宏观经济的失衡不是对称地处于 EB 和 IB 之间,而是在区间 I 的点 B 上或区间 II 的点 C 上,政策搭配就变得十分必要。在点 B 上,为达到经常项目收支平衡,就须大幅度削减支出,使 B 点向 D 点移动。这样,虽说外部失衡趋于减少,内部经济却进入衰退和失业。同理,在 C 点上,单单使用支出增减型政策,无法使 C 点向点 E 方向切近。由此,我们得到政策搭配的这样几种情况,如表 12-3 所示:

表 12-3 支出转换政策与支出增减政策的搭配

区间	开放宏观经济情况	实现内部均衡的政策	实现外部平衡的政策
I	通货膨胀/国际收支逆差	紧缩(减少国内支出)	贬值
II	经济衰退/国际收支逆差	扩张(扩大国内支出)	贬值
III	经济衰退/国际收支顺差	扩张(扩大国内支出)	升值
IV	通货膨胀/国际收支顺差	紧缩(减少国内支出)	升值

将支出增减政策工具指派给实现内部均衡目标,将支出转换政策工具指派给实现外部均衡目标,在不同经济状况下,通过支出转换政策与支出增减政策的搭配运用,就可以同时实现内外均衡目标。

第二节 不同汇率制下宏观经济政策的有效性

美国经济学家罗伯特·蒙代尔(Robert Alexander Mundell)在研究了 20 世纪 50 年代国际经济情况以后,提出了支持固定汇率制度的观点。20 世纪 60 年代,罗伯特·蒙代尔与英国经济学家约翰·弗莱明(John Marcus Fleming)扩展了米德对外开放经济条件下不同政策效应的分析,说明了资本是否自由流动以及不同的汇率制度对一国宏观经济的影响,因而被称为蒙代尔—弗莱明模型(Mundell-Flemming Model,简称 M-F 模型)。

一、蒙代尔—弗莱明模型中的 *BP* 曲线

蒙代尔—弗莱明模型是"*IS-LM* 模型"在开放经济中的应用。该模型分析的框架是 *IS-LM-BP* 模型,在由国民收入与利率构成的坐标空间中展开分

析。假定资本可以充分流动,资产可以充分替代。设本国利率为 i,产出(以 GNP 代表)为 Y,IS 曲线为商品市场均衡时 i 和 Y 的组合,LM 曲线为货币市场均衡时 i 和 Y 的组合,BP 曲线为国际收支平衡时 i 与 Y 的组合。

国际收支为经常账户和资本账户之和。经常账户的收支由贸易决定,即净出口。资本账户的收支由国内外利率差异决定,国内利率 i 高于国际市场利率 i^* 时,就有资本流入,资本账户差额大于零。国际收支平衡即经常账户和资本账户的和等于零。BP 曲线可以表示为:

$$(ce-tY)+\omega(i-i^*)=0$$

式中,ce 是出口额(c 是汇率对需求影响的系数,e 是直接标价法下的汇率),tY 是进口额(t 是边际消费倾向,Y 是国民收入),ω 由资本流动程度决定。BP 曲线的斜率处于 0 与无穷大之间。

当资本完全不流动时,$\omega=0$,BP 线为一条垂线,表明国际收支不受利率的影响,只受收入的影响。在 BP 线的左边,国际收支盈余;在 BP 线的右边,国际收支赤字。

资本完全流动时,ω 趋近于正的无穷大,BP 为一条水平线。国际收支与汇率和国民收入无关,当且仅当国内利率等于国外利率时,国际收支才能平衡。在 BP 曲线的上方,国际收支盈余;在 BP 线的下方,国际收支赤字。任何高于国外利率水平的国内利率都会导致巨额资本流入,使国际收支处于顺差;同样,任何低于国外利率水平的国内利率都会导致巨额资本流出,使得国际收支处于逆差。

资本不完全流动时,$\omega>0$,BP 曲线斜率为正,是一条向右上方倾斜的直线。随着本币贬值(e 数值变大),BP 曲线向右移动。如果本国国民收入提高,需要提高利率以吸引资本流入,抵消进口的增加。BP 线右边,国际收支赤字;BP 线左边,国际收支盈余。资本流动程度越高,BP 线越平缓。

二、固定汇率制下的宏观经济政策有效性

在固定汇率制下,政府有义务在固定的汇率水平上按市场要求被动地买进卖出外汇,因此外汇储备完全受国际收支状况的影响,使得政府无法控制货币供应量。由国际收支因素导致的货币供应量的波动,是固定汇率制下经济调整机制的最主要特征。

在固定汇率制下,这意味着国内外利率相等,否则,任何利率差都会使资本发生流动,直至利差为零。由于资产可以充分替代,国内外利率相等,BP

曲线是条水平线。

1.资本完全流动时的财政、货币政策

(1)资本完全流动时的货币政策

图 12-5 反映了固定汇率制度下货币政策的效应。资本完全流动条件下，一国国际收支的状况完全取决于资本与金融项目，当该小国利率水平完全与世界利率水平一致时，该国国际收支处于均衡状态，资本的流动将弥补任何形式的经常项目差额，BP 曲线为水平线，汇率的贬值对之无影响。

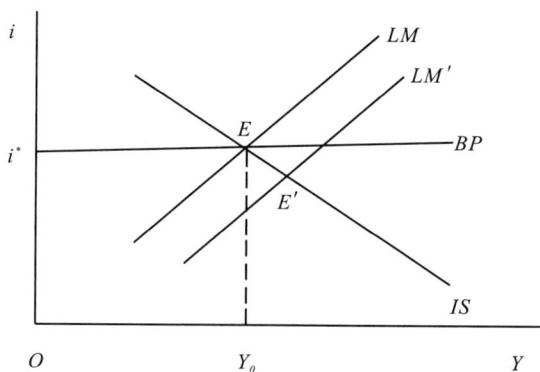

图 12-5 固定汇率制下资本完全流动时的货币政策

假设中央银行采取扩张的货币政策，增加货币供给，从而使 LM 曲线向右移动到 LM'，内部均衡点——IS 和 LM 曲线的交点移到 E'，国民收入增加，利率水平下降。在资本完全流动情况下，利率的下降导致资本大量流出，国民收入的增加又导致进口增加，该国的经常项目和资本与金融项目同时出现逆差趋势，本币面临贬值压力。为维持汇率稳定，中央银行必须干预市场，抛出外汇买入本币，这种操作一方面减少了外汇储备，另一方面减少了国内的货币供应量，这就导致 LM 曲线左移，直到回到原来的位置。该国的内外均衡点也重新回到 E 点。因此可以得出结论：在固定汇率制下，货币政策无效。更为准确地说，一旦一国实行固定汇率制度，就很难再拥有独立的货币政策了，从本质上讲，在固定汇率和资本可流动的情况下，LM 曲线的位置是内生的。货币供给被内生化，中央银行只能随着外汇市场上的供求变化被动地改变货币供应量。因此，固定汇率制度使得政府在很大程度上失去了一个重要的政策工具。

(2)资本完全流动时的财政政策

图 12-6 为固定汇率制下资本完全流动下的财政政策效果。假定政府实

施扩张性的财政政策,则 IS 曲线右移至 IS',国内经济均衡点移至 E',国民收入增加,利率水平上升。而利率上升将引起资本大量流入,给本币带来升值压力。中央银行在干预的时候抛出本币,导致货币供应量增加,于是 LM 曲线右移直至利率恢复到初始水平。也就是说,在 IS 右移的过程中,始终伴随着 LM 曲线的右移,以维持利率水平不变。在财政政策扩张结束后,货币供给也相应扩张,经济同时处于长期平衡状态。此时,利率不变,收入 Y^* 不仅高于期初水平,而且高于封闭经济条件下的水平 Y'。

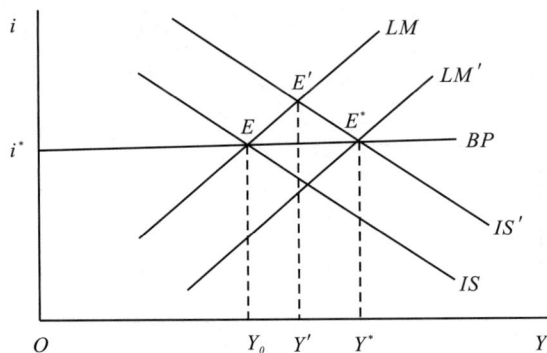

图 12-6 固定汇率制下资本完全流动时的财政政策

因此,在开放经济和固定汇率制度下,财政政策在促进国民收入和就业增加方面的效果非常显著。即固定汇率条件下,财政政策有效。但是需要注意的是财政扩张的有效性是以经济没有实现充分就业、尚有闲置资源为前提,否则财政扩张只能导致物价上涨并带来本币贬值的压力。

2.资本不完全流动的财政、货币政策

现实中的资本流动存在着很多障碍,因此不完全流动的状态应为正常状态。由于经常项目与资本与金融项目互为赤字融资,BP 曲线是一条斜率为正的曲线。资本流动性越大,曲线就越平缓。

(1)资本不完全流动时的货币政策

先看货币政策的效果。假定中央银行执行扩张性的货币政策,LM 曲线右移至 LM',与 IS 曲线交于点 E',在这一点上,利率水平下降。E' 点位于 BP 曲线右方,意味着此时国际收支处于赤字状态。造成赤字的原因一方面是收入增加引起的进口增加恶化了经常项目收支,另一方面是因为利率下降导致资本金融项目收支也出现恶化。在长期内,国际收支赤字会通过外汇储备减少而使 LM' 左移,直至其恢复原状。此时除基础货币的内部构成发生变化外,货币供应量、利率、国民收入、国际收支均恢复原状。因此可以得出结论:

货币政策最终是无效的。

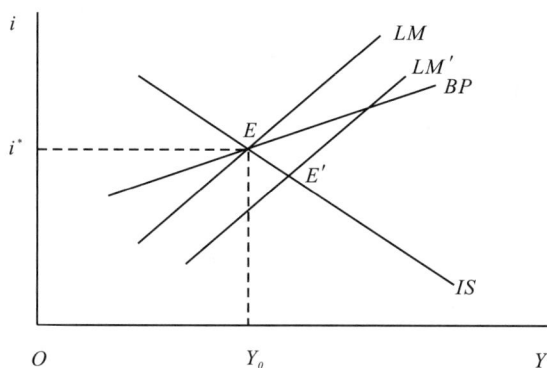

图 12-7　固定汇率制下资本不完全流动时的货币政策

（2）资本不完全流动时的财政政策

财政政策的情况则比较复杂。政府若实施扩张性的财政政策,会使 IS 曲线右移,与 LM 曲线形成的交点 E' 就是新的短期均衡点。在这一点上,利率上升,国民收入增加。此时的国际收支状况需要分不同情况讨论,因为在利率上升导致资本与金融项目改善的同时,收入增加却使进口上升,经常项目恶化。此时国际收支的状况取决于这两种效应的大小。在边际进口倾向不变的情况下,资本流动性高,利率上升就能够带来较多的资本与金融项目顺差,就能更多抵消经常项目赤字。资本的流动状况体现在 BP 曲线的斜率上,BP 曲线的斜率可能小于、大于或等于 LM 曲线斜率。

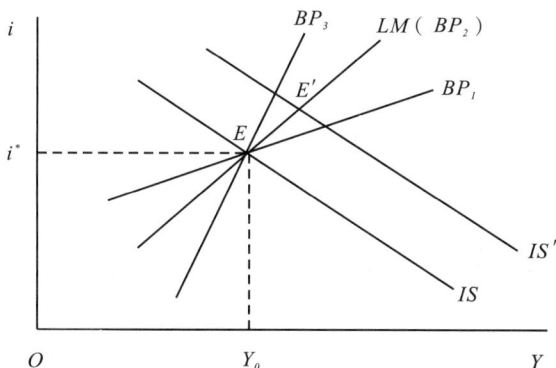

12-8　固定汇率制下资本不完全流动时的财政政策

图 12-8 中的三条 BP 曲线代表不同的资本流动性。当 BP 曲线斜率小于

LM 曲线斜率时(图中的 BP_1),较高的资本流动性使得利率上升带来的资本与金融项目改善超过收入上升带来的经常项目恶化,国际收支呈现顺差。这将导致 LM 曲线右移,直至三条线重新交于一点,最终国民收入进一步增加,利率水平稍高于期初,国际收支平衡。如果 BP 曲线斜率同 LM 曲线相同(图中的 BP_2),BP 曲线与 LM 曲线重合,利率上升与收入增加对国际收支的影响正好相互抵消,国际收支处于平衡状态,经济恰好处于均衡点,不会进一步调整。新的均衡点利率水平和国民收入水平都高于期初。如果 BP 曲线斜率大于 LM 曲线斜率(图中的 BP_3),利率上升带来的资金流入不足以弥补收入增加带来的经常项目赤字,国际收支呈现逆差,LM 曲线将左移直至三条曲线交于一点达到新的均衡。此时国民收入高于期初,利率水平进一步上升。

总的看来,固定汇率制下,资本不完全流动时,财政政策效果虽然比资本完全流动状态下打些折扣,但依然会使利率与收入有所提高。可见,在资本不完全流动情况下,固定汇率制度下的政策效果同资本完全流动的状况基本相同。

3.资本完全不流动时的财政、货币政策

在固定汇率条件下,如果政策当局实行资本管制,资本在国家间完全不能流动,则国内利率与国际利率水平存在差异,中央银行只需对经常项目下的外汇供求负责,LM 线会随国际收支的变化而移动。

假定中央银行主动采取扩张性货币政策,货币供应量增加,$LM \rightarrow LM_1$,如图 12-9 所示,总需求增加,利率下降,为实现均衡,中央银行抛出外汇,满足进口,$LM_1 \rightarrow LM$,利率上升。这一过程将持续进行,直至恢复原来水平。可见,货币政策对经济没有实质性影响。

同样,以扩张性财政政策刺激总需求,使 $IS \rightarrow IS'$。中央银行进行干预,则 $LM \rightarrow LM_2$。最终总需求、国民收入不变,只有 $i^* \rightarrow i_2$。

因此,在固定汇率和资本管制下,扩张性货币政策对总需求短期有效,长期无效。而在长期内,扩张性财政政策对总需求只影响结构,不影响水平。

三、浮动汇率制下的宏观经济政策的有效性

1.资本完全流动时的财政、货币政策

(1)资本完全流动时的货币政策

假设一国货币当局实行扩张性的货币政策,则 LM 曲线右移至 LM',带来利率水平下降和国民收入或产出增加。一方面国民收入增加会导致进口增

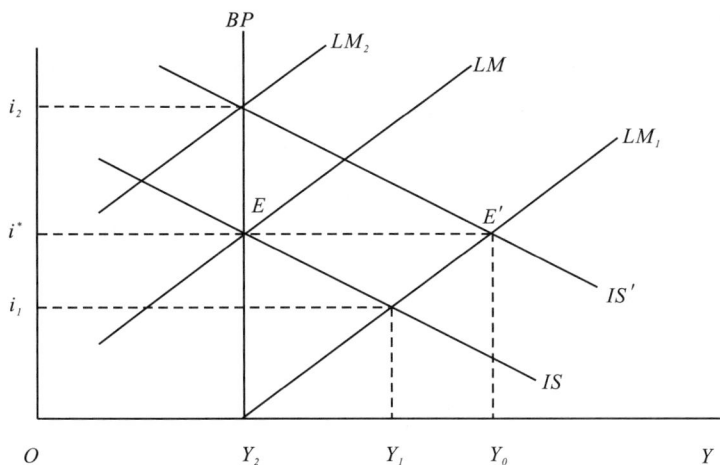

图 12-9 固定汇率制下资本完全不流动的财政、货币政策

加,另一方面,利率水平下降会导致资本大量流出,这两种效应是同向的,共同
作用导致国际收支出现逆差。于是外汇市场上本币贬值,本币贬值一方面使
得本国出口竞争能力提高,出口增加,进口减少,致使 IS 曲线右移,直至与
LM 曲线相交确定的利率水平与世界利率水平相等为止。此时,收入高于期
初水平,本币贬值。见图 12-10。

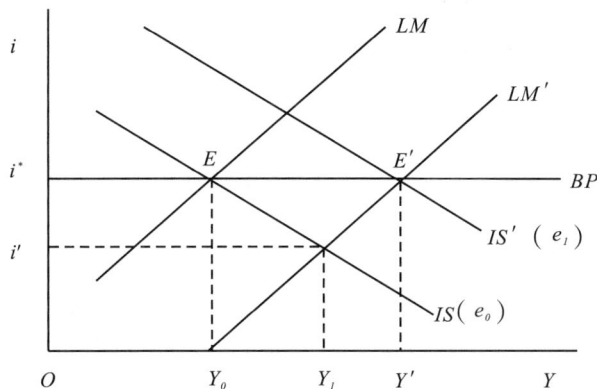

图 12-10 浮动汇率制下资本完全流动时的货币政策

由此可见,在浮动汇率制下,当资本完全流动时,扩张性的货币政策会使
收入上升,本币贬值,对汇率无影响。此时的货币政策是非常有效的。

（2）资本完全流动时的财政政策

假设一国实施扩张性的财政政策，IS 曲线右移至 IS'，则本国利率上升，国外资本大量流入，导致国际收支顺差，本币升值，本国出口竞争力下降，这会推动 IS' 左移，直到返回原有位置，利率水平重新与世界利率水平相等为止。此时与期初相比，利率不变，本币升值，收入不变（见图 12-11）。需要指出的是，此时收入的内部结构发生变化，财政政策通过本币升值对出口产生了完全挤出效应，财政支出增加造成了等量的出口下降。

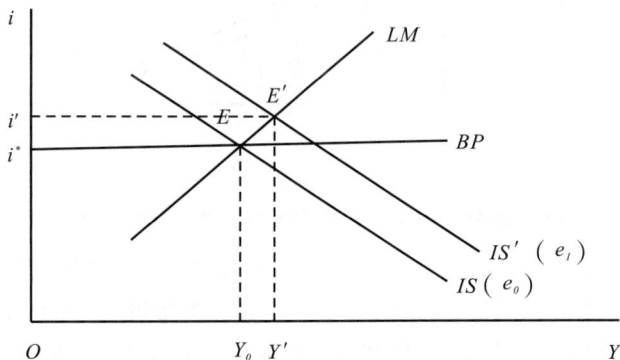

图 12-11　浮动汇率制下资本完全流动时的财政政策

可见，在浮动汇率制度下，当资本完全流动时，扩张性财政政策会造成本币升值，对收入、利率均不能产生影响。此时的财政政策是完全无效的。

2.资本不完全流动的财政、货币政策

（1）资本不完全流动时的货币政策

资本不完全流动时，BP 曲线向右上方倾斜。先分析货币政策的效果。假定一国实施扩张性的货币政策，则使 LM 曲线右移至 LM'，造成收入上升，利率下降。对于国际收支状况而言，一方面是收入上升导致了经常项目恶化，另一方面是利率下降导致了资本与金融项目恶化，因此国际收支状况恶化，给本币带来贬值压力。贬值提高了出口竞争力，使 IS、BP 曲线均向右移动，直至三条线相交于一点 E'。在 E' 点上，收入上升、本币贬值，但利率水平同期初相比难以确定，这取决于各条曲线的相对弹性。见图 12-12。

可见，在浮动汇率制下，当资本不完全流动时，扩张性货币政策可以引起本国货币贬值、收入上升，对利率的影响则难以确定。

（2）资本不完全流动时的财政政策

扩张性财政政策会同时提高收入与利率，这给国际收支带来的影响是双

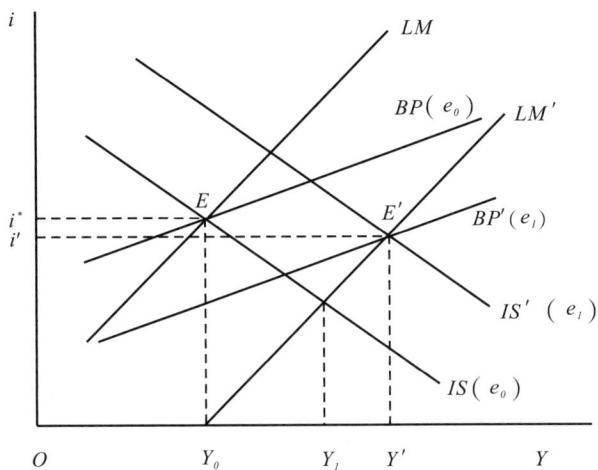

图 12-12　浮动汇率制下资本完全流动时的货币政策

重的。一方面收入提高会恶化经常项目收支,另一方面利率提高会改善资本与金融账户收支。国际收支状况取决于这两种效应的比较,因此要具体探讨 LM 曲线与 BP 曲线斜率的差异。总的来说,在浮动汇率制下,当资本不完全流动时,扩张性财政政策一般会提高收入与利率,但对汇率的影响则必须依资本流动性的不同而具体分析。也就是说,此时的财政政策还是比较有效的。

　　因此,在资本不完全流动的条件下,财政政策和货币政策对浮动汇率制度国家的实际产出或收入都有影响,即资本不完全流动部分地削弱了货币政策,但同时也部分地加强了财政政策的效果。

　　3.资本完全不流动时的财政、货币政策

　　在浮动汇率制度下,若资本处于管制状态,中央银行无须动用外汇储备,汇率不断调整使经常项目总处于不平衡状态。对财政政策而言,财政的扩张增加产出,但汇率会贬值。对货币政策而言,货币供应量增加,也会引起产出增加,汇率下降,这与在资本自由流动条件下是一样的。需要注意的是,在资本管制情况下,需求变化的构成会与在资本自由流动条件下有所不同。

四、蒙代尔—弗莱明模型的结论及缺陷

　　蒙代尔—弗莱明模型(M-F模型)将体现财政政策和货币政策的 IS 曲线、LM 曲线和体现汇率政策的 BP 曲线联系起来,集中分析了不同汇率制度和资本流动下财政政策和货币政策在内外市场均衡中的协调配合。他们得出一个重要的结论:固定汇率制和资本完全流动下,财政政策比货币政策更有效;在浮动汇率和资本完全流动下,货币政策更为有效。

蒙代尔—弗莱明模型的缺陷主要表现为两个方面。其一,它遗漏了关于国际资本市场中存量均衡的讨论。在模型中,蒙代尔认为国际资本流动是利率差别的唯一函数,因而只要存在利差,资本就会一直流动从而弥补任何水平的经常项目不平衡,而在现实中各国间的利率差别普遍存在。其二,在外部均衡的标准上蒙代尔非常强调资本账户,而国际资本流动是利率差别的唯一函数,因此如果一国出现国际收支逆差,只有通过提高国内利率以吸引资本流入,但是这既是一个挤出私人投资,又是依靠对外债台高筑而取得外部均衡的政策。因此无论是货币主义的以储备衡量的外部均衡标准——国际收支平衡,还是蒙代尔强调的资本账户的外均衡标准都存在缺陷。

五、三元悖论

蒙代尔—弗莱明模型证明固定汇率制度下的"米德冲突"可以得到解决。但存在"三元悖论"(The Impossible Trinity),也称三难选择,即固定汇率、资本自由流动、独立的货币政策是三个不可调和的目标,各国充其量只能同时实现这三个目标中的两个。

1999 年,美国经济学家保罗·克鲁格曼(Paul Krugman)根据上述原理画出了一个三角形,他称其为"永恒的三角形"(The Eternal Triangle),从而清晰地展示了"蒙代尔三角"的内在原理,如图 12-13 所示。在这个三角形中,A 表示选择货币政策独立性和固定汇率,B 表示选择货币政策的独立性和资本自由流动,C 表示选择固定汇率和资本自由流动。各国只能在以下三种基本制度中进行选择:(1)允许资本完全自由流动的、使政府可以利用货币政策对付衰退(以货币反复无常的波动为代价)的浮动汇率制度;(2)以牺牲货币独立性来确保货币稳定的固定汇率制度;(3)能把相对稳定的汇率同某种程度的货币独立性协调起来,但却会带来其他问题的资本管制制度。

直到上个世纪 70 年代末,大多数发展中国家仍实行资本管制(中国和印度到现在仍然保留这种管制)。与此同时,这些国家实行"可调整的钉住",将其货币钉住另外一种货币或一篮子货币,也即它们选择了三角形的 A 边。它的主要问题是给国际交易带来了繁杂的限制,降低了效率,而且管制是腐败的温床。在 20 世纪最后 20 年内,许多发展中国家取消了资本管制,同时由于通

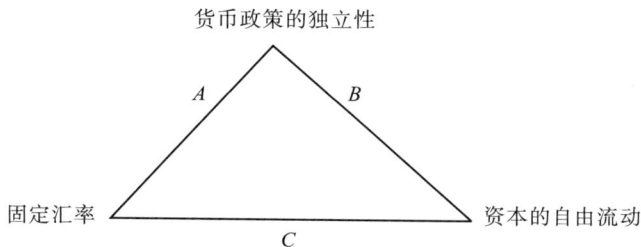

图 12-13　三元悖论

讯技术特别是互联网技术的进步,资本流动性大大提高。但这使得"可调整的钉住"汇率制度非常容易遭到投机性攻击。这时,发展中国家要么实行严格的固定汇率制(货币局),即三角形的 C 边;或者转向灵活管理(甚至浮动)的汇率制,即三角形的 B 边。

第三节　国际经济政策协调

各国政策当局进行宏观政策协调的必要性来自各国经济的相互依存性,以及市场的不完整性。从理论上说,在纯粹的浮动汇率制条件下,汇率的完全自由波动可以隔绝经济震荡在国家间的传导,因而一国的宏观政策效应不会影响其他国家的经济状况,于是也就不需要宏观经济政策的协调。但是纯粹的自由浮动汇率制度是不存在的,各国都在运用宏观经济政策优先保证实现内部均衡,进而对其国际收支和货币汇率水平产生影响,并影响其他国家的经济运行。

自从 20 世纪 50 年代世界经济联系加强,西方经济学者就注意到宏观经济政策国际协调的重要性。他们认为,宏观经济政策要兼顾国内国际两个市场同时均衡,就需要这些政策工具相互协调配合。在论述内外均衡时,产生了有名的"米德冲突"思想、"丁伯根原则"、斯旺内外均衡模型、蒙代尔—弗莱明模型。1962 年,蒙代尔提出"政策配合说"(Policy Mix Theory),强调以货币政策促进外部均衡,以财政政策促进内部均衡。他的开放经济下的两国模型也分析了两国经济的相互依存性及政策的传导效应。相互依存意味着一国政策当局要实现自己的目标就必须与其贸易伙伴国采取的政策协调一致。

一、国际政策协调概述

国际政策协调（International Policy Coordination）从狭义讲是指各国在制定国内政策的过程中，通过各国间的磋商等方式来对某些宏观经济政策进行共同的设置。从广义看，凡是在国际范围内能够对各国国内宏观经济政策产生一定程度制约的行为均可视为国际政策协调。

依据进行政策协调的程度，国际政策协调可由低到高分为六个层次：

（一）信息交换

信息交换（Information Exchange）是各国政府相互交流本国为实现经济内外均衡而采取的宏观调控的政策目标范围、政策目标的侧重点、政策工具种类、政策搭配原则等信息，但仍在独立、分散基础上进行本国的决策。

（二）危机管理

危机管理（Crisis Management）指针对世界经济中出现的突发性、后果特别严重的事件，各国进行共同的政策协调以缓解、渡过危机。

（三）避免共享目标变量的冲突

避免共享目标变量的冲突（Avoiding Conflicts Over Shared Targets）是指避免两国面对同一目标采取的政策的冲突。避免国家间的竞争性贬值就是典型的形式。

（四）合作确定中介目标

两国国内一些变量的变动会通过国家间的经济联系而形成一国对另一国的溢出效应，因此各国有必要对这些中介目标进行合作协调（Cooperation Intermediate Targeting）。

（五）部分协调

部分协调（Partial Coordination）是指不同国家就国内经济的某一部分目标或工具进行的协调。

（六）全面协调

全面协调（Full Coordination）是指将不同国家的所有政策目标、工具都纳入协调范围，从而最大限度地获取政策协调的收益。

二、国际政策协调理论的依据

在 20 世纪 80 年代末，许多国际金融领域内的学者和专家对于国际宏观经济政策协调问题越来越关注。比较一致的看法是认为国际协调是必要的，特别是在浮动汇率制比较受推崇的今天，世界上主要国家之间进行政策协调是十分必要的；争议比较大的问题集中于国际政策协调的方式、水平及其效果方面。

（一）开放条件下货币政策的局限性

开放经济的条件下，一国的货币政策往往不能达到其最终目标。

1. 当一国经济面临有效需求不足时，政府应该采取宽松的货币政策，可是如果与该国经济密切相关的国家采取紧缩的货币政策，该国增加的资金将会大量外流，从而一方面使本国经济宽松的政策因为资金的流出被抵消，另一方面对方国家紧缩的货币政策也会因为资金的流入而变得难以发挥作用。

2. 当一国采取紧缩的货币政策时又会被与之经济密切相关国家宽松的货币政策所抵消。因为当你紧缩经济时，本国利息率上升或货币供应量的减少将由于资金的大量内流被抵消掉。

因此，各国宏观经济及其政策的相互联系和相互影响将带来各国经济政策的效果大打折扣。

（二）支持国际政策协调的原因

1. 国际政策协调可以帮助实现稳定的汇率

在浮动汇率和资本完全自由流动下，货币政策会引发汇率的波动，扩张性货币政策会导致本国货币贬值，而紧缩性的货币政策则导致本国货币升值。

2. 国际政策协调还常常有其他的一些宏观经济目标

国际政策协调有助于避免"以邻为壑"（Beggar-Thy-Neighbor）的政策出现。例如，如果一国采取货币贬值的方式来促进出口、限制进口，那么其他国家可能也会跟着采取同样的做法来提高其出口产品竞争力，结果就出现"竞争性贬值"（Competitive Devaluation）这一恶果。如果各国进行政策协调就完全可以避免这种现象。

虽然各国有进行国际政策协调的愿望，但在实际中，由于各国政府的政策目标往往并不一致，所以国际政策协调真正实行起来会遇到很多困难。

三、国际政策协调理论的内容

随着全球经济的一体化，世界上一些国家提出了双边或多边的协调方式。这些协调主要包括三个方面：货币政策协调、财政政策协调和汇率政策协调。

（一）货币政策协调

各国货币政策的协调主要包括有关国家利息率的协调和货币量增长的协调。

1.利率的协调

利率协调主要针对利率调整方向，还应该注意各国利率调整的幅度。

2.货币量的协调

一般而言，货币主义经济学家主张通过控制货币供应量调节经济，甚至在他们看来，在确定了稳定的货币供应增长率之后就不必干预经济的增长过程。

（二）财政政策协调

在经济关系比较密切的国家之间，不仅要协调它们的货币政策，还要协调它们的财政政策。

如果一国的财政支出过度，政府就需要通过货币政策加以配合，这种配合意味着货币发行量的增加，或者物价上涨比较快，这将导致一国货币供应增长率的上升，从而会出现因没有协调财政政策使各国之间货币政策的协调难以维持。

因此成功的货币政策协调常常伴随着财政政策的协调，或者说，各国之间只有同时协调它们之间的货币政策和财政政策，一国经济政策的目标才能顺利实现。

（三）汇率政策协调

在各国将内部平衡和外部平衡作为经济干预的最佳目标时，它们之间不仅要协调货币政策和财政政策，还要协调汇率政策。在开放经济条件下，本国不仅要照顾本国的内部平衡，还要照顾外部平衡。一国在干预经济维持自身经济的稳定和增长时，不仅可以采用货币和财政政策工具，还可以通过汇率政策加以调整。但是，这种政策在使用上需要经过慎重考虑，以免引发汇率战争。

实际上，各国经济政策协调的最高阶段是统一各国的货币，即用一种货币代替各国自行使用本国货币。但由于各国经济发展情况的差异，特别是各国经济波动的程度有差异，这一点在现实中是很难实现的。

【本章小结】

1."米德冲突"即固定汇率制度与资本自由流动是矛盾的。实行固定汇率制就必须实施资本管制，控制资本尤其是短期资本的自由流动。

2.丁伯根认为一国政府要实现一个经济目标需要至少一个有效的政策工

具,要实现 N 个独立的经济目标,至少需要使用 N 个独立有效的政策工具。显然,在丁伯根原则下,固定汇率制度中单一的财政政策无法协调内部平衡与外部平衡的目标。

3.蒙代尔提出的"有效市场分类原则"的含义是:每一目标应当指派给对这一目标有相对最大影响力因而在影响政策目标上有相对优势的工具。

4.蒙代尔—弗莱明模型指出,在没有资本流动的情况下,货币政策在固定汇率下在影响与改变一国的收入方面是有效的,在浮动汇率下则更为有效;在资本有限流动情况下,整个调整结构与政策效应与没有资本流动时基本一样;而在资本完全可流动情况下,货币政策在固定汇率下影响与改变一国的收入方面是完全无能为力的,但在浮动汇率下,则是有效的。

5.蒙代尔—弗莱明模型证明固定汇率制度下的"米德冲突"可以得到解决。但存在"三元悖论",也称三难选择,即固定汇率、资本自由流动、货币政策的独立性是三个不可调和的目标,各国充其量只能同时实现这三个目标中的两个。

【思考与练习】

1.开放经济下的宏观经济政策目标有哪些?

2.在国际收支顺差和通货紧缩的情况下,分析该用什么样的宏观经济政策,并讨论在资本完全流动时的政策效果。

3.在国际收支逆差和通货紧缩的情况下,分析该用什么样的宏观经济政策,并讨论在资本不完全流动时的政策效果。

4.在固定汇率和浮动汇率情况下,货币政策的效果有何不同?

5.在固定汇率和浮动汇率情况下,财政政策的效果有何不同?

6.分析当前中国所面临的经济状况,评价相应的经济政策效果。

7.阐述蒙代尔—弗莱明模型的结论和"三元悖论"。

参考文献

［1］Dominick Salvatore. *Introduction to international economics*. John Wiley & Sons,2006

［2］Frankel & Rose. The endogenetic of the optimum currency area criteria. *Economic Journal*, Vol 108, 1998

［3］Graham Bird, Dane Rowlands, *The International Monetary Fund and the world economy*,Edward Elgar,2007

［4］Keith Pilbeam. *International Finance*. New York University Press, 2006

［5］Mundell. R. A theory of optimum currency area. *American Economic Review*, 51 (4), 657—665, 1961

［6］Rayoumi,T and B. Eichengreen. Ever closer to heaven? An optimum-currency-area index for European countries. *European Economic Review*, Vol 41,1997

［7］Richard E. Caves, Jeffrey A. Frankel, Ronald W. Jones. *World trade and payments*. Peking University Press,2007

［8］Robert H. Frank, Ben S. Bernanke. *Principles of macroeconomics*. 清华大学出版社,2007 年

［9］(法)艾弗雷·克拉克.国际金融.北京大学出版社,2005 年

［10］(比利时)保罗·德·格劳威.货币联盟经济学.中国财政经济出版社,2004 年

［11］(美)保罗·克鲁格曼,(美)奥伯斯法尔德.国际经济学:理论与政策.中国人民大学出版社,2006 年

［12］(美)戴维·里维里恩,克里斯·米纳尔.国际货币经济学前沿问题.中国税务出版社,2000 年

［13］(美)德赛.国际金融案例.机械工业出版社,2008 年

［14］(美)普格尔.国际金融.中国人民大学出版社,2009 年

[15](美)邓肯.美元危机成因、后果与决策.东北财经大学出版社，2007年

[16](美)迈克尔·H.莫菲特.国际金融案例.中国人民大学出版社，2006年

[17](美)弗雷德里克·米什金,(新西兰)钱炜青.货币金融学(第八版).清华大学出版社,2009年

[18](美)弗雷德里克·米什金,(美)埃金斯.金融市场与机构(第五版).中国人民大学出版社,2007年

[19](美)弗雷德里克·米什金.货币、银行和金融市场经济学(第七版).北京大学出版社,2007年

[20](美)弗雷德里克·米什金.下一轮伟大的全球化.中信出版社，2007年

[21](秘鲁)赫尔南多·德·索托.资本的秘密.江苏人民出版社,2005年

[22](美)萨拉·邦焦尔尼.离开中国制造的一年：一个美国家庭的生活历险.机械工业出版社,2008年

[23](法)弗朗索瓦·沙奈.金融全球化.中央编译出版社 2001年

[24](英)弗朗西斯科·泰勒.外汇与货币期权.上海财经大学出版社，1999年

[25](英)劳伦斯·S.科普兰.汇率与国际金融.中国金融出版社,2002年

[26](美)马克·斯考森、肯那·泰勒.经济学的困惑与悖论.华夏出版社，2001年

[27](美)富兰克林·艾伦、道格拉斯·盖尔.比较金融系统.中国人民大学出版社,2002年

[28](美)杰弗里·埃德蒙·柯里.国际经济学.北京经济科学出版社，2002年

[29](日)伊藤诚等.货币金融政治经济学.北京经济科学出版社,2001年

[30](英)保罗·霍尔伍德,罗纳德·麦克唐纳.国际货币与金融.北京师范大学出版社，1996年

[31](美)罗伯特·莫顿,博迪.金融学.中国人民大学出版社,2007年

[32](美)唐纳德·R.范·戴维特,(美)马克·梅斯勒,[日]今井贤志.高级金融风险管理.中国人民大学出版社,2006年

[33](美)罗纳德·麦金农.美元本位下的汇率——东亚高储蓄两难.中国金融出版社,2005年

[34](美)迈克尔·B.科诺利.国际金融管理.北京大学出版社,2007 年

[35](美)约翰·G.格利,爱德华·S.肖.金融理论中的货币.上海三联书店,2006 年

[36](英)露西沃·萨诺,马克·P.泰勒.汇率经济学.西南财经大学出版社,2006 年

[37](美)多米尼克·萨尔瓦多、欧元、美元和国际货币体系、复旦大学出版社,2007 年

[38](英)詹姆斯·米德.国际收支:国际经济政策理论(第一卷).首都经济贸易大学出版社,2001 年

[39](英)詹姆斯·米德.国际收支:国际经济政策.经济科学出版社,2002 年

[40](美)斯蒂芬·J.托洛维斯基.国际宏观经济动态学.上海财经大学出版社,2002 年

[41](美)凯文·多德,默文·K.刘易斯.金融与货币经济学前沿问题.中国税务出版社,2000 年

[42](美)W.查尔斯·索耶,(美)理查德·L.斯普林克.国际经济学.中国人民大学出版社,2005 年

[43](美)J.奥林·戈莱比.国际金融市场.中国人民大学出版社,1998 年

[44]蔡林海,翟锋.前车之鉴:日本的经济泡沫与失去的十年.经济科学出版社,2007 年

[45]陈平,范小云,马君潞.国际金融.科学出版社,2005 年

[46]陈全功.国际收支对货币供给的影响与汇率制度改革.经济科学出版社,2006 年

[47]陈彪如.人民币汇率研究.华东师范大学出版社,1992 年

[48]陈彪如.国际金融概论.华东师范大学出版社,1996 年

[49]陈彪如、冯文伟.经济全球化与中国金融开放.上海人民出版社,2002 年

[50]陈春生.国际金融学.陕西人民出版社,2002 年

[51]陈元等.国际金融百科全书.中国财政经济出版社,1999 年

[52]陈雨露.国际金融.中国人民大学出版社,2000 年

[53]陈雨露.国际金融学习指导书.中国人民大学出版社,2007 年

[54]陈雨露.国际金融精编.中国人民大学出版社,2008 年

[55]陈野华.西方货币金融学说的新发展.西南财经大学出版社,2001 年

[56]迟国泰.国际金融.大连理工大学出版社,2006 年

[57]崔孟修.现代西方汇率决定理论研究.中国金融出版社,2002 年

[58]卜伟.国际贸易与国际金融.清华大学出版社,2009 年

[59]龚关.国际金融理论.武汉大学出版社,2000 年

[60]黄梅波.国际金融学.厦门大学出版社,2009 年

[61]黄燕君,何嗣江.新编国际金融.浙江大学出版社,2005 年

[62]黄真.论人民币在经常项目下的自由兑换.国际金融导刊,1996 年

[63]何璋.国际金融.中国金融出版社,2001 年

[64]赫国胜,杨哲英,张日新.新编国际经济学.清华大学出版社 2003 年

[65]胡日东,赵林海.国际金融理论与实务.清华大学出版社,2006 年

[66]侯高岚.国际金融.清华大学出版社,2005 年

[67]金雪军.国际金融导论.浙江大学出版社,1998 年

[68]姜波克.国际金融学.高等教育出版社,1999 年

[69]姜波克.国际金融新编(第三版).复旦大学出版社,2006 年

[70]姜波克.国际金融新编(第四版).复旦大学出版社,2008 年

[71]孟亮.论我国国际收支双顺差之根源.黑龙江对外经贸,2008(04)

[72]姜学军.金融对外开放与监管问题研究.中国时代经济出版社,
2005 年

[73]蓝发钦.国际金融学.立信会计出版社,2005 年 1 月

[74]蓝发钦,岳华,冉生欣.国际金融.上海远东出版社,2010 年

[75]靳玉英.国际金融.上海人民出版社,2007 年

[76]李富有.国际金融案例.西安交通大学出版社,2008 年

[77]李艳芳,刘瑛.国际金融.东北财经大学出版社,2006 年

[78]李杨、黄金老.中国金融:直面全球化.上海远东出版社,2000 年

[79]李晓.推进人民币国际化的战略路径与五大措施.中国证券报,2010
年 9 月 2 日

[80]李军燕.国际金融.电子工业出版社,2010 年

[81]李星华,马慧琼.国际金融.东北财经大学出版社,2007 年

[82]刘惠好.国际金融.中国金融出版社,2007 年

[83]刘园.国际金融.北京大学出版社,2007 年

[84]刘舒年,温晓芳.国际金融.中国人民大学出版社,2008 年

[85]刘思跃,肖卫国.国际金融.武汉大学出版社,2006 年

[86]刘沁清,姜波克.国际金融新编习题指南.复旦大学出版社,2008 年

［87］刘明康.国际金融报告(2001—2002).经济科学出版社,2002 年

［88］刘宪.马歇尔—勒纳条件剖析.第五届中国经济学年会会议论文, 2005 年

［89］刘玉操.国际金融实务.东北财经大学出版社,2006 年

［90］栗书茵.国际金融学.机械工业出版社,2006 年

［91］马之騆.当代世界货币与金融.复旦大学出版社,1992 年

［92］钱荣堃等.国际金融.南开大学出版社,2002 年

［93］宋鸿兵.货币战争.中信出版社,2007 年

［94］宋鸿兵.货币战争 2:金权天下.中华工商联合出版社,2009 年

［95］孙杰.汇率与国际收支.经济科学出版社,1999 年

［96］佟家栋.国际经济学.南开大学出版社,2000 年

［97］王爱俭.国际金融理论研究:进展与评述.中国金融出版社,2005 年

［98］王广谦.经济全球化进程中的中国经济与金融发展.经济科学出版 社,2005 年

［99］王洛林,李杨.金融结构与金融危机.经济管理出版社,2002 年

［100］王灵华.国际金融学.清华大学出版社、北方交通大学出版社, 2007 年

［101］王中华,万建伟.国际金融.首都经济贸易大学出版社 2005 年

［102］奚君羊.国际金融学.上海财经大学出版社有限公司,2008 年

［103］姚明龙.国际金融理论与中国实践.浙江大学出版社,2005 年

［104］易宪容,黄少军.现代金融理论前沿.中国金融出版社,2005 年

［105］杨胜刚,姚小义.国际金融.高等教育出版社,2005 年

［106］杨胜刚.国际金融.高等教育出版社,2009 年

［107］杨长江,姜波克.国际金融学(第三版).高等教育出版社,2008 年

［108］余永定.亚洲金融合作:背景、最新进展与发展前景.国际金融研究, 2002(02)

［109］朱箴元.国际金融(第二版).中国财政经济出版社,2005 年

［110］朱孟楠.国际金融学.厦门大学出版社,1999 年

［111］朱孟楠.金融监管的国际协调与合作.中国金融出版社,2003 年

网络资源

1.查询有关人民币汇率、中国国际收支报告、外汇储备、外债等历史数据和最新数据,中国外汇管理方面的最新政策动态,可浏览国家外汇管理局网站(www.safe.gov.cn)。

2.了解人民币外汇牌价、外汇交易、外汇风险管理等方面的实务知识,浏览中国银行(http://www.boc.cn)等国内各商业银行网站。

3.了解外汇交易相关知识及下载炒外汇软件,可查看外汇通(www.forex.com.cn)网站。

4.了解美国汇率等相关信息,登录美联储(www.federalreserve.gov)网站。

5.了解有关国际金融机构方面的信息,登陆国际货币基金组织(www.imf.org)、世界贸易组织(www.wto.org)和世界银行(www.worldbank.org)。

图书在版编目(CIP)数据

国际贸易与国际金融/隋月红,赵治辉编著. —厦门:厦门大学出版社,2012.10
(2019.2 重印)
(应用型本科金融与贸易系列教材)
ISBN 978-7-5615-3521-9

Ⅰ. ①国… Ⅱ. ①隋… ②赵… Ⅲ. ①国际贸易-高等学校-教材 ②国际
金融-高等学校-教材 Ⅳ. ①F74 ②F831

中国版本图书馆 CIP 数据核字(2012)第 114866 号

厦门大学出版社出版发行

(地址:厦门市软件园二期望海路 39 号 邮编:361008)

http://www.xmupress.com

xmup @ xmupress.com

厦门集大印刷厂印刷

2012 年 10 月第 1 版 2019 年 2 月第 2 次印刷

开本:720×970 1/16 印张:23.75

字数:418 千字 印数:3 001~4 000 册

定价:45.00 元

本书如有印装质量问题请直接寄承印厂调换